Raoul Manselli

Franziskus

RAOUL MANSELLI

FRANZISKUS

DER SOLIDARISCHE BRUDER

BENZIGER

CIP-Kurztitelaufnahme der Deutschen Bibliothek

Manselli, Raoul:
Franziskus: d. solidar. Bruder/Raoul Manselli. [Hrsg. von Anton Rotzetter. Aus d. Ital. übers. von Mara Huber]. – Zürich; Einsiedeln; Köln: Benziger, 1984.

Einheitssacht.: Francesco d'Assisi (dt.)
ISBN 3-545-20090-6

Herausgegeben von Anton Rotzetter
Aus dem Italienischen übersetzt von Mara Huber

Titel des Originals: Francesco d'Assisi © Mario Bulzoni Editore

Umschlaggestaltung: Peter Kunz Zürich
Hergestellt im Graphischen Betrieb Benziger Einsiedeln
ISBN 3 545 20090 6 (Benziger)
ISBN 3 7008 0279 X (Herold)

Inhalt

Geleitwort

Der Verfasser dieses Buches, Prof. Raoul Manselli, Rom, ist ein international bekannter Mediävist, also Erforscher und Kenner des Mittelalters, der souverän sein Fach beherrscht. Manselli stellt Franziskus in dessen Zeit hinein, wie es bisher in keiner Franziskus-Biographie geschehen ist. Dies gilt nicht nur hinsichtlich der Profan- und Kirchengeschichte, sondern ebenso für die Umwelt, in der Franziskus aufwuchs und die meiste Zeit seines Lebens verbrachte: die Stadt, der Stadtstaat Assisi und darüber hinaus Mittelitalien. Gerade auf dem lebendigen Hintergrund des wirklichen Lebens wird die «Grundentscheidung» des Franziskus, die «Bekehrung», die Gott an ihm wirkte – ein totaler Ausbruch und Umbruch –, auch von der menschlichen Seite her einsichtiger und verständlicher.
Manselli ist mit dem Leben und der Gestalt des Heiligen von Assisi durch jahrzehntelange Beschäftigung vorzüglich vertraut. Überflüssig zu sagen, daß der Verfasser äußerst kritisch umgeht bei der Verwendung der mittelalterlichen franziskanischen Quellen. Er hält sich in erster Linie an die Schriften des heiligen Franziskus und an jene Berichte, die vom neuesten Stand der Forschung aus am verlässigsten sind. Er selbst hat durch eine grundlegende Arbeit («Nos qui cum eo fuimus») den hohen Wert jener Sammlung von Gefährtenberichten herausgearbeitet und zur Geltung gebracht, die unter dem Namen «Kompilation von Assisi», auch «Legende von Perugia» genannt, bekannt ist. Dieses fundamentale Werk ist die Grundlage für das kürzlich von E. Hug und A. Rotzetter herausgegebene Buch über Franz von Assisi, das auch einige Texte enthält, die R. Manselli zitiert.
Trockene Dokumente und Berichte aus einer fernen Zeit füllen sich unter Mansellis fachkundiger Interpretation mit Farbe und Leben. Mit sicherer Hand zeichnet er das außergewöhnliche Leben von Franziskus, seine Umwelt und die Menschen, mit denen er zu tun hatte. Vor den Augen des Lesers ersteht nicht nur die lebendige Gestalt des «unvergleichlichen Heiligen» (J. Lortz), sondern

auch des Menschen Franziskus – außergewöhnlich in dem Reichtum und der Intensität seiner Menschlichkeit.
Dieses Buch gehört nicht zu jenen, die man flüchtig und schnell liest. Je mehr man mit Bedacht und Überlegung bei der Lektüre bleibt, um so sicherer hält sich die Spannung, die über dem Ganzen liegt. Andere Franziskus-Biographien, die mit Sachkenntnis und Liebe geschrieben sind, erbauen den Leser. Mansellis Buch über den Heiligen von Assisi erschüttert und läßt über vieles neu nachdenken.
Gegenüber der Originalausgabe kommen wir dem Leser durch zwei Maßnahmen entgegen. Einmal haben wir die relativ langen Kapitel durch Zwischentitel aufgelockert. Zum anderen haben wir für die Zitate genaue Quellenangaben gemacht und ein Quellen- und Literaturverzeichnis angefügt. So bleibt zu hoffen, daß das Buch in den Lesern jenes Erlebnis auslöst, das wir selbst in uns verspürt haben. Für die deutsche Ausgabe danken wir ganz herzlich: Frau Dr. Mara Huber, Freiburg i. Br., und Frau Dr. Elisabeth Hug, Heerbrugg, für die Übersetzung und die Bearbeitung des Manuskriptes.

München und Schwyz, den 18. März 1984

Engelbert Grau OFM
Anton Rotzetter OFMCAP

Vorwort

In diesem Buch möchten wir Franziskus von Assisi vor dem konkreten Hintergrund seiner Zeit in seiner ganzen menschlichen und dramatischen Größe als historische Persönlichkeit darstellen. Dabei lassen wir bewußt alle präraffaelitischen Übermalungen beiseite und verzichten auf Ausschmückungen anekdotischer Art, die letztlich doch nichts als Manier sind. Wir benutzen die Schriften von Franziskus selbst und jene Quellen, die ihm am unmittelbarsten und direktesten nahestehen. Unberücksichtigt bleiben die Quellen, die Franziskus in eine Theologie der Geschichte einbetten, wie es z.B. der große Bonaventura tut. Ebenso die Quellen, die ihn als Vorbild franziskanischen Lebens propagieren und ihn dabei letztlich verzerren, weil sie mit den inneren Gegensätzen des Ordens zu tun haben. Dies ist beispielsweise der Fall bei den *Actus beati Francisci et sociorum eius*, uns besser bekannt unter dem italienischen Namen *Fioretti*.

Statt dessen wollen wir die Beziehungen zwischen einem Menschen und der religiösen, politischen und sozialen Realität kritisch darstellen. So soll das Verständnis für das zentrale inspirierende Motiv seines Lebens und Handelns ermöglicht werden. Dieses Motiv wirkte innerhalb der Realität, veränderte und erneuerte sie im Licht des in umfassender Unmittelbarkeit neu gelebten Vorbildes: Jesus Christus, wie ihn uns die Evangelien schildern. Dieses Motiv scheint uns noch gültiger, vielschichtiger und tiefergehend als das gewohnte Armutsmotiv. Denn es charakterisiert und präzisiert sich im existentiellen und ganzheitlichen Festhalten am Leben Christi, wie es sich in seinen Beziehungen zu den Menschen in ihrem überzeitlichen, ewigen Wert zeigt.

Die wesentlichen und entscheidenden Momente des Lebens von Franziskus wurden untersucht: die grundlegende Tatsache der Bekehrung im Rahmen der Gesellschaft von Assisi; die Gründung der Bruderschaft; ihre Billigung durch Innozenz III.; ihr langsames, aber stetig fortschreitendes Fußfassen in den zuerst feindlich gesinnten, dann mehr und mehr begeisterten Massen der Städte bis zum Triumph, nämlich der Bestätigung seines Ideals, das gerade durch den Erfolg gefährdet wurde; seine Liebe zu den Menschen, die mit deren Unglück und Leiden wuchs. Aus dieser Sicht wurde die Bindung zwischen dem Menschen Franziskus und seiner Zeit, zwischen dem Bruder und den anderen Brüdern in einer Kirche voll tiefer Unruhen dichter und lebendiger. Seiner Umwelt setzte Franziskus die Heiterkeit und den Frieden entgegen, die er jenseits von allem physischen Schmerz und äußeren Widerspruch erreicht hatte. Seine eigenen Schriften, von den kleinen Erbauungsschriften bis zum Sonnengesang und zum Testament, runden das Bild seiner Persönlichkeit ab und lassen ihn in vollkommener Harmonie von Leben und Schrift aufleuchten. Es ergibt sich auch eine in vieler Hinsicht neue Religiosität. Sie nährt sich vom Gefühl und vom Leben des Volkes und erreicht nach und nach einen Höhepunkt, der immer mehr von der Liturgie in ihrem tiefsten Wahrheitsgehalt inspiriert wird.

Ein Werk wie dieses verdankt vieles vielen, an die hier nicht im einzelnen erinnert werden kann. Um die vorliegende Ausgabe nicht unnötig zu belasten, mußte der sogenannte kritische «Apparat» fortgelassen werden. Ein solcher wird in einer andern Ausgabe Behauptungen rechtfertigen und Klarheit über jedes Motiv der Interpretation schaffen. Es geht uns hier v.a. darum, auch nicht wissenschaftlich ausgebildete Leser anzusprechen, die Franziskus von Assisi sowohl in seiner konkret geschichtlichen als auch heute anhaltenden Bedeutung verstehen wollen.

Die vorliegende Interpretation des Lebens des heiligen Franziskus stützt sich hauptsächlich auf folgende Quellen: Thomas von Celano [= 1 – 3 Cel], die Dreigefährtenlegende [= 3 Gef], die Kompilation von Assisi oder Legende von Perugia [= LegPer] und natürlich auf die Schriften des heiligen Franz selbst.

Raoul Manselli

1. Europa und die Kirche am Ende des 12. Jahrhunderts

Die zweite Hälfte des 12. Jahrhunderts ist zweifellos eine der spannungsreichsten Epochen in der Geschichte Europas und der abendländischen Kirche. 1130 war das schwerwiegende Schisma abgeschlossen. Der heilige Bernhard bemühte sich auf dem Gipfel seines Ansehens mit äußerstem Eifer, jenes Ideal der Kirche in die Wirklichkeit umzusetzen, das in der Reform des 11. Jahrhunderts gereift und gefestigt worden war. Er tat dies allerdings mit den Einschränkungen und Umformungen, die neue kulturelle und spirituelle Kräfte entschlossen zur Geltung brachten, auch um den Preis, sich Gegensätzen und Schwierigkeiten jeder Art stellen zu müssen.

Der hl. Bernhard

Diese spannungsreichen Entwicklungen führten beim heiligen Bernhard zu jenem Schwanken zwischen Alt und Neu, das oft bei Menschen zu finden ist. Als Zisterzienser schloß er sich mit seinem Orden den Forderungen eines neuen Mönchtums an: neu waren die größere Strenge, die größere Armut und die engere Bindung an die Arbeit, wie sie die neue ländliche und städtische Gesellschaft erforderte, die sich nach der Jahrtausendwende entwickelt hatte. Aber gerade weil er Mönch war und so einer traditionellen theologischen Kultur verhaftet, widersprach er jener anderen Theologie, die an den Universitäten – besonders in Paris – mit den Werken von Abälard und Gilbert von Poitiers Formen annahm. Und während er einerseits den Kluniazensern und ihrem Abt Petrus Venerabilis vorhielt, sie liessen anstelle einer strengen Bußpraxis relativ angenehme und bequeme Lebensbedingungen zu, vertrat er andererseits dieselben weiterhin bei Fürsten, Bischöfen, Adeligen und sogar beim Papst selber. Dies im Hinblick auf die Bildung einer kirchlichen Hierarchie, die ihre Aufgabe würdiger, pflichtbewußter und in der Sorge für die Gläubigen engagierter erfüllt. Als ein Zisterziensermönch als Eugen III. Papst wird, zögert Bernhard nicht, ihm eine seiner glühendsten und leidenschaftlichsten Schriften zu widmen: *De consideratione.* Sie enthält neben theologischen Überlegungen, geistlichen Ermahnungen und verschiedenen Betrachtungen auch eine der härtesten Kritiken an den Machenschaften der Römischen Kurie, an ihren Mißbräuchen, ihrer Lust an Streitigkeit, kurz an dem, was er ohne Umschweife als ihre Verderbtheit bezeichnete.

Auch auf anderen Ebenen erlebte der heilige Bernhard die Dramatik seiner Zeit: Es war zu jener Zeit klar geworden, daß die Kirche die Grenzen der Menschheit nicht erreichte. Die Welt der Heiden jenseits der Völker im Norden, die seit kaum mehr als einem Jahrhundert bekehrt waren, im Baltikum und in Osteuropa, war riesig. – Im Heiligen Land bedrohten und bedrängten die Moslems – die man nicht mehr als Schismatiker, sondern klar als Anhänger einer anderen Religion sah – die Kreuzfahrerstaaten Syrien und Palästina, die deshalb vom Abendland materielle und personelle Unterstützung anforderten. Weiter mußte Bernhard um die Mitte des Jahrhunderts sehen, daß in den Weinberg des Herrn die «kleinen Füchse» eingedrungen waren, von denen das Hohelied spricht. So nannte die zeitgenössische Exegese übereinstimmend die Häretiker. Die häretischen Bewegungen waren innerhalb der Kirche zur Blüte gelangt: in Nord- und Südfrankreich, in Deutschland, in Italien.

Die Erfahrung einer Reise nach Südfrankreich erfüllte Bernhard mit Bitterkeit und Genugtuung. In Toulouse brachte er nämlich den Mönch Heinrich zum Schweigen und zwang ihn zur Flucht. Dieser predigte Ideen, die der kirchlichen Hierarchie und Disziplin gefährlich werden konnten. Er vertrat eine radikale Armut, übte in ihrem Namen harte Kritik am reichen und mächtigen Klerus und fand darin Zustimmung bei vielen, sowohl bei wirklich Armen wie auch bei adeligen Gegnern kirchlichen Eigentums. Auf der gleichen Reise stieß Bernhard auch auf andere Häretiker – später stellte sich heraus, das es *Katharer* waren –, die ihn an einem kleineren Ort namens Verfeil mit aller Abneigung und eindeutigen Anzeichen von Feindseligkeit empfingen. Zwar hörten sie seinen Worten zu, waren auch scheinbar überzeugt, aber eben nur oberflächlich. Einer der Begleiter Bernhards, sein Sekretär Gottfried von Clairvaux, der von diesem Zeitpunkt an für den Rest seines Lebens gegenüber solchen häretischen Bewegungen empfänglich blieb, bemerkte, daß nicht drei Tage, sondern drei Jahre nötig gewesen wären, um ein wirksames Ergebnis zu erzielen.

Anfänglich schwankte Bernhard zwischen missionarischer Predigt und dem *Compelle intrare* (Bekehrung mit Gewalt) des heiligen Augustinus. Die Erfahrung seiner Reise, aber noch mehr die Erkenntnis, daß die slawischen Heiden und die Moslems in Palästina und Spanien sich der Bekehrung widersetzen, bewirkten aber, daß er sich immer mehr an einer Missionierung durch Zwang orientierte. Dies ergibt sich deutlich aus seinen Predigten für den zweiten Kreuzzug und noch mehr aus seinem Büchlein *De militia Templi,* dem eigentlichen Brevier des bewaffneten Kampfes gegen die heidnischen Feinde des Christentums. Von dieser Haltung Bernhards war hier die Rede, weil er den Begriff des *gerechten,* ja sogar *heiligen Krieges* aufgreift und wieder einführt. Dieser Begriff bildete sich in stetiger Entwicklung vom ersten Kreuzzug an heraus, erfuhr durch Bernhard eine organische Erweiterung und wurde bestätigt durch die Wirkung – Verdienst wagen wir nicht zu sagen – seines persönlichen Eintretens, seines ungestümen Eifers und seiner faszinierenden Sprache. Die Kirche und die Gesellschaft des 12. Jahrhunderts folgten Bernhard und gaben dafür die andere Missionsform endgültig auf, obwohl sie lange ihre Gültigkeit und Wirkung bewahrt hatte: die friedliche Bekehrung, die zwar langsam, aber wirksam und vor allem aufrichtiger ist.

Häretische Bewegungen

So bestimmte und lenkte der hl. Bernhard bis zur Mitte des 12. Jahrhunderts in mancherlei Hinsicht das Leben der Kirche nachhaltig. Er starb 1135, aber seine Wirkung hielt weit über seine Lebenszeit hinaus an. Daß die *Häretiker* und die Ungläubigen mit Waffengewalt verfolgt werden sollten, blieb gültig für die anderen Zisterzienser, die wie er in Südfrankreich kämpften. Sie waren sich jedoch nicht bewußt, daß Waffengewalt nicht ausreicht, die Häre-

sie zum Stillstand zu bringen. Denn sie wurde begünstigt durch die Schwäche, wenn nicht Verderbtheit des Klerus und durch die simple Gegenüberstellung von Reichtum und Macht der Bischöfe, Chorherren und Äbte einerseits und der strengen Lebensweise der häretischen Prediger, der sogenannten «Vollkommenen» andererseits. Bei diesen handelte es sich um arme Asketen, ausgemergelt vom Fasten und voll Eifer bei der rigorosen Einhaltung der Keuschheit. Sie verbreiteten Ideen, welche auf die vielleicht unwissenden, aber doch nach Göttlichem und nach einem Wort des Trostes und der Ermutigung dürstenden Gläubigen eine starke Faszination ausübten.
Die Technik dieser Prediger wurde recht bald bekannt und behielt ihre Wirksamkeit durch mindestens zwei Jahrhunderte. Man begann mit der Aufdeckung der häufigen und unleugbaren Verfehlungen des Klerus, denen man das eigene harte und strenge Leben gegenüberstellte. Prüfstein war offensichtlich das arme, qualvolle und verfolgte Leben Christi, des bei Schriftgelehrten und Pharisäern verhaßten, von Ort zu Ort zur Flucht gezwungenen und schließlich gekreuzigten Zimmermannssohnes. Wer war Ihm näher, der reiche Priester oder der arme Ketzer? Die Antwort wie auch die weitere Schlußfolgerung waren sehr einfach: Der Häretiker war im Besitz einer Wahrheit, die jahrhundertelang bei wenigen Auserwählten überdauert hatte und jetzt ans Licht zurückgekehrt war; einer heilbringenden Wahrheit, dem einzig möglichen Weg zur Erlösung.

Die Katharer

Welcher Art war diese Wahrheit, die nur jenen offenbart wurde, die volles Vertrauen verdienten? Die Welt, in der der Mensch sein irdisches Leben lebt, ist böse. Nach der damals in Nord- und Mittelitalien verbreitetsten, aber auch andernorts gegenwärtigen Richtung dieser Ketzer sind das stoffliche Universum und die Lebewesen Schöpfung des ersten der Engel, der gegen Gott rebellierte und von Ihm deshalb mit allen anderen, die sich der Rebellion angeschlossen hatten, aus dem Paradies vertrieben wurde. Deren geistige Prinzipien hatten sich seit Adam und Eva nach und nach in den Menschen verkörpert. Deshalb stellten die Menschen das Gefängnis der Engel dar, welche mittels des Geschlechtsaktes von einem Körper in den anderen übergingen. Gott empfand Mitleid mit ihrer unglücklichen Lage und schickte deshalb den ihm nächsten Engel, Jesus, auf die Erde, um die Menschen den Weg der Befreiung zu lehren. Jesus nahm zum Schein Fleisch an in einem anderen Engel in Frauengestalt, nämlich in Maria, und predigte in menschlicher Gestalt die Möglichkeit des Heils. Daher ist es notwendig, in vollkommenster Keuschheit zu leben, auf Fleisch, Eier, Milch und all die Lebensmittel zu verzichten, die aus einer geschlechtlichen Vereinigung stammen, und schließlich die Handauflegung zu empfangen, einen Initiationsritus, der etwa der Taufe und der Priesterweihe entspricht. Für diese Ketzer hatte der einzelne also, wenn er der Vorschrift dieses Glaubens gehorchte, zusammen mit dem guten Gott teil am Vorgang der Befreiung der gefallenen Engel. Er verbündete sich mit Gott bei der Wiederherstellung der Ordnung im Guten und verwirklichte so das Endziel, das Gott selbst gesetzt hatte. Nun braucht man freilich nicht zu meinen, daß dieser Glaube – der Katharismus der gemäßigten Prägung – leibfeindlich und trocken gewesen sei. Er zeigte sich nämlich reich an Erinnerungen an das Evangelium, verstand es in seinem wörtlichsten Sinn und fügte den biblischen Texten eine Reihe mythischer Ergänzungen bei, die aus apokryphen Texten byzantinischer und noch weiter zurückliegender orientalischer Herkunft stammten. Diese häretische Bewegung erreichte das Abendland vom Balkan her – genauer, wie es scheint, aus Bulgarien, zu einem nicht genau bestimmbaren Zeitpunkt, der jedoch um die ersten Jahrzehnte des 12. Jahrhunderts angesetzt wird. Eine zweite Welle derselben Häresie, die ebenso reich an Mythen war und sich noch radikaler auf biblische Texte berief, folgte – wiederum aus dem Orient – zwischen den sechziger und siebziger Jahren des 12. Jahrhunderts. Sie lehrte eine ausgesprochen dualistische Auffassung, bei der es zwei gleiche gegensätzliche Prinzipien gab: Gott als Haupt des geistigen Reiches und Satan als Haupt des stofflichen Reiches. Satan nützte die Güte Gottes aus, der ganz und gar unfähig ist, an Betrug und Täuschung zu denken. Und so gelang es Satan, eines seiner Geschöpfe – getarnt als Engel des Lichts – auszusenden, die Engel zu verführen, sie ins Reich des Bösen zu verschleppen und sie auf der Erde – der Hölle – in den stofflichen Leibern der Lebewesen gefangenzusetzen. Hier können sie den Weg einer Seelenwanderung von einem Körper in den anderen gehen. Wenn sie in menschliche Körper eingehen, können sie gut oder schlecht leben. Wenn sie Missetätetr sind und den Sünden nicht widerstehen, gehen sie in Frauen oder Tiere ein. Auch für diese Katharer kommt die Erlösung vom guten Gott und von Jesus. Wer seiner befreienden Lehre und seinen Lebensregeln folgt, die übereinstimmen mit jenen des ersten Katharismus, erlangt Befreiung und Heil.

Es ist heute schwierig, sich die Anziehungskraft der katharischen Irrlehre in ihren verschiedenen Formen – die zweite, eben jetzt beschriebene, fand mehr Verbreitung in Frankreich als in Italien – für die Gläubigen des 12. und der folgenden Jahrhunderte klarzumachen. Selbstverständlich ist zu bedenken, daß die strenge Lebensweise der katharischen Lehrer in sich schon ein Element der Hochachtung und somit der Anziehung war. Wie wir aus vielen Quellen wissen, wurde die Predigt immer und ausschließlich in der Volkssprache gehalten, in einfacher, schlichter Sprache und daher verständlich für alle. Hinzu kommt noch, daß die stufenweise Offenbarung der verschiedenen Lehrinhalte diese Häresie mit einem geheimnisvollen Schleier umgab und daß sie ein endgültiges Ziel andeutete, das zwar noch unbekannt war, aber als absolute und unzweifelhafte Wahrheit feststand. Ebenso darf auch die Wichtigkeit einer Lehre nicht unterschätzt werden, die in ihren verschiedenen Ausformungen auf irgendeine Weise eine übernatürliche, mythische, aber letztlich doch logisch anmutende Erklärung zu bieten schien für eine Wirklichkeit, die im wesentlichen sowohl für den einzelnen als auch für die Massen sehr schwierig und voller Leid war. Vor allem Südfrankreich wurde von der Häresie auf allen Ebenen unterwandert – dieses Land mit seiner besonderen politischen Situation, seinen Spannungen zwischen weltlichem und geistlichem Adel, der Dekadenz und Unmoral seines Klerus (der heilige Dominikus ist hierfür ein über alle Zweifel erhabener Zeuge), mit der Unruhe der Gläubigen, die den Predigern der Häresie zugetan waren. Dies lag auch und gerade an der Unterstützung, die die weltlichen großen Herren den Voll-

kommenen der Katharer gewährten, und an der Gunst der Bevölkerung, die nicht nur die ungestörte und freie Verbreitung des neuen Glaubens zuließ, sondern auch seine Missionare schützte, unterstützte und verteidigte. Sogar in der niederen Geistlichkeit gab es nicht wenige Priester, die den Katharern (oder Albigensern, wie sie in jener Gegend genannt wurden) zumindest erlaubten, ohne Schwierigkeiten zu wirken. Häufig gab es öffentliche Debatten zwischen Katholiken und Ketzern mit Richtern, die von beiden Parteien beauftragt waren, die Sieger zu ermitteln.
In dieser Zeit intensiver religiöser Gärung waren Südfrankreich und Nord- und Mittelitalien die schmerzenden Stellen der Kirche, weil es auch nicht an anderen Irrlehren fehlte, von denen – wie wir sehen werden – zumindest eine Bedeutung und Konturen erlangte. Aber auch die anderen Länder Europas waren nicht dagegen immun: Nordfrankreich und Deutschland, besonders die Landstriche längs des Rheins, wurden ebenfalls in beachtlichem Maße heimgesucht. Entschiedene und wirksame Maßnahmen ermöglichten hier jedoch fast sofort eine Eindämmung. Charakteristisch ist das Schicksal der Katharer in England: Nachdem sie versucht hatten, dort Fuß zu fassen, wurden sie entweder ins Meer getrieben oder, noch schlimmer, ohne Umschweife verbrannt.
Es steht jedenfalls fest, daß die Kirche sich nicht sofort der echten Gefahr bewußt war, die diese Ketzer für sie darstellten. Die im Vergleich mit der vielschichtigen Ausdrucksweise der Theologie und des Kirchenrechts in den Klosterschulen und Universitäten vereinfachende Ungeschliffenheit ihrer Ideen veranlaßte die Hierarchie mehr zu Verachtung und Unterbewertung als zu genauer Einschätzung ihrer Bedeutung. Nur langsam begriffen Päpste und Bischöfe die Gefahr. In Deutschland begann Hildegard von Bingen mit Hilfe ihrer Visionen gegen sie zu arbeiten. Gleichzeitig erreichte sie durch die Vermittlung ihrer ergebenen Freundin Elisabeth von Schönau, daß deren Bruder Ekbert eine ausführliche Widerlegung schrieb. Die Häretiker, die man als Fortführer und Erneuerer der antiken Manichäer verstand, wurden in dieser Widerlegung bekämpft mit Hilfe der vielen Werke, die der heilige Augustinus gegen die Manichäer geschrieben hat.
Erst in der zweiten Hälfte des Jahrhunderts wurde man sich bewußt, wie gefährlich die Häretiker waren, und zwar anläßlich

der Missionen der Zisterzienser unter Abt Heinrich von Citeaux, dem späteren Kardinalbischof von Albano. Noch betroffener war man durch die Feststellung, wie viel Unterstützung und Hilfe diese Ketzer außerhalb Frankreichs auch in den italienischen Städten fanden, obwohl diese im Kampf gegen Kaiser Friedrich Barbarossa engagiert und mit dem Papst verbündet waren. In Mailand, der treuesten Stadt unter den Verbündeten der Päpste, lebten so viele Ketzer, daß man die Stadt mit einem später geradezu zum Gemeinplatz gewordenen Ausdruck *fovea haereticorum,* Ketzerloch, nannte. In einer langen Liste erscheinen die Namen vieler Gruppen, denen der Historiker heute keinerlei Bedeutung oder Inhalt zu geben vermag.

All dies führte zu einer neuen Haltung der Kirche gegenüber den Ketzern. Nachdem sie zunächst, und noch über die Lebenszeit des heiligen Bernhard hinaus, den Weg der Überzeugung mit Mitteln der Vernunft versucht hatte, beschloß sie, um die Unterstützung der weltlichen Macht, des weltlichen Armes zu bitten. Bei der Zusammenkunft in Verona 1184 verhandelten Friedrich Barbarossa und der neue Papst Lucius III. mit dem Ziel einer Übereinstimmung in der feierlichen Ächtung der Ketzer. Auf kirchlicher Seite bedeutete dies Exkommunikation, auf kaiserlicher Seite Bann, d.h. Ausschluß aus der rechtlichen politischen und bürgerlichen Gemeinschaft. In der mittelalterlichen Welt handelte es sich hierbei um sehr schwere Strafen, denn sie kamen einer Entfernung aus der religiösen und weltlichen Gesellschaft gleich. Es sei aber gleich hinzugefügt, daß diese Maßnahmen sich sehr bald als völlig unzulänglich erwiesen, einfach deswegen, weil diese Ketzer überall Helfer fanden und der greifbare Effekt des Bannes somit zunichte gemacht wurde.

Die Waldenser

Unter den in Verona verurteilten Häresien muß außer den Katharern eine weitere erwähnt werden: die der *Waldenser.* Sie breitete sich kurz nach der Mitte des Jahrhunderts explosionsartig aus als qualvolle Folge eines dramatischen spirituellen Geschehens in Lyon, dessen wesentlichen Aspekte wir nicht übergehen können. Die Hauptfigur war Waldes, ein reicher Kaufmann, verheiratet und Vater von zwei Mädchen. Betroffen vom Evangelium und anscheinend auch von der berühmten Legende des heiligen Alexius, beschloß er, sein sündiges Leben aufzugeben. Für die öffentliche Meinung jener Zeit führte nämlich die kaufmännische Tätigkeit am ehesten zur Verdammnis. Einige hielten deshalb für sicher, dass der Kaufmann ein Verdammter sei. Waldes ließ sich von zwei Domgeistlichen Textstellen aus den Evangelien und den Schriften der Kirchenväter (vielleicht aus den Heiligenverzeichnissen?) übersetzen. Dann brachte er seine Mädchen im Kloster Fontevrault unter, verkaufte – nach dem Rat Jesu an den reichen Jüngling – seine Güter, um den Erlös unter den Armen zu verteilen, und widmete sich der Predigt.

Diese Bekehrung erregte großes Aufsehen und bereitete der Hierarchie Sorgen und Bedenken. Gründe dafür gab es genug. Im Laufe des 11., aber besonders seit dem frühen 12. Jahrhundert hatten Prediger und fahrendes Volk mit der Lehre, die Pflicht zur Armut sei das beste Mittel zur Erlangung des Heils, nicht nur eine zahlreiche Anhängerschaft gewonnen, sondern auch eine lebendigere und intensivere Frömmigkeit verbreitet. Zusammenfassen kann man sie in der Forderung, so vollständig wie nur möglich die evangelischen Räte zu befolgen, vor allem die Armut und die Reinheit der Sitten. Wo deren Befolgung fehlte, «boykottierten» die Leute die unwürdigen Priester und machten sich Luft in glühenden Polemiken, die oft sogar in Gewalttätigkeiten übergingen. Die Geschichte der europäischen Städte ist voll von Episoden solcher Auseinandersetzungen zwischen den Gläubigen und ihren Geistlichen. Einige der Geistlichen beriefen sich auf den Respekt, der ihnen – allein aufgrund ihres geistlichen Amtes – für immer und in allem zustand. Andere aber – und nicht nur die wandernden Eremiten und die Prediger des Rigorismus – betonten, wie nützlich es sei, wenn nicht sogar eine Pflicht, die Verderbtheit der Kirchenmänner zu bekämpfen. Dies war im übrigen genau die Haltung des heiligen Bernhard gewesen. Weil diese Haltung aber die Polemik gegen die bestehende Autorität billigte und mehrmals Aufruhr und Besorgnis verursacht hatte, stieß sie schließlich auf Mißtrauen. Dies führte sogar zur Anklage, jene Rigoristen seien mit ihrer kritischen Strenge und ihrem heuchlerischen Getue bloß auf Beifall und Erfolg aus.

Aus all dem wird klar, warum die «Bekehrung» Waldes beim Erzbischof von Lyon, Johannes von Belles-Mains, auf Feindseligkeit und Besorgnis stieß. Dieser mußte ihm die Predigterlaubnis erteilen oder verweigern. Wenn auch die Folge der Ereignisse nicht ganz sicher ist, so scheint es doch, daß Waldes, oder nach einigen Quellen Abgesandte von ihm, sich aufgrund verschiedener Anfangsschwierigkeiten nach Rom zum III. Laterankonzil begaben. Dieses Konzil sollte auf Anweisung Alexanders III. die ganze Kirche neu organisieren, so wie sie aus dem Schisma Viktors IV. und seiner Nachfolger nach dem Konflikt mit Barbarossa hervorgegangen war. Waldes oder die Waldenser fanden wohlwollende Aufnahme beim Papst. Aber sobald sie in ihr Heimatland zurückgekehrt waren, erregte ihre Tätigkeit offensichtlich neue Zweifel und Verdächtigungen. Nun griff der oben erwähnte Abt Heinrich von Clairvaux ein, der wegen seiner Arbeit gegen die Katharer in Frankreich gewesen und jetzt Kardinalbischof von Albano war. Weil gegen Waldes Klage wegen Ketzerei erhoben worden war, mußte er ein feierliches Glaubensbekenntnis ablegen, gleichbedeutend mit einem Widerruf jeglichen Irrglaubens. Darin wurde, wie der Schlußteil dieses uns überlieferten Dokumentes zeigt, die Rechtmäßigkeit seines *propositum* anerkannt. Das heißt, man akzeptierte seine Absicht, dem Evangelium Jesu nicht nur in seinen *praecepta,* den für alle gültigen Geboten zu folgen, sondern auch in seinen *consilia,* den Anweisungen für die nach einer höheren Vollkommenheit Strebenden. Hier sind besonders die Anweisung zur Armut und die brüderliche Ermahnung zur Buße wichtig. Wie ein Augenzeuge dieser Zeremonie erzählt, begannen jedoch die Auseinandersetzungen mit dem Erzbischof von Lyon kurz darauf von neuem. Dies veranlaßte Waldes, ihm den Gehorsam aufzukündigen und mit der ganzen Hierarchie zu brechen. So entstand langsam das sogenannte «Waldensertum», das eher ein Komplex von Haltungen als ein organisches Gedankensystem darstellt. Seine grundlegenden Leitsätze sind die Notwendigkeit von Armut und Predigt, die Leugnung der Gültigkeit von Sakramenten, die von unwürdigen Priestern gespendet werden, die Nichtanerkennung der rechtlichen und disziplinarischen Autorität der Hierarchie, ein entschlossener Wille, die evangelischen Räte zu befolgen, der sich in der Praxis niederschlägt als radikaler

Pazifismus, aber völliger Verzicht auf Eide und als Ungehorsam gegenüber kirchlichen Geboten, die keine Begründung in der Heiligen Schrift und vor allem im Evangelium haben. Wir wissen nicht mit Bestimmtheit, inwieweit das Waldensertum wirklich auf Waldes zurückgeht, der in den letzten Jahren des 12. Jahrhunderts aus der Geschichte zu verschwinden scheint. Auf jeden Fall fand das Waldensertum eine schnelle und weite Verbreitung, begünstigt durch die kritische Haltung gegenüber der Hierarchie und durch die Bedeutung, die es dem einzelnen Gläubigen zugestand, indem es jedem das Bewußtsein der eigenen Würde als Christ gab. Nicht weniger begünstigt wurde es durch die Anpassungsfähigkeit der Lehre, die es erlaubte, örtliche Notwendigkeiten zu integrieren und sich Fragen religiöser Unruhe zu eigen zu machen, die zu jener Zeit in der Kirche keinen Platz hatten. In Italien, wo das Waldensertum zum Sammelbecken und Treffpunkt der bereits vorhandenen häretischen Gärung wurde, nahm es z.B. eine Gruppe auf, die als Voraussetzung für das (ewige) Heil Arbeit statt Armut propagierte und sich *Arme Lombarden* nannte, um sich von den *Armen von Lyon* zu unterscheiden, die den Waldensern in Frankreich näher und verbundener geblieben waren.

Im Umfeld dieser Bewegungen ist auch die andere typisch lombardische, ja mailändische der *Humiliaten* anzusiedeln. Diese waren Wollarbeiter. Ihr Zusammenhalt ergab sich aus den Notwendigkeiten ihres Berufes, aber auch und noch mehr aus dem Streben nach einer religiösen Weihe der Weberarbeit durch gemeinsames Gebet und gegenseitige Predigt. In dieser Bewegung fanden sich Verheiratete und Ledige zusammen. Für die Humiliaten ist charakteristisch, daß der Erlös ihrer Arbeit in eine gemeinsame Kasse kam – nach Art der ersten christlichen Gemeinde in Jerusalem –, damit alle gleicherweise das Lebensnotwendige erhielten. Nicht uninteressant ist auch die Tatsache, daß sie nicht kostbare Stoffe, sondern solche von sehr einfacher Qualität herstellten, das «Humiliaten-Tuch»: in *Schäferfarbe,* d.h. ungefärbt und naturbelassen. So konnten sie zu äußerst niedrigem Preis verkaufen, um den Bedürfnissen der Ärmsten entgegenzukommen. Als sie dann sehr bald von der Kirche zurückgewonnen wurden, wurden sie zu einer Arbeitsgemeinschaft im wahrsten Sinne des Wortes. Zunächst bildeten die Laien selbst die Hierarchie, während Priester die

Seelsorge und Spendung der Sakramente versahen. In den allerersten Jahren des 13. Jahrhunderts organsierte Papst Innozenz III. sie dann neu als eine Art religiösen Orden mit einer für sie charakteristischen Struktur.

Die Laien

All diese Phänomene, seien sie häretisch oder nicht, sind Beweis für eine Lebendigkeit und Intensität religiösen Lebens, wie man sie bis dahin noch nie erlebt hatte. Das Neue dabei war die ungeheuer breite und bewußte Beteiligung des *Laienstandes,* der in die Wirklichkeit der Kirche einbezogen und immer stärker gegenwärtig sein wollte. Es lohnt sich, hier eine Tatsache zu unterstreichen, die auch für ein besseres Verständnis des Franziskus von Assisi selbst hilfreich ist. Während in der ersten Hälfte des 12. Jahrhunderts vor allem Mönche, Einsiedler und Kirchenmänner auf die Bedürfnisse der Gläubigen eine Antwort suchten, kam in der zweiten Hälfte die Antwort spontan aus der Mitte der Laien, die ohne den Rückgriff auf kirchliche Vermittler oder mit nur geringer Hilfe von dieser Seite die sie bedrängenden geistlichen Probleme zu lösen versuchten.
Wir haben auf die Dekadenz und die moralische Laxheit des Klerus hingewiesen. Man kann im übrigen auch nicht annehmen, daß das Schisma von 1130 und das andere, bei weitem länger dauernde, vom Konflikt zwischen Alexander III. und Friedrich Barbarossa hervorgerufene, ohne Folgen geblieben wären. Ebensowenig darf man glauben, dies sei der einzige Konflikt zwischen politischer und kirchlicher Macht gewesen. Die lange Jahre dauernde Auseinandersetzung zwischen dem König von England und dem Primas, dem Erzbischof von Canterbury, hatte in der zweiten Hälfte des Jahrhunderts mit der Ermordung von Thomas Becket (1170) einen tragischen Abschluß gefunden. Zwar hatte sich König Heinrich II. noch in einem öffentlichen Bußakt demütigen müssen. Im Laufe von hundert Jahren fand aber ein beträchtlicher Wechsel der Standpunkte statt von der Demütigung des designierten Kaisers Heinrichs IV. bis zur Tötung des höchsten kirchlichen Repräsentanten in einem Königreich. Europa war im Wandel begriffen.

Das Mönchtum selbst, das von den Kluniazensern bis zu den Zisterziensern eine der tragenden Säulen europäischen Lebens und europäischer Kultur gewesen war, schien nicht mehr, oder nicht mehr ausreichend seinen geschichtlichen Aufgaben gewachsen zu sein. Gerade ihre Etablierung als Institution veranlaßte viele – vor allem Häretiker, aber nicht nur sie – zu der Anklage, die Mönche lebten eine scheinbare, nicht wirkliche Armut. Zahlreich waren auch jene, die den Mönchen vorwarfen, daß sie nicht am pastoralen Dienst teilnahmen. Die Diskussion zwischen Klerikern und Mönchen über die Seelsorge war in diesen Jahrzehnten lebhaft. Das kontemplative Leben hingegen wurde verspottet. Man nannte die Mönche *papelardi* (verfressene Betbrüder), Brotesser auf Kosten anderer, müßige Nutznießer fremder Arbeit. Schließlich begann selbst ihre kulturelle Tätigkeit zu zerfallen, und die Evangelisierung brachte bei jener letzten Häretikergruppe von Südfrankreich wie auch bei den Slawen und Balten verhältnismäßig dürftige Ergebnisse.

Das Papsttum war mächtig, vor allem auch dank einer Persönlichkeit von großem Format. Wenn es Hadrian IV. auch gelungen war, dem jungen Friedrich Barbarossa besonnen entgegenzutreten und jeden Bruch zu vermeiden, so kam es dann doch, wie schon erwähnt, mit Alexander III. zum Bruch. Dieser hatte es wohl verstanden, sich auf dem politischen und religiösen Schachbrett zu bewegen, um dem Kaiser gewachsen zu sein. Es war ihm durch ein gut dosiertes Spiel von Verbindungen gelungen, die Könige von Frankreich, England, Kastilien, Aragonien und der iberischen Halbinsel auf seiner Seite zu halten. Wenn er sich auch den Gehorsam der deutschen Bischöfe nicht hatte erhalten können, so war ihm doch ein Großteil der italienischen treu geblieben, die in den gegen den Kaiser rebellierenden Stadtstaaten sicheren Unterschlupf fanden; und im normannischen Königreich Sizilien war ihm sogar die ganze kirchliche Welt ergeben.

Es wäre jedenfalls ein schwerer Irrtum zu behaupten, dieses Bündel von Spannungen, geistlichen Standpunkten, religiösen Bewegungen sei Anzeichen einer Krise des europäischen Lebens gewesen. Vielmehr waren es Manifestationen einer Energie, die sich mit geballter Kraft und neuem Schwung in verschiedenste Richtungen ausdrückte und bewegte.

Wer das vielschichtige Bild unseres Erdteils anschaut, ist vor allem beeindruckt durch die Tatsache, die sich als Besonderheit im Verhältnis zu den vorausgegangenen Zeiten zeigt und die mit einiger Sicherheit die Bedeutung dessen erklärt und verdeutlicht, was wir bisher gesagt haben: All die Verschiedenheiten, Neuerungen, Umwälzungen lassen sich zurückführen auf ein einziges Phänomen, das nach dem Jahr 1000 sich als immer entscheidender erwies: die Entstehung und zunehmende Bedeutung der Städte.

Die Städte

Im ganzen Hochmittelalter war auf allen Ebenen das Land vorherrschend mit den sich daraus ergebenden wirtschaftlichen, sozialen, kulturellen und religiösen Phänomenen. Es war eine Welt von Kriegern und Bauern, nach der treffenden Formulierung von Georges Duby, einem Historiker unserer Zeit. Seit der Jahrtausendwende wurden in ganz Europa – besonders, aber nicht ausschließlich in Italien – aufgrund der starken Bevölkerungszunahme, die das neue Jahrhundert kennzeichnet, die schon bestehenden *Städte* erweitert und neue gegründet. Mit einem oft zitierten und immer noch gültigen Bild des Chronisten Rudolf Glaber: Europa begann, sich mit weißen Kathedralen zu bedecken; und wo es eine Kathedrale gibt, gibt es eine Stadt. Die Städte römischen Ursprungs in Italien bereicherten sich mit neuen Gebäuden, gaben sich neue Institutionen und dehnten sich weiter aus. Zwar hatten auch die Städte ausserhalb der Halbinsel ihre Bedeutung, besonders in Südfrankreich und Flandern. In Italien jedoch – und es ist wichtig, hier daran zu erinnern, gerade auch um die geschichtliche Persönlichkeit des hl. Franziskus von Assisi besser zu verstehen – kam ihnen eine besondere Bedeutung zu. Viele Menschen waren als Bewohner einer Stadt sozusagen gesetzlich anerkannt, wenn auch auf verschiedene Art und Weise und aufgrund verschiedener Rechte. Sie trachteten danach, sich zusammenzuschließen und sich zur Verteidigung ihrer Selbständigkeit zu organisieren. Nach einer geläufigen und immer noch gültigen Interpretation hatte das lange Fehlen einer übergeordneten Autorität, genau gesagt, des Kaisertums vom Tod Heinrichs V. 1125 bis zur Thronbesteigung Friedrich Barbarossas 1152, den Städten die Entwicklung ihrer Selbständigkeit ermöglicht, die einer Unabhängigkeit im eigentlichen Sinne nahekam. Die kurzen Vorstöße Lothars von Supplinburg hatten für die Städte keine tiefgreifende Wirkung. Vielmehr hatten sie die Gelegenheit genutzt, sich eine eigene, wenn auch analoge politische und verwaltungsmäßige Struktur zu schaffen. Ein Kollegium von Konsuln stand der *Gemeinde* vor und regierte mit der Unterstützung einer Bürgerversammlung, die einberufen wurde, zu Entscheidungen über die anfallenden Maßnahmen. Heute würde man diese Arbeit «Verwaltung» bezeichnen. Dieses Gespräch zwischen Führungsgruppe und Bürgern war um so notwendiger, als die Machtausübenden periodisch gewählt werden mußten. Aufgrund dieser zeitlich beschränkten Macht kam es in den italienischen Stadtstaaten zu einem Verständnis von Autorität, die nicht von Gottes Gnaden auf König oder Feudalherr herabkam, sondern im Gegenteil von den Mitbürgern selbst übertragen wurde. Und zwar auf der Basis einer Wahl zwischen mehreren Bewerbern, wobei die vor allem verbale Überzeugungskraft des einzelnen eine Rolle spielte. Dabei brauchen wir nicht zu unterstreichen, wie dieser Anfang der Auslöser der Demokratie war. Es wird eher gesagt werden müssen, daß sich daraus immer klarer und bewußter die Ablehnung des Adelsprivilegs ergab. Zur selben Zeit begannen die Städte – wir beziehen uns immer auf Italien – eine Politik der Eroberung des Umlandes, die zwei Folgen von höchster Wichtigkeit hatte.

Der Grundbesitz war größtenteils in der Hand von Feudalherren, die sich einer nach dem anderen, freiwillig oder mit Gewalt gezwungen, einem Stadtstaat unterwerfen mußten. Nachdem sie zunächst eine Reihe von Bedingungen angenommen hatten (ständiger Wohnsitz in der Stadt während einer gewissen Zeit im Jahr, Bau eines Wohnsitzes, Verpflichtung zum Waffendienst für die Stadt im Bedarfsfall, Verbot jeglicher Unterstützung von Feinden der Stadt), wurde ihre Autorität über ihr Hoheitsgebiet neu bestätigt, gewöhnlich in den herkömmlichen Formen. Diese Autorität leitete sich aber nicht länger vom Souverän oder Lehensherrn ab, sondern allein von der Gemeinde. Die schwierige Beziehung zwischen Stadtstaaten und Feudalherren kam nur sehr langsam zustande und verursachte Konflikte und erbitterte Kämpfe, haupt-

sächlich gegen Ende des 12. Jahrhunderts, als Franziskus von Assisi das Licht der Welt erblickte. Die Auseinandersetzungen jener Jahre wurden sogar noch schärfer durch die immer widerstandsfähigere Etablierung einer neuen gesellschaftlichen Klasse, die eng mit dem Aufkommen und der Entwicklung des Stadtstaates zusammenhing: des Bürgertums, oder wie man damals sagte, des Volkes. Eine andere Folge war, daß jede Stadt im Prozeß der Ausdehnung ihres eigenen Grundbesitzes früher oder später in Konflikt mit den umliegenden Städten geriet. Diese wollten ihrerseits ja auch ihren Einflußbereich erweitern, oft aus dem Bedürfnis heraus, sich Verkehrswege zu sichern, die Herrschaft zu gewinnen über eine Brücke, einen Engpaß oder eine Straße, um so sichereres Reisen zu ermöglichen, Wegegeld zu vermeiden oder einer wie auch immer gearteten Gefahr auszuweichen. So bekämpfte der Stadtstaat einerseits die Großgrundbesitzer und war andererseits auf sie angewiesen, um den Nachbarstädten die Stirn bieten zu können. Auch wenn der Adel für den Unterhalt des Militärs und seine Kriegsausbildung selbst aufkam, brauchte man in dieser dauernden Unruhe und Spannung finanzielle Mittel, die nur von denen kommen konnten, die über Geld verfügten, von den Bürgern, dem Volk.
Es scheint uns überflüssig, darauf hinzuweisen, daß dieses Bürgertum mit dem modernen wenig mehr als den Namen gemeinsam hat. In der Zeit, von der wir hier sprechen, war es ein sehr ausgeprägter und vielschichtiger Stand mit den unterschiedlichsten wirtschaftlichen Bedingungen. Ihm gehörten einfache Handwerker und Händler der verschiedensten Waren bis hin zu den großen Kaufherren an. Unter diesen hatten jene den höchsten Rang, die mit Luxusstoffen handelten, die nicht am Ort hergestellt wurden, sondern von den großen Umschlagplätzen eingeführt werden mußten: von internationalen Märkten, wie beispielsweise denen der Champagne in Frankreich. Nun erreichten gerade diese Kaufleute – ein solcher war, wie wir uns erinnern, Waldes in Lyon – einen beachtlichen wirtschaftlichen Wohlstand, und zwar auch deswegen, weil sie oft dank einer geschickten Aufgabenverteilung ihre Geschäfte in einem Monopol oder in einer monopolähnlichen Situation betrieben. Nach und nach verschwand die Figur des Kaufmanns, der mit seiner Ladung kostbarer Güter von Land zu

Land, von Stadt zu Stadt reiste. Schon am Ende des 12. Jahrhunderts hatte der reiche Kaufmann großen Einfluß im Stadtstaat und wetteiferte im Luxus mit den Adeligen. Wenn er auch nicht so waffenkundig war wie sie, machte er ihnen bald genug Konkurrenz auf einer anderen, nicht weniger wichtigen Ebene: der Kultur. Der Beruf des Kaufmanns setzte ein Mindestmaß an kultureller Bildung voraus. Da im städtischen Leben jeder Kauf oder Verkauf mit einem notariellen Akt verbunden war, mußte man in der Lage sein, dessen Richtigkeit zu überprüfen, wollte man nicht unliebsame Folgen erleben. Zahlungen konnten bar geleistet oder, wie im Handel immer möglich, aufgeschoben werden. Damit war es für den Kaufmann nötig, lesen, schreiben und rechnen zu lernen. Nicht zufällig tauchte in den Städten sehr bald die Gestalt des *magister puerorum* (Lehrer der Knaben) auf, der dieses Grundwissen lehrte. Von den Grundbegriffen zum Bedürfnis der Verfeinerung war nur ein kleiner Schritt, besonders wenn man bedenkt, daß der Kaufmann, vornehmlich wenn er mit Luxusstoffen oder kostbaren Gütern handelte, auch mit dem Adel in Berührung kam, davon fasziniert war und die Grundhaltungen dieses Lebensstils aufgriff. Dieser Lebensstil des beginnenden 12. Jahrhunderts, der in ganz Europa verbreitet war, hatte sich in Südfrankreich entwickelt: der höfische Lebensstil.

Die höfische Kultur

An dieser Stelle ist es angebracht, an die Wesensmerkmale dieses Lebensstiles zu erinnern. Denn viele von ihnen sind beim jungen Franziskus zu finden und kommen in einigen wichtigen Elementen seines Lebens wieder zum Durchbruch. Wesentliches Moment der höfischen Kultur war die Hohe Minne *(fin' amor)*, die absolute und totale Hingabe an die Dame, die man als die Seine erkor und der man dieselbe Treue entgegenbrachte, die der Vasall seinem Lehensherrn schuldete. Im ursprünglichsten Sinn handelte es sich also um eine tiefe, aber geistige Bindung, aus der dem Liebenden alle Freude und aller Lohn zuteil wurde, nach dem er nur streben konnte. Sie gipfelte in der Erwiderung von seiten der Geliebten. Diese Hohe Minne allein machte aber noch nicht *cortese* (höfisch).

Sie mußte vielmehr von einer ganzen Reihe von Eigenschaften begleitet sein, die sie bereicherten und vervollständigten. Vor allem mußte der Liebende *joven* (jung) sein, also Eigenschaften eines Menschen aufweisen, der ungeachtet seines Alters geistig jung war und sich aus Liebe zu seiner Dame so fühlte: Eleganz, Vornehmheit, Mut, kecke Natürlichkeit. Eng an das Jungsein gebunden war eine andere Eigenschaft, die *larghezza,* die Freigebigkeit, d.h. die Großzügigkeit im Geben – vor allem und besonders der Dame gegenüber, aber dann auch gegenüber anderen, aus einem inneren Reichtum heraus, der sich nach außen kundtat im Beschenken eines jeden ohne Ansehen der Person.
Verbunden mit diesen moralischen Merkmalen war die Fähigkeit oder Kunst, der Dame im Gesang mit musikalischer Begleitung auf möglichst elegante Weise die eigenen Gefühle zu erklären. Das abschließende Moment der höfischen Kultur, der «cortesia», war es, im lyrischen Lobpreis der Dame das höchste innere Gleichgewicht zu erlangen: die *mezura* (Maß), die die Synthese all dieser Eigenschaften ist.
Nun fand die cortesia, der höfische Lebensstil, auch in Italien seine Liebhaber. Vor allem beim Adel, aber auch bei den Reichen im Volk, die sich durch ihre finanzielle Bewegungsfreiheit die wirtschaftlich belastende Verpflichtung der *larghezza* leisten konnten. Ein Unterschied soll jedoch hervorgehoben werden zwischen der cortesia des Adeligen und jener des Kaufmanns: Die cortesia der Adeligen hatte als Hintergrund und Bühne eine Burg und den herrschaftlichen oder königlichen Hof. Die cortesia der Kaufleute mußte sich ihre Umgebung erst schaffen. Dies konnte nicht die geschlossene Umgebung eines Kreises von Adeligen sein, sondern der größere, offenere, an Resonanzen und Echos reiche Raum der Straßen und Plätze einer Stadt. Dadurch wurden die Werte der cortesia auf andere Ebenen und Ziele übertragen, was eine Reihe bedeutsamer Veränderungen nach sich zog. Die Gruppe von Adeligen um eine Dame herum wurde ersetzt durch eine Schar *(brigata)* von Jünglingen, der geschlossene und schwierige Gesang des Troubadours durch den lockeren Gesang der Serenade unter dem Balkon der Schönen. Der Tanz konnte auf offenem Platz stattfinden, der gewagte Scherz zum derben Spaß werden.
Die kultivierte Stadtbevölkerung nahm also die cortesia auf und

formte sie dabei um. Allerdings versuchte sie, ihre grundlegenden und charakteristischen Werte zu erhalten. Zwar wurde ihr dann klar, daß sie den Lebensstil der Adeligen nicht voll und ganz wiederholen konnte. Doch strengte sie sich an, ihn möglichst weitgehend zu übernehmen. Sie ahmte ihn sogar in seiner typischsten Äußerung nach, im Umgang mit Waffen. In seiner berühmten, voll von ablehnender Geringschätzung, doch in ihren Hinweisen auf einige spezifische Phänomene sehr treffenden Beschreibung der italienischen Stadtstaaten hob Bischof Otto von Freising schon Mitte des 12. Jahrhunderts den für ihn skandalösesten Tatbestand hervor: Kaufleute wagten es, sich mit dem Kriegsgürtel der Ritter zu gürten und verletzten so die strenge Trennung der drei *ordines* (Stände): Priester, Krieger und die anderen – Bauern, Arbeiter, Kaufleute. Diese Einteilung wurde noch als tragendes Gerüst der mittelalterlichen Gesellschaft angesehen.

Franz von Assisi

Nun wird es um so bedeutungsvoller, daß ein junger Mann, *Franziskus,* aus der italienischen Stadt Assisi, zuerst die Kühnheit hatte, als reicher Kaufmann ein höfischer Mann und Ritter sein zu wollen, und dann den Mut aufbrachte, noch ein weiteres gesellschaftliches Tabu seiner Zeit zu brechen. Als Laie verschrieb er sich dem Leben in Busse. Ohne Priester zu sein, wollte er unter den Betern sein und brachte so ohne jede umstürzlerische Absicht, allein durch sein Handeln schließlich einen anderen Grundpfeiler der Gesellschaft zu Fall, den der strengen Trennung der ordines.
Wie wir sehen werden, wird seine höchste Bedeutung jedoch darin liegen, daß er in diese Schranken des gesellschaftlichen Lebens eine Bresche schlug, um ein viel höheres Ziel zu erreichen: durch die direkte Rückkehr zum Beispiel Jesu Christi wollte er den tiefsten Sinn des menschlichen Daseins wiedergewinnen.
All dies war Resultat einer Entwicklung, die als Ausgangspunkt einen konkreten Ort, Assisi, hatte, mit seinen besonderen Problemen, denen wir nun unsere Aufmerksamkeit zuwenden wollen.

2. Assisi im 12. Jahrhundert

Zwischen Kaiser und Papst

Assisi, eine uralte römische Stadt und Heimat des Dichters Properz, war wegen seiner geographischen Lage am Hang des Berges Subasio im Mittelalter von großer strategischer Bedeutung: es kontrollierte die Straße von Foligno nach Perugia und nach Spoleto. In der zweiten Hälfte des 12. Jahrhunderts bildete es sogar den Vorposten und Keil des kaiserlichen Herzogtums Spoleto gegen Perugia. Dieses stand mit einem Großteil Umbriens unter dem Einfluß der Kirche und erhielt von ihr auch die nötige Unterstützung, um sich vor den expansionistischen Bestrebungen des Kaiserreichs zu retten. Ein Beleg für diese Bedeutung Assisis ist eine Urkunde Friedrich Barbarossas vom 21. November 1160, worin der Stadt für ihre Verdienste ein besonders weitgehendes Selbstbestimmungsrecht übertragen wurde. Dieses erlaubte ihr eine Entwicklung frei von jeglicher Einmischung höherer Mächte, sogar von seiten des Herzogs selbst. Bezeichnend ist auch die folgende Tatsache: Als die normannische Prinzessin Konstanze von Hauteville aus dem Königreich Sizilien nach Mailand reiste, wo sie Heinrich von Hohenstaufen (den zukünftigen Heinrich VI.) heiraten sollte, erwartete Friedrich sie in all seiner kaiserlichen Pracht in Assisi und geleitete sie dann bis an die Grenze seines Hoheitsgebietes.

Nur mit einiger Bitterkeit und widerwillig nahm daher die Stadt in ihren Mauern und in ihrer Burg einen der *deutschen Ministerialen* auf, den derselbe Heinrich VI. als Vertrauensperson bei sich haben wollte: Konrad von Lützelhardt, den Herzog von Spoleto, der sich oft in Assisi aufhielt – wahrscheinlich wegen der erwähnten militärischen und strategischen Bedeutung der Stadt. Möglicherweise verbrachte auch der kleine Friedrich Roger, der Sohn von Heinrich VI. und Konstanze, einen Teil seiner allerersten Lebensjahre in der Burg. Seine Mutter hatte ihn nach der Niederkunft in Jesi am 26. Dezember 1196 bei Konrads Ehefrau gelassen und dann die Rückreise nach Sizilien angetreten. Sollte es so gewesen sein – und es ist höchst wahrscheinlich –, hätten die beiden Persönlichkeiten, die dazu bestimmt waren, ihre Zeit am nachhaltigsten zu prägen, für kurze Zeit am selben Ort gelebt. Der eine in der imposanten Burg, der andere im Haus eines schwerreichen Kaufmanns.

Konrad von Lützelhardt war bei den Einwohnern Assisis nicht beliebt. Sie nannten ihn «Fliege im Hirn», um auszudrücken, wie verrückt und schrullig er war. Nach dem Tod Heinrichs VI. sah er sich vor großen Schwierigkeiten. Vergeblich versuchte er dem Druck standzuhalten, den *Innozenz III.* auf ihn ausübte. Der neue Papst war 1198 einer Reihe ehrwürdiger Greise auf den Thron gefolgt und entschlossen, eine Politik von «Wiedergewinnungen» zu betreiben, die der Kirche endlich jene Gebiete verschaffen sollte, die so viele feierliche Dokumente des Kaisers ihr versprochen hatten. Der Vorstoß des Papstes scheiterte trotz seiner sehr geschickten Taktik unter anderem gerade an Assisi. Dort hatte man zwar den deutschen Herzog nicht geliebt, doch wollte man auch nicht unter päpstliche Herrschaft geraten und damit – das wäre die fatale Folge gewesen – unter die Herrschaft von Perugia, der großen und entschlossenen Rivalin Assisis.

Wir können hier nicht auf die näheren Umstände dieser komplizierten politischen Manöver eingehen. Es genügt, darauf hinzuweisen, daß Assisi den Beistand Philipps von Schwaben suchte und Otto IV. gegenüber mit außerordentlicher Umsicht vorging. Das Fehlen jeglicher höheren Autorität, sei sie kaiserlich oder päpstlich, ermöglichte auch den Ausbruch innerer Konflikte zwischen dem Adel der Region, der ja schon gezwungen war, in die Stadt zu ziehen, und den sogenannten *minores* (Minderen). So nannten sich in Assisi jene, die nicht adelig waren, während sie andernorts, wie gesagt, die allgemeinere Bezeichnung «Volk» annahmen. Zu diesem inneren Konflikte gesellte sich auch der Gegensatz zu Perugia. Dort wurde auch den Adeligen aus Assisi eine gewisse Bewegungsfreiheit gewährt, in der Hoffnung, so den Druck abzuschwächen, der in Assisi auf sie ausgeübt wurde.

Franziskus war 21 Jahre alt, als 1203 der erste große Friede zwischen Adel und Volk geschlossen wurde. Der Friedensvertrag wirft ein Licht darauf, wie schwerwiegend die Meinungsverschiedenheiten gewesen waren. Selbst die Adeligen scheinen sich über ihre Gefühle nicht ganz einig gewesen zu sein. Ein Beweis dafür ist der Umstand, daß zwar ein Großteil der «Herren» wieder Zutritt zur Stadt und Vergebung für all die Konflikte erlangte, die so tiefe innere Zwietracht verursacht hatten. Bei anderen Adeligen wurden jedoch die Schuldsprüche bestätigt und verschärft, weil sie für Perugia Partei ergriffen und sich mit ihm fest verbündet hatten. Ein weiteres Zeichen für die unterschiedlichen Haltungen, die in der Gruppe des Adels koexistierten, ist die Tatsache, daß einige mit aufmerksamer und ergebener Treue den Anweisungen des Papstes folgten. So haben die Geschichtsforscher Assisis und selbst die Biographen des Franziskus jenem Feldzug des Grafen Gentile von Apulien nicht immer ihre Aufmerksamkeit gewidmet, an dem der glänzende junge Kaufmannssohn teilnehmen wollte, um mit diesem Waffengang selbst adelig zu werden. In Wirklichkeit gehört dieser Feldzug zur Sorge Innozenz III. bezüglich der Situation im Königreich Sizilien. Dort herrschte vollständigste Anarchie wegen der Minderjährigkeit des Souveräns Friedrich Roger, der auf der abgelegenen Insel bald unter dieser, bald unter jener Vormundschaft war. Und gleichzeitig erfreute sich in Süditalien jeder Fürst praktisch völliger Unabhängigkeit, was mit Konflikten, Missbräuchen und Übergriffen verbunden war, wie man sich leicht vorstellen kann. Es war Innozenz III. gelungen, längs der Grenze dessen, was man schon Kirchenstaat nennen kann, so etwas wie Ordnung zu schaffen, indem er bei den verschiedenen Fürsten intervenierte und sich die Unterstützung zunutze machte, die ihm die mächtige Abtei Montecassino bot. Doch eben wegen der erwähnten Mißstände mußte er gleichzeitig auf freiwillige *Söldner* zurückgreifen, um zu versuchen, in die entferntesten Regionen Süditaliens, Apulien, die Basilikata und Kalabrien, ein Mindestmaß an Ordnung zu bringen. So wissen wir von Truppen – nennen wir sie ruhig «zusammengewürfelte Haufen» –, die mehrmals ausgesandt wurden eigentlich nur als Zeichen der Präsenz einer politischen Macht, die wahrlich wackelig war. Der Graf Gentile, von dem einige franziskanische Quellen sprechen, wird Führer eines dieser Verbände gewesen sein, in denen wir einen ersten Anfang dessen sehen müssen, was dann vom vierzehnten Jahrhundert an die Söldnerverbände waren. Was wir von Franziskus wissen – aber wir werden bald darauf zurückkommen –, führt

uns zu der Annahme, er sei dieser Gruppe freiwillig und aus persönlichem Antrieb beigetreten, sicher nicht mit dem Wunsch nach Gewinn, aber nach Ruhm.
In den Auseinandersetzungen, von denen der erwähnte Friedensvertrag Zeugnis ablegt, trat das bis an die Zähne bewaffnete Perugia Assisi entgegen. Assisi nahm die Herausforderung an, und seine Bürger, mit ihnen Franziskus, schritten zur Verteidigung ihrer Heimatstadt. Das entscheidende Gefecht auf halbem Weg zwischen den beiden Städten 1202 brachte keinerlei Entscheidung. Wie damals häufig, wurde eine beträchtliche Anzahl Gefangene gemacht. Unter ihnen Franziskus, der binnen eines Jahres, wie wir sehen werden, die Freiheit wiedererlangte. Wenn sich die Quellen auch darüber ausschweigen, so können wir doch annehmen, daß der Vater mit einem stattlichen Lösegeld dafür eintrat, wie es im übrigen Brauch der Zeit war.

Die wirtschaftliche Lage

Das Bild städtischen Lebens, das wir bis jetzt gegeben haben, wird vervollständigt durch das wenige, das wir über die *wirtschaftliche Lage* Assisis wissen. Im großen und ganzen hat man den Eindruck, daß anders als in anderen italienischen Städten die Einwohner Assisis generell keinen reichen Grundbesitz hatten. Dieser war eher in den Händen großer kirchlicher Körperschaften, wie der Benediktiner des Subasio (sie waren Eigentümer des Gebietes, auf dem, wie weiter unten ausgeführt wird, das Kirchlein Santa Maria della Porziuncola stand), der Abtei von Sassovivo und schließlich der anderen Abtei von San Pietro in Perugia. Grundbesitzer waren auch die Feudalherren, deren Bedeutung schon unterstrichen wurde: Sie übten – wenn auch mit den bereits geschilderten Konflikten und Schwierigkeiten – über ihr Herrschaftsgebiet eine Macht aus, die ihnen von der Stadt übertragen worden war, nachdem sie deren Autorität anerkannt hatten. Wenig wissen wir auch vom wirtschaftlichen Leben und seiner Struktur. Natürlich können wir leicht jene Reihe von Tätigkeiten zusammenstellen, die eine städtische Gemeinschaft von gewisser Bedeutung nötig machte. Da gab es den Markt, und es mangelte nicht an Schmieden und Hufschmieden. Wie anderswo auch, gab es im Überfluß Notare, die Dokumente über Geschäfte jeder Art ausfertigten. Und auf dem Gipfel des wirtschaftlichen Lebens gab es die Klasse der Kaufleute mit ihren mannigfaltigen Tätigkeiten: Einführung wertvoller Stoffe, Verkauf dieser und auch anderer, weniger kostbarer Stoffe aus heimischer Produktion. Dabei war normalerweise Geldumsatz selbstverständlich, ohne Zweifel verbunden mit Finanz-Geschäften, die den Verdacht des Wuchers weckten. Nicht weniger wichtig ist die veränderte, größere Bedeutung, die dem Kaufmann beigemessen wurde. Er wurde nicht nur wegen seiner Arbeit hochgeschätzt. Ihm verdankte die Stadt auch eine neue Mentalität: die Vorstufe der später als kapitalistisch bezeichneten Mentalität. Einen vorrangigen Platz hat dabei die Anhäufung von Geld, das möglichst schnell eingesetzt wird zum Ankauf neuer Waren, aber auch als Wert in sich begehrt ist, um Ausgaben machen und über die Güter und Genüsse der Reichen verfügen zu können.

In diesem Kontext gibt die Dreigefährtenlegende ein außerordentlich treffendes Beispiel für die Psychologie eines Kaufmanns, der in der Stadt Handel treibt. Dagegen entspricht die lange Polemik des Thomas von Celano gegen die Familie des Franziskus und die Erziehung des Sohnes vollständig dem moralistischen Urteil eines Mannes, der noch die Meinung hatte, ein Kaufmann und seine Familienangehörigen, gleich in welcher Stellung, seien von sich aus verdammt und verloren, weil ihre Heilsmöglichkeiten sehr gering seien und ihr Beruf an sich schon Sünde.

Vor diesem vielschichtigen Hintergrund finden wir die *Armen* am Rande. Wie schon von verschiedenen Forschern ausgeführt wurde, hatte sich in den Städten – und Assisi bildete dabei wahrhaftig keine Ausnahme – eine ganz neue Form von Armut ausgeprägt, die mit der Armut in den ländlichen Gegenden des Hochmittelalters nicht verglichen werden kann. Gewiß waren die Armen auf dem Land der Geißel der Hungersnöte rettungslos ausgeliefert, wenn nicht Klöster oder andere religiöse Einrichtungen, deren Obern mit kluger Voraussicht solche Notfälle bedacht hatten, aus Nächstenliebe zu Hilfe kamen. Abgesehen von solchen, zwar nicht seltenen, aber auch nicht allzu häufigen Ereignissen fand der Arme auf dem Land aber immer etwas, womit er seinen Hunger stillen und sich – wenn auch notdürftig – bedecken konnte, da sich in einer allgemeinen Notlage schließlich eine Solidarität herausbildete. Anders in der Stadt. Was auch die Ursache des Elends war, Mangel an Arbeit, harte Ausbeutung von seiten des Arbeitgebers oder Mißverhältnis zwischen Verdienst und dem Lebensnotwendigen für den Arbeitenden und seine Familie: es gab keine Abhilfe, sofern in der Stadt keine karitative Einrichtungen arbeiteten. Wobei diese übrigens auch nicht immer in der Lage waren, für all die verschiedenen und zahlreichen Nöte zu sorgen. Noch schwieriger war die Lage derer, die nicht nur arm, sondern auch noch krank waren. Gewisse Krankheiten waren damals wegen Mangel an Hygiene und geeigneten Medikamenten verbreiteter und häufiger als heute. Es gab recht viele Hospitäler, die aber oft mehr für die Bedürfnisse von Reisenden und Pilgern als für die Pflege von Kranken sorgten. In der schlimmsten und verzweifeltsten Lage waren die «Verbannten» im eigentlichen Sinn. Dies waren nicht Menschen, die von Verurteilungen der politischen und religiösen Macht betroffen waren und denen es früher oder später gelang, bei Gesinnungsgenossen Unterschlupf zu finden, sondern Menschen, die wegen äußerstem Elend, Ausschweifung oder scheußlichen Krankheiten wie die Aussätzigen rechtlich oder faktisch von der Gemeinschaft der Bürger ausgeschlossen wurden.

Die öffentliche Meinung

Dies also war nach den Einzelheiten, die aus den Dokumenten von Assisi hervorgehen, wie auch nach den Informationen aus den Quellen über das Leben des heiligen Franziskus, das Antlitz der Stadt. Einen letzten Gesichtspunkt wollen wir jetzt aufzeigen, den der *fama publica* (öffentliche Meinung) in der Terminologie des 12. Jahrhunderts. Sie ist ein Element, das im Laufe der Jahrhunderte nach und nach an Kontur und Wirkkraft verlor und das in vieler Hinsicht dem entsprach, was man heute mit einem soziologischen Ausdruck «soziale Kontrolle» nennt. Sie war jedoch derart breit, daß sie all die vielfältigen Gruppen einer Stadt, ja die ganze Stadtbevölkerung umfaßte, besonders wenn diese, wie im Fall Assisis, zahlenmäßig nicht sehr groß war. Diese öffentliche Meinung beschränkte sich nicht darauf, nur den einen oder anderen Aspekt im Verhalten der Mitglieder ihrer Gemeinschaft zu verfolgen. Sie neigte vielmehr dazu, deren Verhalten in seiner Gesamtheit kennen, wenn nicht gar kontrollieren und überwachen zu wollen, bald akzeptierend oder verwerfend, bald einschreitend mit Polemik oder zur Verteidigung. Es bestand daher auch in anspruchslosen und bescheidenen Verhältnissen eine enge und intensive Beziehung zwischen der Einzelperson und allen Menschen, die an ihrem Dasein Anteil nahmen. Daraus ergab sich ein anhaltender Dialog zwischen dem einzelnen und der Masse. Dieser Dialog hatte seine Höhepunkte bei besonderen Gelegenheiten wie einer allgemeinen Versammlung wegen eines Krieges oder Friedens, wegen des Baues einer Kirche, eines Klosters, eines Stadthauses, oder auch weil eine Persönlichkeit von Bedeutung – ein Fürst, ein Herrscher oder ein Kirchenmann mit vorbildlichen Eigenschaften – kommen sollte. Die *fama publica* äußerte sich also in der Ankündigung des Ereignisses, der Information über seine Natur, der Diskussion über einzelne Gesichtspunkte und anstehende Entscheidungen. Dann konnte sie auch ihre eigene erbarmungslose Grausamkeit haben, wenn jemand einen Fehler machte, schuldig wurde, wenn er – physisch oder psychisch – seine Schwächen und Grenzen hatte. Dies zeigt die italienische Novellendichtung, die von solchen Begebenheiten voll ist, vom unmoralischen Priester über den betrogenen Ehemann, zur kollektiven Verhöhnung.

Die Psychologie und das Handeln des Franziskus von Assisi bleiben unverständlich, wenn wir den konkreten Hintergrund vergessen, in dem er lebte und handelte. Seine Bekehrung können wir nur im vollen Sinn begreifen, wenn wir sie in die historischen und geographischen Koordinaten einordnen, in denen sie beheimatet war. Die *fama publica,* der Dialog zwischen Einzelperson und Masse, wird uns helfen zu erfassen, was Franziskus vor und nach der Begegnung mit dem Aussätzigen war.

3. Der Kaufmann

Über einen Punkt sind sich alle Quellen – gleich welchen Charakters und Ursprungs – einig: Franziskus von Assisi stammte aus einer reichen, ja schwerreichen Familie, die zur höchsten Schicht des Kaufmannsstandes in ihrer Stadt gehörte. Der Vater, Pietro *Bernardonis,* wie Pietro Bernardone sich zu nennen pflegte, besaß ein Geschäft in Assisi. Er befaßte sich nicht mit der Herstellung von Wolltuchen, sondern mit dem Handel von kostbaren Stoffen. Wenn wir die Einzelheiten und Besonderheiten dieser Tätigkeit auch nicht kennen, so zeigt sich seine Bedeutung und Wichtigkeit doch durch die Tatsache, daß Pietro Bernardone Geschäftsreisen nach Frankreich machte. Er war also Importeur von Luxusstoffen, die er dann, wie es üblich war, mit großem Gewinn weiterverkaufte. Er war zweifellos ein gewandter Kaufmann. Denn anscheinend war er selbst es, der den Grundstein zum Vermögen der Familie legte, das auch nach seinem Tod sehr ansehnlich blieb. Seine Kinder – Franziskus hatte Geschwister, wenn auch nur ein einziger von ihnen, Angelo, aus Dokumenten des 13. und späterer Jahrhunderte hervorgeht – hatten große Geldmittel und verschiedene Häuser zur Verfügung. Der langjährige Streit um die Bestimmung des Geburtshauses des Heiligen – heute noch nicht abgeschlossen und unseres Wissens weit entfernt von einer Lösung, außer neue, vom Glück bescherte Funde von Dokumenten führten dazu – ergab sich ja gerade aus dem Umstand, daß die Familie von Pietro Bernardone mehrere Häuser besaß und Franziskus in einem jeden von ihnen das Licht der Welt erblickt haben könnte.

Gewiß bleibt die unbestrittene Tatsache eines außergewöhnlichen Reichtums. Das ist eine Voraussetzung, deren psychologische Tragweite hier mit allem Nachdruck unterstrichen wird, wenn wir die Bedeutung der sogenannten «Verschwendung» und der Bekehrung des Franziskus begreifen wollen. Und dieser Reichtum – auch dies muß besonders betont werden – war beim Vater des Heiligen verbunden mit einer Liebe zum Geld, mit einer Sehnsucht, sich noch mehr zu verschaffen, mit einer intensiven Geschäftstätigkeit, wie wir sie in ähnlicher Weise auch bei anderen Kaufleuten seiner Zeit finden, wenn auch nicht so ausgeprägt. Mit heute gängigen Worten können wir dies als eigentlich kapitalistische Mentalität zusammenfassen, wobei dieser Ausdruck sich nicht auf die Industrie, sondern auf den Handel bezieht. Diese Mentalität wird beim Zusammenprall von Vater und Sohn mit absoluter Klarheit deutlich. Ihretwegen wird Pietro Bernardone verachtet und der Hartherzigkeit, des Unverständnisses, ja der Böswilligkeit beschuldigt. Wobei zu bedenken ist, daß sich alles, was wir über den Vater wissen, mangels jeglichen dokumentarischen Hinweises von psychologischer Bedeutung, auf die Biographen des Heiligen stützt. Diese setzen als Kirchenmänner die viele Jahrhunderte alte Tradition der Verdammung des Kaufmannsberufes fort, so wie sie ihn verstehen: in sich sündig und Quelle der Sünde.

Die lange, scharfe Polemik, welche die erste Lebensbeschreibung des *Thomas von Celano* eröffnet und welche die Familie des Franziskus tief verletzen mußte, ist eines der glühendsten und der letzten Gefechte jener langen Tadition: Der Reichtum führt zum Bösen, zur Verschwendung. Er ist Versuchung, Wegbereiter des Bösen. Er verleitet die Eltern zu schuldhafter Nachgiebigkeit, zu Zugeständnissen, die am Ende die Seelen der eigenen Kinder verderben und ruinieren.

Auch wenn unsere Kenntnisse über Pietro Bernardone äußerst gering sind, wissen wir doch, daß diese Sicht verkürzt ist. Um dies deutlich zu machen, wiederholen wir, was wir schon allgemein gesagt haben: Dieser «kapitalistischen» Mentalität mußte eine Bildung entsprechen, deren Breite wir nicht kennen, die aber die Fähigkeit des Lesens, Schreibens und Rechnens einschließen mußte und dazu wenigstens die Elementarkenntnisse des Lateins. Man sollte nicht vergessen, daß die Notare lateinisch schrieben, wie ungeschliffen und ungenau auch immer, so daß in der zweiten Hälfte des 12. Jahrhunderts Geschäftsabschlüsse, Käufe und Verkäufe lateinisch abgefaßt waren. Die Betroffenen mußten in der Lage sein, die Belege zu kontrollieren, wenn auch nur in ihren wesentlichen Angaben. Dann zwangen den Vater die Geschäftsreisen sicher, Französisch zu lernen, und von ihm muß der Sohn Franziskus es gelernt haben, der – wie alle Quellen übereinstim-

mend berichten – sehr gern auf französisch sang. Das hätte er von niemand als dem Vater lernen können. Über ihn wird in diesem Zusammenhang nichts gesagt. Vielleicht, weil dies das ganz in mehr oder minder düsteren Farben gehaltene Bild verändert hätte, das im allgemeinen von ihm gezeigt wird.
Noch weniger wissen wir über seine Mutter. Der Name selbst, Pica, taucht sehr spät auf und nie in den bei Fragen im Zusammenhang mit Assisi zuverlässigsten Quellen wie der *Dreigefährtenlegende*. Die Angabe, sie stamme aus der Provence, ist noch späteren Datums, ebenso die andere, sie sei aus Lucca gekommen. Es handelt sich hier um völlig unkontollierbare Angaben. Der natürlichen Ordnung der Dinge hingegen entsprechen ihr zärtliches Bemühen und ihre Sorge um diesen kränklichen Sohn – über diesen Punkt liefern die Gefährten seiner letzten Jahre unbezweifelbare Hinweise –, der zuerst so sehr anderen jungen Leuten glich und dann so anders wurde und sich immer mehr entfernte auf dem Weg zur Heiligkeit. Diese Heiligkeit war ebenso groß wie für die Mutter schmerzhaft, mochte sie auch noch soviel Verständnis aufbringen. Uns wird sie von den Biographen in einem günstigen Licht dargestellt. Nur Thomas von Celano könnte hierüber gewisse Zweifel wecken, aber wir haben bereits auf seine Grenzen in der Beurteilung der Familie des Franziskus hingewiesen.
Von dieser Familie präsentieren uns die Biographen als zweitrangig und als «Schatten» seines Vaters noch einen Bruder, Angelo, aber nur, um uns von seiner Habgier zu berichten und von seinem Wunsch, das wiederzugewinnen, was Franziskus – in seinem verrückten Drang, alles zu verschenken – zu verschleudern schien.

3.1. Geburt und Jugend

Wann wurde Franziskus geboren und in welchen Verhältnissen? Von dem vielen, das wir gerne wüßten, ist recht wenig sicher. Wir kennen den Tag nicht, an dem er zur Welt kam – für die Hagiographen des Mittelalters handelt es sich dabei um eine uninteressante und unwichtige Tatsache. Selbst bei der Jahreszahl schwankt man zwischen 1181 und 1182 und rekonstruiert sie, indem man rück-

wärts vom Todesjahr an rechnet und sich dabei an den ihm zugeschriebenen Lebensjahren orientiert.
Dafür mangelt es nicht an einer ganzen Reihe von erbaulichen Einzelheiten. Ein Bettler soll, wie ein neuer Johannes der Täufer, in der Stadt die Geburt eines außergewöhnlichen Kindes angekündigt haben. Seine Mutter sei von den Schmerzen so erschöpft gewesen, daß sie die Geburt nicht habe zu Ende bringen können. Es sei ihr erst möglich gewesen, als sie in den Stall hinuntergegangen sei, wo der Sohn endlich das Licht der Welt habe erblicken können. Nun muß sofort gesagt werden, daß es sich hier um legendäre, späte Angaben handelt. Sie wurden nach und nach als Ausschmückung eingefügt. Grund war die Entwicklung des Bildes – ein Soziologe würde heute vom «Mythos» sprechen – von Franziskus als neuem Christus, *alter Christus,* mit dem er eine Reihe eindrucksvoller, bedeutsamer und von der Vorsehung so gewollter Analogien aufwies (*conformitates* [Gleichförmigkeiten] in der Sprache des 12. und 13. Jahrhunderts). Man muß den Mut haben, diese Zusätze auszumerzen und das wahre Bild des Heiligen wiederherzustellen, wenn wir ihm möglichst vollständig seinen historischen Wert und seine Bedeutung wiedergeben wollen.
Mit Sicherheit wissen wir, daß er als erster Sohn geboren wurde, während sein Vater auf Geschäftsreise in Frankreich war. Er soll den Namen Johannes erhalten haben, der bei der Rückkehr Pietro Bernardones (bei der Taufe, die man aufgeschoben hatte, um auf ihn zu warten?) geändert wurde in Franziskus. Es ist hervorgehoben worden, daß er nicht als erster diesen im übrigen doch sehr seltenen Namen trug. In der Sprache der Zeit bedeutete er «französisch» («panni franceschi» wurden Stoffe aus Frankreich noch ein paar Jahrhunderte lang von den Kaufleuten genannt). Auf jeden Fall kann man die traditionelle Erklärung akzeptieren, nach welcher der Name gewählt wurde, um entweder die guten Geschäfte jener Reise zu feiern oder, noch wahrscheinlicher, um im Namen des Sohnes eine glückliche Handelstätigkeit festzuhalten.
Über seine Kindheit und seine kulturelle Erziehung wissen wir nichts. Er wird sehr lebhaft gewesen sein – welcher kleine Junge ist das nicht? – und seiner Mutter einige Sorgen bereitet haben. Auf die Proteste und Klagen der Nachbarn, die aus ihrer Unruhe

über seine Bubenstreiche keinen Hehl machten, hat sie wohl entsprechend unserer Redensart geantwortet: «Auch er ist doch ein Kind Gottes!»
Über seine Bildung wissen wir soviel, wie sich aus seinen Schriften ergibt – die, wie wir schon hervorgehoben haben, auch widerspiegeln, wieviel Franziskus nach und nach dazugelernt hat. Seine Bibelkenntnisse zum Beispiel sind recht breit und genau. Sie scheinen aber eher das Ergebnis der aufmerksamen und intensiven Teilnahme am liturgischen Leben der Kirche (also nach seiner Bekehrung) zu sein als das einer systematischen Lektüre der Bibel. Auf jeden Fall konnte er gut mit der Bibel umgehen, sowohl in der Volkssprache – das zeigt der *Sonnengesang* – als auch in seinen kleinen lateinischen Schriften. Er hatte eine ausreichende Kenntnis des Lateins auf dem Bildungsniveau eines Kaufmanns. Aber verglichen mit den Fähigkeiten eines gut oder gar vollkommen ausgebildeten Klerikers ist sie eher bescheiden und jedenfalls nicht immer grammatisch sicher und fehlerfrei. Oft wird eine Passage lateinisch begonnen und in der Volkssprache fortgesetzt, die er sicher besser kannte und an die er mehr gewöhnt war. Auf demselben Niveau mußten seine Französischkenntnisse sein. Soviel wir wissen bzw. erraten können, waren es keine schulmäßigen, sondern praktische Kenntnisse, die er sich wohl im Zusammenhang mit der Geschäftswelt und in Unterhaltungen erwarb. Vor allem liebte er die Lieder. Hier ist festzuhalten, daß der Vermittler dieser sprachlichen Kenntnisse und Vorliebe der Vater war, der seinem erstgeborenen Sohn eine grundlegende Bidlung geben wollte, damit er ihm so bald wie möglich im Geschäft zur Seite stehen könnte.
Kurz, Franziskus war in den väterlichen Zukunftsplänen dazu bestimmt, zum geeigneten Zeitpunkt die Zügel des großen Handelshauses der Familie in die Hand zu nehmen. In der *Dreigefährtenlegende,* die Assisi und den Ereignissen der Stadt am nächsten steht, wird uns Franziskus als ein anscheinend fleissiger und fähiger Mitarbeiter seines Vaters, als ein gewandter Geschäftsmann vorgestellt. Dies wird klar, wenn wir an einen Umstand denken, der hier unterstrichen sein soll, während er aus Geschmack an romantischer Schönfärberei oft verschleiert oder sogar direkt verschwiegen wird. Die Bekehrung des Franziskus ist nicht die eines

jugendlichen Traumtänzers, der dann in die liebenden Arme der Dame Armut sinkt. Im Mittelalter war man zum politischen, militärischen und geschäftlichen Leben viel füher reif als heute. Mit zwanzig Jahren war man längst fertig erzogen und wurde als gestandener Mann angesehen. Und genauso erscheint uns daher Franziskus im väterlichen Laden, wo er verkauft, handelt und arbeitet – allem Anschein nach in vollständiger Eigenverantwortung, aber auch in absoluter Harmonie mit der Familie.

3.2. Die Bekehrung

Die Aussätzigen

Er war also kein traumverlorenes Jüngelchen, dieser Geschäftsmann, der sich immer mehr einer Unruhe bewußt wurde, bis er zu jener völligen Umkehrung der Werte gelangte, die mit einem im Mittelalter präzisen Fachausdruck, der heute eine allgemeinere Bedeutung hat, *conversio* – Bekehrung genannt wird.

Über diese erste und grundlegende Begebenheit, diese entscheidende Wende im Leben des Franziskus haben wir ein knappes, schmuckloses und zusammenfassendes, aber unschätzbar wertvolles Zeugnis, das Testament. Alles, was dort implizit enthalten ist, deckt sich genau – das muß betont werden – mit dem, was wir aus den anderen Quellen erschließen werden, die wir für unsere Zwecke als zuverlässig erachten. Das Testament hält in lapidarer Einfachheit eine ganze vielschichtige und durchlittene seelische Entwicklung fest und sagt:

> «So hat der Herr mir, dem Bruder Franziskus, gegeben, das Leben der Buße zu beginnen: denn als ich in Sünden war, kam es mir sehr bitter vor, Aussätzige zu sehen. Und der Herr selbst hat mich unter sie geführt, und ich habe ihnen Barmherzigkeit erwiesen. Und da ich fortging von ihnen, wurde mir das, was mir bitter vorkam, in Süßigkeit der Seele und des Leibes verwandelt. Und danach hielt ich eine Weile inne und verließ die Welt» [Test 1–3].

Das sind wenige Zeilen. Aber sie beschreiben genau den entscheidenden Augenblick, die bestimmende Wahl in einem spirituellen Prozeß, der in einer Umkehrung der Werte gipfelt. Dies wird aufs allerdeutlichste angezeigt in der Gegenüberstellung *bitter – süß* und in der Tatsache, die diese Umkehr bestimmt hat: die *Begegnung mit den Aussätzigen*. Diesen beiden Punkten müssen wir jetzt unsere Aufmerksamkeit widmen. Wir beginnen mit dem Hinweis, daß Franziskus die ganze Zeit vor seiner entscheidenden Wandlung als «in Sünden sein» ansieht. Mit diesen Worten wird sein ganzes inneres Leben von der Kindheit bis zur Reife global verdammt und gleichzeitig mit einer Bezeichnung aus der Perspektive der Vorsehung benannt, in der er sich wiedererkennt, um nicht zu sagen: mit der er sich identifiziert. Zwischen der Sünde und der Buße liegt das Zeichen des Eingreifens von Gott, das den Anstoß gab für etwas, das Gott selbst vorbereitet hatte: den Beginn eines Lebens in Buße.

Es besteht also eine genaue Übereinstimmung zwischen den Sünden und der Bitterkeit des Abscheus, den die Aussätzigen hervorrufen. Und das muß nicht verwundern, denn vielleicht ist auch eine Übereinstimmung zwischen Aussatz der Seele – ein in der damaligen Spiritualität gängiger Ausdruck – und wirklich Kranken gemeint. Es könnte ein Zeichen sein für die Widersprüchlichkeit im geheimsten Inneren einer Seele, die nicht erkennt, daß sie aussätzig ist. Nicht mehr und nicht weniger aussätzig als jene, die es körperlich sind und die Seele deshalb schaudern lassen. Während sie keinen Schauder empfindet vor einer Moral, die sie innerlich genauso abstoßend macht.

Dieser Angstschauder, der durch die Vorsehung Franziskus klar bewußt wird, ist die Folge einer langen Tradition, die vom Judentum ins Christentum übergegangen war. Sie soll deutlich zum Ausdruck gebracht werden. Schon im Alten Testament, das bekanntlich seinen Ursprung im Orient hat – wo es Aussatz immer gegeben hat – sind in den Büchern Leviticus (13–14) und Deuteronomium (24, 8–9) die Vorschriften angegeben, die zur Erkennung der Krankheit zu befolgen waren. Dazu alle Maßnahmen, die man treffen mußte, um den Kranken aus der menschlichen Gemeinschaft auszuschließen, sowie andere, um zu entscheiden, ob und wie er wieder zugelassen werden sollte. All diese Normen übernahm auch die christliche Gemeinschaft und brachte sie systematisch zur Anwendung. Einerseits, weil der Aussatz vom Morgenland ins Abendland gekommen war – besonders mit den Kreuzzügen, bei denen es oft an Hygiene fehlte –, andererseits, weil Fehl- und Unterernährung viele Hautkrankheiten förderte, die wegen ihrer äußeren Symptome – gerade solche waren ja in der Bibel aufgeführt – leicht zu Verwechslung mit dem Aussatz führten. Auf diese Weise wurden zahlreiche Kranke als Aussätzige aus der Gesellschaft ausgeschlossen, die in Wirklichkeit gar keine waren. Aber erbarmungslos wurden sie ausgegrenzt, verbannt und mit jener Aura des Grauens umgeben, das Franziskus in seinem Testament eingesteht.

Weiter ist anzufügen, daß eine Reihe von Rechtsnormen, die zwar von Ort zu Ort verschieden, aber übereinstimmend in der Kombination von religiösem Bann und einer Art gesellschaftlichem Tod waren, die Aussätzigen trafen. Vorgeschrieben waren festgelegte Unterkünfte, natürlich außerhalb der Gemeinschaft und streng von ihr isoliert. Dabei ging es den Aussätzigen der Orte mit einem *hospitale leprosorum* vergleichsweise gut. Die Rechtsnormen untersagten ihnen in der Regel den Zutritt zur Stadt. Selbst das Benützen der Straßen war Einschränkungen unterworfen: belebte Wege mußten sie meiden und sich mit Schellen, anderen Instrumenten oder wenigstens mit der Stimme bemerkbar machen. Noch schlimmer war die Tatsache, daß die Aussätzigen gewöhnlich sich selbst überlassen blieben. Wenn auch der eine oder andere fromme Erblasser sie in seinem Testament bedachte, so fanden doch recht wenige den Mut, ihnen zu Hilfe zu kommen. Und wenn es geschah, wurden endlose Einwände vorgebracht aus Angst vor Ansteckung und aus Ekel vor den Aussätzigen: die Bitterkeit, von der Franziskus in seinem Testament spricht.

Aus den bisherigen Beobachtungen ergibt sich eine Folgerung von nicht kleinerem Gewicht als die Tatsache der Bekehrung des Franziskus selbst und der Umsturz der Werte, den sie mit sich brachte. Es ist das Bestimmende und Bezeichnende dieser Bekehrung, daß er sich mit Erbarmen und liebevollem Mitleiden um die Aussätzigen kümmerte. Entscheidend bei der Begegnung - der Heilige sagt dies selbst – ist die Liebe zu den Aussätzigen anstelle des Abscheus, den er früher empfunden hatte. Das heisst: Das zentrale Moment der Bekehrung des Franziskus ist nicht die

Armut, sondern – menschlich viel tiefer und wertvoller – die Erfahrung des gemeinsamen menschlichen Leidens an Seele (Aussatz der Seele) und Leib.
Entscheidender Punkt der Bekehrung des Franziskus von Assisi ist also der Übergang von einer menschlichen Seinsweise zu einer anderen, das Akzeptieren der eigenen Zugehörigkeit zu einer Randgruppe. Er zählt sich zu den Ausgeschlossenen, die doch von allen wegen ihres ekelhaften Zustandes zurückgewiesen wurden. Daß für diese Ausgestoßenen auch die Armut ein gemeinsames Merkmal war, ist eine unvermeidliche Begleiterscheinung. Aber die Armut ist nicht der entscheidende Faktor der Bekehrung.
Damit soll natürlich nicht gesagt sein, die Armut habe nicht ihre Bedeutung und ihr Gewicht in der geistlichen Geschichte und für die Bekehrung des Franziskus. Es soll nur unterstreichen, daß der Auslöser für seine entscheidende Wandlung nicht aus dem christlich-aszetischen Ideal der Armut entsprang, sondern aus einer tieferen und gleichzeitig menschlich wie christlich viel bedeutenderen Quelle. Wenn das Problem der Armut bei einigen Biographen – wenigstens dem Anschein nach – im Vordergrund steht und in gewissen Zusammenhängen sogar an erster Stelle, so hat dies zweifellos seinen Grund im folgenden Umstand: Beim Übergang vom intuitiven Erkennen, aus dem die *conversio* (=Bekehrung) hervorging, zur Bildung einer religiösen Gemeinschaft entwickelte der Aspekt der Armut Wesensmerkmale, die sie von jeder früheren Armutsform der Chorherren und monastischen Orden unterschieden, und zwar gerade wegen des von allen anerkannten Übertritts zu den Ausgeschlossenen. Deshalb war es notwendig, diese Wesensmerkmale genau zu umreißen, zu klären und zu bestimmen, auch um sie später als Element einer Institution allgemeingültig angeben zu können.
Sobald in der franziskanischen Normgebung die Armut die Bedeutung und Besonderheit annahm, die sie dann auf die Dauer behalten sollte, wollte man auch bei Franziskus persönliche Gründe suchen, die ihn gerade zu dieser und keiner anderen Art von Armut gebracht hatten. Die Liebe des Franziskus zu den Armen, seine Hilfsbereitschaft, der Wunsch, wie sie zu sein und bei ihnen zu weilen, entspringt einerseits seiner spontanen und grenzenlosen Großzügigkeit, andererseits dem Mitleiden, das er empfand, weil

sie genau wie die Aussätzigen am Rande der Gesellschaft und ausgestoßen von den anderen lebten.

Um jede Undeutlichkeit zu vermeiden, wird hier mit absoluter Klarheit gesagt, daß die Aussätzigen immer ein zentrales Anliegen der ursprünglichen franziskanischen Bewegung blieben, auch bei denen, die nach dem Tod des Heiligen seinem Beispiel nacheifern und seine Tradition fortsetzen wollten. Noch zu Lebzeiten des Heiligen, während er sich in Palästina aufhielt und der Orden noch in einer Aufbauphase war, versetzte ein Bruder seine Mitbrüder in große Aufregung, weil er den Orden in den Dienst der Aussätzigen stellen wollte. Wir werden darauf zurückkommen. Bekannt ist auch die Episode mit der seligen Angela von Foligno, die ihre karitative Tätigkeit und ihre Buße im Dienst an den Aussätzigen verrichtete und dabei so weit ging, die Geschwüre der Aussätzigen waschen und das eitrige Schmutzwasser trinken zu wollen. Das entscheidende Zeugnis bleibt auf jeden Fall Franziskus selbst und sein Testament. Ganz ohne Zweifel ist es Absicht, daß in der Regel die Strenge der Armut unterstrichen wird, daß aber der Höhepunkt der Bekehrung in der kurzen Darstellung seiner Lebensgeschichte als Nachfolger Christi für ihn der Moment ist, in dem er Erbarmen mit den Aussätzigen hatte.

Wir haben also die erste zweifelsfreie Gegebenheit vor uns, die den vielfältigen inneren Reichtum des Franziskus anzeigt. Wenn wir seine reine, strahlende Einfachheit des Geistes, das heitere Wissen um das Göttliche bewundern können, ja müssen – so müssen wir immer bedenken, daß wir eine außergewöhnliche Seele vor uns haben.

Auf jeden Fall ist es ganz in der Linie einer vollkommenen seelischen und religiösen Folgerichtigkeit, daß der Heilige sein ganzes Leben lang zwei Dinge als erste *gültige* Wirklichkeit bezeichnet hat – sich ein Bild von ihm selbst zu machen, mußte er seinen Brüdern überlassen –: Das «Sein in Sünden» als existenzielle Bedingung, das dem Moment der *conversio* vorausgeht, und die Bekehrung als vom Herrn gewollte Neugeburt, weil sie in der Buße ein neues Leben einleitete. Das neue Leben als Drittes beginnt mit dem Aufgeben der Welt (des *saeculum,* in typisch mittelalterlicher Ausdrucksweise).

Die Bekehrung wird als eine Neugeburt empfunden und in einem charakteristischen Ereignis erfahren. Sie ist bei all denen gegeben, die in ihrem Dasein – auf religiöser oder nichtreligiöser Ebene, aber wir beschränken uns auf die erstere – diesen Umsturz der Werte erlebt haben. Man denke an die berühmte Episode des «tolle et lege» (nimm und lies) im mailändischen Garten, wovon der hl. Augustinus von Thagaste in seinen *Confessiones* berichtet. Man erinnere sich des Paulus auf dem Weg nach Damaskus. Man führe sich das Drama des Alessandro Manzoni vor Augen, der seine Frau in der Menge verlor, eine Kirche betrat, betete und seinen Glauben wiederfand. Diese drei Episoden, jede anders in ihrem Hergang, haben alle einen gemeinsamen Zug, der im Herzen jedes Betroffenen lebendig bleibt und der gegenwärtig ist im Augenblick der Entscheidung und in dem, was zu der Entscheidung führt. Zu diesen dreien gesellt sich Franziskus von Assisi mit seiner Begegnung mit den Aussätzigen, nach der ihm das, was vorher bitter war – der Anblick der Aussätzigen – zu «Süßigkeit der Seele und des Leibes» wurde.

Die Bekehrung, von der uns Franziskus in so klaren und deutlichen Worten spricht, bleibt jedoch wegen ihrer langsamen, stufenweisen Reifung im Schweigen eines Gewissens beschlossen, und wir können ihre Entstehung nicht verfolgen. Wie kam der junge Kaufmann zu solch einem totalen Umschwung seines Daseins? Durch welche inneren Qualen hindurch beschloß er den Wechsel von den Lebensbedingungen eines reichen, vom Schicksal begünstigten und für eine glänzende Zukunft bestimmten Mannes ausgerechnet zu denen der Ausgestoßenen, des freiwilligen Büßers, um all denen näher zu sein, welche die ganze Gesellschaft loswerden wollte und ja wirklich loswurde?

Über diese geistliche Entwicklung, über die Etappen seiner Reifung muß Franziskus immer geschwiegen haben, denn niemand wagt es, sich auf vertrauliche Mitteilungen zu diesem Thema zu beziehen. Die Biographen, die *alle* nach dem Testament, nach dem Tod des Heiligen und nachdem der Orden sich gebildet und die Armut die kennzeichnende Bedeutung bekommen hatte, schrieben, verfügen nur über äußere Tatsachen, über einzelne Episoden. Über deren Wert müssen wir uns von Mal zu Mal vergewissern und versuchen, ihren Nutzen für den Zweck einer möglichst besseren Erfassung der *conversio* zu beurteilen. Gewiß ist den

Biographen die Bedeutung des Problems nicht entgangen, und ebenso gewiß sind sie nicht der Versuchung entgangen, ihm ihre eigene Erklärung zu geben. Gerade deshalb wollen wir nicht versuchen, eine weitere hinzuzufügen. Vielmehr möchten wir nur die Umstände aufzeigen, die uns helfen sollen, die Bekehrung des Franziskus besser zu verstehen, soweit das überhaupt möglich ist.

«Als ich in Sünden war»

Nun stellt sich ein erstes Problem. Franziskus definierte, wie wir sahen, seine Lebensumstände in genau vier Worten: *«cum essem in peccatis»* (als ich in Sünden war). Sie waren also für den Mann, der rückblickend die Hälfte seines Lebens als einen gleichförmigen Zustand sah, ganz ausschließlich *sündig*. Welcher Art aber waren diese Sünden? Kann man mehr darüber erfahren?

Die Lebensbeschreibungen des Thomas von Celano werden wir von vornherein beiseite lassen. Nicht, weil sie lügenhaft oder falsch wären, sondern weil die erste von der Bekehrung des Franziskus mit Gewalt ein Bild in starken Kontrastfarben malt. Sie präsentiert uns einen haltlos verdorbenen jungen Mann, der wegen seines Geldes und seines persönlichen Charmes sogar andere verdirbt, der schlecht erzogen ist von einer Familie, die dafür und für die so schlimmen Folgen wesentlich die Schuld trägt. Die zweite Lebensbeschreibung dämpft und korrigiert das Bild ein wenig, aber eigentlich nur da, wo es die beiden Elternteile und die Familie betrifft. Der Gesamteindruck wird dadurch nicht abgeschwächt. Es ist schon wirklich etwas Einmaliges, daß so viele Historiker die Hinweise nicht beachtet haben, die Autoren von Nino Tamassia bis Walter Goetz und andere nach ihnen unterstrichen haben: Celano wollte ein Bild zeichnen, das zwar etwas über Franziskus aussagen, aber insgesamt eine Ermahnung an allzu sorglose Eltern sein sollte. Er schrieb eine Verherrlichung der unendlichen Güte Gottes, der auch aus einem Verderbten noch einen Heiligen wie Franziskus machen konnte. Wir werden natürlich die Informationen nicht außer acht lassen, die Celano uns gibt. Allerdings dürfen wir dabei nicht vergessen, daß er dazu neigt, nach der zeitgenössischen Lehre der rhetorischen Technik kon-

struierte literarische Bilder zu schaffen und daß er retuschiert zugunsten der Bedürfnisse des Ordenslebens und zur Verherrlichung Gregors IX., eines Freundes des Heiligen. Freilich ist er deswegen kein Fälscher oder Lügner, zumal ja die Jugend von Franziskus für die Geschichte eines wunderbaren göttlichen Eingreifens interessant sein kann, nicht aber für die franziskanische Lebensweise oder für das Eingreifen Gregor IX., der zu Lebzeiten von Franziskus Kardinalprotektor war.
Neben den Lebensbeschreibungen des Thomas von Celano ist die sogenannte *Dreigefährtenlegende* das grundlegende Werk. Sie wird nicht so genannt, weil die drei Gefährten wirklich ihre Autoren wären, sondern weil sie uns das Echo (ob direkt oder indirekt, ist schwer festzustellen) von einer oder mehreren Personen bringt, die die Jahre verfolgen konnten, die Franziskus in Assisi verbrachte. Sie hat einen ausgesprochenen Sinn für die Wirklichkeit der Stadt in ihrer Alltäglichkeit. Man spürt eine Konkretheit in den menschlichen Beziehungen, die nur von jemandem kommen kann, der beschreibt, was er kennt, und der auch weiß, daß sein Bericht von Leuten verfolgt wird, die ihn kontrollieren und gegen jeglichen Versuch einer Veränderung der Wirklichkeit vorgehen können. Gerade die Tatsache, daß diese Legende sich ganz auf Ereignisse in Assisi beschränkt, daß sie alles ausläßt, was sich nicht auf Assisi bezieht, unterstreicht ihre Bedeutung. Dasselbe gilt für andere, nicht weniger wichtige Elemente: Stadtbewohner, die sich über den Heiligen lustig machten, andere, die seinen langsamen Todeskampf heimlich beobachteten, aus Furcht, man könnte ihnen den Leichnam stehlen, der ja sofort eine kostbare Reliquie wurde.
Was kann man aus solchen Werken entnehmen? Helfen sie uns, das Geheimnis der Bekehrung des Franziskus zu erfassen? Das Geheimnis bleibt unberührt. Aber wir können Franziskus besser in seine Stadt und in seine Zeit hineinstellen. Die düstere Darstellung der ersten Lebensbeschreibung des Thomas von Celano, von der zweiten stillschweigend beiseite geschoben, ist zweifellos viel weniger gültig als die Dreigefährtenlegende. Hier wird uns der junge Sohn von Pietro Bernardone vorgeführt als wirklich fähiger Helfer seines Vaters im Laden, wo Stoffe von großem Wert lagerten und sich geldträchtige Kundschaft einfand, die gewillt

war, für kostbare Tuche gut zu zahlen. Und die Sünden, deren Franziskus selbst sich im Testament beschuldigt? Beginnen wir mit der Feststellung, daß er mit dem Ausdruck *esse in peccatis* nicht auf ganz bestimmte Sünden hinweisen wollte, sondern auf ein Leben in weltlichen Freuden und Genüssen, das Christus vergißt, zwar nicht ausdrücklich, aber so lebend und handelnd, als hätte es Christus nie gegeben. Solche Lebensweise betrachteten und beklagten die Moralisten jener Jahre als für die Masse normal; sie wandten sich oft protestierend dagegen und erinnerten an die mögliche Nähe des Todes, an das Jüngste Gericht und das Gericht jedes einzelnen. Man denke nur an das *Dies irea* oder an die Einleitung der ersten Lebensbeschreibung des Thomas von Celano, die ganz um diese Thematik angelegt ist.

Wo war nun der Standort des jungen Franziskus vor einem solchen Hintergrund? Hinweise in diesem Zusammenhang bietet uns vor allem die Dreigefährtenlegende, die anscheinend mehr als jede andere Quelle die Wirklichkeit und das städtische Milieu Assisis spiegelt und von Kenntnis entsprechender Einzelheiten über die Familie und die wirtschaftliche Tätigkeit des Heiligen zeugt. Wir halten sie für um so vertrauenswürdiger, als sie uns sozusagen neutrale Angaben liefert, die keine Anzeichen von ermahnender, hagiographischer Gezieltheit haben, sondern vielmehr die öffentliche Meinung wiedergeben, die sich in der Stadt über ihn als jungen Mann lebendig gehalten hatte.

Diese Legende weist mit Recht darauf hin, daß Franziskus *adultus* (erwachsen) war und befähigt zur Ausübung des väterlichen kaufmännischen Gewerbes, der *negotiatio.* Sofort fügt sie ein Detail an, das wir für gültig ansehen können, auch aufgrund dessen, was sich aus den nachfolgenden Ereignissen ergibt. Der Kaufmann war tüchtig wie sein Vater, aber in einem Charakterzug anders: er war heiterer und freigebiger:

> «Dem Spiel und Sang ergeben, durchzog er bei Tag und Nacht mit Gleichgesinnten die Stadt Assisi. Dabei war er so freigebig, daß er alles, was er haben und verdienen konnte, für Gastmähler und andere Dinge verbrauchte» [3 Gef 2].

Die Dreigefährtenlegende hilft uns, auch die polemische Haltung zu Beginn der ersten Lebensbeschreibung Thomas von Celanos zu verstehen. Sie erzählt nämlich, daß die Familie Franziskus oft tadelte, weil er sich nicht wie ihr Sohn, «sondern wie der eines großen Fürsten» aufführte. Aber die Eltern – nicht nur die Mutter, wohlgemerkt – waren reich und «liebten ihn aufs zärtlichste *(tenerrime)*, ließen sein Treiben gewähren und wollten ihm nicht im Wege sein [3 Gef 2]. Die Mutter verteidigte ihn dann, wie gesagt, gegen die Kritik der Nachbarn, die die Verschwendung des Sohnes mit Mißbilligung zur Kenntnis nahmen. Und in der Tat, betont die Legende, trug er Kleider, die viel kostspieliger waren, als es für seinen Stand angemessen war. Er brachte in seine Eleganz sogar eine Note von Extravaganz. Beispielsweise ließ er einen kostbaren Stoff mit einem spottbilligen zusammennähen, um das zu erreichen, was in der aktuellen Sprache der Mode Kombination von Kontrasten heißt, und bezweckte, so Eindruck zu machen.

Von noch größerer Bedeutung ist in der Dreigefährtenlegende die Vertiefung dieser psychologischen Charakterisierung: Franziskus war «naturaliter curialis et moribus et verbis» – «Im Benehmen und im Reden waren ihm höfische Sitten gleichsam angeboren» [3 Gef 3]. Das sind Worte, die genau und unmißverständlich den Lebensstil bezeichnen, der dem jungen Kaufmann von Natur aus entsprach. Der Ausdruck *curialis* ist ja die lateinische Übersetzung von *cortese*. Das heißt: Franziskus neigte von Natur aus zum höfischen Lebensstil, der schon besprochen wurde als Wesenszug einer bestimmten abendländischen Kultur. Gerade diese Quelle beschreibt ihn uns genau und hebt dabei hervor, wie sehr er sich abhob von der Mentalität eines Kaufmanns vom alten Schlag.

Diese «cortesia» verpflichtete zu einem Benehmen, das jeder ordinären Pöbelhaftigkeit auswich und sogar eine echte Strenge und Feinheit erforderte. Über Franziskus lesen wir in der Legende, daß er jedes beleidigende oder grobe Wort vermied. Und trotz seiner Jugend und seiner Neigung zu Späßen hatte er beschlossen, jede an ihn gerichtete Äußerung zu überhören, die etwas Pöbelhaftes an sich hatte. Doch kam bei ihm – wir sprechen immer noch von einer natürlichen Haltung – etwas zwar nicht Zusätzliches, aber gewiß Typisches und Bezeichnendes dazu: Die Großherzigkeit gegenüber jedem Bedürftigen, die zur «cortesia» gehörte, war ihm zutiefst eigen und hatte für ihn eine tiefe geistliche Motivation. Der Großherzigkeit Gottes mußte bei dem, der dazu in der Lage war, eine nicht weniger weitgehende Großherzigkeit gegenüber den Armen entsprechen. Es gibt in der Legende eine beiläufige Bemerkung, die jedoch in der fast banalen Feststellung, die sie darstellt, von einer genauen Beobachtungsgabe zeugt: «Und obschon er Kaufmann war, war er doch ein rücksichtsloser Verschwender irdischen Reichtums» [3 Gef 3]. Aber Franziskus hatte auch etwas von der Mentalität seines Berufes: Einmal, «als er eifrig das Geschäft führte, gefesselt von der Gier nach Reichtum» [3 Gef 3], verweigerte er einem Armen ein Almosen. Er bereute das nachher aber als einen schlimmen Mangel an cortesia. Er hatte eine *magna rusticitas,* eine große bäuerische Grobheit [3 Gef 3] begangen, ein spezifischer Ausdruck zur Bezeichnung des Gegenteils von *curialitas,* cortesia.

Nach so vielen kritisch strengen Anmerkungen möchten wir nicht urteilen über all die Einzelheiten, auf die die Dreigefährtenlegende sich bezieht. Aber wir wiederholen es: Beeindruckend ist, wie die Erzählung sich uns als Echo der öffentlichen Meinung darstellt. Sie gibt einige charakteristische Züge wieder ohne ermahnende, religiöse oder erbauliche Bedeutung, doch völlig übereinstimmend mit dem, was über den sehr gut dokumentierten Lebensstil aus anderen Quellen hervorgeht. Daher ist sie absolut glaubwürdig und in ihren wesentlichen Linien für den Historiker brauchbar.

Um ein genaues Bild der Lebensumstände des Franziskus zu vermitteln, erinnern wir, daß eine so frühe Entwicklung in einem Zentrum, wie es Assisi darstellte, nicht überraschen muß. Die höfische Kultur gibt es im italienischen Bürgertum schon am Ende des 12. und in den allerersten Jahren des 13. Jahrhunderts – auch wenn sie erst in den Jahrzehnten danach zur eigentlichen vollen Entfaltung kommt.

Diesem Franziskus, der so genau und organisch in eine Stadtgemeinschaft eingepaßt ist, die seine wichtigsten Lebensäußerungen verstand und im Gedächtnis behielt, steht die Darstellung des Thomas von Celano in düsterem Gegensatz gegenüber. Ohne hier schon oft Bemerktes zu wiederholen, wollen wir die moralistische Predigt gegen die Eltern hervorheben – daß die des Heiligen eingeschlossen sind, braucht kaum erwähnt zu werden. Von der Wiege an erziehen sie ihre Kinder zum Bösen, ja sie zwingen sie sogar dazu, sobald sie kaum halbwüchsig sind. Und während sie größer werden, werden sie zur Sünde verführt. Denn man erlaubt ihnen, sich immer schlimmer aufzuführen, bis sie nur noch dem Namen nach Christen sind und sich sogar brüsten mit nicht begangenen argen Sünden, um vor den anderen gut dazustehen.

Jene, die die historische Gültigkeit der beiden Lebensbeschreibungen des Thomas bis zum letzten Atemzug verteidigen wollen, bemerken mit Recht, daß der Abschnitt über die schlechte Erziehung sich nicht in allen Einzelheiten auf Franziskus bezieht. Aber es bleibt Tatsache, daß der Biograph gerade nach diesem Abschnitt wörtlich sagt:

> «Das ist die unglückliche Vorschule, in der jener Mann, den wir heute als Heiligen verehren – er ist ja wirklich ein Heiliger – von Jugend an lebte und fast bis zu seinem 25. Lebensjahr seine Zeit kläglich vergeudete und vertändelte» [1 Cel 2]. Und er erschwert das Urteil noch mit dem Zusatz: «Ja, mehr als alle seine Altersgenossen machte er üble Fortschritte in nichtigem Treiben und war ein gar übereifriger Anstifter zu bösen Streichen und Eiferer für die Torheit» [1 Cel 2].

Darauf folgt eine Reihe von Sünden und Lastern, mehr oder minder allgemeine Anklänge an die Bibel und an die Bekenntnisse des Augustinus. Zum Schluß wird auf das Eingreifen Gottes hingewiesen: Er entreißt den jungen leidenschaftlichen Mann Satan, der ihn mit der alten Schlange fesselte. Soweit in kurzer Zusammenfassung das Plädoyer, das Thomas in der ersten Lebensbeschreibung vorbringt, der die zweite außer einigen äußeren Präzisierungen und einer generellen Huldigung an die Mutter nichts Wesentliches hinzufügt. Wir können also abschließend sagen, daß dieser Teil der beiden Lebensbeschreibungen nichts anderes ist als ein moralisierender Exkurs. Er ist nach den gebräuchlichsten Regeln mittelalterlicher Rhetorik von den Worten «cum essem in peccatis» aus dem Testament abgeleitet, ohne aber etwas zu bieten, das an einem historisch gültigen Profil des Franziskus vor der Bekehrung gleichkäme.

Ein junger, aber geschäftstüchtiger Kaufmann also, ein Liebhaber von Festen und Luxus, hingezogen zu einem Lebensstil, der ihn ins Licht rückt durch Großherzigkeit und finanzielle Freigebigkeit, Eleganz, «cortesia»: das war Franziskus mit seinem Ehrgeiz,

der Erste und allen überlegen zu sein. Er glaubte, dies mit Hilfe seines Reichtums auch erreichen zu können, und sah einer Zukunft in Wohlstand und Größe entgegen.
Gerade zu diesem Punkt gibt uns die Dreigefährtenlegende wiederum in vollkommenem Einklang mit der geschichtlichen Situation der Zeit bezeichnende Hinweise über einen genau umrissenen gesellschaftlichen Zustand. Sie liefert dazu auch eine Reihe chronologischer Daten, die im wesentlichen exakt erscheinen. Die *wirtschaftliche* Lage der Familie des Franziskus und jene von Franziskus selbst waren derart, daß sie nur auf *gesellschaftlicher* Ebene vom Adel zu unterscheiden waren. Immer noch bestand nämlich damals eine saubere Trennung zwischen den drei «ordines» (= Stände). In diese teilte sich die Gesellschaft auf. Es war eine Unterscheidung, die zumindest in den italienischen Stadtstaaten zu Aufweichungen neigte und schließlich ganz verschwand. Die reichen Bürger hatten den gleichen und oft sogar besseren Lebensstandard als der Adel, weil sie in viel größerem Maß über flüssiges Geld verfügten. Das heißt, daß die ritterlichen Ambitionen des jungen Kaufmanns konkrete Chancen hatten, sich irgendwie verwirklichen zu können. Die Dreigefährtenlegende gibt diesbezüglich wiederum beachtliche Hinweise, weil sie eine allgemein verbreitete Erinnerung an die Jugend des Heiligen bezeugt. Dabei handelt es sich um Einzelheiten, gewiß auch Kleinigkeiten, die aufgrund ihrer Natur Gemeingut waren. Sie hatten sich unter den Augen vieler, manchmal aller, abgespielt. Eines dieser Details betrifft die Teilnahme des Franziskus an der Schlacht von Collestrada im Jahr 1202, als er also zwanzig Jahre war, und die mehr als einjährige Gefangenschaft in Perugia.
Über die Teilnahme des jungen Kaufmanns am politschen Leben Assisis wissen wir nichts. Die Stadt war damals wegen des Konflikts zwischen *maiores* und *minores,* dem Adel und dem Volk, sehr unruhig. Hinzu kam die Feindschaft mit Perugia, während Innozenz III. seine Politik der *recuperationes* (Wiedergewinnungen) verfolgte mit dem Ziel, den Besitz in die Hand zu bekommen, der aufgrund von freilich großenteils Theorie gebliebenen Schenkungen verschiedener Herrscher an die Kirche im Laufe vieler Jahrhunderte der Kirche zukam. Der Mann, der sich durch «cortesia» hervortun wollte, muß mit innerem Abscheu die Ausbrüche von

Haß, Feindseligkeit und Rache empfunden haben. Das zeigt sein Streben nach Frieden, dessen Zauber und höchsten Wert Franziskus später spürte, nach dem Frieden als unverzichtbare Voraussetzung für die christliche Brüderlichkeit unter Menschen gleich welchen gesellschaftlichen oder wirtschaftlichen Standes.
Franziskus kämpfte bei Collestrada und wurde gefangengenommen. Zusammen mit den Adeligen wurde er eingesperrt, weil er «dem Auftreten nach adelig war» – *«nobilis erat moribus»* [3 Gef 4]. Die Formulierung der Legende bedeutet, daß seine wirtschaftliche Lage es ihm erlaubt hatte, zusammen mit den *milites,* den Rittern, die gewöhnlich dem Adel angehörten, zu Pferde zu kämpfen. Ferner ist es bedeutsam, daß unter allen Quellen, die von dieser Gefangenschafr berichten, keine auf eine Diskriminierung des Franziskus durch die wirklich Adeligen anspielt. Er sei immer fröhlich und zu Scherzen aufgelegt gewesen und habe die anderen ermutigt. Zwar habe er seine Träume vom Ruhm weiter geträumt, aber auch Frieden unter allen geschaffen und sich herzlich einem der Gefangenen zugewandt, der die anderen beleidigt hatte und von ihnen deshalb geschnitten und völliger Einsamkeit überlassen wurde.
Nach seiner Freilassung zwischen 1203 und 1204 kehrte Franziskus nach Assisi zurück zu seinem gewohnten Leben, seinem Ehrgeiz und seiner Großherzigkeit. Eine außergewöhnliche Chance schien ihm ein Adeliger, ein Graf Gentile, zu bieten, von dem wir nur wissen, daß er Begleiter suchte, um sich nach Apulien zu begeben. Franziskus hatte das Gefühl, seine Stunde sei gekommen. Indem er dem Grafen kostbare Stoffe schenkte, suchte er sich sein Wohlwollen zu sichern, damit er mit ihm zusammen an dem Feldzug teilnehmen konnte, den dieser vorbereitete.
Wenn die Person auch nicht näher bestimmt werden kann – jedenfalls was den aktuellen Stand der Dokumentation betrifft –, so kann doch der Feldzug dieses Grafen Gentile in einer konkreten geschichtlichen Wirklichkeit lokalisiert werden. Während sich in Deutschland der Kampf zwischen Philipp von Schwaben, einem Sohn Barbarossas, und Otto von Braunschweig, einem Sohn Heinrichs des Löwen, um die kaiserliche Thronfolge abspielte, blieb bekanntlich der junge Friedrich Roger – so nannte sich damals der künftige Friedrich II. – König von Sizilien. Er hatte

weder eigene Streitkräfte noch sonst irgend jemanden, der ihn wirklich stützte, außer seinen Vormund Innozenz III. Dieser Papst war ihm sehr wohlgesonnen und bemüht, ihn auf seinem schwierigen und mühevollen Lebensweg zu begleiten – soweit er durch den Erzbischof von Capua, Rainald von Celano, Kenntnis davon hatte und soweit von der verzwickten und wirren Lage der Insel Sizilien Nachrichten durchsickerten. Im gewissenhaften und scharfen Urteil des Papstes war die Lage Süditaliens jedoch noch verzwickter und wirrer. Er hielt die Gegend für die Beute einer unheilbaren Anarchie im wahrsten Sinn des Wortes. So groß war seine Sorge darüber, daß er mit Hilfe eines Verwandten und mit Hilfe von ehrgeizigen Adeligen der Region, z.B. der Grafen von Aquino, versuchte, in die grenznahen Gebiete wenigstens etwas Ordnung zu bringen. Apulien war fern und seine Lage verwirrt. Daher wollte er sich den Ehrgeiz eines Kriegsmannes zunutze machen, der fast schon ein Söldnerführer war: Walter von Brienne. Dieser stammte aus einer französischen Familie mit bewegter Geschichte. Nachdem er Alberia, die Tochter Tankreds von Lecce, geheiratet hatte, wollte er die großen Lehen in Apulien in Besitz nehmen, die seiner Meinung nach seiner Frau zustanden. Ein Feldzug nach Apulien – im Auftrag des Papstes, der auch der oberste Lehnsherr dieses Landes war – erschien Walter als eine günstige Gelegenheit. So traf er seine Vorbereitungen und versammelte um sich alle, Italiener und andere, die an dem Feldzug teilnehmen wollten. Zu diesen zählte auch der Graf Gentile, mit dem Franziskus sich zusammentun wollte.

In dieser Atmosphäre ritterlicher Leidenschaft muß man – wie es die Dreigefährtenlegende tut – den Hintergrund sehen für eine Episode höfischer Großherzigkeit, die der junge Kaufmann so lebendig in sich spürte und die so sehr sein Verhalten inspirierte. Nachdem er sich die reiche Waffenausrüstung für den Feldzug verschafft hatte, «die kostspielig und ausgesucht war» [3 Gef 6], schenkte er sie einem anderen *miles* (Ritter), der – gemäß der Erzählung – mit demselben Adeligen von Assisi weggehen wollte, es aber nicht konnte, weil ihm das Geld fehlte, um sich das dafür Nötige zu kaufen. Franziskus fand ohne Schwierigkeit eine andere Rüstung. Als Folge dieses Ereignisses aber hatte er einen wunderschönen Traum. Von jemandem beim Namen gerufen, wurde der junge Mann in den prächtigen Palast einer schönen Braut geführt. Dieser war voll von glänzenden Schilden und anderen Waffen. Und auf seine erstaunte Frage, wer der Herr des Palastes und all seiner Schätze sei, hörte er die Antwort, er selbst sei es.

Die Dreigefährtenlegende zögert nicht, diesen Traum dem Waffengeschenk an den armen Ritter und der Erregung über den bevorstehenden Aufbruch nach Apulien zuzuschreiben. Sie neigt auch dazu, aus dem Traum die erste Form eines göttlichen Eingreifens zu machen, eine ihn faszinierende Vision «vom Gipfel des Ruhms, nach dem er so begierig war» [3 Gef 5].

Erst jetzt sind wir also beim ersten Zeichen von etwas Neuem, das aber auf der Linie innerer Gesetzmäßigkeit liegt. Man schreibt etwa das Jahr 1205: Franziskus ist 23 alt. Der reiche Kaufmann, der die Erhebung in den Adelsstand anstrebt, ist eine häufige Erscheinung im italienischen Leben dieser Jahrhunderte und Jahre. Der Ehrgeiz von Franziskus sticht nur ins Auge, hat nur eine für ihn typische Eigenart durch die Tatsache, daß sich dieser Ehrgeiz später als die Umkehrung der Werte zeigen wird. Die *conversio* wird keine Lossagung vom Ehrgeiz sein, sondern eine Umkehrung seiner Inhalte und Ziele.

Erinnern wir uns, daß die drei Gefährten die erste Lebensbeschreibung des Thomas von Celano kennen. Wo sie sich von ihr entfernen, tun sie dies bewußt, um Celano zu korrigieren. Diese Korrekturen hat Celano selbst teilweise in die zweite Lebensbeschreibung aufgenommen. Die innere Entwicklung, deren Verlauf wir aus der Dreigefährtenlegende nachgezeichnet haben, hat also einen historischen Eigenwert. Jedenfalls sind sich alle Legenden einig in dem Bericht des ritterlichen Ehrgeizes bei Franziskus, des Traumes vom Haus voller Waffen und des Feldzugs nach Apulien. Celano entnimmt der Legende für seine zweite Lebensbeschreibung die ihm neuen Angaben der Schlacht bei Collestrada, der Gefangenschaft und des Geschenkes an den armen Ritter. Mit seinem Geschmack für das Literarische und Hagiographische formt er dies in einen Akt frommer Erbarmung um, nach dem Schema des hl. Martin von Tours, wie er uns von Sulpicius Severus dargestellt wird. Dabei versucht Celano sogleich, Parallelen zwischen den beiden Heiligen zu ziehen. Mit ihren Antithesen und Wortspielen sind sie kompliziert, literarisch zwar interessant, aber ganz und gar unbrauchbar für den Historiker. Der Traum selbst wird in der zweiten Lebensbeschreibung nur wenig verändert, aber doch so, daß spätere symbolische Entwicklungen möglich werden: der Palast voller Waffen, der der Braut gehört, wird zu einem Palast voll von Waffen und mit einer Braut.

Weiter stimmen alle Legenden im folgenden überein: Franziskus brach auf – weder Jahr noch Monat kennen wir genau. In der Umgebung von Spoleto aber, nach einer kurzen Strecke, vielleicht nach ein oder zwei Tagereisen, fühlte er sich nicht wohl und wurde im Traum – genauer, von Gott – aufgefordert, nach Hause und zu seiner Bestimmung zurückzukehren. Auch Thomas von Celano, der am meisten dazu neigt, diese Ereignisse als Zeichen göttlicher Eingriffe darzustellen, sagt uns, daß Franziskus zu seinem normalen Leben eines «höfischen» jungen Mannes zurückkehrte. Er berichtet uns vom festlichen Empfang der Freunde, die ihn zum König des Banketts wählten, auch damit er – reich wie er war – die Rechnung bezahlte. Nach dem Bankett ging es mit Gesang und Hallo durch die Stadt. Franziskus aber ging schweigend, wie ein wirklicher Herr, der seinem Hofstaat folgt. Die Kameraden fragten ihn, wie unter Gleichaltrigen üblich, ob er etwa an eine Braut denke, denn sie waren von seinem sonderbaren Verhalten überrascht. Die Antwort war nicht weniger scherzhaft als die Frage, wenn auch alle Biographen sie mit einem verborgenen symbolischen Sinn verstehen:

> «Recht habt ihr, denn ich habe daran gedacht, mir eine Braut zu nehmen, die adeliger, reicher und schöner ist, als ihr je eine gesehen habt» [3 Gef 7].

Und alle hatten ihre Freude, sich über ihn lustig zu machen.

Die Dreigefährtenlegende zeigt uns am sichersten die Etappen dieser seelischen Entwicklung auf, weil sie dieselben durch alle sichtbaren Ereignisse markiert. Sie erzählt, daß Franziskus nach diesem Festmahl immer mehr in eine tiefe innere Krise geriet. Ihre tiefen Quellen werden wir nie kennen, weil darüber keine vertraulichen Mitteilungen existieren. Deshalb bleiben sie im Schweigen eines Gewissens verschlossen, von dem wir nur wissen, daß es immer unruhiger wurde. Und jene Unruhe war voller Unsicherheiten, Schwankungen und Ratlosigkeit – bis zu dem entscheidenden Ereignis, das den Bruch besiegelt: die Bekehrung.

Es ist schwierig, um nicht zu sagen unmöglich, die Motive dieser Periode aufzuzeigen, deren Dauer wir in keiner Weise zeitlich angeben können. Man würde sich in Hypothesen verlieren, die zwar einleuchtend oder gar wahrscheinlich sein mögen, aber nicht durch den geringsten dokumentarischen Beleg gestützt sind, wollte man versuchen, diese Periode zurückzuführen auf die Enttäuschung über den verpaßten Feldzug nach Apulien, auf die Krankheit, die ihn unterwegs befallen hatte, auf irgendeinen persönlichen Grund oder auf die Kluft zwischen der normalen, banalen Alltäglichkeit und der Höhe der geträumten Ideale. Es bleibt also nur, in den Taten des Franziskus während dieser Phase inneren Wandels nach möglichen Zeichen für einen bevorstehenden Wandel zu suchen. Allen verfügbaren Angaben nach scheint der unterscheidende und neue Zug der Übergang zu sein von der Großherzigkeit und Freigebigkeit der *cortesia,* die den eigenen Edelmut demonstrieren sollte, zur Großherzigkeit des *Erbarmens* mit dem Ziel, den Armen und Bedürftigen zu helfen. Oft kommt es zu Handlungen, welche das künftige seelische Verhalten des Franziskus anzeigen: Einmal gibt er sein Hemd weg, weil er nichts anderes zu geben hat. Allein mit der Mutter zu Hause, läßt er ein andermal in Abwesenheit des Vaters eine große Zahl Brote richten, damit sie den Armen ausgeteilt werden. Dabei wäre also sogar die eigene Mutter Zeugin gewesen. Die Formulierungen dieser Darstellung legen allerdings eine Nachahmung des Lukasevangeliums nahe – was an sich keine Unwahrheit bedeutet –, wo betont wird, daß Maria all diese Dinge sah und in ihrem Herzen bewahrte. Der Hinweis darf auch nicht fehlen, daß Franziskus all dies tat, als sein Vater nicht zu Hause war. In diesem Detail muß man schon den Anfang jener Unstimmigkeit sehen, die dann zu der tiefen Entzweiung der beiden führte, deren Höhepunkt die gerichtliche Auseinandersetzung vor dem Bischof von Assisi war.

Das auffälligste Zeichen der Veränderung an Franziskus, der so viele Jahre einer der grossartigsten jungen Männer und einer der bekanntesten Kaufleute gewesen war, war zweifellos die Pilgerreise nach St. Peter in *Rom* mit ihren charakteristischen Begleitumständen. Dabei handelte es sich wiederum um eine Reihe von äußeren Gesten, mehr unsicheren Versuchen als Entscheidungen: Die reiche Spende für den Apostelfürsten und die Entrüstung über die Kleinlichkeit der anderen; der Kleidertausch mit einem Armen und das Bitten um Almosen auf französisch. Aus Scham? Aus Geschmack am Neuen? Um originell zu sein? Die Dreigefährtenlegende berichtet uns: «Mit Vorliebe sprach er nämlich Französisch, obschon er es nicht richtig beherrschte» [3 Gef 10]. Schließlich zog er seine eigenen Kleider wieder an und nahm damit auch einen Großteil des spirituellen Wertes seiner Tat zurück. Denn auf diese Weise blieb sie in den Grenzen jenes Schwankens und jener Ratlosigkeit, die wir schon beschrieben haben. Ebenfalls in diese Zeit seiner Unsicherheit scheint uns die Hilfe zu gehören, die er bedürftigen Priestern gewährte.

Auf jeden Fall ist seine Aufmerksamkeit oder gar Anhänglichkeit hinsichtlich der Armut, von der die Biographen sprechen, gereift. Ihretwegen bat er den Bischof der Stadt um Rat. Das berichtet allerdings nur die Dreigefährtenlegende und widmet damit vielleicht dem Bischof Guido eine Geste der Huldigung, der immer ein gutes Verhältnis zum Heiligen behielt, den er um zwei Jahre überlebte (er starb 1228). Die Lösung verzögerte sich, bis er im Gebet wie durch Gottes Eingebung vernahm, daß er eine völlige Umwertung seiner Vorstellungen vollziehen müsse.

> «Franziskus», habe ihm eine innere Stimme gesagt, «alles, was du bisher fleischlich geliebt und zu haben gewünscht hast, mußt du verachten und hassen, wenn du meinen Willen erkennen willst. Hast du damit begonnen, wird dir das, was dir bisher angenehm und süß erschien, unerträglich und bitter sein; und aus dem, was dich vorher erschauern machte, wirst du tiefes Glück und unermeßlichen Frieden schöpfen» [3 Gef 11].

Dann begegnete er bei einem Ausritt in der Umgebung Assisis einem Aussätzigen. Die Quellen überliefern einstimmig, daß Franziskus den Abscheu seiner Zeit vor Aussätzigen teilte. Die Dreigefährtenlegende und Thomas von Celano sagen noch genauer – und es besteht kein Grund, dies nicht zu glauben –, daß er nicht nur bei ihrem Anblick schauderte, sondern auch vor ihrem üblen Geruch soviel Ekel empfand, daß er sich die Nase mit den Fingern zuhielt. Aber «jetzt tat er sich Gewalt an» [3 Gef 11], stieg vom Pferd und gab dem Aussätzigen ein Geldstück, wobei er ihm die Hand küßte. Nachdem er darauf vom Aussätzigen den Friedenskuß empfangen hatte, saß er wieder auf und ritt weiter. Nach wenigen Tagen nahm er eine große Summe Geld und begab sich zum Spital der Aussätzigen, um ihnen finanzielle Hilfe zu bringen, und küßte jedem die Hand. Das ist der entscheidende Moment der Bekehrung. Darin stimmen die Dreigefährtenlegende und Thomas von Celano überein, auch wenn Celano der Versuchung nicht widerstehen kann, der Begegnung mit dem Aussätzigen ein eigenes übernatürliches Kolorit zu verleihen. Als Franziskus nämlich wieder aufgesessen war, sah er keine Spur mehr von dem Unglücklichen, dem er seine Spende gegeben und den er geküßt hatte.

In der ersten Lebensbeschreibung zeichnet Celano den seelischen Weg dieser Bekehrung anders. Er legt größeres Gewicht auf die Komponente Armut-Barmherzigkeit zu Bedürftigen als auf die Aussätzigen. Daher unterscheidet sich seine Erzählung von dem, was aus seiner zweiten Lebensbeschreibung und aus der Dreigefährtenlegende hervorgeht. Hier wird die Absicht deutlich, von der schon die Rede war, jenes Charakteristikum der Armut herauszustellen, das sicher für den Orden der Minderbrüder von höchster Bedeutung ist, aber nicht entscheidend für die Bekehrung des Franziskus selbst.

In diesem Punkt bestätigen also die Quellen, welche die historisch wertvollsten Daten zur Rekonstruktion – falls eine solche überhaupt möglich ist – des Hauptereignisses in seinem Leben bieten, was uns das Testament so knapp zusammenfassend, aber auf wirkungsvolle Weise erzählt.

Verlassen der Welt

Franziskus hat mit absoluter Klarheit seine eigene, bestimmte Wahl getroffen: Er ist nicht länger reicher Kaufmann, sondern ein Ausgeschlossener unter den Ausgeschlossenen. Er ist Aussätziger unter den Aussätzigen, Armer unter den Armen, Verlassener unter den Verlassenen. Jetzt hat er den entscheidenden Schritt vollzogen: das Aufgeben der Welt, in der er lebte – obwohl er als natürliche Person weiter zu ihr gehört. Nach seiner Entscheidung stellte sich das Problem der Umsetzung in die Tat. Die mittelalterliche Gesellschaft mit ihren eher starren institutionellen Kategorien und ihrem Hang zum Bestimmen und Klassifizieren machte Franzikus das Vorhaben nicht leichter. Aber schließlich zögerte er nicht: *«Paulo steti et exivi de saeculo»* (Ich hielt eine Weile inne und verließ die Welt).

Dies ist noch ein Ausdruck «aus der Feder» des Heiligen, der gleichzeitig technisch genau und vom Wort her mehrdeutig ist. Vor allem bedeutet er, daß seine *conversio* von einer rein seelischen Gegebenheit – auf der Ebene des Äußeren hatte er ja den früheren Status des Kaufmannssohns und selbst Kaufmanns beibehalten – zu etwas auch auf dieser äußeren Ebene radikal anderem wurde. Er verließ die Gesellschaft der Laien, den *ordo laicorum* im kirchenrechtlichen Sinne, um ein Büßer zu werden. Solche Büßer kannte die Kirche seit langem, und sie fühlte sich für sie rechtlich zuständig, auch wenn sie keine Kleriker waren. So hatte sich die Wahl nun vollzogen, aber nur als Option mit auch formalen Aspekten, ohne daß Inhalt und Regeln dieses Büßerseins so recht klar gewesen wären. Dieser Stand brachte keinen durchgehend bestimmten Lebenstil mit sich. Es war ein *Verlassen der Welt,* in der man vorher gelebt hatte, aber keine irgendwie festgelegte Verhaltensweise. Diese suchte Franziskus von nun an.

Eine erste Erfahrung machte er, als er in einer Grotte Zuflucht suchte. Dort hielt er sich zum Beten auf, und oft gesellte sich ein Freund zu ihm, von dem wir nicht wissen, wer er war, und der sehr bald aus dem Leben des Heiligen verschwand. Während dieser Zeit blieben Versuchungen nicht aus – wie die Furcht, bucklig und verwachsen zu werden wie eine in Assisi bekannte Frau, die alle in Furcht und Schrecken versetzte. Auch befielen ihn Ängste und Sorgen: Wenn es ihm auch gelungen war, mit dem früheren Sündenleben zu brechen – würde er auch in Zukunft den Rückfall ins Böse vermeiden können? Diese Ängstlichkeit rührte auch daher, daß er immer noch in der Stadt lebte und sein neues Leben natürlich nicht verbarg. Das weckte Zweifel und Ratlosigkeit bei seinen Bekannten. Er sei zwar nicht nach Apulien gezogen, sagte er unter anderem, aber auch in der Heimat werde er große Taten vollbringen. Und er wiederholte – aber diesmal mit einem symbolischen Sinn – seine Antwort auf die scherzhafte Frage, ob er nicht eine Frau heimführen wolle: er sei im Begriff, die schönste, reichste und edelste der Frauen zu heiraten.

In diesem Zustand seelischer Unruhe kommt es zum erstenmal zu einer wirklich mystischen Erfahrung, der Begegnung mit dem Kruzifix von *San Damiano*. Franziskus streifte durch die Umgebung seiner Stadt. Dabei kam er zufällig bei der heute noch existierenden Kirche San Damiano vorbei und trat ein, um zu beten. Und der Gekreuzigte, der dort hing, sprach zu ihm: «Franziskus, siehst du nicht, daß mein Haus in Verfall gerät? Geh also hin und stelle es mir wieder her!» [3 Gef 13]. Franziskus verstand dies wörtlich, weil das Gebäude tatsächlich am Zerfallen war. Als er aus der Kirche trat, traf er den zuständigen Priester. Er gab ihm Geld für das Ewige Licht vor dem Kreuzbild und versprach, ihm nötigenfalls noch mehr zu geben.

Die Dreigefährtenlegende, der wir bis jetzt gefolgt sind, ist gerade an diesem Punkt historisch sehr wichtig, denn sie markiert eine zweite Stufe in der Wandlung des Franziskus. Die Bedeutung seiner Bekehrung wird vervollständigt und vertieft durch eine immer genauere Klärung seines geistlichen Weges. Seine instinktive, großherzige, impulsive Entscheidung, die ihn dazu getrieben hatte, die eigene Welt zu verlassen und auf die Seite der Aussätzigen überzutreten, findet ihre Rechtfertigung in der Begegnung mit dem Gekreuzigten. Die Legende sagt, «daß er Christus den Gekreuzigten, der zu ihm gesprochen, wahrhaft in seinem Herzen fühlte» [3 Gef 13]. Seine Bekehrung richtete sich nun ganz nach dem gekreuzigten Christus aus. In dessen konkreter Geschichte fühlte Franziskus die innerste und wahrste Wurzel seiner Wahl: Der Schmerz Christi erklärt, erleuchtet und rechtfertigt alle Schmerzen der Menschen. Diese aber erreichen ihrerseits – auch mit all ihrer Buße – niemals den Wert, der im Leiden des Gekreuzigten liegt. So fand die Bekehrung des Franziskus ihren Platz im Bild und im Umkreis des leidenden Christus. Und so wurde aus der individuellen, persönlichen, sozusagen privaten Tatsache ein Moment der Einheit des einzelnen mit einer Wirklichkeit, die bei weitem über die eine Person hinausging. Sie wurde zu einem wirkungsvollen Zeichen für alle, die wie Franziskus selbst ihre Sünden aufgeben wollen, um für Christus und in Christus zu sein. Noch wertvoller war dieses Zeichen für die anderen, die nicht unter dem Kreuz lebten, aber auf irgendeine Weise litten – am Elend, an Schmerzen, am Ausgeschlossensein und an der Verlassenheit.

Das Kreuzbild von San Damiano führte Franziskus den Schmerz Christi vor Augen und zeigte ihn als übermenschlichen Wert in der Realität des menschlichen Daseins, als einzige Kraft, die dem Schmerz der Menschen Bedeutung und Sinn geben kann. Sie bringt ihn dazu, den Schmerz in freier Willensentscheidung zu suchen und anzunehmen, nur um Ihm näherzukommen. Die strenge Buße des Heiligen hatte ihren Ursprung in dieser tiefen Bedeutung der Kreuzigung Christi. Doch hatte sie für ihn keine theologische Tragweite, sondern immer – wenn man das so sagen darf – exemplarischen Wert für den einzelnen Menschen und für die, die sich wirklich Christen nennen wollen.
Dieser Vertiefung seiner Wahl und Bekehrung ließ Franziskus bald entsprechende praktische Entscheidungen für den materiellen Wiederaufbau von San Damiano folgen. Er nahm aus dem väterlichen Laden Stoffe in verschiedenen Farben. Und da er sie nicht unter den Augen des Vaters selbst verkaufen konnte, begab er sich dazu nach Foligno. Den Erlös brachte er sofort dem Priester der zerfallenden Kirche. Dieser aber wollte das Geld nicht annehmen. Vielleicht traute er Franziskus nicht und befürchtete irgendeinen Streich. War dieser denn nicht bis vor kurzem der König der «Gesellschaften» von Assisi gewesen, tüchtig im Singen, aber auch bei Streichen? Vielleicht aber fürchtete er auch den Zorn des Pietro Bernardone. Franziskus bekam aber die Erlaubnis, sich zum Gebet in der Kirche aufzuhalten. So warf er denn das Geld in eine Fensternische.
Der Tuchverkauf in Foligno und der offensichtliche Wandel der Lebensweise – jeder sah, daß Franziskus die Arbeit als Kaufmann aufgegeben hatte – beunruhigten vor allem Pietro Bernardone. Er machte sich auf die Suche nach seinem Sohn. Franziskus versteckte sich nach der Überlieferung, die die Dreigefährtenlegende wiedergibt, einen ganzen Monat lang in einer Behausung, die er für diesen Fall hergerichtet hatte und die nur eine Person im Haus kannte, die ihm das Essen brachte. Doch dann brach er auch mit der letzten Zauderei und kehrte nach Assisi zurück, wo er von allen mit Beleidigungen, Spott und Hohn empfangen wurde als ein Mann, der den Verstand verloren hat. Der Lärm dieses schmachvollen Einzugs in die Stadt drang bis zum Vater und verletzte diesen in seinem Stolz. Noch mehr stachelte er seinen Geiz wegen

des Geldes und der Stoffe, die sein Sohn im Haus genommen und an andere verkauft oder verschenkt hatte.

Dramatischer und länger, aber im wesentlichen übereinstimmend ist die Überlieferung, die wir in der ersten (nicht aber in der zweiten) Lebensbeschreibung des Thomas von Celano finden. Einzelheiten, die von größerer Strenge zeugen, werden wohl wieder auf den Geschmack an literarischer Ausschmückung zurückgehen: Franziskus habe sich etwa einen Monat lang in einem Versteck aufgehalten, jedoch nicht außerhalb der Stadt, sondern im Haus selbst. Auch hier habe ihm jemand geholfen, der im Hause wohnte. Als er aber herausgekommen, nach Assisi gegangen und von der Menge beleidigt worden sei, habe der Vater ihn eingeholt, ergriffen und ihn zu Hause eingesperrt in *tenebroso loco,* «an einem finsteren Ort» [3 Gef 17], um mit Vorwürfen und Schlägen seinen Willen zu brechen. Und dort sei Franziskus geblieben, bis die Mutter ihn befreit und sich so den Zorn und die Vorwürfe des Ehemannes zugezogen habe.

Diese Erfahrung, deren tiefen Schmerz niemand je kannte, weil Franziskus nie darüber gesprochen hat, muß für ihn eine Feuerprobe gewesen sein, aber auch eine Gelegenheit, sich bewußt zu werden, daß seine Wahl endgültig und jeder Weg zurück für immer unmöglich war.

Zum entscheidenden Ereignis des Verlassens der Welt kommt also hinzu, was alle Biographen mit mehr oder minder beflügelten Worten darstellen als siegreiche Schlacht des *miles Christi,* des Ritters Christi Franziskus, eine Schlacht gegen seinen Feind, die Welt. Das Zitieren vor *Gericht* durch den Vater war der letzte Versuch, den Willen des Sohnes gefügig zu machen – mit einem uralten und wie immer nutzlosen Mittel: Entzug von Geld und allem anderen Eigentum.

Die beste Tradition auch in dieser Episode ist uns in der Dreigefährtenlegende überliefert, denn Thomas war zwar zweifellos gebildeter, aber von Geburt ein Bürger des Königreichs Sizilien und daher wahrscheinlich weniger bewandert in der Rechtspraxis eines Stadtstaates wie Assisi. Er erzählt denn auch, der Vater habe den Sohn sofort vor den Bischof geschleppt.

Wie die Dreigefährtenlegende ausführt, war das gerichtliche Vorgehen in Wirklichkeit komplexer. Es erlaubt uns, anhand seines

Verlaufs auch die persönliche Stellung deutlich zu machen, die Franziskus fortan im rechtlichen und kirchlichen Ordnungssystem der Stadt einnahm. Ohne sich um Formalitäten irgendwelcher Art zu scheren, führte Pietro Bernardone in seiner Wut den Sohn vor die Konsuln der Stadt, also jenes Gremium der Selbstverwaltung, das alle öffentlichen Gewalten vereinte, so auch die Rechtsprechung. Die Konsuln jedoch wollten davon nichts wissen: Der kürzlich gewählte Bischof Guido scheint ein unbeugsamer und hartnäckiger Verteidiger der *libertas ecclesiae* gewesen zu sein, das heißt der Unabhängigkeit der Kirche innerhalb der Stadt, einschließlich des Rechts für jeden, der das Ordensleben gewählt hatte – also auch für einen bloßen Büßer –, von einem kirchlichen Tribunal gerichtet zu werden. So ist die Antwort, welche die Konsuln Pietro Bernardone gaben, besonders aufschlußreich: «Seitdem er in Christi Dienst getreten ist, steht er außerhalb unseres Machtbereiches» [3 Gef 19]. Darin wird mit großer Klarheit und ebenso großer, unmißverständlicher Sicherheit deutlich, daß die *fama publica,* deren Gewicht schon betont wurde, Franziskus zwar wegen der Wahl und der Entscheidung, die er getroffen hatte, für einen Narren halten konnte, aber seine rechtliche Stellung – die des *servitium Dei* (= Dienst Gottes) – so sah, daß er von der weltlichen, von den Konsuln ausgeübten Gerichtsbarkeit in die vom Bischof ausgeübte, kirchliche überging. Pietro Bernardone, dessen Zorn noch nicht verraucht war – versuchen wir, ihn zu verstehen: in seinen Augen hatte ihn der Lieblingssohn, den er zum Nachfolger ausersehen hatte, verraten! –, ließ ihn also vor den Bischof zitieren.

Der Ablauf des Prozesses ist, immer laut Dreigefährtenlegende, den für diesen Fall vorgesehenen Verfahrensregeln gefolgt: *debito modo,* «auf die vorgeschriebene Weise» [3 Gef 19] wurde ein Bote, *nuntius,* geschickt, der Franziskus offiziell die Vorladung vor Gericht mitteilte. Franziskus gehorchte. Als er vor dem Bischof erschienen war, wurde er von diesem aufgefordert, dem Vater das Geld zurückzugeben, das er noch von ihm hätte, und sich in Zukunft der göttlichen Vorsehung anzuvertrauen. Ohne Zögern erklärte sich der junge Mann dazu bereit und sagte, er würde auch die Kleider dazutun. Dann ging er in ein Zimmer, zog sich nackt aus und kam heraus – der Prozeß müßte sich auf dem Platz abgewickelt haben, der heute Piazza San Rufino heißt –, auf dem Arm seine Kleider und obenauf das Geld. Nachdem er dann alles in Gegenwart des Vaters, des Bischofs und der anderen Anwesenden abgeliefert hatte – die Verhandlung muß eine große Menge angezogen haben –, trat Franziskus vor mit dieser feierlichen Erklärung, deren Kern uns zweifelsfrei überliefert ist:

> «Hört, ihr alle, und versteht es wohl: Bis jetzt nannte ich Pietro Bernardone meinen Vater; aber da ich nun den Vorsatz habe, Gott zu dienen, gebe ich jenem das Geld zurück, um dessentwillen er in Unruhe war, und dazu noch sämtliche Kleider, die ich von seiner Habe besaß. In Zukunft will ich sagen: ‹Vater unser, der du bist im Himmel›, nicht ‹Vater Pietro Bernardone›» [3 Gef 20].

Der Vater nahm alles und ging weg. Die Anwesenden, in schneller Sinneswandlung, wie sie bei den Massen im Mittelalter nicht selten war, waren ergriffen und umringten Franziskus. Noch fester schloß der Bischof ihn in die Arme, nahm ihn in seinen Mantel und tröstete ihn von da an mit Rat und Hilfe.

Oft und mit Recht ist die eindringliche Dramatik dieser Begebenheit betont worden. Die Lossagung von der Vaterschaft Pietro Bernardones und die volle, absolute Anerkennung Gottes als sein eigener und aller Menschen Vater versteht man jedoch in ihrer ganzen Tiefe und intensiven geistlichen Bedeutung erst jenseits der juristischen Gültigkeit, so zweifelsfrei und spezifisch diese auch sein mag. In dieser Lossagung lag der letzte, unwiderrufliche Abschluß der Wahl, die in Franziskus langsam gereift und dann klargeworden war mit dem Aussätzigenkuß, dem Übertritt von einer Seite der Gesellschaft zur anderen – von der Seite, die ihr eigenes Ordnungssystem für Familie und Gemeinschaft hatte, zur Seite der Armen, Verlassenen, Ausgeschlossenen. Nicht zufällig findet die Lossagung nicht in der Intimität des geschlossenen Familienkreises statt, sondern ist öffentlich und feierlich, besiegelt – die Wichtigkeit von Gesten war im mittelalterlichen Leben immer groß – von der Entblößung und der Rückgabe von Kleidern und Geld an den, der nicht mehr als eigener Vater anerkannt wurde.

Wenn diese Geste zweifellos auch ihre eigene juristische und soziale Tragweite hatte, war sie jedoch auch ein nicht minder wichtiger Ausdruck kirchlicher und spiritueller Bedeutung. Die Nacktheit war eine der kirchenrechtlich vorgesehenen Formen öffentlicher Buße: indem Franziskus jene Kleider auszog, in denen er so oft gesungen, getanzt, gescherzt und mit seinen Freunden an den eitlen Vergnügen der Welt teilgenommen hatte, sagte er sich total los von seiner Vergangenheit und zeigte auf unmißverständliche Weise das Vorhaben der Buße. Diese nahm, gerade durch die Nacktheit und mit ihr, die strengste Form der *sequela Christi* (= Nachfolge Christi) an, das heißt, des Vorsatzes, dem Beispiel Christi zu folgen, und zwar in der antiken und strengen Tradition des *nudus nudum Christum sequi* (nackt dem nackten Christus folgen). Dieser Begriff war vom heiligen Hieronymus geprägt worden und tauchte durch alle Jahrhunderte des Mittelalters regelmäßig wieder auf, um die höchste und strengste Form der Aszese zu bezeichnen.

Bis vor kurzem war Franziskus Kaufmann gewesen. Dabei war seine größte Sorge, sich immer mit dem Gedanken an zukünftigen Gewinn zu befassen und jedes mögliche Risiko von Verlust oder Schaden zu vermeiden, wobei dies auch zu unerlaubten und schuldhaften Handlungen wie beispielsweise Wucher führen konnte. Der Verzicht auf alles, was ihm gehörte, einschließlich jeder möglichen Erbschaft, den seine Lossagung von Pietro Bernardone stillschweigend einschloß, bedeutete für ihn den Eintritt in die Lebensweise eines Menschen, der es auf sich nimmt, von der Hand in den Mund zu leben – der morgens aufsteht, ohne zu wissen, womit er seinen Hunger stillen wird. Es war also eine schwerwiegende, total verpflichtende Tat, die außer dem Übertritt in eine andere gesellschaftliche Klasse auch schwierige, schmerzliche und – was nicht weniger zählt – unwiderrufliche wirtschaftliche Folgen mit sich brachte.

Und doch verlor Franziskus nie einen Umstand aus den Augen, der nur scheinbar von geringer Bedeutung ist: Seine Lossagung und die daraus folgende Lebensweise waren durch ihre Freiwilligkeit ein Verdienst und brachten vor Gott und den Menschen einen Gewinn. Darüber war er sich seit seiner Lossagung völlig im klaren. Das zeigt eine Episode, die von allen Biographen berichtet wird und deshalb sehr glaubhaft ist – auch wegen der subtilen Grausamkeit, die in jener Zeit sehr häufig war. Es war sehr kalt:

Franziskus, in armselige Lumpen gehüllt, litt offensichtlich. Er begegnete seinem Bruder, und dieser sagte ironisch zu einem Passanten in der Nähe, man sollte wirklich von Franziskus eine *nummata* – die Menge einer Ware, die man für wenig Geld erhielt – Schweiß kaufen. Aber die Antwort kam ebenso prompt und scharf, wie die Aufforderung spöttisch gewesen war: «Ich werde ihn Gott verkaufen», sagte der Heilige, «er wird ihn mir teuer zu zahlen wissen» [3 Gef 23].

Gerade das Bewußtsein, ein aufs äußerste elendes Leben am Rand *gewählt* zu haben, quälte den Heiligen bis in die letzten Jahre seines Lebens. Die Gefährten, die bei ihm waren, als er krank und leidend war, bezeugen mehrmals seine Trauer darüber, daß er nicht arm geboren war und Elend und Hunger nicht als wirkliche Lebensbedingung gekannt hatte. Mehr spontan und instinktiv als durch theologische oder moralistische Überlegungen wurde sich Franziskus der verschiedenen Formen der Armut und ihrer psychologischen Konsequenzen bewußt. Auf der Ebene sozialer und psychologischer Analyse finden wir diese Formen der Armut bei verschiedenen Autoren des 12. und 13. Jahrhunderts, die sich mit dem Studium dieses Phänomens befassen. Armut trat fortan immer öfter auf und tat sich in den verschiedensten Äußerungen auf unterschiedlichen Ebenen kund. Entsprechend ihrer Erscheinungsweise im öffentlichen Leben der damaligen Zeit gab es auf seiten der Kirche und ihrer Hilfsorgane verschiedene Formen der Unterstützung. Erinnern wir uns nur an einen dieser Autoren, Raoul Ardens, einen scharfsinnigen Theologen und Moralisten, der uns in seinem *Speculum universale* eine Bestandesaufnahme von ungewöhnlicher Tiefe und Genauigkeit über alles gibt, was die Armut betrifft.

Bei Franziskus stellen wir nach der Lossagung vom Vater, von der gesellschaftlichen Stellung und von seinen Gütern die völlige Befreiung von der Welt und das unwiderrufliche Verlassen der Welt fest. Aber trotz der Tragweite seiner Tat war dies nicht der Abschluß und Endpunkt seines geistlichen Weges. Nachdem der Weg der Buße gewählt war und die entscheidende Wahl vollzogen, durfte er sich nicht einschließen in einer rein innerlichen Verbindlichkeit, die unbeweglich und daher zumindest nach außen unfruchtbar geblieben wäre. Er mußte ihr einen Inhalt geben und so, auch in der Abgrenzung von früheren geistlichen Bewegungen, seine persönliche Stellung deutlich machen. Mit dem Verlassen der Welt wollte Franziskus nicht die christliche Gesellschaft, die brüderliche Gemeinschaft mit allen Menschen in Christus verlassen, sondern von innen an ihr wirken. Er mußte unter vielen möglichen Wegen den eigenen finden.

4. Leben nach der Form des Evangeliums

4.1. Auf der Suche nach Christus

Nicht Priester oder Mönch

Die Notwendigkeit, seine Wahl in eine konkrete Lebensform umzusetzen, war um so dringlicher, als Franziskus sicher wußte – zwar nicht vollkommen und direkt, aber doch dunkel und ungefähr –, wie aufgewühlt und bewegt das religiöse Leben besonders der Laien seiner Zeit war, und wie unterschiedlich ausgeprägt das Leben der Klöster und des Klerus.

Aus dem eindeutigen Zeugnis seines Testaments geht hervor, daß seine Haltung gegenüber der Amtshierarchie und dem Priester von unbestreitbarer Klarheit war. Und nach seiner Grundentscheidung, die wir in ihrer ganzen Tragweite zu erklären versucht haben, wollte er auf keinen Fall Kleriker und Priester werden: Dies hätte die Einpassung in eine wohlgeordnete, wohlgenormte, wohlbehütete soziale Ordnung mit sich gebracht – also mindestens einen Großteil dessen, dem er hatte entsagen wollen. Er hatte sich nicht vom Vater, vom Kaufmannsgeschäft, von einem gesicherten Beruf, von einem gesellschaftlichen Rang losgesagt, um einen anderen, angeseheneren und nicht minder sicheren zu erhalten. Er hatte auf die Seite derer treten wollen, die nichts waren und nichts hatten. Daher auch der Verzicht auf die Möglichkeit der Priesterwürde. Dies geschah aber nicht aus Verachtung oder Verweigerung, wie weiter unten genauer ausgeführt werden wird.

Respekt hatte er auch vor dem monastischen Leben. Nicht daß die Zeugnisse hierüber zahlreich wären. Aber alle bestätigen die Ehrfurcht, die er vor den Benediktinern des Subasio hatte, den einzigen, die ihm halfen, als er auf die Suche nach einem Kirchlein ging. (Dies war dann die Portiunkula.) Doch wollte er kein Mönch sein. Noch einmal sei die Tatsache hervorgehoben, die übrigens selbst seine Zeitgenossen – man denke an Jakob von Vitry – nur mit Mühe einsahen: Die Bekehrung des Franziskus ist weit mehr als eine rein geistige Wandlung, sie ist eine gesellschaftliche Lebensentscheidung. Der Mönch hatte in seinem Kloster und mit seiner Regel eine ganz bestimmte Stellung im *ordo orantium,* in der Ordnung der Betenden, mit einem besonderen Willen zum kontemplativen Leben, aber auch mit der Sicherheit des täglichen Brotes, mit dem gewiß strengen, aber geordneten und regelmäßigen Rhythmus, dem Franziskus bei seiner freien Wahl entsagt hatte. Man beachte, daß sich in seinen Schriften auch nicht eine Zeile findet, die als Kritik gegenüber der klösterlichen Ordnung in irgendeiner Form verstanden werden könnte. Es gibt nicht den entferntesten Anklang an die gnadenlose Polemik, die die beiden großen Persönlichkeiten, Petrus Venerabilis und Bernhard von Clairvaux, entzweite, die beide ihre Auffassung von benediktinischem Leben in seiner tiefsten Geistigkeit verteidigten, Petrus für die Kluniazenser, Bernhard für die Zisterzienser.

Ein Mann am Rand der Gesellschaft, ein Armer unter Armen, ein Aussätziger unter Aussätzigen, als der sich Franziskus verstand, konnte niemanden und nichts kritisieren. Wer gar wie er als höchstes Bedürfnis und Ziel den Frieden Christi empfand, mußte einsehen, wie angebracht, ja notwendig das Schweigen war, der Verzicht auf jedwede Kritik und die Demut, jeden höher als sich selbst einzuschätzen. Nicht einmal gegen den lieblosen und hartherzigen Reichen erhob er je seine Stimme.

Diese weiteren Konsequenzen, die seelisch nicht einfach zu bewältigen, aber im genauen Bewußtsein der eigenen Grenzen frei gewählt waren, fordern um so mehr Respekt. Sie wollen besonders unterstrichen und verstanden werden, wenn wir nun mit Sorgfalt den Standort des Heiligen im religiösen Leben seiner Zeit bestimmen.

Als wir vom Europa des 12. Jahrhunderts sprachen, haben wir schon gesagt, wie unruhig diese Zeit auf allen Ebenen war, wie sie verschiedenen und mannigfaltigen Bewegungen Raum gab und wie aus ihr Protestformen hervorgingen, die trotz ihrer Verschiedenheit sich einig waren in der Schärfe und Entschlossenheit, mit der sie die Mängel bei Klerikern und Mönchen geißelten, wo auch immer sich sich zeigen mochten. Gerade in Bezug auf den Klerus war im ganzen Abendland ein intensiver, mehr oder minder gewalttätiger, aber überall verbreiteter vitaler Geist beißender

Kritik am Werk. Er verschonte niemanden, ohne Ansehen des Ranges, und tadelte jedes Verhalten, das der geistlichen Sendung unwürdig war: Unfähigkeit, seine Pflicht als Seelsorger zu tun, willentliche Nachlässigkeit bei der von Christus gezeigten Lebensweise und schuldhafte Neigung zu den Sünden und Lastern, die er verurteilt hatte: Luxus, Gier nach Geld und Wohlstand, und nicht zuletzt die Simonie, das heißt Kauf und Verkauf kirchlicher Ämter. Gerade wegen dieser schweren Verfehlungen der Kirchenmänner war im 11. Jahrhundert auch bei den frömmsten und eifrigsten Seelen die Auseinandersetzung darüber im Gang, ob und inwieweit Sakramente gültig seien, die von sündigen und unwürdigen Priestern gespendet werden. Besonders heiß wurde über die Gültigkeit der eucharistischen Konsekration debattiert. Unter den vielen Standpunkten setzte sich die Lehre durch, die schon der heilige Augustinus den Donatisten entgegengehalten hatte. Die sakramentale Vollmacht des Priesters sei gänzlich unabhängig vom subjektiven Zustand des Sündigseins oder Nicht-Sündigseins desjenigen, der den Ritus vollziehe. Später wurde noch genauer formuliert, das Sakrament wirke *ex opere operato,* also durch den Eigenwert der Handlung, und nicht *ex opere operantis,* also unbeeinflußt von der Verfassung des Spenders. Hier muß nun sofort klargestellt werden, daß dies zwar der Schluß der theologischen Debatte war, aber nicht das Ende der Polemik der Massen gegen die sündigen Priester. Es änderten sich nur die äußeren Kundgebungen. Lange agitierte man gegen den simonistischen und im Konkubinat lebenden Klerus. Doch dann verbreitete sich eine andere Praxis, die schließlich sogar in einigen Diözesankonzilien angenommen wurde. Die Sakramente waren zwar gültig, auch wenn sie von sündigen Priestern gespendet wurden. Aber diese wurden gemieden. Ihre Gottesdienste sollten nicht besucht werden. Die Abwendung von seiten der Gläubigen sollte wie die Strafe und das sichtbare Zeichen ihrer Schuld sein. Dies waren – kurz zusammengefaßt – die Probleme und Meinungsverschiedenheiten zur Zeit des heiligen Franziskus. Gerade 1182/1183 diskutierten Petrus und Lambert, beide Priester der Diözese Lüttich, über solche Fragen. Wobei sie in großem Umfang Texte aus den Evangelien und dem Kirchenrecht hinzuzogen. Ein anderer Lambert, genannt der «Stammler», ließ sich derweil ohne Zögern auf einen Konflikt mit seinem Bischof – wiederum in Lüttich – und seinen anderen Mitpriestern ein und brach eine Lanze für ein heiligmäßiges Leben des Klerus und einen ernsten und strengen Eifer bei der Seelsorge. Es handelt sich hier um eine Reihe gewichtiger, bedeutungsvoller Begebenheiten und keineswegs um Einzelfälle.

In Übereinstimmung mit der Kirche

Franziskus wollte nicht Priester oder Mönch werden und auch nicht mit der Hierarchie streiten. Aber er wollte auch – schweigend und friedlich – die so leicht mögliche Verwechslung seiner Bewegung mit anderen wie jener der Waldenser vermeiden. Waldes hatte sein inneres Drama mit einem Rückgriff auf den berühmten Ausspruch abgeschlossen, der in der Apostelgeschichte dem heiligen Petrus in den Mund gelegt wird: *«Oportet oboedire magis Deo quam hominibus»* («Man muß Gott mehr gehorchen als den Menschen» Apg 5,29). Und vom Mönch Heinrich bis zum bereits erwähnten Lambert dem Stammler zitierten ihn andere zwischen Mitte und Ende des 12. Jahrhunderts. Der Bekehrte von Assisi aber empfand das Bedürfnis, seine Ehrfurcht und Hochachtung vor dem Priester zum Ausdruck zu bringen, bevor er berichtete, wie er seinen Weg, seine Lebensform fand. Er sah im Priester mehr als nur einen Menschen, und damit überwand er stillschweigend die waldensische Polemik. Diese war ihm bekannt, wie übrigens auch die der Katharer. An geeigneter Stelle wird hiervon noch die Rede sein. Der Grund für seine Ehrfurcht war nicht nur seine Entscheidung für die Lebensbedingungen eines Büßers und Ausgeschlossenen, sondern die Vollmacht des Priesters, den Leib Christi zu konsekrieren. Hier macht sich von neuem bemerkbar, was man die «Christozentrik» des Franziskus nennen könnte, wenn dieses Wort nicht zu technisch wäre und letztlich ungeeignet, die Intensität seines Gefühls auszudrücken.
Schließlich soll auch nicht der Hinweis auf eine literarische Tatsache versäumt werden, die uns von nicht geringem Interesse zu sein scheint. Wir haben schon erwähnt, daß eine ganze Stelle des Testaments, die gleich in Übersetzung zitiert wird, den Respekt und die Ehrfurcht des Franziskus vor den Priestern bezeugt. Wohl

nicht durch Zufall ist diese Stelle, die in ihrer Geschlossenheit und ihrem Zusammenhang wie ein Einschiebsel wirkt, in dem Teil des Testaments plaziert, der als biographisch gilt. D.h.: nachdem er gesagt hat, daß er die Welt verlassen hatte, und vor der Behandlung der Probleme, die sich aus dem Hinzukommen der ersten Gefährten ergaben. Der Respekt vor dem Priester bleibt unangefochten – das sagt uns die betreffende Stelle, freilich ohne den geringsten polemischen Ton –, auch wenn der Priester zur Unterstützung seiner Gläubigen nichts unternimmt und ihnen keine Hilfe ist. Es ist ein Respekt, der ihm «an und für sich» zukommt, eben auf Grund der Tatsache, daß es in seiner Vollmacht liegt, die Hostie zu konsekrieren:

> «Und der Herr gab mir in den Kirchen einen solchen Glauben, daß ich in Einfalt so betete und sprach: ‹Wir beten dich an, Herr Jesus Christus – und in allen deinen Kirchen, die in der ganzen Welt sind, und preisen dich, weil du durch dein heiliges Kreuz die Welt erlöst hast›. Danach gab und gibt mir der Herr einen so großen Glauben zu den Priestern, die nach der Vorschrift der heiligen Römischen Kirche leben, wegen ihrer Weihe, daß ich, wenn sie mich verfolgen würden, bei ihnen Zuflucht suchen will. Und wenn ich so große Weisheit hätte, wie Salomon sie gehabt hat, und fände armselige Priester dieser Welt – in den Pfarreien, wo sie weilen, will ich nicht gegen ihren Willen predigen. Und diese und alle anderen will ich fürchten, lieben und ehren wie meine Herren. Und ich will in ihnen die Sünde nicht sehen, weil ich den Sohn Gottes in ihnen erblicke und sie meine Herren sind. Und deswegen tue ich das, weil ich leiblicherweise von ihm, dem höchsten Sohn Gottes, in dieser Welt nichts sehe als seinen heiligsten Leib und sein heiligstes Blut, das sie selbst empfangen und sie allein den anderen darreichen. Und diese heiligsten Geheimnisse will ich über alles hochgeachtet, verehrt und an kostbaren Stellen aufbewahrt wissen. Die heiligsten Namen und seine geschriebenen Worte will ich, wo immer ich sie an ungeziemenden Stellen finden werde, auflesen und bitte, daß sie aufgelesen und an einen ehrbaren Ort hingelegt werden. Und alle Gottesgelehrten und die Gottes heiligste Worte mitteilen, müssen wir hochachten und verehren als die uns Geist und Leben mitteilen» [Test 4–13].

Es braucht hier kaum daran erinnert zu werden, daß das Testament chronologisch in die letzten Lebensmonate des Franziskus gehört und daher die Summe einer jahrelangen Erfahrung darstellt. Wenn man die zitierte Stelle recht zu lesen versteht, hilft sie uns, vieles, um nicht zu sagen alles, besser zu verstehen, was wesentlich ist an der Ideenwelt, die Franziskus bestimmte. Denn nach seiner Wahl zwischen zwei gesellschaftlichen Standorten mußte er als zweiten, aber nicht minder wichtigen und entscheidenden Schritt dieser seiner Wahl einen konkreten Inhalt geben. Nachdem sein persönlicher Verzicht auf die Priesterwürde vorausgesetzt ist, der freilich keine Verweigerung der Achtung vor dem Priester bedeutet – dies sagt unsere Stelle mit Nachdruck –, führt Franziskus aus, daß er als Nichtpriester die Priester achtet, und zwar nicht wegen ihrer höheren Bildung oder Weisheit, sondern ausschließlich wegen ihres Priestertums. D.h.: weil sie in ihrer Eigenschaft als Priester Leib und Blut Christi, seine einzig greifbare Gegenwart auf Erden, konsekrieren. Ohne jeden Zweifel ist das ein eindeutiges Bekenntnis zum Glauben an die sogenannte eucharistische Realgegenwart. Und wie schon im Zusammenhang mit dem Waldensertum gesagt wurde, hat dies eine klare Bedeutung und einen noch eindeutigeren Stellenwert in der religiösen Welt jener Zeit. Gerade in den allerersten Jahren des dreizehnten Jahrhunderts – die Jahre der Bekehrung des Franziskus – stand die katharische Ketzerei ohne Zweifel auf dem Gipfelpunkt ihres Aufstiegs und ihrer Verbreitung. Nach sicheren Zeugnissen hatte sie schon vor Beginn des Jahrhunderts Umbrien erreicht und das Tal von Spoleto, zu dessen Juwelen Assisi gehört. Nun hatten die Katharer, gleich welcher Richtung sie angehörten, eine tiefe Abneigung gegen die erwähnte eucharistische Realgegenwart. In Deutschland, in Frankreich, in Italien, überall finden wir eine bissig-scharfe Argumentation: Wenn der Leib Christi auch so groß gewesen wäre wie der größte Berg (sein Name ist von Ort zu Ort verschieden), so hätte er am Ende, nach so vielen Jahrhunderten, doch einmal aufgegessen sein müssen. Daß bei diesem Argument auch die Ablehnung der sakramentalen Vollmacht der Priester eingeschlossen war, versteht sich von selbst. Dagegen setzte Franziskus die Ehrfurcht vor dem Priester, vor dem im Sakrament der Eucharistie gegenwärtigen Leib und Blut

Christi, vor allem aber vor Christus selbst, den er immer wieder als Sohn Gottes und unseren Herrn hervorhebt. Damit wies er auch den katharischen Standpunkt zurück, nach dem Christus ein Engel war, der von einem Engel geboren wurde, auf die Erde kam, um den Menschen Satans Täuschung zu enthüllen, der sie in der Materie eingekerkert hatte. Gegen diese Katharer scheint das Gebet gerichtet zu sein, das es übrigens schon seit langem in der Liturgie gab, in dem Christus gepriesen und gedankt wurde, *quia per sanctam crucem tuam redemisti mundum* (weil du durch dein heiliges Kreuz die Welt erlöst hast). Im Lobpreis des Kreuzes steckt noch eine weitere Absage an die katharischen Lehren, nach denen das Kreuz nicht zu lobpreisen und zu verehren war, sondern sogar zu verfluchen als Leidens- und Todeswerkzeug, wenn auch, wengistens für viele Katharer, nur dem Anschein nach für den, der gekommen war, den Weg des Heils zu zeigen.

Diese Stelle des Testamentes drückt die Haltung des Franziskus aus, wie sie ihm nicht nur in seinen letzten Lebensjahren, sondern sein ganzes Leben lang eigen war. Denn er hatte die Waldenser und Katharer sicher von Jugend auf gekannt. Darüber gibt uns die Formulierung «Danach *gab* und *gibt* mir der Herr einen so großen Glauben zu den Priestern» Gewissheit. Franziskus verbindet hier die Gegenwart, in der er schreibt, mit der Vergangenheit, dem Moment, in dem er einst die Welt verließ und zu dem jetzt seine Gedanken in der Erinnerung zurückwandern.

Als Franziskus Gott zum Vater und die Menschen zu Brüdern erwählte und für sein Heil und das Heil der anderen wirken sollte, wollte er weder Mönch noch Priester sein, aber auch nicht Ketzer, sondern treuer Sohn der Kirche.

Die Dreigefährtenlegende, aber mehr oder weniger ausdrücklich auch Thomas von Celano neigen dazu, der Anwesenheit und dem Einschreiten des Bischofs Guido von Assisi besonderes Gewicht beizumessen. Wir haben keinerlei Veranlassung, eine solche Angabe zurückzuweisen, wenn auch unsere Kenntnisse über diesen sehr energischen, stolzen und seiner Würde wohlbewußten Kirchenfürsten eher an eine gewisse Schwierigkeit denken lassen, die Entscheidung von Franziskus in ihren tiefsten Beweggründen zu verstehen. Hypothetisch können wir gewiß annehmen, daß er ihn unterstützt, getröstet und beraten hat, aber – auf den Grund werden wir noch zu sprechen kommen – nicht so, daß Franziskus auf der Ebene der Spiritualität zufriedengestellt worden wäre. Denn er hatte wörtlich aufgefaßt, was ihm der Gekreuzigte von San Damiano in einem Moment gesagt hatte, der für seine Bekehrung entscheidend gewesen war. Und so kehrte er zu dieser Kirche zurück und begann mit der Wiederherstellung. Als Zeichen für seinen persönlichen Standort nahm er das Einsiedlergewand – auch hierüber sind sich die Quellen einig –: rauhe Tücher, Lumpen um die Füße, ein Stock in die Hand und ein Riemen um die Hüften. Es unterschied sich nicht von dem, was zahlreiche Zeugnisse aus jener Zeit uns von vielen anderen Eremiten überliefern. Daß San Damiano gleichsam die «Einsiedelei» war, kann man sicherlich sagen, doch stellte sie sich als Einsiedelei von eigener Art heraus. Denn gerade zur Besorgung der nötigen Mittel für die Wiederherstellung der Kirche mußte er wieder in die Stadt gehen. Er mußte umherlaufen, um sich die Steine zu besorgen. So können wir die Worte für echt annehmen, die die Legende ihm in den Mund legt:

> «Wer mir einen Stein gibt, wird einfachen Lohn bekommen; wer aber zwei gibt, wird doppelten Lohn erhalten; wer drei, wird entsprechenden Lohn bekommen» [3 Gef 21].

Das ist nicht der Stil eines Theologen oder Priesters. Er ist so einfach und elementar, daß er alle erreicht. Aber nicht allen gelang es, ihn zu verstehen. Zwar waren einige bewegt, ihn so verändert zu sehen, andere aber machten sich weiter über ihn lustig und hielten ihn für verrückt. Hier sei an das Drama des Pietro Bernardone erinnert. Wie tief und schmerzhaft muß es gewesen sein! Er litt beim Anblick seines heißgeliebten, zarten Sohnes, der in seinen Augen für immer verloren und wie tot war. Und jedesmal, wenn er ihn traf, verfluchte er ihn. Und die Reaktion des Franziskus verrät ein unterdrücktes Leiden in seinem Innern. Er rief einen Armen zu sich und versprach ihm einen Anteil an seinen Almosen dafür, daß er ihn segnete, jedesmal wenn sein Vater ihn verfluchte. So konnte er Pietro Bernardone entgegenhalten, Gott habe ihm statt seiner, der ihn verfluchte, einen Vater gegeben, der ihn segnete.

Unter den anderen, die ihn für verrückt hielten, war auch sein Bruder. Wir haben schon berichtet, wie er ihn damit verhöhnte, etwas von seinem Schweiß kaufen zu wollen, als der Heilige in einem strengen Winter vor Kälte zitterte. Man kann mit an Sicherheit grenzender Wahrscheinlichkeit annehmen, daß es zwei außerordentlich schwere Jahre waren, in denen Franziskus an San Damiano arbeitete. Dabei unterwarf er seinen immer noch anfälligen und zarten Körper schweren Abtötungen. Übereinstimmend sagen die Quellen, wie schwer er sich überwinden mußte, um das Gemengsel von Speisen zu essen, die man ihm aus Erbarmen bei seinen Besuchen von Tür zu Tür in seinen einzigen Napf geschüttet hatte. Nicht weniger groß muß die Seelenstärke gewesen sein, die er zur Überwindung seines Widerwillens brauchte, in einem Haus, in dem gerade gefeiert wurde, um Almosen für das Öl von San Damiano zu bitten. Viele der Anwesenden waren, wer weiß wie oft, mit ihm zusammengewesen. Er schämte sich und wagte nicht einzutreten. Dann aber überwand er sich doch und kam zurück, bekannte sich vor allen wegen seiner Scham als Sünder und bat auf französisch um Almosen für das Öl seiner Kirche. Und doch hörten seine Träume von Größe nicht auf, wenn wir dem Bericht der Dreigefährtenlegende glauben wollen: Vorbeigehende rief er, wiederum auf französisch, dazu auf, zu ihm zu kommen und ihre Spende für den Ort zu geben, der einmal Aufenthalt von Damen sein würde (so muß wohl der Ausdruck *dominae* der Legende verstanden werden), deren Ruhm und Leben Gott in der ganzen Kirche verherrlichen werde. Prophezeiung, wie die hagiographischen Quellen meinen? Ideal, das er als Möglichkeit sah? Wir wagen es nicht, in das unverletzliche Geheimnis einer Seele wie der des Franziskus von Assisi einzudringen.

Dem Eremiten gelang es also nicht, jede Verbindung zu seiner Vaterstadt und zur bürgerlichen Wirklichkeit, aus der er freiwillig ausgetreten war, abzubrechen. Für San Damiano, aber auch für die Erfordernisse seines Werkes der Barmherzigkeit, wie z.B. des Unterhaltes des Armen, der Vaterstelle an ihm vetrat, mußte er zu denen zurückkehren, die ihn gekannt hatten. Dabei wurde er von einigen verhöhnt, von anderen mit Verständnis behandelt. So verwirklichte er für sich eine strenge, einsame Buße.

4.2. Die Offenbarung des Evangeliums

Kaum hatte er seine Wiederaufbau-Arbeit von San Damiano abgeschlossen, als ihm ein anderes Ereignis – nur scheinbar und äußerlich zufällig – einen Weg zu zeigen schien. Er nahm ihn auf eine Weise an, die seinem Temperament und seinen Plänen vollkommen entsprach, uns aber auch verstehen hilft, wie sehr Franziskus als Laie und ehemaliger Kaufmann die geistige Haltung vieler seiner Zeitgenossen teilte, die mit einem glücklichen Ausdruck «evangelische Erweckung» genannt worden ist. Entschlossen in seiner Buße, wohnte er der Messe bei und hörte als Evangelium die Ermahnung Jesu bei der Aussendung der Apostel zum Predigen: «Steckt nicht Gold, Silber und Kupfermünzen in euren Gürtel. Nehmt keine Vorratstasche mit auf den Weg, kein zweites Hemd, keine Schuhe, keinen Wanderstab» (Mt 10,9f.). Das waren für ihn erleuchtende Worte. Nach dem Bericht der Quellen, besonders der Dreigefährtenlegende [vgl. 3 Gef 25], auch deswegen, weil sie ihn zum erstenmal so ausdrücklich und bewußt in Beziehung zum Evangelium setzten. So entschied Franziskus, dies sei der Weg, dem er folgen müsse, und zog sofort zwei klare Konsequenzen: Erstens, und das war etwas sehr Wichtiges, erhielt er eine Bestätigung und eine Weisung über den geistlichen Sinn und Zweck seiner Wahl, den wir von nun an «evangelisch», d.h. auf das Evangelium bezogen, nennen können. Diese stellte sich dann immer mehr und besser als Wahl der Armut heraus, ohne jedoch ihre Eigenart und Ursprünglichkeit als Wahl des Übergangs zu den Ausgeschlossenen einzubüßen. Zweitens zeigte sich ihm ein Ziel: das der Verkündigung, der Mitteilung dessen, was er nun erhalten und erreicht hatte, an die anderen – mit anderen Worten, die Verpflichtung zur Predigt.

Die *Dreigefährtenlegende* versäumt hier nicht, eine Tatsache klar anzugeben und zu bedenken. Genau von diesem Zeitpunkt an, als Franziskus die Mahnung Jesu im Evangelium hörte, legte er das Eremitenkleid ab, um ein womöglich noch ärmeres Gewand dafür zu tragen: ein rauhes Tuch, um sich zu bedecken, und anstelle eines Gürtels einen Strick. Er verzichtete auf Stock und Schuhe, so armselig sie auch gewesen waren. So entsprach er besser den Worten des Evangeliums in einem wörtlichen Verständnis, das für die Laien-Büßerbewegungen typisch war. Durch den Strick, den er sich um die Hüften schlang, betonte er gleichzeitig die Merkmale, die ihn als Büßer kennzeichneten. Denn ein solcher gab sich durch einen Strick um den Hals oder den Leib zu erkennen. Den Inhalt seiner Predigten kennen wir nicht. Aber die Tatsache, daß uns nichts von einer Bitte um entsprechende Erlaubnis in Assisi überliefert ist, bringt uns zu der Auffassung, daß diese Predigt in Wirklichkeit eine einfache brüderliche Ermahnung war, christlich zu leben und seine Sünden zu bereuen. Das bestätigt uns die Dreigefährtenlegende, deren Wert wir mittlerweile feststellen konnten. Sie beschränkt sich darauf, zu berichten: «Auf göttliche Eingebung hin begann er, als Verkünder der evangelischen Vollkommenheit aufzutreten und einfältig in der Öffentlichkeit Buße zu predigen» [3 Gef 25]. Und wer ihm zuhörte, staunte über die Wirksamkeit seiner Worte.

Ohne irgendein Detail, ohne sich je im Episodischen und Persönlichen zu verlieren, sagt uns Franziskus selbst im Testament, wie die zweite Etappe seiner Bekehrung mit einem konkreten Ziel endete. All dies – und das ist ohne Zweifel bedeutsam – kann man in einem genauen, und wie uns scheint, recht präzise bestimmten zeitlichen Ablauf unterbringen.

In den zwei Jahren bei San Damiano, zwischen der Lossagung vom Vater und dem Beginn des Predigens war Franziskus in Assisi Menschen begegnet, die ihn beschimpften, aber auch anderen, die ihn im Grunde mit Neugier, wenn nicht gar unruhiger Bewunderung beobachteten. Er war trotzdem immer ein Einzelgänger geblieben. Daß ihn viele für einen Narren hielten, bedeutet nur, daß sein Auftreten nicht ganz und nicht immer in seiner eigentlichen Bedeutung verstanden wurde. Selbst der Freund, der in den ersten Zeiten – während Franziskus um seine Bekehrung rang und in einem Versteck Zuflucht suchte – einen Monat lang an seiner Seite gewesen war, verschwand. Denn man hörte nicht wieder von ihm, und er war mit Sicherheit nicht unter den ersten Nachfolgern.

4.3. Die ersten Gefährten

Bernhard und Petrus Catanii

Seitdem Franziskus öffentlich und mit Überzeugungskraft zu sprechen begann, änderte sich dies. Einige beschlossen, seinem Beispiel zu folgen. Wie der größte Teil der Quellen sagt, war der erste Gefährte eine hochgestellte, reiche und mächtige Persönlichkeit aus Assisi: Bernhard von Quintavalle. Er wandte sich an Franziskus und eröffnete ihm seine Absicht, sich ihm in Leben und Kleidung anzuschließen. Er bat ihn, nachts in sein Haus zu kommen, um darüber zu sprechen. Diese Angabe ähnelt sehr der Begebenheit im Johannes-Evangelium (3,1f.), wo erzählt wird, wie Nikodemus sich nachts heimlich zu Jesus begab. Deswegen nehmen wir die Angabe mit Zurückhaltung auf. In jedem Fall dient sie – wenn sie wahr ist, und die Legende ist im allgemeinen glaubwürdig – der Andeutung, daß Franziskus mit Argwohn betrachtet wurde und als Mann galt, den man nur empfangen konnte, wenn fremde Augen es nicht sahen und die öffentliche Meinung ihre neugierige Betriebsamkeit nicht entfalten konnte.
Die beiden trafen und verstanden sich. Franziskus vergaß nie, wer ihm als erster gefolgt war. Er liebte ihn besonders und bestimmte ihn bei seinem Tod dazu, wie er beispielhaft im Leben des Minderbrüderordens zu wirken. Mit Bernhard, und gleichzeitg oder wenig später mit Petrus, den wir als Petrus Catanii kennen, begann die *fraternitas,* die Bruderschaft um den Heiligen. Nun konnte aber das persönliche Vorhaben von Franziskus nicht für alle gültig sein, besonders wegen einer ganz bestimmten Tatsache, die ein neues, in einigen Aspekten direkt besorgniserregendes Problem darstellte: Zwar war Bernhard von Quintavalle Laie, und als solcher schuf er für die im Aufbau begriffene Brüdergemeinschaft keine Probleme. Petrus Catanii jedoch war Priester. Wie konnte er sich in die Gemeinschaft einordnen? Welche Autorität sollte ein Mann der Kirche bekommen, der dem Beispiel der Buße folgen wollte, das ein Laie eingeführt hatte? Die Schwierigkeit, die in keinem der christlichen Jahrhunderte gering gewesen wäre, war noch schwerwiegender am Anfang des dreizehnten Jahrhunderts, als die Auto-

rität der Geistlichkeit auf allen Ebenen eine Bedeutung und einen unanfechtbaren Vorrang gewonnen hatte, wie sie weder vorher noch nachher je erreicht wurden.
Machen wir uns daher bewußt, daß das zweite entscheidende Moment für Franziskus nicht die persönliche Begegnung mit dem Evangelium war, sondern der Beginn der Brüder-Gemeinschaft. Franziskus selbst sagt es uns ganz unmißverständlich in einer der Stellen, die für seinen inneren Werdegang zentral und entscheidend sind – wo das Testament uns in einer umfassenden Schau die ganze Entstehung der ersten *fraternitas* zeigt:

> «Und nachdem mir der Herr Brüder gegeben hatte, zeigte mir niemand, was ich zu tun hätte, sondern der Höchste selbst hat mir geoffenbart, daß ich nach der Vorschrift des heiligen Evangeliums (secundum formam sancti Evangelii) leben sollte. Und ich habe es mit wenigen Worten und in Einfalt schreiben lassen, und der Herr Papst hat es mir bestätigt» [Test 14-15].

Es handelt sich um wenige Worte, aber wiederum von äußerster Dichte, die in ihrer schier unübersehbaren Tragweite recht schwer zu deuten sind. Als erstes ist die zeitliche Festlegung wertvoll, zusammen mit den anderen Anhaltspunkten für die innere geistliche Entwicklung des Franziskus. Er sagt uns und bestätigt damit die Angaben der Biographien, soweit sie übereinstimmen, daß er eine Zeit der Unsicherheit erlebte. Gewiß betraf die Unsicherheit nicht die einmal getroffene und unerschütterlich feste Entscheidung, die Welt zu verlassen. Vielmehr wußte er nicht, was er mit denen tun sollte, die sich ihm brüderlich angeschlossen hatten: Es geht um niemanden als Bernhard und Petrus. Und wir werden sehen, warum nur um diese beiden.

Etwas Neues

Wir haben schon erwähnt, wie Franziskus nicht Priester werden wollte, nicht Chorherr und nicht Mönch, sondern etwas anderes. Hier muß als vorrangig und richtungsweisend die Tatsache unterstrichen werden, daß Petrus Priester war und sich doch um Licht und Weisung an Franziskus gewandt hatte. Damit entstand auch die Schwierigkeit, ob Franziskus – in jenem Augenblick und auch später – Priester bei sich aufnehmen konnte. Auch die Frage, was Petrus denn von Franziskus haben wollte und konnte, ist nicht zu unterschätzen: Offensichtlich war dessen Berufung durch Gott mit dem Priesterstand noch nicht erfüllt. Also suchte er etwas Neues, anderes, das keine der schon bestehenden Institutionen – in seinem besonderen Fall das Mönchtum – ihm bieten konnte. Diese Institution hatte sich damals schon seit Jahrhunderten in ihren verschiedenen Formen ausgeprägt. Konkretes Modell war die Urgemeinde von Jerusalem, wie sie uns in der Apostelgeschichte beschrieben ist: als Einheit der Herzen, die im Gedächtnis an Christus verbunden waren, wo alle ihr Eigentum zusammenlegten und nach Bedarf daraus schöpften. Dieses Modell, das dann *ecclesiae primitivae forma* (Modell der Urkirche) genannt wurde, diente bei der Entstehung des römisch-christlichen Reiches zur Bildung einer Reihe von Kerngemeinschaften, die auf die Verwirklichung der aszetischen Vollkommenheit des einzelnen unter der Leitung eines Abtes ausgerichtet waren. Bekanntlich wurde dieses Leben als die neue Form des Martyriums verstanden, nachdem dieses mit dem Ende der Christenverfolgung verschwunden war, oder auch als *militia Christi* (Kriegsdienst Christi), in der der Mönch Kämpfer gegen die Versuchungen des Fleisches und die Lockungen der Welt war. Als mit der Festigung des karolingischen Reiches unter den vielen Formen des Mönchtums sich die des heiligen Benedikt von Nursia durchsetzte, ergab sich eine weitgehende Vereinheitlichung des Phänomens. Je nach den Gebräuchen, die von Kloster zu Kloster oder von Klostergruppe zu Klostergruppe verschieden sein konnte, gab es aber arteigene und unterschiedliche örtliche Züge. Im Gemeinschaftsleben der Mönche wurde das Zönobitentum üblich: «persönliche Armut» unter der Leitung eines Abtes, d.h. Verzicht auf jeglichen Besitz als Einzelperson, wobei aber das Kloster als Ganzes Güter haben konnte, um die Bedürfnisse der Mönche zu decken. Diese Güter waren oft so groß, daß sie für die Mönche reichlich waren und auch – das muß gesagt werden – eine erhebliche und verdienstvolle Hilfe für Bedürftige ermöglichten. Neben den Zönobiten in den Klöstern gab es die Einsiedler, die in der Einsamkeit der Wälder, fern aller menschlichen Gemeinschaft lebten, sich von Kräutern oder Wurzeln ernährten und sich dem kontemplativen Leben und dem Gebet widmeten. Zwar zogen diese Eremiten manchmal andere an, die ihr Beispiel nachahmten nach der Mahnung des heiligen Hieronymus, «nackt dem nackten Christus» zu folgen. Aber wenn sie auch Gruppen bildeten, so hielten sie doch Abstand voneinander.

Das Phänomen des Mönchtums erfuhr in seinen beiden Grundformen, der zönobitischen und der eremitischen, seinen großartigen Aufschwung zwischen dem 10. und dem 11. Jahrhundert, als eine Reihe von Reformen ihm neuen religiösen Eifer, strenge Disziplin und Festigkeit der Strukturen verlieh und es so zu einer tragenden Säule der Kirche machte. Nicht zufällig war es eines der entscheidenden Elemente in der Erneuerung der römischen westlichen Kirche im 11. Jahrhundert, zuerst mit der kluniazensischen und dann der zisterziensischen Bewegung, wie schon berichtet wurde.

Und doch veranlaßten gerade die Macht, die Ausdehnung und der Wohlstand des monastischen Phänomens die Gläubigen zur Kritik. Sie warfen ihm eine nur scheinbare, nicht echte Armut vor. Wenn die Mönche auch tatsächlich persönlich arm waren, war doch das Kloster reich und sicherte allen das Nötige, ohne jedes Risiko von Hunger oder wirklicher Not. Außerdem lebten die Mönche in ihren Klöstern gebunden durch die *stabilitas,* d.h. der Verpflichtung zu ununterbrochener Anwesenheit. Daraus ergab sich, daß sie gewiß ein Beispiel strengen Lebens für die Gläubigen waren, aber sie leisteten keine unmittelbare Seelsorge. So entstand der Vorwurf des egoistischen Strebens nach individueller Vollkommenheit, die sich überhaupt nicht um das Heil der anderen kümmerte. Dieser Vorwurf muß unter den Mönchen selbst laut geworden sein, wenn der heilige Bernhard es für nötig hielt, ihn ausdrücklich als teuflische Versuchung zu verdammen. Besonders schlimm war eine andere Versuchung, nämlich das Kloster zu verlassen, um sich der Predigt zu widmen.

Aus all diesen Gründen sagt man nicht zu Unrecht, das Mönchtum des 12. Jahrhunderts habe eine tiefe Krise durchlebt und eine geistliche Leere verursacht, die der Klerus allein nicht füllen konnte. Darum versuchten verschiedene Spontanbewegungen, orthodoxe wie häretische, in die Lücke zu springen. Aber Robert von Arbrissel, Vitalis von Savigny oder Bernhard von Tiron bei den Orthodoxen, und Tanchelm oder der Mönch Heinrich bei den Häretikern schlossen ihre Tätigkeit entweder mit der Gründung neuer Klöster ab, die die vorherige Lage in nichts veränderten, oder mit der Schaffung häretischer Gemeinschaften, die sich auf Konflikte mit den kirchlichen Autoritäten einließen, sich aber nur teilweise und örtlich in Sondersituationen einfügten. Unterdessen drängte die neue Religiosität weiter mit ihren Forderungen.

Diese lassen sich zusammenfassen in wenigen, aber präzisen Postulaten – wir greifen dabei bereits Gesagtes nochmals auf –: Übereinstimmung des Lebenswandels der Kleriker mit den Weisungen Christi im Evangelium, Reinheit der Sitten und strenge Disziplin; gewissenhafter, anhaltender, wirklich verfügbarer und echter geistlicher Beistand für die Gläubigen; Nähe, ja Zuwendung der Kleriker zu denen, die sich an sie wandten, um Trost, Hilfe und Unterstützung in ihren Nöten zu finden. Die Forderung nach bedingungsloser Hilfe für die Armen und Bedürftigen war besonders häufig. Denn das Elend war gerade in den Städten viel schwerer zu ertragen als auf dem Land und die Nöte waren viel drückender.

Führt man sich all dies vor Augen, so kann man gut verstehen, wie und warum Petrus Catanii Franziskus als jemanden empfand, der einen neuen Weg einschlug, der sich einen Weg in eine noch unerforschte, ganz und gar nicht klare Richtung bahnte, die er aber intuitiv als die richtige erkannte. Franziskus seinerseits war sich bewußt, daß seine persönliche Lebenswahl einen noch zu bestimmenden, aber sicheren Wert hatte.

So wurde es nötig, einem Vorhaben, das noch der Vertiefung und Verdeutlichung bedurfte, einen konkreten Inhalt und Ausdruck zu geben. Das war alles andere als einfach – im Gegensatz zu dem, was man heute vermuten könnte. Gerade die Anwesenheit des Priesters in der kleinen Gruppe bedeutete einen Bruch in der kirchlichen Ordnung. Diese hatte sich endgültig gefestigt: auf der einen Seite der Klerus mit der Hierarchie bis zum Papst, als Chorherren an das Gemeinschaftsleben gebunden oder nicht – auf der anderen Seite die Mönche, gewöhnlich im Kloster eingeschlossen oder in Einsiedeleien abgesondert. Dazu kamen die Gläubigen, unter denen sich eine nicht gerade große Anzahl dem Büßerleben verschrieb. Im übrigen fühlten sich die Kleriker als eifersüchtige Hüter der Seelsorge. Besonders im 12. Jahrhundert fochten sie mehrere bittere Auseinandersetzungen mit den Mönchen aus, wenn einer von diesen auf die Möglichkeit angespielt hatte, als Beistand der Gläubigen tätig zu werden. Und sie sprachen ihnen jegliches Recht zur Teilnahme an der Seelsorge ab. Daß es sich bei Franziskus und den Seinen nicht um gegenstandslose Sorgen handelte – aber davon sagt uns die Legende nichts –, bestätigt das spätere Schicksal des Minderbrüderordens von der Mitte des dreizehnten Jahrhunderts an. Aber hier ist nicht der Ort, davon zu reden.

Wie auch immer, hier mußte ein Problem angepackt und gelöst werden. Die spontane Freiheit des Auftretens, die die Handlungsweise von Franziskus gekennzeichnet hatte, als er allein und Herr seiner Entscheidungen war, konnte nicht fortdauern, nachdem ihm «der Herr Brüder gegeben hatte», auch wenn es nur wenige waren. Und hier haben wir eine der eindeutigsten und gleichzeitig schwierigsten persönlichen Aussagen des Testaments vor uns: «Niemand zeigte mir, was ich zu tun hätte.»

Zweifellos ist dies zuerst eine Versicherung der Unabhängigkeit und Originalität der eigenen Initiative. Er folgte also nicht dem Rat oder der Eingebung von irgend jemandem, sondern handelte aufgrund göttlicher Offenbarung, wie er sofort klarstellt. Dann aber besagt die Äußerung auch, daß selbst Bischof Guido die entstehende *fraternitas* in keiner Weise beraten und geleitet hat. Es scheint uns nutzlos, Vermutungen anzustellen, die ohnehin vage blieben, ob er einer Belästigung oder gar Sorge aus dem Weg gehen wollte, wie sie andere kleine oder große Gemeinschaften dieser Art an anderen Orten den Bischöfen bereitet hatten. Es ist jedenfalls nicht verwunderlich, daß die Versicherung der Originalität, die ausdrückliche Erklärung des Fehlens von jeder menschlichen Hilfe – und dabei ist die kirchliche Hierarchie stillschweigend eingeschlossen – in ihrer Gesamtheit eine freundliche, heitere und dennoch unmißverständliche Kritik an einer Hierarchie darstellt, die es nicht verstanden hatte, auf eine wenn auch winzige Gruppe von Gläubigen einzugehen, sie zu beschirmen und zu lenken. Wenn dabei jeglicher Groll, jegliche Schärfe fehlen – und das überrascht bei Franziskus wirklich nicht –, bleibt doch die Feststellung der Tatsache nicht weniger klar und deutlich und, wie es

scheint, hart. Das bestätigt uns die Fortsetzung im Testament: «... sondern der Höchste selbst hat mir geoffenbart, daß ich nach der Vorschrift des heiligen Evangeliums leben sollte.»
Auf diese Offenbarung bezieht sich ausdrücklich die Dreigefährtenlegende, gefolgt von der zweiten *Vita* des Thomas von Celano, und zwar in einem Zusammenhang und einer Gedankenführung, die, wie uns scheint, in der Linie der geistlichen Entwicklung und im Rahmen der Mentalität, die wir bis jetzt dargestellt haben, voll und ganz angenommen werden können.

Die «sortes apostolorum»

Da sich die drei, besonders Bernhard und Petrus, nicht im klaren waren über ihre Zukunft, begaben sie sich – nach der Dreigefährtenlegende – in eine Kirche. Höchstwahrscheinlich war es San Nicola an der heutigen Piazza del Comune. Es ist bezeichnend, daß sie San Rufino mieden, wo aufmerksame Chorherren und der Bischof waren. In der Kirche vollzogen sie eine Zeremonie, die von der Anfangszeit des Christentums an gebräuchlich war und *sortes apostolorum* (Lose der Apostel) hieß. Sie bestand darin, zuerst im Gebet göttliche Hilfe zu erbitten, dann das Evangelienbuch aufzuschlagen und dort den Abschnitt zu lesen, der als erster in die Augen fiel und ihn dann auf den Fall anzuwenden, für den man um Gottes Erleuchtung gebeten hatte. Es muß klar gesagt werden, daß die Kirche sowohl vor als auch nach der Zeit des Franziskus mehrmals von diesem Ritus abgeraten und ihn als Aberglauben verurteilt hatte. Aber völlig erfolglos, genau wie bezüglich des anderen, nicht weniger häufigen und gebräuchlichen Ritus des Gottesurteils.
Doch ist der Rückgriff auf die *sortes apostolorum* für uns kostbar. Denn er verdeutlicht uns die Art, und – wenn wir wollen – die Grenzen der Frömmigkeit bei Franziskus, aber auch bei seinen Gefährten. Eine Frömmigkeit, die auf dem Niveau dessen gewesen zu sein scheint, was mit einem umstrittenen, aber zweckmäßigen Begriff «Volksfrömmigkeit» genannt wird. Das erklärt auch, warum die Legende das Ereignis mit einer ganzen Reihe von Rechtfertigungen und Rückversicherungen präsentiert:

«... denn sie waren einfältig und wußten nicht, wie sie das Wort des Evangeliums vom Verzicht auf die Welt finden sollten. Deshalb beteten sie voll Hingabe zum Herrn, er möge ihnen beim ersten Öffnen des Buches seinen Willen kundtun. Nach dem Gebet ergriff der selige Franziskus das geschlossene Buch und öffnete es, kniend vor dem Altar. Beim ersten Öffnen stieß er auf jenen Rat des Herrn: ‹Willst du vollkommen sein, so gehe hin, verkaufe alles, was du hast, und gib es den Armen, und du wirst einen Schatz im Himmel haben!› Als der selige Franziskus dies erfahren, freute er sich sehr und sagte Gott Dank. Weil er aber ein wahrer Verehrer der Dreifaltigkeit war, wollte er eine dreimalige Bestätigung erfahren und öffnete ein zweites und drittes Mal das Buch. Beim zweiten Öffnen fand er: ‹Nehmt nichts mit auf den Weg ...›. Beim dritten Mal aber: ‹Wer mir nachfolgen will, verleugne sich selbst ...›»[3 Gef 28f.].

Auf diese dreifache Bestätigung hin wandte Franziskus sich zu seinen beiden Gefährten und sagte, in diesen Abschnitten des Evangeliums liege ihre Regel und Lebensform, der sie selbst sich angleichen müßten und alle, die sich in der Folge ihnen anschließen wollten.

Hier kann nicht verschwiegen werden, daß die erste Lebensbeschreibung des Thomas von Celano (nicht aber die zweite!) einen etwas anderen Bericht gibt. Denn Thomas läßt die ganze Episode der dreifachen Befragung des Evangelientextes aus und reduziert die Begegnung des Franziskus mit der Offenbarung der evangelischen Räte auf das erste Hören des Evangelienabschnitts in der Messe, von dem wir schon berichtet haben. Er fügt hinzu, Franziskus habe sich von einem Priester helfen lassen. Dieser habe ihm die Stellen ausgelegt und gezeigt, die mit der Armut der Verkünder des Wortes Christi und mit der Aufgabe des Predigens zusammenhingen. In diesem Fall – und Thomas sagt dies in seinem literarischen Eifer und in seinem Wunsch, die Worte von Franziskus im Testament zu mildern – wäre die entscheidende Erleuchtung dem Heiligen durch einen Priester zuteil geworden. Dies stünde in vollem Widerspruch zu dem, was ausdrücklich und unmißverständlich im Testament steht: «Niemand zeigte mir, was ich zu tun hätte.» Es ist demnach wahrscheinlich, daß Thomas in der ersten Lebensbeschreibung zwei verschiedene Begebenheiten zu einer zusammengefaßt hat, weil er über Inhalt und Abfolge der Ereignisse in Assisi nicht besonders gut informiert war. Wenn er nicht – was ebenso plausibel ist – mit Absicht einen Ritus verschwieg, der sich als Ritus der Volksfrömmigkeit für jemanden, der im Begriff war, ein Ordensgründer und Heiliger zu werden, nicht geziemte.

Eine gewisse Verlegenheit ist freilich in dieser Angelegenheit auch in der Dreigefährtenlegende zu spüren. Sie versucht ebenfalls den Eindruck zu vermeiden, der Heilige habe einen volkstümlichen Ritus praktiziert. Sie öffneten, so sagt sie, das Buch aufs Geratewohl, weil sie die Stellen im Evangelium nicht zu finden wußten, wo vom Verlassen der Welt die Rede war. Dreimal taten sie es, stellt sie dann klar, weil Franziskus ein wahrer Verehrer der Dreifaltigkeit war. Wer die Frömmigkeit des 13. Jahrhunderts kennt, wird sich nicht wundern, daß die drei die *sortes apostolorum* angewandt haben – und auch nicht, daß einer von ihnen Priester war.

Die Ratlosigkeit und Vorsicht dieser Quellen sind aber von einem kritischen Gesichtspunkt aus wertvoll, weil sie uns die Echtheit der Episode in ihrem wesentlichen Hergang bestätigen. Wohl kaum wäre eine Begebenheit angeführt worden – und die erste Lebensbeschreibung des Thomas schweigt, wie gesagt, nicht zufällig darüber –, die den Heiligen und die Qualität seiner Offenbarung in den Augen gewisser gebildeter Kreise herabsetzte, wenn sie nicht zweifelsfrei wahr gewesen wäre. Eine letzte Bestätigung ist für uns die Tatsache, daß es gerade die Stellen aus dem Evangelium sind, die in den Text der Regel von 1221 aufgenommen wurden, wie wir sehen werden.

Wechsel des gesellschaftlichen Standortes

Das Wichtige ist, daß nach der Befragung der Heiligen Schrift die Neuheit des Vorhabens klar zutage trat. Wiederum finden wir diese Neuheit im Testament auf die einleuchtendste Weise ausgesprochen mit der Formulierung *vivere secundum formam sancti Evangelii* (nach der Form des heiligen Evangeliums leben). Offensichtlich ist diese Formulierung der anderen, viel älteren Formel der *ecclesiae primitivae forma* nachempfunden. Doch wagen wir nicht zu sagen, sie sei in der Zeit, von der wir sprechen, schon gebräuchlich gewesen. Aber auch wenn sie nicht gebräuchlich war, so war sie doch gelebte Wirklichkeit, deren Neuheit und Wichtigkeit zu unterstreichen sind. Mehr als einmal schon hatte die mönchische Armut, die das Modell der Urgemeinde von Jerusalem aufnahm, sich den Kritiken der religiösen Welt des 13. Jahrhunderts ausgesetzt, die ihr vorwarf, mehr Schein als echt zu sein. Auch die Priester entgingen der Kritik nicht, ob sie nun allein waren (oft allerdings mit Konkubinen und Kindern) oder ob sie als Chorherren in Gemeinschaft lebten. Auch ihnen hielt man die Sünde vor, die echte, von Christus und den Aposteln gelebte Armut nicht zu befolgen. All dies wurde nicht nur von den Häretikern gesagt – das hätte niemand merkwürdig gefunden – sondern von Kirchenmännern von beispielhafter Tugend.

Tatsächlich hatte eine lange Gewohnheit im kirchlichen Leben eine Reihe von religiösen Verhaltensweisen gefestigt, um nicht zu sagen zementiert. Nicht, daß Christus und sein Beispiel nicht gegenwärtig gewesen wäre oder daß die Situation, in der er als «Zimmermannssohn» gewesen war, den Menschen entgangen wäre. Stephan von Muret zum Beispiel, und besonders seine Anhänger, die den Orden von Grandmont gegründet hatten, verstanden sie sehr wohl. Auch der von Waldes und den Waldensern verursachte Schock war nicht weniger heftig gewesen. Der Heilige und ebenso der Ketzer hatten den Sinn und Wert der Armut Christi völlig begriffen. Und auch gewisse andere *pauperes Christi* (Arme Christi) bewirkten in verschiedenen Teilen Europas weitverbreitete Unruhe und ein Gefühl des Unbehagens, dessen Bedeutung schließlich nicht verborgen blieb, wenn man nur an die riesige Masse von Armen und Elenden in Stadt und Land denkt.

Trotzdem hatte all dies die Strukturen des kirchlichen Lebens nicht sehr erschüttert. Wenn auch Alexander III. für Waldes Verständnis gezeigt hatte, so tat es der Erzbischof von Lyon, Johannes von Belles-Main, ihm doch nicht gleich, als er nach einer Reihe von Zusammenstößen – wir wollen das bereits Gesagte nicht wiederholen – diesen zu häretischen Haltungen trieb.

Franziskus hatte eine Reihe genialer Eingebungen. Sie entsprachen einerseits den bei den Gläubigen verbreiteten Bedürfnissen, und dies nicht nur auf der Ebene des Volkes. Andererseits waren sie gleichzeitig geeignet, die kirchliche Hierarchie, seien es auf lokaler Ebene die Pfarrer und Bischöfe, sei es in der Gesamtleitung der Papst, nicht in Aufregung und Sorge zu versetzen. Gewiß anerkannte man den nicht nur neuen, sondern revolutionären Wert des Evangelismus, als Franziskus ihn nicht als individuell-persönlich, nicht schlicht und einfach als Armutsideal darstellte, sondern als umfassenden Auftrag zur menschlichen Brüderlichkeit, der sich vom einzelnen auf die ganze Christenheit erstrecken sollte. Die mitreißende Kraft der Botschaft des Evangeliums sollte sie auf allen Ebenen erreichen, mit einer Intensität, die eine neue Brüderlichkeit in Christus zum Ziel hatte. Sie sollte vermittelt werden durch eine Predigt, die nicht theologische, trockene und lebensferne Probleme behandelte, sondern sich an alle und jeden wandte, klar und überzeugend in der Form war und durch das Beispiel bestätigt und beglaubigt wurde. Unter diesem Blickwinkel zeigt nun die neue Form der Armut ihr ganzes Gewicht und ihre ganze Bedeutung. Der Mönch – es sei uns gestattet, dies zu wiederholen, um den Unterschied klar zu zeigen – war persönlich arm und entsagte, wie man es in der Redeweise der Zeit ausdrückte, dem *proprium* (= Privatbesitz), aber nicht dem *comune,* d.h. dem, was das Kloster besaß. Franziskus folgte dem Beispiel, das Christus und die Apostel in den Evangelien gegeben haben, und verzichtete auf das *proprium und* das *comune.* Seine Armut war total, ohne irgendeine Ausnahme. Nicht zufällig ist bei der Klärung von Sinn und Tragweite seiner Bekehrung betont worden, daß es sich nicht um eine *wirtschaftliche* oder *religiöse* Tatsache allein handelte, sondern um einen Wechsel des *gesellschaftlichen Standes.* Der Klerus oder die Mönche mußten etwas zum Leben haben. Sie gingen nicht das Risiko des Hungers oder der Ungewißheit um den täglichen Lebensunterhalt ein. Franziskus sagte sich los von dieser Sicherheit und vertrat die wahre Armut, die für ihn total war und sein mußte wie die Armut Jesu. Denn Jesus sagte, der Menschensohn habe nichts, wohin er sein Haupt lege, als er sich der göttlichen Vorsehung anheimgab wie die Lilien auf der Flur und die Vögel des Himmels.

Für den Augenblick hatten die drei kein Obdach und suchten Unterschlupf in einer Hütte bei dem verlassenen Kirchlein Santa

Maria degli Angeli, in den Dokumenten auch bekannt als Santa Maria della Porziuncola. Anscheinend hatte Franziskus auch dieses instandgesetzt. Von hier aus hatten sie zahlreiche Kontakte mit der Stadt, die gewiß nicht ohne Staunen die Bekehrung von Bernhard von Quintavalle und Petrus Catanii miterlebt hatte. In ihrer neuen Bleibe schloß sich ihnen ein weiterer Bruder, Ägidius, an. Und aufgrund eines nicht seltenen Gewissensumschwungs ein zweiter Priester, Silvester – der Priester der Kirche San Damiano.

Dessen Ankunft war für alle wirklich eine Überraschung: Erst einige Tage zuvor war er nämlich gekommen, weil er erfahren hatte, daß Franziskus nach der Ankunft Bernhards über eine gewisse Geldmenge verfügte. Er hatte den Rest der Bezahlung verlangt für eine bestimmte Menge Steine, die er ihm für den Wiederaufbau von San Damiano gegeben hatte. Der Heilige hatte sich gar nicht erst das Problem gestellt, ob dies recht sei oder nicht, sondern ihm alles Geforderte gegeben. Diese Bereitschaft, und noch mehr die augenscheinliche Geringschätzung des Geldes bei einem Mann, der gerade wegen seiner Lage als Armer einen größeren Bedarf daran zu haben schien, stimmte ihn um: Er bereute seine Habgier und bat um Aufnahme als Mitglied der kleinen Gemeinschaft, die so langsam zu wachsen begann, jedoch immer noch nur aus Bürgern von Assisi bestand.

Der Orientierungspunkt für alle und die Seele des Ganzen war immer Franziskus. Er war nach dem übereinstimmenden Zeugnis der Quellen glücklich wie einer, der einen Schatz gefunden hat, und sang auf italienisch und französisch, um seine innere Heiterkeit auch äußerlich zu zeigen. Doch war das Leben für ihn und seine Gefährten nicht leicht. Wenn es auch Bewunderer gab, so waren doch die noch zahlreicher, die sie beleidigten, sie Narren schalten und verhöhnten. Andere wiederum warfen ihnen Heuchelei vor – das Wort erscheint nicht in den Quellen, geht aber klar aus ihnen hervor – und klagten sie an, sie hätten auf alles verzichtet, um auf Kosten der anderen zu leben. Dennoch: ihr Auftreten machte Eindruck, zuerst durch den Gruß, den sie allen sagten, die ihnen begegneten. Franziskus sagte, er habe ihn durch göttliche Offenbarung gelernt, und hatte schon mit seinem Gebrauch begonnen, als er noch allein war: «Gott gebe dir Frieden.» Und oft konnten diese Worte erregte Gemüter besänftigen.

Dann machte Franziskus einen großen Schritt vorwärts: Er verließ seine Heimatstadt. Dieses Ereignis war für die weitere Entwicklung von grundlegender Bedeutung. Solange nämlich Franziskus und seine Gefährten in Assisi und seiner Diözese blieben, waren sie unter der Jurisdiktion des Bischofs Guido, der bis dahin die Aktivität des bekehrten Kaufmanns und seiner Anhänger mit geduldigem Wohlwollen beobachtet hatte. Wahrscheinlich betrachtete er das Ganze als Episode intensiven und ehrenwerten Eifers, der jedoch keine weiteren Folgen haben würde. Außerdem mußte der Bischof aufgrund der Einstellung der Stadt zu Franziskus und seinen Gefährten keine Massenbewegung befürchten. Die zurückhaltende Klugheit der Quellen, die zu einer Zeit entstanden, als Franziskus schon heiliger Gründer eines Ordens war, täuscht doch nicht über die wesentliche Tatsache hinweg, daß nämlich die Mitbürger ihm größtenteils feindlich gegenüberstanden. Geschädigte Interessen, verletzte Gefühle, enttäuschte familiäre Hoffnungen mußten durch das Medium der öffentlichen Meinung zumindest Mißtrauen, wenn nicht gar feindselige Gefühle verursacht haben. Guido konnte also beruhigt sein, auch weil die winzige Bruderschaft der religiösen Autorität und der Hierarchie vollste Achtung erwies.
Die Lage änderte sich radikal in dem Augenblick, als die vier die Diözese verließen. Gewiß konnte ihnen niemand verbieten, im Büßergewand von Ort zu Ort zu gehen. Aber die Normen des Kirchenrechts, die mit stets wachsender Aufmerksamkeit und Schärfe angewandt wurden, je schlimmer und besorgniserregender das Phänomen der Häresie wurde, erforderten, daß jegliche Form der Predigt zuvor von der örtlichen Autorität, dem Pfarrer oder besser noch dem Bischof, genehmigt werden mußte. Jedenfalls teilten sich die vier in zwei Paare. Das erste bildeten Franziskus und Ägidius, die in die Mark Ancona gingen. Die anderen zwei gingen an einen anderen, nicht näher zu bestimmenden Ort. Wohin sie auch gingen, brachten sie heitere Freude. Wobei wir dies nur von Franziskus sicher wissen, der seine Fröhlichkeit, gewöhnlich auf französisch singend, durch das Lob Gottes ausdrückte. Wir glauben, keine gewagte Hypothese aufzustellen, wenn wir

denken, er habe mit jugendlichem Eifer und lebhaftem Schwung denselben Gefühlen Ausdruck verliehen, die ihn vor seinem Tod zu ihrer Zusammenfassung im Sonnengesang trieben.
Jene Umkehrung der Werte, die wir als Lebensentscheidung, als existentielle Wahl im Augenblick seiner Bekehrung aufgezeigt haben, blieb wirksam: Daß ihm nun süß erscheinen würde, was ihm vorher bitter war, das zeigt gerade die *Fröhlichkeit,* die in seinem Herzen drängte und in seinem Gesang lebte. Diese Fröhlichkeit hatte aber auch einen gesellschaftlichen Wert, der auf seine Weise revolutionär war, denn er zeigte dem Elenden, Armen, Verlassenen den genauen und gleichzeitig tiefen Sinn seiner Lage: Glück und Unglück kann man nicht zurückführen auf einen einfach wirtschaftlichen gemeinsamen Nenner. Es sind nicht äußere Tatsachen, die von der Realität außerhalb des Menschen abhängen. Sie entstehen aus unserem Innern, aus der Tiefe unseres Bewußtseins. Franziskus hatte sicher nicht die moralistischen Analysen über Reichtum und Armut gelesen, die nicht selten waren im 12. Jahrhundert, das so aufmerksam war gegenüber den Veränderungen vor allem im wirtschaftlichen Bereich, die sich in der zeitgenössischen Gesellschaft vollzogen. Nun betonten diese Analysen oft die seelischen Dimensionen des Elends und beleuchteten seine Rückwirkungen auf die Grundgefühle des Menschen: Gier, Neid, Traurigkeit, und jene Erniedrigung, die als *acedia,* als Trägheit, bezeichnet wird. Gegen diese Schuld, diese Sünden, die die Lage des Elends mit sich bringen kann, antwortete Franziskus mit seinem Gesang – er, der sie verstand und der als Reicher vielleicht auch die Heftigkeit des Hasses bemerkt hatte, der sie begleiten konnte –, weil er die Armut in ihrem höchsten Wert als Befreiung verstand.
Als sie nach kurzer Zeit von dieser ersten Reise zurückgekehrt waren, gab es eine Begegnung mit dem Bischof Guido. Dieser machte sich Sorgen – besonders, nachdem sich den vieren noch weitere Bewohner von Assisi angeschlossen hatten: Sabatinus, Moricus und Johannes *de Capella* –, weil sie nichts besitzen wollten. Der Heilige antwortete dem Bischof, wenn sie Güter besäßen, müßten sie auch Waffen haben, um sie zu verteidigen und zu erhalten. Daraus würden sich Streitereien und Auseinandersetzungen ergeben, die die Liebe zu Gott und den Nächsten hinderten. Mit diesen Worten wies er auf jenes Gefühl der totalen Befreiung

hin, das noch lange später, am Ende des 13. Jahrhunderts, als die inneren Konflikte im Orden schon begonnen hatten, den Franziskaner Jacopone von Todi trieb, die totale Armut zu besingen als Besitz aller Reiche und Schätze der Erde. Denn wer nichts hat und nichts braucht, ist in Wahrheit der Reichste von allen.

Wie war nun die Haltung, mit der sie auf dieser ihrer ersten Mission – so können wir sie nennen, wenn der Begriff hier auch anachronistisch ist – von den Menschen, zu denen sie kamen, empfangen wurden? Die Dreigefährtenlegende, die uns wiederum am meisten und die beste Information gibt, zeigt, daß sich die Leute vor allem wunderten. Dabei überwog die Ratlosigkeit – nicht viel anders als in Assisi – das Verständnis und den Willen zur Nachahmung. Im übrigen ist die Angabe über die Themen der Predigt des Franziskus außerordentlich bedeutsam. Wenn er auch nicht *plene,* d.h., im eigentlichen Sinn des Wortes, predigte, «mahnte er doch alle, daß sie Gott lieben und fürchten und für ihre Sünden Buße tun sollten. Bruder Ägidius jedoch forderte die Zuhörer auf, Franziskus Glauben zu schenken» und seine Ratschläge zu befolgen [3 Gef 33].

Wir haben schon darauf hingewiesen, daß nach der Rückkehr von diesem ersten Vorstoß außerhalb Assisis noch andere Brüder sich den ersten vier anschlossen. So wurde eine *zweite Reise* beschlossen, für die Franziskus sie zunächst über die Ergebnisse seiner Erfahrung unterrichtete. Er begann mit einer Warnung vor den Entmutigungen, die von Unverständnis und Gleichgültigkeit derer kommen konnten, an die sie ihr Wort und ihre Ermahnungen richten würden. Wenn sie auch in sich und für sich klein und schwach wären, sagte er, so sollten sie sich Gottes Beistand und Hilfe anvertrauen. Sie sollten mit Überzeugung Buße verkündigen, um zu erreichen, daß alle das Böse mieden und statt dessen die göttlichen Gebote hielten. Ob sie gläubige, aufmerksame und sanfte Zuhörer fänden oder ungläubige, hochmütige und lästernde: sie sollten sich ihre Heiterkeit bewahren und jede Beschämung demütig hinnehmen. Einige wurden von Furcht ergriffen. Aber Franziskus ermutigte sie – und dies scheint den Biographen übernatürlich geschenkte Prophezeiung –, indem er voraussagte, sie würden Erfolg haben und ihre kleine Schar würde in nicht ferner Zeit immer mehr wachsen [vgl. 3 Gef 36].

Diese zweite Mission hatte einen viel größeren Aktionsradius. So wissen wir über wenigstens einen von ihnen, Bernhard von Quintavalle, daß er bis nach Florenz kam. Die Berichte, die wir darüber haben, sind wahrhaftig nicht triumphalistisch. Immer stoßen wir auf das gewohnte Mißtrauen, die banale Neugier, die beschämenden Fragen. Unter diesen hat eine auch für uns Bedeutung und Interesse. Einmal wurden sie gefragt, welchem Orden sie angehörten, und die Antwort war, sie seien «Männer der Buße» *(viri poenitentiales)* aus der Stadt Assisi. Und die Legende fährt wörtlich fort: *Nondum enim ordo eorum dicebatur religio,* und das heißt, ihre Schar wurde noch nicht als religiöser Orden bezeichnet [vgl. 3 Gef 37). Auf diese Weise werden verschiedene bestimmte Umstände geklärt, Einzelheiten über das Selbstverständnis der Gruppe um Franziskus und die Bedeutung inmitten der zeitgenössischen Gesellschaft, die sie selbst sich beimaß. Alle Tendenzen zum Einsiedlertum, gleich welcher Art, hatten sie also hinter sich gelassen, um ihrer Weltentsagung eine bestimmte Bedeutung zu geben: Sie waren willens und bereit, ein Beispiel der Buße zu sein. Wie mit Recht angemerkt worden ist, gehört der Anfang der franziskanischen Bewegung zum Phänomen der *fratres de poenitentia* (= Brüder von der Buße), die sich eine Reihe von bis dahin nicht in einer Regel definierten und festgehaltenen, sondern vom einzelnen gewählten Verpflichtungen und Aufgaben auferlegten für ein ganz bestimmtes Ziel der Buße. Sobald das Ideal, das einer – in unserem Fall Franziskus – erarbeitet hatte, von anderen angenommen und geteilt wurde, fand sich natürlich eine irgendwie charakterisierende Benennung. In diesem Fall wurde der Ursprungsort gewählt.

Die Quellen geben uns eine große Menge bald erbaulicher, bald rührender Einzelheiten über das Leben dieser ersten Brüder. Weil dies alles viele Jahre nach den Ereignissen erzählt wurde, ist man in bezug auf die Echtheit immer in gewisser Weise mißtrauisch. Aber man kann es nicht ohne weiteres als falsch zurückweisen. Denn wenn die Dinge sich auch nicht buchstäblich so abgespielt haben, wie sie uns erzählt werden, wenn sich in ihre «Wahrheit» auch ein wenig «Dichtung» eingeschlichen hat, die wegen des großen zeitlichen Abstandes hinzugekommen ist, so sind sie doch geeignet, eine allgemeine Geistesverfassung zu charakterisieren, eine Art, Vergangenes zu «symbolisieren», das vielleicht in Einzelheiten nicht ganz stimmt, aber sozusagen seinen Duft wiedergibt.

Im Fall dieser ersten Anhänger des Franziskus zeigen auch die Anekdoten, wie man ihnen gegenüber empfand und welches Echo von jenen Jahren blieb. Tatsächlich sind sie auch deshalb nicht uninteressant, weil sie gewöhnlich die Reaktion des Publikums auf diese «Männer der Buße» beschreiben, die zu klären sehr sinnvoll ist. Zweifellos zollten ihnen einige Menschen respektvolle Bewunderung, und ebenso zweifellos verhöhnten und beleidigten andere sie. Sogar das ärmliche Gewand nahmen sie ihnen fort, gaben es ihnen dann allerdings zurück, wenn sie bemerkten, daß die Brüder darunter nackt waren. Sie schnitten ihnen die Kapuze ab oder bewarfen sie mit Schmutz. Einmal, als zwei auf der Wanderschaft waren und einer von ihnen mit einem Stein beworfen wurde, stellte sich der andere sogar schnell vor ihn, um zu verhindern, daß dieser getroffen würde.

Noch bedeutsamer, wenn auch in den aufgezeigten Grenzen, ist eine Begebenheit in Florenz während der zweiten Mission, deren Hauptfigur Bernhard von Quintavalle selbst war. Sie wurde in der *Dreigefährtenlegende* aufgeschrieben, als Bernhard schon gestorben war, also nach 1246. Bernhard und sein Begleiter waren in Florenz. Es war Winter und sehr kalt. Sie suchten vergeblich einen Unterschlupf. Als sie zu einem Haus kamen, das eine Vorhalle hatte, in der ein Ofen stand, baten sie die Hausherrin, hineinkommen zu dürfen. Aber sie erhielten nur die Erlaubnis, sich in der Nähe des Ofens aufzuhalten. Auch dort durften sie nicht bleiben. Als nämlich der Hausherr zurückkam, schickte er sie fort, denn er fürchtete, sie könnten Diebe sein.

Am Morgen begaben sie sich früh in eine nahegelegene Kirche. Dort fand sie jene Dame, die sie nicht in ihrer Vorhalle hatte beherbergen wollen, und war erstaunt, sie im Gebet versunken zu sehen. Noch größer war ihr Erstaunen, als die folgende Szene sich abspielte: Es kam ein Mann hinzu – er wird Guido genannt –, der den Armen Almosen austeilte. Dieser Brauch war damals nicht selten. Als er auch Bernhard und seinem Begleiter etwas geben wollte, wiesen diese es zurück. Auf die Frage nach dem Grund rechtfertigten sie sich mit Worten, die allem Anschein nach die echte, lebendige Haltung jener ersten Gefährten widerspiegeln, und die es verdienen, hier ungekürzt wiederholt zu werden:

«Wahr ist, daß wir arm sind, aber uns ist die Armut nicht lästig wie anderen Armen. Sind wir doch durch die Gnade Gottes, dessen Rat wir erfüllt haben, freiwillig arm geworden.» [3 Gef 39].

Bernhard fuhr fort mit der Erklärung, sie hätten schon Güter besessen, aber sich aufgrund einer freien und spontanen Entscheidung ihrer entledigt, indem sie um der Liebe Gottes willen alles den Armen gaben und so dem Rat der evangelischen Vollkommenheit folgten. Daraufhin lud die Dame, die sie nicht in ihrer Vorhalle hatte aufnehmen wollen, sie in ihr Haus ein. Sie aber lehnten ab und zogen es vor, mit Guido zu gehen, der noch mehr von ihnen wissen wollte und sie daher einige Tage bei sich behielt, weil er ihr beispielhaftes Leben bewunderte.

Aus dieser lebendigen Erzählung ergibt sich ein erstes Element von äußerster Wichtigkeit, das nicht mißverstanden werden kann: Während dieser Reise nach Florenz beschränkten sich Bernhard und sein Begleiter darauf, ausschließlich mit ihrem Leben ein Beispiel zu geben, und verzichteten auch darauf, wie in Assisi das Lob des Herrn zu singen und zur Buße zu mahnen. Gerade der Aufenthalt in Guidos Haus, die Gespräche mit ihm und die brüderlich-geistlichen Ratschläge sind ein deutlicher Hinweis auf ihre Absicht, auch die geringste Möglichkeit der Konfrontation oder des Mißverständnisses von seiten des Klerus oder der Gläubigen selbst zu meiden. Vergessen wir nicht, daß die Städte jener Zeit – und man kann wohl sagen, besonders Florenz – von orthodoxen und nichtorthodoxen Predigern voll waren. Verstehen wir also in dem demütigen, unterwürfigen und insgesamt klugen Verhalten der beiden Brüder den Wunsch, jeder Verwechslung mit anderen zu entgehen und ihre besondere Eigenart als arme Ausgeschlossene nicht zu verlieren. Dies ist es, was sie an erster Stelle betonen wollten, auch wenn sie später sich bemühten, zusätzlich zum Beispiel der Weltentsagung auch zur Bußpredigt Gelegenheit zu bekommen. Dies aber erst nach der Rückkehr von eben jener Reise, wie man sehen wird.

Ferner ist das Interesse an dieser Begebenheit für uns um so lebendiger und intensiver, als sie uns einen der aufschlußreichsten

Aspekte dessen verstehen läßt, was man die Eindringungs- und Kommunikationstechnik der franziskanischen Gruppe gegenüber ihrer Umwelt nennen könnte. Die Ermahnungen, die Franziskus seinen Gefährten vor der zweiten Mission mitgab, halten wir für besonders lehrreich. Denn sie versuchen, die Methode zu finden, mit der sich eine Öffnung, ein Zugang schaffen ließ in eine Welt, die immer fremd und oft feindlich war, in die man aber um jeden Preis eindringen und einwirken mußte. Die Solidarität und Bruderliebe zwischen den Gefährten erwies sich als ein sehr starkes Band der Einheit in den verschiedensten Schwierigkeiten.
Als sie sich in Assisi wieder trafen, zeigte sich der Platzmangel als besonders schwerwiegend. Das sagen uns die erste Lebensbeschreibung des Thomas von Celano und die Dreigefährtenlegende über Rivotorto, wo Franziskus jedem einen genauen Platz zugeteilt hatte, der streng respektiert wurde. Nicht weniger teuer war ihnen jedenfalls der Ort, den sie in der Nähe des Kirchleins von Portiunkula gefunden hatten. Sie mußten mit seiner Besetzung ohne jede Erlaubnis vollendete Tatsachen schaffen. Denn er galt als herrenlos, was er tatsächlich war.
Hier ist vielleicht angezeigt, eine Art Gesamtschau zu geben auf das Geschehen in der relativ kurzen Zeit der Bildung der Gemeinschaft nach den beiden Jahren der Einsamkeit für Franziskus und nachdem sich ihm die neuen Gefährten angeschlossen hatten. Was wir die Beziehung zwischen den hagiographisch-biographischen Quellen und dem Testament genannt haben, sollte nämlich ständig gegenwärtig sein, damit sich daraus ein historisch gültiges und überzeugendes Gesamtbild ergibt.
Es gibt keinen Zweifel daran, daß sich diese ersten Gefährten ihrer Entscheidung bewußt waren und deren ganzes Gewicht und ganze Bedeutung einzuschätzen wußten. Sie hatten zutiefst das verstanden, was wir den Übergang von einer Seite der Gesellschaft zur anderen genannt haben, den Übertritt zu jenen, die am Rand waren. Die wiederholten Angaben über Beleidigungen, Kränkungen und Mißhandlungen bestätigen, daß dieser Übergang, selbst wenn er nicht vollkommen bewußt gewesen sein sollte, sofort und schmerzlich offenkundig wurde durch die Reaktionen der anderen. Diese erste Gruppe von Gefährten, denen sich noch einige anschlossen, bis sie gegen 1209 elf – mit Franziskus zwölf – waren,

offenbarte in ihrem Gründer und Beispiel die ganze Bedeutung einer Wahl, die sich immer mehr in all ihrer Klarheit zeigte. Die Quellen, über die wir verfügen und auf die man, wenn auch mit aller kritischen Vorsicht, schon bauen kann, bestehen auf dem Aspekt der Ausgeschlossenheit, der Armut und des Leidens. Doch scheinen sie zwei Dinge zu vergessen, die seinerzeit als wesentlich aufgezeigt wurden für die Wendung, die Franziskus seinem Leben gegeben hatte: das Erbarmen mit den Aussätzigen und allgemein den Ausgeschlossenen und die Absicht, für den eigenen Lebensunterhalt selbst zu sorgen, durch Arbeit oder im äußersten Fall durch Betteln.

Nun ist es wahr, daß die Aussätzigen dem Horizont von Franziskus entschwunden zu sein scheinen – aber nur, weil das Interesse des Erzählers dazu neigt, die Kleinigkeiten des täglichen Lebens zu vergessen, um seine Aufmerksamkeit jenen Tatsachen und Erlebnissen zuzuwenden, die das Vorspiel zu späteren, wichtigeren Ereignissen bilden sollten. Wir werden nach und nach auf manche Episode zu sprechen kommen, die zeigt, daß sich das Verhältnis des Heiligen zu den Ausgeschlossenen nicht änderte – ob es nun Aussätzige oder regelrechte Straßenräuber waren.

Lebensunterhalt

Die spätere Entwicklung des Ordens hat in verschiedener Hinsicht das Bild der Lebenswirklichkeit der Gruppe um Franziskus verfälscht. Darum muß man das Bild, wie es sich aus den besprochenen Quellen ergibt, ins Zentrum rücken. Das wichtigste Problem dabei ist das des Lebensunterhaltes. Bei einer einigermaßen summarischen Betrachtung der Quellen erhält man den Eindruck, daß die Brüder immer wieder auf Almosen zurückgriffen. Nun lese man noch einmal die Episode mit Bernhard von Quintavalle und seinem Begleiter in Florenz: Sie weisen das Almosen zurück – vielleicht, weil es Bargeld war, das sie als etwas an und für sich Schmutziges und Sündiges betrachteten. Aber noch mehr – wenn Bernhards Worte klar sind –, weil sie sich lieber von einer Arbeit ernähren wollen, um den wirklich Armen, den Bedürftigen nichts wegzunehmen.

In der Mitte des 13. Jahrhunderts paßten sich die Minderbrüder langsam in die damals schon jahrhundertealte christliche Tradition ein, nach der der Seelsorger es verdient, von seinen Gläubigen unterhalten zu werden. Dabei spielte der Prozess der Klerikalisierung eine eintscheidende Rolle, von dem hier aber nicht die Rede ist. Nun war man in der Zeit, in der die *Dreigefährtenlegende* und die zweite Lebensbeschreibung des Thomas von Celano geschrieben wurden, zur Überzeugung gekommen, die Brüder dürfen sich ihren Lebensunterhalt durch Betteln beschaffen. Dabei blieb man bei der totalen, persönlichen und gemeinschaftlichen Armut. Diese Wirklichkeit, wir wiederholen es, spiegeln unsere Quellen wider. Es muß aber klargestellt werden, daß der Standpunkt von Franziskus und die Lebenweise seiner ersten Brüder ganz anders waren. Sie mußten sich mit ihrer Hände Arbeit ernähren, und nur wenn das zum Überleben Notwendige absolut fehlte, durften sie auf das Erbarmen der anderen zurückgreifen. Die Bestätigung gibt uns eine überaus klare Stelle des Testaments, das gerade in diesem Punkt als deutliches Beispiel für alle Brüder gelten sollte:

> «Und ich arbeitete mit meinen Händen und will arbeiten, und es ist mein fester Wille, daß alle anderen Brüder eine Handarbeit (laboritium) verrichten, die ehrbar ist» [Test 20].

Der Wille von Franziskus ist hier ausdrücklich und präzise, sowohl in bezug auf die vergangene Zeit nach seiner Bekehrung als auch auf die Gegenwart: Die einzige und im übrigen unvermeidliche, ja selbstverständliche Bedingung war, daß es eine der ehrbaren Arbeiten sein sollte.

Man sollte nämlich nicht vergessen, daß in der kirchlichen Lehre und der öffentlichen Meinung des 13. Jahrhunderts einige Arbeiten als moralisch unanständig («inhonestus») galten und daher als unerlaubt, sowohl für Laien als erst recht auch für Kirchenmänner, zu denen aus einigen Gründen auch die *viri poenitentiales* gezählt wurden, die Männer der Buße aus der Stadt Assisi. Auch darf hier der Hinweis nicht fehlen, daß Franziskus vor dem Geld als gemünztem Metall und als Instrument und Mittel für Geschäfte Ekel empfand. Eine Konsequenz davon soll hier betont werden, obwohl sie sich als ausdrückliches Verbot in keinem «normativen» franziskanischen Text findet. Sehr oft wurden in den Stadtstaaten

Kirchenmänner, besonders Ordensleute, wie z.B. die Humiliaten, mit der Leitung oder der Verwaltung der städtischen Finanzen betraut. Nun ist nicht belegt, daß Minderbrüder je in solche Ämter berufen wurden. Möglicherweise galt die Tätigkeit als «camerarius» – Kämmerer war der Fachausdruck für dieses städtische Amt – als unanständig für einen Minderbruder.

Gebet, Arbeit, persönliche Armut, Verfügbarkeit für die anderen, Hilfe in ihren geistlichen und zeitlichen Nöten, Leben in der Stadt, häufige Kirchenbesuche, Achtung vor den Priestern, Ermahnungen an die Öffentlichkeit und an Einzelpersonen, vielfältige und intensive Beeinflussung der Gesellschaft auf verschiedenen Ebenen und schließlich die aufkeimende Erkenntnis, daß etwas reifte, daß sich ein langsamer, aber stetiger Wandel der allgemeinen Meinung einleitete: dies waren die Bedingungen, wegen deren die zwölf treuen Gefährten um Franziskus sich sofort einverstanden erklärten, als er die Absicht äußerte, nach Rom zum *Papst* zu gehen, um eine größere Zustimmung zu erhalten, eine Handlungsvollmacht, die ihm erlauben und helfen sollte, den Wirkungskreis der Bußpredigt zu erweitern. Es ist nicht auszuschließen – auch wenn die Quellen darüber schweigen –, daß von seiten der kirchlichen Autoritäten, Pfarrern oder Bischöfen, schon Hindernisse in den Weg gelegt worden waren. Bevor die Schwierigkeiten schlimmer wurden, galt es, ihnen zu begegnen und sie zu überwinden. Und das konnte nur in Rom erreicht werden. Die Bruderschaft machte sich vollzählig auf den Weg in die Ewige Stadt.

5. Zwischen Rom und Assisi

5.1. Die erste Regel

Vor der Abreise mußte eine notwendige und unverzichtbare Voraussetzung erfüllt werden. Franziskus als ehemaliger Geschäftsmann und Petrus Catanii als anscheinend rechtskundiger Kleriker waren sich wohl bewußt, daß sie sich nicht ohne eine schriftliche Formulierung ihres Lebensplanes («propositum»: Vorhaben, aber auch Lebensweise, Ordensregel in der Sprache jener Zeit) beim Papst vorstellen und um Bestätigung für ihre Lebensform bitten konnten. Es war also angezeigt, eine Regel zu verfassen, die dem Papst übergeben werden konnte, damit er sie prüfte und gegebenenfalls bestätigte.

Über diese erste Regel informiert uns das Testament, wie üblich zusammenfassend, aber klar und deutlich. Nach dem Bericht darüber, wie der Herr selbst ihm geoffenbart habe, daß er nach der Vorschrift des heiligen Evangeliums leben sollte, fährt Franziskus fort:

> «Und ich habe es mit wenigen Worten und in Einfalt schreiben lassen, und der Herr Papst hat es mir bestätigt» [Test 15].

Daran schließt sich, wie wir sehen werden, noch eine Beschreibung des Lebens der ersten Brüder an.

Aus den Worten des Testaments geht klar hervor, daß es sich bei der ersten Regel nicht um einen Text handelte, der nach den üblichen Entwürfen und in Form eines juristischen Dokuments aufgesetzt war. Die beiden Ausdrücke, die in diesem Zusammenhang verwendet werden – *paucis verbis et simpliciter* – lassen keine Zweifel über die Kürze und die formale Gestaltung der für den Papst geschriebenen Regel zu. Im übrigen entsprach dies auch der zahlenmäßigen Kleinheit der Gruppe, für die eine feierliche und komplizierte Regel unangebracht, wenn nicht gar lächerlich gewesen wäre. Es ist auch nicht verwunderlich, daß dieser Text zumindest so, wie er uns beschrieben wird, verschollen ist. Ohne uns auf mehr oder minder abenteuerliche Hypothesen einzulassen, neigen wir zu der Auffassung, daß davon etwas erhalten geblieben ist im ersten Kapitel der nicht bullierten (d.h. nicht mit einer Bulle bestätigten) Regel von 1221. Dort ist eine kleine Gruppe von Evangelientexten zusammengestellt, die teilweise denen entsprechen, auf die Franziskus, Bernhard und Petrus stießen, als sie mit den *sortes apostolorum* das Neue Testament befragten. Auf keinen Fall soll übergangen werden, was uns die Dreigefährtenlegende fast nebenbei erzählt, das aber bedeutsam ist für die Besprechung der Regeln:

> «Er verfaßte nämlich mehrere Regeln und erprobte sie, bevor er jene verfaßte, die er zuletzt den Brüdern hinterließ» [3 Gef 35].

Die letzte Regel also, die man gewöhnlich als *bullata* (bulliert) bezeichnet, ist das Ergebnis einer Reihe von Erfahrungen und Versuchen, die durch die Konkretheit des praktischen Lebens auf ihre Angemessenheit hin erprobt wurden. Ein solcher Versuch muß auch die erste Regel gewesen sein, von der hier die Rede ist und die nicht zu verwechseln ist mit jener anderen, welche, wie gesagt, *nicht bullierte* genannt wird und deren Text als erste auf uns gekommen ist.

Hier ist ein anderes Detail hervorzuheben, weil es sehr eng mit der Persönlichkeit von Franziskus selbst zusammenhängt und auch seine Haltung im folgenden charakterisiert. Als die Wanderung nach Rom beschlossen war und die kleine Bruderschaft sich auf die Abreise vorbereitete, schlug Franziskus vor, einen Führer zu wählen, der alle nach seinem Ermessen leitete. Alle wählten Bruder Bernhard. In diesem Akt kommt ohne den geringsten Zweifel eine stets wachsende Neigung des Franziskus zum Ausdruck: die ständige Bereitschaft, auf jegliche Vormachtstellung zu verzichten und sie gern anderen zu überlassen. Dadurch war er in absoluter Übereinstimmung mit seinem grundlegenden Vorhaben: seiner Wahl des Übergangs zu den Ausgeschlossenen, Armen und Verlassenen. Er, der diese freie Wahl als erstes in einer tiefen Krise der Werte getroffen hatte, konnte sie nicht zurückstellen, um Führer der Gruppe zu sein, die sich um ihn herum gebildet hatte. Schon bei dieser ersten sozusagen offiziellen Handlung war er sich bewußt, was das quälende Dilemma seines ganzen Lebens bleiben sollte: Wie konnte er seinem Vorhaben und seiner Absicht gemäß ein Beispiel von Demut und Annahme der Randexistenz für alle sein, wenn er Stellungen von Autorität und Leitung annahm? Und doch, wie konnte er darauf verzichten, vorzutreten und sein Einspruchsrecht durchzusetzen, seinen «Rang» und seine Stellung als «Erfinder» eines neuen Ideals, das es um jeden Preis zu retten galt, als er es durch äußere Umstände oder durch das Eingreifen von Menschen – in guter oder böser Absicht – gefährdet sah?

Es mag vielleicht scheinen, als zeichne sich so eine Haltung im voraus ab, die Franziskus in den komplizierteren und schwierigeren folgenden Jahren einnahm. Um diesen Eindruck und die berechtigte Betroffenheit zu beseitigen, genügt es, an eine Gegebenheit zu erinnern, die sich gleich nach der Ankunft in Rom ereignete. Dort verhandelte nicht mehr Bernhard als erster und Führer mit den Kardinälen und dem Papst, sondern Franziskus. Die lebendige, eindrückliche Kraft seines Glaubens, die Leidenschaft für sein Ideal, die Glut seines Geistes zur Buße wie gleichzeitg zur Nächstenliebe warfen die formalen und äußerlichen Bedingungen einer Hierarchie um, die zwar in brüderlicher Eintracht eingesetzt war, aber dem Ansturm der konkreten Schwierigkeiten nicht standhielt.

Schon bei der Zusammenstellung der Lebensweise war Mißtrauen (oder bewußtes Ignorieren) des Franziskus gegen juristische Formulierungen offenbar geworden. Denn er hatte es vorgezogen, seinen Entschluß und die Norm seines Verhaltens in wenigen Stellen aus dem Evangelium zusammenzufassen. Dieses Mißtrauen gegen institutionalisierte Formen blieb ihm – wir werden nach und nach weitere Beweise hierfür erhalten. Er empfand sie als zwar notwendige, unverzichtbare, aber immer künstliche Beschränkungen, die man daher notfalls überwinden konnte und mußte. Es ist kein Zufall, daß Bernhard, der gewählte Führer der kleinen Gemeinschaft, sofort zurücktrat, als sich Franziskus an seine Stelle begab und «königlich», wie Dante Alighieri sagt, Innozenz III. sein «schweres Vorhaben» darlegte.

5.2. Franziskus und Innozenz III.

Innozenz III.

1209/1210, als die Reise der kleinen Gemeinschaft nach Rom stattfand, befand sich Innozenz III. in einer der heikelsten und schwierigsten Perioden seines ohnehin politisch wie religiös nicht einfachen Pontifikats. Er hatte schon die bittere und enttäuschende Erfahrung des vierten Kreuzzugs gemacht. Die Gläubigen hatten sich gesammelt, um Jerusalem zurückzuerobern, das den Christen mehr als zwanzig Jahre zuvor von Saladin genommen und im dritten Kreuzzug nicht wiedergewonnen worden war. Die Christen waren von der schlauen Politik Venedigs dazu gebracht worden, zuerst Zara zu erobern, dann das byzantinische Reich zu besetzen und seine Gebiete unter sich aufzuteilen. Dafür hatte die Union der östlichen und westlichen Kirche, deren Zerbrechlichkeit der Papst als genauer Kenner der Problematik wohl verstand, keinen wirksamen Ausgleich geschaffen. Noch größere Sorge hatte ihm Deutschland verursacht: die erbitterte Auseinandersetzung um die kaiserliche Thronfolge zwischen den Anhängern des schwäbischen Hauses von Friedrich Barbarossa und Heinrich VI., dessen Anwärter damals der andere Sohn Friedrichs, Philipp von Schwaben, war, und den Anhängern des Sohnes Heinrich des Löwen, Otto von Braunschweig. In dem langen Streit, der das Land entzweit hatte, hatte Innozenz III. zwar eine in vieler Hinsicht entscheidende Rolle gespielt. Aber es konnte ihm nicht entgehen, daß er mehr als einmal von dem einen oder anderen der beiden Kontrahenten als Werkzeug benutzt worden war, anstatt Herr der Lage zu sein. Im übrigen hatte ihn weder Philipp noch Otto bis ins Letzte überzeugt, denn sie waren zweifellos mehr um ihre eigenen Interessen als um die Belange der Kirche besorgt. Die Entscheidung ergab sich dann von selbst: Philipp wurde wegen einer privaten Fehde am 21. Juni 1208 durch Otto von Wittelsbach, einen Pfalzgrafen von Bayern, getötet. Der andere Thronanwärter erhielt nach einem neuen, feierlichen Versprechen, der Kirche zu gehorchen, die päpstliche Anerkennung. Er kam nach Italien, um dort feierlich zum Kaiser gekrönt zu werden. Doch gleich darauf verletzte er seine vorausgehenden Versprechungen und beschloß ganz gegen den Willen Innozenz', das Königreich Sizilien anzugreifen, dessen König damals der vierzehnjährige Friedrich Roger, der zukünftige Friedrich II. war. Es lohnt sich zu berichten, daß während dieser Ereignisse Otto sogar zweimal nach Umbrien kam und sich zwischen Dezember 1209 und Januar 1210 in Assisi aufhielt. Wahrscheinlich noch früher, im September 1209, spielte sich jene Episode ab, von der die erste Lebensbeschreibung des Thomas von Celano spricht. Als Otto mit großem Gepränge in der Nähe von Rivotorto vorbeizog, wo sich, wie schon berichtet, Franziskus mit seinen Gefährten eine Zeitlang aufhielt, wurde ihm von ihnen nicht die geringste Huldigung entgegengebracht. Ein einziger Bruder wurde zum zukünftigen Kaiser geschickt, um ihm zu sagen, daß sein irdischer Glanz von kurzer Dauer sein würde. Wahrscheinlich ist Franziskus nach der Kaiserkrönung (4. Oktober 1209), also im Frühjahr 1210, nach Rom aufgebrochen und dort gerade in dem Augenblick angekommen, als sich die Zweifel über die Loyalität und den Gehorsam des neuen Herrschers verdichteten. Es war gewiß kein heiterer Augenblick auf der Ebene der Politik, auf der der Religion noch weniger als je. Schwer waren die Sorgen, zu denen besonders Südfrankreich Anlaß gab. Dort fanden die beiden schon besprochenen *häretischen Bewegungen,* die Waldenser und die Katharer, die sich gegenseitig bekämpften, breiten Raum zur Entfaltung. Die Waldenser hatten sogar auch im Klerus Verfechter, wie die Fälle des Durandus von Huesca und Bernhard Prim zeigen. Die Katharer fanden die Zustimmung des Volkes und zudem die Unterstützung des großen und kleinen Adels. Tatsächlich kam gerade in diesen Monaten, nachdem der Papst vergeblich die Hilfe von Predigern erbeten hatte, die überzeugen konnten und ein heiliges Leben führten, ein Kanoniker der Kathedrale von Osma in Kastilien – wie von der Vorsehung geschickt – in Begleitung seines Bischofs nach Rom: Dominikus Guzman. Erschüttert durch die Zustände, in denen er die durchquerten Gebiete im Süden Frankreichs vorgefunden hatte, wandte er sich an den Papst mit der Bitte um Erlaubnis, gegen jene Ketzer zu predigen, und dies tat er mit einer kleinen Gruppe von Predigern – sie waren alle Kleriker und größtenteils Priester. Er errang erste Erfolge und gründete jenen religiösen Orden, der dann Predigerorden oder Dominikanerorden genannt werden sollte. An schmeichelhaften Erfolgen fehlte es nicht, wie etwa die Bekehrung der katharischen Frauen im häretischen Kloster von Prouille. Vor allem kehrte 1207, nach einer denkwürdigen Diskussion, der Priester Durandus von Huesca in den Schoß der Kirche zurück und ebenso eine stattliche Gruppe von Waldensern, die sich in der Auseinandersetzung mit den beiden häretischen Bewegungen wegen ihrer großen Energie und besonders wegen ihrer präzisen Kenntnis der örtlichen Situationen als wertvolle Mitstreiter erwiesen – ohne mit den «Predigern» des Dominikus verwechselt zu werden. Innozenz III. brachte bei dieser Gelegenheit ein Verständnis und ein Gespür für die Situation auf, die man in diesen Zeiten als außergewöhnlich ansehen kann. Er empfing Durandus bei sich und verstand und schätzte die Ansprüche des religiösen Armutsideals, die dieser in seinem eigenen und im Namen seiner Gefährten vortrug. Er anerkannte sie nicht nur, sondern verteidigte sie auch, als Durandus nach seiner Rückkehr in die Heimat mit beträchtlichen Schwierigkeiten konfrontiert wurde. Jedenfalls erhielt die Gemeinschaft des Durandus, die «Katholischen Armen», die Anerkennung ihrer Daseinsberechtigung, sogar gegen den Widerstand einiger Bischöfe, die in den Ansichten des Durandus weiterhin waldensische Fermente sahen. Dasselbe geschah mit Bernhard Prim.

Diese Haltung Innozenz III. ist nicht überraschend, weil er seit längerer Zeit bei verschiedenen Gelegenheiten seine Fähigkeit bewiesen hatte, Volksbewegungen zu verstehen. Diese Fähigkeit ist um so bemerkenswerter, wenn man seinen persönlichen typisch «archaischen», oder besser gesagt hochmittelalterlichen Bildungsgang, der übrigens in seinen Schriften *De miseria humanae conditionis* (Über das Elend des Menschseins) oder auch *De sacro altaris mysterio* (Über das heilige Geheimnis des Altares) zum Ausdruck kommt. Es sei daran erinnert, daß er die Mailänder Humiliaten unterstützte und sie von jedem Verdacht der Häresie befreite, der eine Zeitlang nicht unberechtigt gewesen war. Diese Fähigkeit, neue Bewegungen zu verstehen, hinderte ihn andererseits nicht, den Prozeß ihrer genauen und organischen Eingliederung in die institutionelle Wirklichkeit der Kirche einzuleiten – mit Hilfe einer beginnenden und dann wachsenden und sich fortsetzenden «Klerikalisierung». Diese ist ein Phänomen, das in seinen Aspekten und seiner Entwicklung alles andere als geklärt ist und dem die Historiker erst in den letzten Jahren ihre Aufmerksamkeit zuwenden. Doch kann man schon einige grundlegende und spezifische Aspekte unterscheiden: durch Bejahung, Schutz und Verteidigung dieser Spontanbewegungen, die zwar gewöhnlich von Laien gebildet waren, aber nicht gegen den Klerus, sondern mit dessen Unterstützung, suchten Innozenz III. und seine Nachfolger vor allen Dingen, ihnen Lebensnormen, d.h. eine juristisch abgesicherte Regel nahezulegen, wenn nicht gar aufzuerlegen. Dadurch wurden Leitung, Organisation und tragende Struktur vom Klerus kontrolliert oder direkt ihm anvertraut. So geschah es mit den Humiliaten. Aus diesem Grund war es leichter, Durandus von Huesca und Bernhard Prim mit der Kirche zu versöhnen, die, wie gesagt, Priester waren.

Wir werden im Verlauf unseres Berichts nach und nach sehen, wie derselbe «politische» Grundsatz, den man bei diesen Bewegungen einhielt, bei Franziskus und seiner *fraternitas* wieder aufgegriffen wurde in einer äußerst bedeutsamen Verkettung von Aktion und Reaktion. Daraus sollte jedoch eine tiefe Spannung zwischen Notwendigkeit von «Regelung» und geistlichem Schwung entstehen. Wobei diese Spannung um so stärker wurde, je größer der Erfolg der minoritischen Bewegung werden sollte.

Doch vor der Besprechung des Zusammentreffens zwischen Innozenz III. und Franziskus müssen wir uns dem zuwenden, was im Frühjahr 1210 das schwerste und für den Papst drückendste Problem war, dem *Kreuzzug gegen die Albigenser* und seinen Folgen. Seine Ursprünge sind hinlänglich bekannt: Die Katharer Frankreichs – oder, wie sie selbst sich nannten, die Albigenser – hatten, wie bereits vermerkt wurde, eine gefährliche Ausbreitung erreicht, auch dank der Hilfe der weltlichen Landesherren. Wenn man bedenkt, das Esclarmonde, die Schwester eines der größten Feudalherren des Gebietes jenseits der Pyrenäen, des Grafen von Foix, die Ketzer offen in Schutz nahm, während andere mit mehr oder weniger Vorsicht dasselbe taten, kann man sich gut vorstellen, wie groß die Sorge des Papstes war. Darüber hinaus war unter den Großen, die die Häretiker schützten, sogar Raimund VI., der Graf von Toulouse. Wie viele andere Adelige der Gegend war er persönlich kein Häretiker. Doch tat er nichts, um dem glühenden Eifer derer Einhalt zu gebieten, die – ob sie nun Katharer oder Waldenser waren – gegen die katholische Kirche predigten. Ihm hatte daher der Papst einen Legaten geschickt, Petrus von Castelnau, einen Kleriker aus der Region – er war Erzdiakon von Maguelonne –, der über die örtliche Situation und ihre objektiven Schwierigkeiten bestens unterrichtet war. Im Laufe komplizierter Verhandlungen, die Raimund von Toulouse dazu bewegen sollten, den Katharern jeglichen Schutz zu entziehen, ermordete ein Knappe des Grafen den päpstlichen Legaten, im Glauben (so sagte er wenigstens), seinem Herrn einen Gefallen zu tun. Zu jener Zeit war dies ein Vergehen, wie es schwerer keines geben konnte. Ein Gesandter wurde tatsächlich als *alter ego* (zweites Ich) des Papstes angesehen. Daher sah sich der Papst zum Eingreifen genötigt und machte eine Drohung wahr, die schon seit einiger Zeit seinen Briefen zu entnehmen gewesen war, die eines Kreuzzugs auf christlichem Boden gegen die Ketzer. Der Erfolg war aber nicht eben umwerfend, denn Philipp II. Augustus, der König von Frankreich, kümmerte sich im Frühjahr 1208 sehr viel mehr um den Konflikt in Deutschland zwischen Philipp von Schwaben und Otto von Braunschweig, aus dem sich recht schlimme Folgen für seinen Staat ergeben konnten. Es ist nicht zu vergessen, daß Otto ein Vetter und Verbündeter des Königs Johann von England war, der wiederum mit seinen Besitzungen Aquitanien und Normandie – nach einem phantasievollen Ausdruck von Philipp II. Augustus – einer der beiden Löwen war, die das Königreich Frankreich zwischen ihren Zähnen hielten. Der andere war natürlich Kaiser Otto.

Trotzdem setzte sich schließlich nach der Sammlung in Lyon eine große Expedition in Bewegung, gut geführt und vor allem entschlossen, kurzen Prozeß zu machen. Denn alles mußte in den vierzig oder einigen Tagen weniger bewältigt werden, die die Pflicht der Lehensleute zum Kriegsdienst für ihre Lehensherren vorsah. Mit militärischen Schreckenstaten wurden Schlüsselstädte wie Béziers und Carcassonne erobert, und vor allem wurde Raimund Roger Trencavel, der Vizegraf von Albi und Béziers, beseitigt. Als das Heer aufgelöst wurde, damit alle Adeligen heimkehren konnten, blieb zur Verteidigung der von den Kreuzrittern besetzten Orte Simon von Montfort, ein Lehensherr ohne viel Land, mit einer Handvoll Leute zurück. Mit einer vermessen scheinenden Kühnheit hatte er sich bereitgefunden, die Vizegrafschaft Albi-Béziers zu halten, obwohl er wußte, daß er sich mit allen Landesherren Südfrankreichs würde messen müssen, sobald die Kreuzfahrer abgezogen waren. Diese Landesherren waren größtenteils am Platz geblieben und dürsteten nach Vergeltung, allen voran der Graf von Toulouse. Diese Unsicherheit bereitete dem Papst größte Sorgen, die noch erschwert wurden durch das klare Bewußtsein, daß die Massaker und Morde die Häretiker nicht zum Verschwinden gebracht, sondern in den Untergrund getrieben hatten. Daher war die Arbeit der Missionare, die zu ihrer Bekehrung gesandt waren, noch komplizierter und schwerer geworden. Während die Häretiker sich zuvor nicht versteckt hatten, ja sogar gern zu öffentlichen Diskussionen bereit gewesen waren, mußte man sie jetzt suchen und regelrecht aufspüren. Unterdessen bildete sich ein Netz von geheimen Wegen und getarnten Boten, mit einem Ausmaß an Heimlichkeit, das nicht schwer vorzustellen ist, wenn auch der Augenblick seiner Entstehung in den uns erhaltenen Dokumenten nicht immer leicht wahrzunehmen ist.

Die Begegnung

So und eher noch vielschichtiger waren die Probleme Innozenz III., als Franziskus und seine Gefährten Rom erreichten. Ihre Herkunft aus Assisi war auch nicht gerade ein günstiger Umstand. Denn die Stadt war zwar von inneren Kämpfen zwischen Adel und Volk zerrissen, aber recht einig in der Rebellion gegen jeden Versuch Innozenz', sich im Rahmen der schon erwähnten Politik der «Wiedergewinnungen» der Stadt zu bemächtigen.
Dann war es auch nicht leicht, zum Papst vorzudringen. Wenn auch am Anfang des 13. Jahrhunderts die römische Kurie gewiß noch nicht so kompliziert und untergliedert war wie in den folgenden Jahrhunderten, so war sie doch schon ein Organismus, in dem der Papst die höchste Persönlichkeit war. Man konnte ihn deshalb nur über eine Reihe von Zwischenstationen erreichen, von denen

die wichtigste die der Kardinäle war. Wir wollen zwar nicht voll und ganz den Klagen des hl. Bernhard in seiner Schrift *De consideratione* oder anderen Berichten glauben, welche mehr oder weniger ausgeschmückt die Schwierigkeiten schildern, denen man sich in Rom stellen mußte, um ein auch noch so geringfügiges Anliegen vorzubringen. Der allgemeine Eindruck, den diese Berichte geben, zeigt, wie schwierig der Zugang besonders zum Papst war. Besonders hoch war, wie gesagt, die Barriere, die die Kardinäle darstellten. Ihnen waren verschiedene Angelegenheiten anvertraut, sei es wegen besonderer Kompetenzen, Gewohnheit, Vertrautheit mit manchen Problemen, sei es wegen eines persönlichen Interesses, das sie an verschiedenen Geschäften haben konnten. Daher haben sich anscheinend ganz bestimmte Kardinäle mit diesen Volksbewegungen befaßt, und dies vor allem aus persönlichen Beweggründen. So hatte Kardinal Johannes von St. Paul, der Bischof von Sabina, schon die Rückkehr des Durandus von Huesca ins Auge gefaßt und ins Gespräch gebracht und dessen Bitten den anderen Kardinälen und dem Papst selbst gegenüber unterstützt und gefördert. Bei dieser Gelegenheit hatte Durandus auch das Interesse eines anderen Kardinals, Leo von Brancaleone, mit dem Titel vom heiligen Kreuz von Jerusalem geweckt, dem er später, sicher nicht grundlos, seine Schrift *Liber Antiheresis* widmete.

Mit diesen beiden Kardinälen, besonders mit Johannes von St. Paul, trat Franziskus nun in Verbindung. Nach dem Zeugnis der beiden *Viten* des Thomas von Celano und der Dreigefährtenlegende, die hierin vollkommen übereinstimmen, hat als Vermittler Bischof Guido von Assisi gedient. Dieser machte aus seiner Überraschung und Enttäuschung kein Hehl. Der offenkundige Grund dafür war, daß sie alle Assisi den Rücken kehren konnten, daß sie dabei waren, sich aus dem Bereich seiner alleinigen und persönlichen Rechtshoheit zu entfernen. Jedenfalls empfahl der Bischof die Gruppe dem Kardinal Johannes, der natürlich alle Anstrengungen unternahm, sie gemäß der Richtlinien der Kurie dazu zu bewegen, einem der vier etablierten Orden beizutreten, wie es einige Jahre später vom IV. Laterankonzil vorgeschrieben werden sollte. Unnötig zu wiederholen, aus welchen Gründen der Kardinal – wie zu erwarten war – auf den entschiedensten Widerstand stieß: In einen der vier schon bestätigten Orden einzutreten wäre für Franziskus und seine Mitbrüder gleichbedeutend gewesen mit einem Verzicht auf die tiefen und lebendigen Gründe der eigenen «Bekehrung».

An diesem Punkt muß der Kardinal eingesehen haben, daß die Entscheidung seine normalen Befugnisse überstieg, und er wollte daher mit dem Papst selbst darüber sprechen. So kam es zu der Begegnung zwischen Innozenz III. und Franziskus. Leider sind wir über die Ereignisse in Rom und besonders über diese Begegnung schlecht informiert. Nicht etwa, weil die Angaben dürftig wären, sondern gerade weil sie alle reich sind an legendär angereicherten Einzelheiten, sei es, daß sie die Funktion und Wichtigkeit des päpstlichen Mitwirkens preisen wollen, sei es, und dies noch mehr, daß sie die Vorsehung beim Handeln und in der Persönlichkeit des Heiligen ins rechte Licht rücken wollen. Der gesamte Ablauf der Begegnung wird so in eine übernatürliche Atmosphäre übertragen, aus der wir die Dimensionen der Wirklichkeit herausarbeiten müssen. Tatsächlich stellen alle Quellen – und wir werden die spezifischen Eigenheiten jeder einzelnen gleich angeben – diese Begegnung von einem Standpunkt aus dar, bei dem die spätere Geschichte des Minderbrüderordens schon bekannt ist. So wird einerseits die Freimütigkeit, man könnte fast sagen Kühnheit des Franziskus dem Papst gegenüber betont – seine Gefährten, auch Bernhard, der Führer der kleinen Gruppe, verschwinden –, andererseits wird der Papst dargestellt als ergriffen von einer fast religiösen Achtung vor einer nahezu göttlichen Erscheinung.

Es ist wohl möglich, daß eine Begegnung zwischen zwei der größten Persönlichkeiten ihrer Zeit – dem demütigen, aber entschlossenen Kaufmann, der sich bekehrt hatte und über seine Vorhaben im klaren war, und dem Papst, der sich wie wenige andere seiner Verantwortung für die Führung der Seelen, die Gott ihm anvertraut hat, und seiner höchsten Macht bewußt war – dramatische und äußerst gespannte Augenblicke gehabt haben kann. Daß aber die Dinge gesagt wurden, die die Quellen berichten, ist nicht sehr wahrscheinlich. Keine der Quellen spricht von Angaben, die von jemand aus der Umgebung des Papstes gemacht worden wären, oder von Mitteilungen des Franziskus. Mit dem Abstand von der Zeit der Ereignisse nahmen die Einzelheiten zu und werden reicher an Außergewöhnlichem. So der Traum von der einstürzenden Lateranbasilika [2 Cel 17], der auch im Zusammenhang mit dem hl. Dominikus berichtet wird, oder die Geschichte von den Söhnen der Frau und des Königs [3 Gef 50f.], deren folkloristischen Ursprung man sofort ohne Schwierigkeiten erkennt. Es ist zumindest zu bezweifeln, daß Franziskus sie dem Papst erzählte.

Mit Sicherheit, und deshalb von nicht geringer Bedeutung, bleibt die Tatsache, die uns das Testament berichtet: «Der Herr Papst hat es mir bestätigt» – die Lebensweise nach dem Vorbild des Evangeliums. Dies schließt unumstößlich aus, daß die Bestätigung von einer Autorität geringeren Ranges gekommen ist. Also hat die Begegnung mit dem Papst wirklich stattgefunden. Aber die Bestätigung ging über eine einfache, bloß mündliche Gutheißung nicht hinaus. Dieser Umstand genügt, um die tatsächlichen Grenzen des Enthusiasmus oder der Zustimmung von Innozenz III. anzuzeigen. Wenn wir die Tragweite der Entscheidung noch besser präzisieren wollen, sollten wir eher sagen, sie sei aus tiefer Sorge um die Lage der Kirche auf der religiösen Ebene entstanden, für die jede stützende Initiative willkommen war. Dies um so mehr, als sie sich hier auf eine Stadt bezog, deren politischer Standort im Rahmen der «päpstlichen Wiedergewinnungen» von besonderer Wichtigkeit war. Vergessen wir nicht: Gerade in diesen Monaten wurde in Assisi die entscheidende Partie zwischen *maiores* und *minores*, Adel und Volk gespielt. Sie führte zum Frieden vom 9. November 1210, der für die weitere Entwicklung der politischen Wirklichkeit im Stadtstaat grundlegend wurde. Zudem überstieg das, was Franziskus erbat, trotz seiner Außergewöhnlichkeit in einigen Aspekten nicht die grundsätzlichen Richtlinien des Kirchenrechts. Er bat nur, den evangelischen Räten folgen zu dürfen, und zwar in ihrer Vollkommenheit, so wie sie nach den Berichten der Evangelien von Christus und den Aposteln konkret gelebt worden waren. Dies war schwer zu verwirklichen – und Franziskus wurde gewiß darauf hingewiesen –, aber kirchenrechtlich nicht unannehmbar. Auch hinsichtlich der Predigt gab es keine Probleme. Sie mußte in den Grenzen einer Bußpredigt, d.h. einer Ermahnung zu Bekehrung und Lossagung von der Sünde bleiben, durch die lebensnahe Beispielhaftigkeit wirksam gemacht und mit ergänzenden und erklärenden Überlegungen verstärkt werden, wie die kirchenrechtlichen Normen sie vorsahen.

Was wir hier dargelegt haben, findet, wie es scheint, in der ersten *Vita* des Thomas von Celano seine volle Bestätigung. Diese wurde im Auftrag Gregors IX. geschrieben, und Thomas hatte daher ein starkes Interesse daran, die Funktion des Papstes hervorzuheben, gerade bei der Bestätigung der Lebensweise bzw. der Regel des Franziskus. Die Handlungsweise und Mitwirkung Innozenz III. konnten nämlich eine günstige und nützliche Voraussetzung für den Einfluß sein, den Gregor IX. auf die Brüder auszuüben gedachte. Nachdem nun diese Lebensbeschreibung mit dem gewohnten literarisch-ausschmückenden Eifer die Gegenwart des Bischofs Guido in Rom und das Handeln des Kardinals Johannes von St. Paul berichtet hat, beschränkt sie das Eingreifen Innozenz III. auf eine Reihe offizieller Gesten und Mahnungen zur Vernunft, die vielleicht aus den oben erwähnten Gründen wärmer und herzlicher ausfallen, aber nicht weit über das Übliche hinausgehen. Eine persönliche Begegnung ist wohl deshalb nicht auszuschließen: eine Anhörung und darauf Billigung ihres Gesuches, eine Ansprache zur Ermutigung und Ermahnung, dann der Segen für die Gruppe und schließlich gute Wünsche zum Abschied.

> «Brüder, geht mit dem Herrn», habe der Papst gesagt, «und wie es euch der Herr einzugeben sich würdigt, predigt allen Buße! Wenn aber der allmächtige Herr euch an Zahl und Gnade mehrt, dann berichtet es mir freudig und ich will euch noch mehr Zugeständnisse machen und unbekümmerter euch noch Größeres anvertrauen» [3 Gef 49].

Das einzig ungewöhnliche Element ist ein Traum. Aber nicht der Papst, sondern Franziskus träumte: Er sah einen schönen, starken und sehr hohen Baum. Und er selbst erhob sich zu dieser Höhe, um den Wipfel zu erreichen und ihn zur Erde zu neigen. So sei es mit dem Papst geschehen, der zwar der höchste unter den Machthabern der Welt sei, aber sich geneigt habe, um das anzuhören und zu bestätigen, was ihm Franziskus und seine Mitbrüder vorgetragen hatten.

Wir haben keinen anderen Bericht, der auf die Zeit zwischen 1228 und 1246–48 zurückgeht, also vor die Dreigefährtenlegende und die von ihr oder einer gemeinsamen Quelle abhängigen zweiten

Lebensbeschreibung des Thomas von Celano. Ihr künstlicher Charakter, ihre gesuchten Effekte und Abstufungen von Details sind, wie mir scheint, kaum zu bestreiten. Wenn wir auch einen Menschen vor uns haben – aber wen? –, der die Vergangenheit wieder aufleben läßt und sie ausschmückt, so ist dies doch jemand, der wahrhaftig anstelle der «Wahrheit» die «Dichtung» liebt. Dies bestätigen uns zwei Umstände. Einer ist allgemeiner Natur: Die Anwesenheit von Franziskus in Rom und sein Zusammentreffen mit dem Papst sind das einzig Wichtige in diesem Augenblick – als wenn Innozenz III. nichts anderes zu tun und zu denken gehabt hätte, während er doch einen der schwierigsten und kompliziertesten Augenblicke seines siebzehnjährigen Pontifikats durchmachte. Der andere ist von besonderer Natur und hat eine besondere Verpflichtung: Es werden Träume eingeführt – nicht allgemein symbolische wie der des Franziskus in der ersten Lebensbeschreibung des Thomas, sondern direkt prophetische. Wobei erschwerend hinzukommt, daß derselbe prophetische Traum in fast denselben Jahren dem heiligen Dominikus zugeschrieben wird. Schließlich wird auf die volkstümliche Erzähldichtung zurückgegriffen, wenn sie auch zu symbolischer Bedeutung erhoben ist.
Was den prophetischen Traum betrifft, so ist hinlänglich bekannt, daß sich nicht festlegen läßt, ob er eher dem hl. Dominikus oder dem hl. Franziskus zukommt und daß man höchstens sagen kann, er sei in bezug auf die Tätigkeit entstanden, die die beiden im Leben der Kirche entfaltet haben, und die jeder der beiden Orden dem eigenen Gründer zuschreiben wollte. Weder beim einen noch beim anderen kann man daher von geschichtlicher Wahrheit sprechen. Auch die Geschichte bzw. das Gleichnis, das Franziskus Innozenz erzählt haben soll, können wir nicht höher bewerten und entziehen uns dem großen Zauber eines schön erfundenen Zwiegesprächs in regelrecht brüderlicher Vertrautheit zwischen dem Heiligen mit seiner volkstümlich lebhaften, bilderreichen Sprache und dem Papst, der für einen kurzen Augenblick entspannt zuhört.

Wir müssen also den Mut aufbringen zum Verzicht, mehr darüber zu wissen, und zum Versuch, zu klären, wie diese Verkettung von Angaben zustande gekommen ist, deren Wichtigkeit trotz allem immens gewesen ist – auch dies sei ohne Umschweife und unmißverständlich gesagt. Und zwar wegen der weiteren Entwicklung des traditionellen Bildes, des «Mythos» von Franziskus selbst, wie er dann von Bonaventura in seiner *Legenda maior* auf der Ebene der Geschichtstheologie festgeschrieben wurde.

Die Dreigefährtenlegende, die von der zweiten Lebensbeschreibung des Thomas mit hauptsächlich literarisch korrigierenden Abweichungen in ihren wesentlichen Zügen aufgenommen wird, erzählt von Bischof Guidos Anwesenheit in Rom und von der Begegnung mit dem Kardinal Johannes von St. Paul. Sie nimmt dabei ihrerseits einige Elemente aus der ersten Lebensbeschreibung des Thomas auf, reichert sie aber sofort an mit dem Zusatz einer Unterredung zwischen Kardinal und Papst und einer Lobrede auf Franziskus. Diese ist von Prophezeiungen durchsetzt, die es zu zitieren lohnt, um einen Eindruck von dem allgemeinen Ton der Erzählung zu geben:

> «Ich habe einen ganz vollkommenen Mann gefunden;» habe Kardinal Johannes gesagt, «dieser will nach der Form des heiligen Evangeliums leben und die evangelische Vollkommenheit in allem beobachten, durch welche, so glaube ich, der Herr den Glauben der heiligen Kirche auf der ganzen Welt erneuern will» [3 Gef 48].

Es ist nicht nötig, die – nennen wir sie ruhig so – Unmöglichkeit dieser Erzählung zu betonen, in der einige feste Ausdrücke wie «nach dem Vorbild des heiligen Evangeliums leben», «in allem die evangelische Vollkommenheit beobachten», *in toto mundo fidem sanctae ecclesiae reformare* (den Glauben der heiligen Kirche auf der ganzen Welt erneuern) nur denkbar sind, nachdem nicht nur der Heilige persönlich, sondern auch der Minderbrüderorden seine religiöse Tätigkeit schon voll entfaltet und seinen Auftrag der Seelsorge verwirklicht hat.

Nach der Legende jedoch, und nach der zweiten Lebensbeschreibung des Thomas wollte der Papst Franziskus und seine Gefährten empfangen, er ermutigte und segnete sie (hier werden die Angaben aus der ersten Lebensbeschreibung des Thomas aufgegriffen). Aber eine der allgemeinen Mahnungen, von denen Thomas in der ersten Lebensbeschreibung gesprochen hatte, wird so weiterentwickelt:

> «Liebste Söhne», habe der Papst gesagt, «euer Leben scheint

uns allzu hart und rauh; obschon wir zwar glauben, daß ihr so großen Eifer habt, daß wir wegen euch keine Bedenken zu haben brauchen, so müssen wir trotzdem auch an jene denken, die euch nachfolgen wollen, ob ihnen dieser Weg nicht allzu rauh erscheint.» Und nachdem er von ihnen eine Bekräftigung ihres Vorhabens erhalten hatte, ihre Entschlossenheit in nichts zu mildern, habe er sich mit diesen Worten persönlich an Franziskus gewandt: «Mein Sohn, bitte Gott, er möge dir kundtun, ob das, was euer Wunsch ist, aus seinem Willen hervorgeht! Dann wollen wir, wenn wir den Willen Gottes erkennen, deinen Wünschen zustimmen» [3 Gef 49].

Diese Aufforderung des Papstes, mit der er den Heiligen zum Gebet anhielt, sei für Franziskus die Gelegenheit einer Offenbarung gewesen, die die Form einer volkstümlichen Erzählung annahm. Wir zitieren aus der *Dreigefährtenlegende:*

«Eine ärmliche, aber schöne Frau lebte in einer Wüste. Ihre Schönheit bewunderte ein großer König und begehrte sie zur Ehefrau, weil er von ihr schöne Kinder zu bekommen hoffte. So ward die Ehe geschlossen und vollzogen. Als viele Söhne geboren und herangewachsen waren, sagte die Mutter zu ihnen folgendes: ‹Kinder, schämt euch nicht; denn ihr seid die Kinder des Königs! Geht also an seinen Hof, und er selbst wird euch alles Notwendige geben!› Die Kinder kamen zum König, der voll Bewunderung war für ihre Schönheit. Als er die Ähnlichkeit mit sich sah, sprach er zu ihnen: ‹Wessen Söhne seid ihr?› Sie antworteten, sie seien die Kinder einer armen Frau, die in der Wüste weile. Da umarmte sie der König mit großer Freude und sprach: ‹Fürchtet euch nicht, denn ihr seid meine Söhne! Und wenn sich an meinem Tisch Fremdlinge sättigen, um wieviel mehr ihr, meine rechtmäßigen Söhne.› So gebot denn der König jener Frau, alle von ihm empfangenen Kinder an seinen Hof zu schicken, damit sie dort aufgezogen würden» [3 Gef 50].

Franziskus habe verstanden, daß diese Ehefrau ihn selbst symbolisiere. Er habe dem Papst seinen Traum erzählt und erklärt:

«Ich, Herr, bin jene ärmliche Frau, die der Herr in seiner Liebe durch seine Barmherzigkeit auszeichnete und aus der es ihm gefiel, rechtmäßige Söhne zu zeugen. Der König der Könige aber sagte zu mir, er werde alle Söhne, die er aus mir gezeugt, ernähren; denn wenn er Fremdlinge sättigt, muß er seine rechtmäßigen Söhne um so besser ernähren. Wenn nämlich Gott aus Liebe zu seinen Kindern, die er ernähren muß, den Sündern zeitliche Güter schenkt, so wird er noch viel mehr gegen die Männer, die das evangelische Leben führen *(viris evanglicis)* und denen das aufgrund der Verheißung gebührt, freigebig sein» [3 Gef 51].

Der Papst, so fährt die Legende fort, sei von großer Bewunderung ergiffen worden, auch weil er vor der Ankunft des Franziskus eine Vision gehabt habe, daß die Kirche des heiligen Johannes im Lateran einzustürzen drohte und daß ein kleiner und unscheinbarer *homo religiosus* sie stützte. Den genauen Sinn dieses merkwürdigen Traumes habe Innozenz III. einige Tage später verstanden, als Franziskus zu ihm gekommen sei, um die Bestätigung seiner Lebensregel zu erbitten, die auf Texten des Evangeliums gründete. Da habe der Papst gedacht: «Wahrhaftig, das ist jener heilige Ordensmann, durch den die Kirche Gottes aufgerichtet und gestützt wird.» Also umarmte er Franziskus, bestätigte die Regel, die dieser ihm vorgelgt hatte, und gab die Erlaubnis zur Bußpredigt. Hierin stimmen alle Quellen überein. Dann besiegelte er die Bestätigung im Konsistorium.

Franziskus seinerseits, erzählt die Legende weiter, habe Gott auf den Knien gedankt und dem Papst voll Demut und Hingabe Gehorsam und Ehrfurcht versprochen, und alle anderen Mitbrüder hätten es ihm gleich getan. Nach dem päpstlichen Segen hätten sie die für Rom üblicherweise vorgesehenen Pilgerbesuche gemacht und auf Weisung des Kardinals Johannes von St. Paul die Tonsur empfangen, denn «er wollte, daß alle zwölf Brüder Kleriker seien» [3 Gef 52].

Tonsur?

Wenn der Hauptteil dieses Berichtes in der Dreigefährtenlegende und in der zweiten Lebensbeschreibung des Thomas auch als Erweiterung der wenigen sicheren und echten Daten gilt – geschrieben in Kenntnis der später folgenden Ereignisse und mit

Anklängen an Motive der Volksfrömmigkeit und insgesamt an die Geschichtstheologie –, so müssen wir doch wenigstens in Kürze die Frage der *Tonsur* besprechen, die Franziskus und seine Gefährten vor ihrer Abreise aus Rom erhalten haben sollen. Diese Frage ist von großer Bedeutung. Ihre Beantwortung hilft uns, das Vorhaben des Franziskus vor und nach seiner Romreise voll und ganz zu verstehen. Der Beachtung wert ist die Tatsache, daß die zweite Lebensbeschreibung des Thomas von Celano in diesem Teil ihres Berichts nicht von Tonsur spricht – anders als, wie oben gesagt, die Dreigefährtenlegende. Es wird jedoch angemerkt, daß an einem gewissen Zeitpunkt im Leben des Franziskus, den Thomas nicht näher bestimmt, die Tonsur tatsächlich vorhanden war. Dies macht eine auf ihre Weise aufschlußreiche Episode deutlich: Als Franziskus sich die Tonsur schneiden ließ, bemerkte er, er wolle keine große «Haarkrone», d.h. keine große Tonsur, um seinen anderen Mitbrüdern entgegenzukommen und so auch die mit einzuschließen, welche keine Tonsur hatten.

Aus diesem ganzen Komplex von Angaben läßt sich, so scheint uns, ableiten, daß die Legende ein späteres Ereignis vor die Abreise aus Rom verlegt. Über eine äußerst vorsichtige Hypothese wagen wir uns nicht hinaus: Wahrscheinlich fand dies statt, als Franziskus die Autorität des Führers in der *religio* (im Orden) der Minderbrüder hatte. Wegen der größeren Zahl von Brüdern, von denen viele Kleriker oder gar Priester waren – dieser Umstand ist nicht unwichtig –, mußte es unangemessen wirken, daß ein Laie, wie Franziskus es bis dahin gewesen war, über Kleriker und sogar über Priester bestimmte und entschied mit einer Autorität, die rückhaltlosen Gehorsam erforderte. Auf diese Weise wurde eine kirchenrechtliche Schwierigkeit von nicht geringem Gewicht überwunden und die Bedeutung des Gründers in seiner Gemeinschaft geklärt und gefestigt, indem er ein Mindestmaß an Weihe erhielt.

Wenn unsere Beobachtungen hier allem Anschein nach zutreffen, ergibt sich eine Tatsache, die für die Interpretation der juristischen Realität und des kirchenrechtlichen Standes von Franziskus und seinen Gefährten einen bestimmten Wert hat: Sie waren eine selbständige Bruderschaft – *fraternitas* ist der Ausdruck, den der Heilige vielleicht am liebsten verwendet hat – von Laien und

Klerikern, die in der kirchlich zugelassenen Form der *viri poenitentiales* die Existenz am Rand der Gesellschaft gewählt hatten. Sie hatten sich bereit gefunden, das Los der Ausgestoßenen zu teilen, der Aussätzigen, denen sie ihre volle Unterstützung nicht versagten, der Elenden, mit denen sie die Früchte ihrer Arbeit, falls vorhanden, oder ihre Almosen teilten. Denn sie erinnerten sich immer daran, daß ihre freiwillige Armut eine Verpflichtung war, sich mehr um die wirklich Armen und Bedürftigen zu kümmern als um sich selbst.

5.3. Rückkehr nach Assisi. Das Leben der Minderbrüder

Außerhalb der Stadt

Die Heimkehr war glücklich. Es gab zahlreiche Unterbrechungen und Umwege, bis sie endlich mit voller Berechtigung und ohne äußere Schwierigkeiten die Funktion als Bußprediger und Beispiele religiösen Lebens ausüben konnten, die sie sich vorgenommen hatten und um derentwillen sie ja nach Rom gezogen waren. Dann fanden sie Unterkunft in Rivotorto, wo sie große Raumprobleme hatten, die irgendwie gelöst werden mußten. Ebensowenig blieben Überraschungen verschiedener Natur aus, etwa mit der ländlichen Bevölkerung. Dies scheint die Episode mit dem Bauern zu zeigen, der seinen Esel gerade in dem Schuppen unterbringen wollte, in dem die Brüder hausten. Schließlich brachte er sie dazu, zu der winzigen Kirche Sta. Maria von Portiunkula zurückzugehen, die damals den Benediktinermönchen vom Subasio gehörte. Ob sie nun in Rivotorto oder bei der Portiunkula wohnten – schon zur Zeit der Reise nach Rom und gleich nach ihrer Rückkehr finden wir in voller Entfaltung einen Zug, der das früheste Franziskanertum kennzeichnet und deshalb ohne jeden Zweifel auf Franziskus selbst zurückzuführen ist. Bei ihm sehen wir ihn vom Anfang seines Auszugs aus der Welt an verwirklicht: eine einzigartige Verbindung von Kontemplation und gleichzeitiger Teilnahme am täglichen Leben der Gesellschaft. Wenn auch ein erster

Ansatz von Einsiedlerleben im Licht des evangelischen Wortes und Lebens überwunden wurde, so verlor doch deshalb das Schweigen, die Sammlung, die Betrachtung Christi und seiner Passion nicht ihren Wert für Franziskus. So war der Tag zum größten Teil der Arbeit gewidmet, der Mahnung zur Buße und zum christlichen Leben für die eigenen Brüder, die in der Welt, in der städtischen Gemeinschaft lebten. Die Zeit, die noch frei blieb, wenn der Hunger so weit wie möglich gestillt war, wurde der Kontemplation gewidmet. Wir werden noch Gelegenheit haben, die spezifischen Merkmale zu verdeutlichen, die zur Ermöglichung dieser beiden Ebenen religiösen Lebens erforderlich waren: Man hielt sich an abgelegenen und ruhigen Orten auf, wenn diese auch unbequem und nur teilweise geeignet waren. Doch durften sie gleichzeitig auch nicht zu weit, höchstens eine Wegstunde von der Stadt – in dieser ersten Zeit natürlich Assisi – entfernt sein. Die Wahl von Rivotorto und der Portiunkula war also nicht zufällig, sondern bewußt und beabsichtigt, weil sie den beiden angegebenen Erfordernissen voll entsprachen. Dabei erklärt die Episode mit dem Esel und dem Bauern ohne Schwierigkeiten den Umzug in die Nähe der Portiunkula. Auch hat diese Darstellung von den ursprünglichen Lebensumständen des Franziskus nichts Beliebiges oder Erfundenes an sich. Das beweist die Tatsache, daß sie bis zu der Zeit andauerten, als Jakob von Vitry 1216 die Minderbrüder sah und sie in einem seiner berühmten Briefe beschrieb, dem wir unsere Aufmerksamkeit nicht schuldig bleiben wollen.

Es gibt eine Fülle erbaulicher Episoden über diese ersten Zeiten, über deren Geschichtlichkeit man nicht wirklich urteilen kann. Daher wird es viel sicherer sein, die eigenen Erinnerungen von Franziskus noch einmal durchzugehen, wie er sie, wiederum im *Testament*, gleich nach dem Bericht über die päpstliche Bestätigung gibt:

> «... und der Herr Papst hat es mir bestätigt. Und jene, die kamen, dies Leben anzunehmen, gaben alles, was sie haben mochten, den Armen. Und sie waren zufrieden mit einem Habit, innen und außen geflickt, samt Gürtelstrick und Hosen. Und mehr wollten wir nicht haben. Das Offizium sprachen wir Kleriker wie andere Kleriker, die Laien sprachen Vaterunser.

Und sehr gern blieben wir in den Kirchen. Und wir waren ungebildet und jedermann untertänig. Und ich arbeitete mit meinen Händen und will arbeiten; und es ist mein fester Wille, daß alle anderen Brüder eine Handarbeit verrichten, die ehrbar ist. Die es nicht können, sollen es lernen, nicht aus Sucht, den Arbeitslohn zu empfangen, sondern des Beispiels wegen und um den Müßiggang zu vertreiben. Und wenn uns einmal der Arbeitslohn nicht gegeben würde, so wollen wir zum Tisch des Herrn Zuflucht nehmen und Almosen erbitten von Tür zu Tür. Der Herr hat mir geoffenbart, daß wir als Gruß sagen sollten: ‹Der Herr gebe dir den Frieden!› Hüten sollen sich die Brüder, daß sie Kirchen, ärmliche Wohnungen und alles, was für sie gebaut wird, keinesfalls annehmen, wenn sie nicht sind, wie es der heiligen Armut gemäß ist, die wir in der Regel versprochen haben; sie sollen dort immer herbergen wie Pilger und Fremdlinge. Ich befehle streng im Gehorsam allen Brüdern, wo immer sie auch sind, daß sie nicht wagen sollen, irgendeinen Brief (Privileg) bei der römischen Kurie zu erbitten, weder durch sich noch durch eine Mittelsperson, weder für eine Kirche noch wegen irgendeines Ortes, weder unter dem Vorwand der Predigt noch wegen leiblicher Verfolgung; sondern, wo immer man sie nicht aufnimmt (d.h. wo sie keine Predigterlaubnis erhalten haben), sollen sie in ein anderes Land fliehen, um mit dem Segen Gottes Buße zu tun»[Test 15–26].

Es ist dies ein Abschnitt von außergewöhnlicher Wichtigkeit. Denn er hält sich immer in einem delikaten Gleichgewicht von einerseits fernen, aber nicht allzu fernen Jahren (es waren etwa sechzehn), die Franziskus also noch gut im Gedächtnis waren – wenn wir nur daran denken, daß sein Gedächtnis noch frisch und lebendig war, als er starb – und andererseits einer Gegenwart, die durch viele Probleme, die auf ihn zukamen, aber mehr noch, seinen Nachfolgern Sorgen bereiten sollten, kompliziert wurde. Die Besinnung auf das einfache, strenge, aber fröhliche Leben seiner ursprünglichen Bruderschaft wird als etwas Heiteres gezeigt, aber sofort wie in einer Gegenüberstellung mit dem Ideal auf die jüngste Vergangenheit bezogen.

Zwar braucht dieser Abschnitt des Testaments wegen seiner Deutlichkeit und Klarheit keine Auslegung, die seine Tragweite illustriert, doch verdienen einige Elemente besondere Aufmerksamkeit. Da ist zunächst die totale *Armut* der Anhänger der *fraternitas:* Um der Gemeinschaft beitreten zu können, mußten sie all ihre Habe an die Armen verteilen, so daß der Zustand der Bedürftigkeit bei jedem einzelnen wie auch bei der Gesamtheit der Brüder verwirklicht wurde. Es muß kaum gesagt werden, daß nichts zurückbehalten oder der Gemeinschaft übergeben wurde. Eintritt und Mitgliedschaft bedeuteten auch Annahme der Lebensweise – eben jener Randstellung im Verhältnis zum Rest der Gesellschaft –, die Franziskus nach seiner Begegnung mit dem Aussätzigen gewählt hatte und die er später aufgrund des Lesens des Evangeliums genauer und klarer hatte fassen können, als er seine Lebensregel schriftlich formulierte und sie vom Papst bestätigen ließ. Äußeres Zeichen dieses gesellschaftlichen Wechsels war vor allem das Gewand, das im Mittelalter, das 13. Jahrhundert nicht ausgenommen, seine genaue und unbestreitbare Bedeutung hatte. Wenn das Evangelium vorgesehen hatte, daß der Apostel nicht zwei Gewänder für seine Reise haben sollte, keine Tasche und nichts anderes, so gaben sich Franziskus und seine Brüder zufrieden mit einer einzigen Kutte. Über diesen Ausdruck muß man sich im klaren sein: Er bezeichnet ein Kleidungsstück von der schlichtesten Art, aus zwei Stücken Stoff grob auf die Körpergröße zugeschnitten, zusammengenäht und mit einem Ärmelloch versehen. Man zog es über den Kopf an. Franziskus mußte nicht erst erklären, daß es sich um billigstes Tuch handeln sollte. Wahrscheinlich wurde das von den Humiliaten hergestellte verwendet. Die Farbe war «berrettino», wie man damals sagte, d.h. ein unbestimmtes Grau, weil aus ungefärbter und ungekämmter Wolle, unangenehm zu tragen auf der nackten Haut. Dies bezeugen viele Episoden, allen voran die schon erwähnte von den beiden Männern, die einem Bruder die Kutte wegnahmen, sahen, daß er darunter nackt war, und dann soviel Mitleid mit ihm hatten, daß sie ihm das Gewand zurückgaben. Auch darf der Hinweis nicht fehlen, daß diese grobe Kutte nicht ausgetauscht wurde, wenn sie durchgescheuert war, wie es vorkam, weil sie das einzige Kleidungsstück war. Sie wurde innen und außen geflickt. Wenigstens bei Franziskus sollte dies eine lebenslange Gewohnheit bleiben. Und vielleicht fehlt auch in diesem Zusammenhang jener dialektische Bezug zwischen Erinnerung an die Vergangenheit und Realität der Gegenwart nicht, wenn wir nach der Episode urteilen, die wir in der *Kompilation von Assisi,* der *Legende von Perugia,* finden. Dort sind zum größten Teil die Erinnerungen jener Gruppe von Gefährten gesammelt, die in der letzten Zeit seines Lebens bei dem Heiligen waren und die sich hinter der Formel *nos qui cum eo fuimus* (wir, die bei ihm waren) verbergen. Franziskus war gerade in der Einsiedelei des hl. Eleutherius bei Rieti, und die Temperatur war eisig.

> «Und da er außer einer bloßen Kutte nichts trug, flickte er eines Tages, von der Kälte dazu gezwungen, seine Kutte und die seines Begleiters von innen, so daß sein Körper begann, etwas weniger die Kälte zu spüren» [Leg Per 111 = Hug-Rotzetter 116].

Und seinen Gefährten erinnerte er daran – es war gegen Ende seines Lebens –, daß er auch hierin, d.h. in der Ärmlichkeit des Gewandes, ein Beispiel für seine Mitbrüder bleiben sollte. Und er bestand auf einer persönlichen Verpflichtung. Wie sehr er daran festhielt, wird zur rechten Zeit noch gesagt werden.

Um die Hüften trugen sie einen Strick, der den Gürtel der Einsiedler ersetzte. Mit diesem äußeren, allen verständlichen und vertrauten Symbol zeigten sie nochmals ihren Stand als Büßer an. Dazu trugen sie Unterhosen, und mehr wollte niemand haben. Um sich die wirkliche Tragweite dieser Art, sich zu kleiden, bewußt zu machen und ihren Unterschied zu anderen religiösen Gemeinschaften zu ermessen, genügt die Erinnerung an einige typische Episoden. So wollte Rainald von Dassel, Domherr von Hildesheim und späterer Kanzler Friedrich Barbarossas, bei einem Diözesankonzil nicht auf die Pelze verzichten, die seinen Habit schöner und wärmer machten. Oder man erinnere sich an die Auseinandersetzung – wir wollen uns nicht zu sehr über Einzelbeispiele verbreiten – zwischen Petrus Venerabilis und dem heiligen Bernhard, als dieser den Kluniazensern die Verwendung von Stoffen aus guter Wolle und Pelzen zum Schutz vor der Kälte zum

Vorwurf machte. Es ist vielleicht ein Tropfen Wehmut oder gar schmerzliche Erinnerung und gleichzeitig Polemik in der kurzen Bemerkung: «Mehr wollten wir nicht haben.» Als Franziskus diese Worte schrieb, hatte sich die ursprüngliche *fraternitas* schon umgebildet in einen Orden mit Tausenden von Mitgliedern. Von ihnen mußte mehr als eines wegen einer demütigenden Bekleidung leiden, die wegen ihrer Armseligkeit ein unerfreulicher Anblick war. In der Bemerkung des Testaments steckt daher unausgesprochen eine Berufung auf jene nicht nur als fern, sondern als leider auch unwiederholbar empfundene Zeit, in der die ärmliche Erscheinung auch nach außen zur Zufriedenheit genügte und in der das Gewand die Stellung des Ausgeschlossenseins, des Abschaums der Gesellschaft, absichtlich hervorheben sollte. Wer sich so kleidete, war zufrieden, er wollte weiter nichts, gerade weil er eben die Stellung gewählt hatte, die der Habit deutlich machte.

Gebet, Arbeit, Bildung

Der Bericht beschränkt sich nicht auf den Habit allein, sondern erstreckt sich auch auf Aspekte religiösen Lebens und gesellschaftlicher Tätigkeit. An erster Stelle steht das Gebet, wenn Franziskus mitteilt, daß er selbst und die Kleriker das Offizium beteten, während die Laien das *Vaterunser* sprachen. Nach unseren Ausführungen über die Tonsur des Heiligen bedarf es kaum der Wiederholung, daß er von einer bestimmten Zeit an das Offizium sprach wie alle Kleriker, zu denen auch er zählte. Dieses Offizium hilft uns, zusammen mit der gesamten übrigen Teilnahme am liturgischen Leben der Kirche, mehrere Gegebenheiten zu verstehen und zu klären. Das Offizium, das Franziskus selbst und die anderen Mitbrüder beteten, war das der Römischen Kirche. Dadurch verhalfen sie diesem Offizium zur Verbreitung und zur Festigung seiner Bedeutung. Im übrigen spielte gerade das tägliche Beten des Offiziums sowie die Messliturgie und die anderen heiligen Handlungen eine beachtliche Rolle bei der Entstehung einer bescheidenen theologischen und biblischen Bildung des Heiligen wie auch seiner Gefährten. Wenn er auch Grundkenntnisse gehabt hatte, wie sie einem Kaufmann nützlich sein konnten – nicht viel mehr, so wurde bereits gesagt, als lesen und schreiben in der Volkssprache und in Latein, dazu rechnen –, so galt es nun, seine freilich nur elementare Bildung durch Kenntnisse in der Heiligen Schrift und der Liturgie zu erweitern, und sei es nur, um an dieser teilzunehmen mit dem Verständnis und der Anteilnahme, die der Glut und der Intensität des Gefühls in Franziskus entsprachen. So wie also der junge Kaufmann durch eine bedeutsame, tiefe innere Entwicklung immer mehr den Wert und Auftrag seiner Randstellung, aber auch seiner Stellung als Kleriker empfand, so formte sich seine kaufmännische in eine klerikale Bildung um.

An dieser Stelle darf der Hinweis nicht fehlen, daß Franziskus gegenüber einem einzigen Aspekt dieser kirchlichen Bildung ein tiefes Mißtrauen, ja fast eine regelrechte Feindseligkeit bewahrte. Und dies vom Augenblick seiner Bekehrung an bis zum Testament mit einer Stetigkeit, die weder Neubesinnung noch Schwankungen, noch Unterbrechungen kannte. Dieser Aspekt war die Möglichkeit, mit Hilfe von Unterscheidungen und mehr oder minder geschickten Allegorien die Texte zu «interpretieren», bis ihr ursprünglicher Sinn entstellt und manchmal sogar umgekehrt wurde. In diesem Punkt verlieh Franziskus, nicht anders als andere – orthodoxe und häretische – religiöse Bewegungen seiner Zeit seinem Mißtrauen ohne Zögern und Ausflüchte unmißverständlich Ausdruck. Dies wurde als letzter Wille nochmals bestätigt, als er ausdrücklich verbot, die Regel unter dem Vorwand der besseren Erklärung ihres Sinnes zu glossieren und zu kommentieren.

Tatsächlich blieb Franziskus zeit seines Lebens und in all seinen Äußerungen der festen Überzeugung, daß Worte immer im wörtlichen Sinn, in ihrer nächstliegenden und einfachsten Bedeutung zu verstehen seien, auch wenn es jene Worte der Heiligen Schrift waren, an denen sich seit Jahrhunderten die Erfindungsgabe mit allegorischen Interpretationen aller Art übte, um ihnen die «vier Bedeutungen», die sie haben konnten, zu entlocken. Doch kann man nicht sagen, ob diese Einstellung bei ihm aus einem im Bewußtsein des Volkes allgemeinen Mißtrauen – besonders in religiösen Belangen – entstand oder ob sie sich aus einer persönlichen Erfahrung aus der Zeit seiner Kaufmannstätigkeit herleitete, als er in der Abwicklung der Geschäfte vor allen Möglichkeiten der Haarspalterei und des Betrugs auf der Hut sein mußte. Wie dem auch sei, dieser Aspekt muß ins rechte Licht gerückt und in seiner ganzen Wichtigkeit ausgewertet werden: Das feine, tiefe Gespür des Franziskus für den realen, konkreten Wert des Wortes als Ausdruck des Gedankens – zwar, wenn man so will, reich an Schattierungen, aber doch eindeutig in seinem semantischen Wert, wie man heute sagen würde. Es seien uns einige Beispiele erlaubt: In seiner Sprache ist Armut echte Bedürftigkeit. Arbeit ist Arbeit mit den Händen. Wenn die Verbindung des Wortes *laboritium* im Testament mit dem im Dialekt von Assisi noch lebendigen *lavoreccio* (für Tagelöhner- und Gelegenheitsarbeit) zutrifft, bestätigt der deutliche Ausdruck des Dialekts sogar die Suche von Franziskus nach der genauen Bezeichnung, die alle Verwechslungen und Mißverständnisse erfolgreich meidet.

Wenn wir das ursprüngliche Leben der *fraternitas* rekonstruieren und von späteren Entwicklungen lösen wollen, müssen wir zum Gesagten etwas hinzufügen: Die Forderung, am wörtlichen Sinn der Ausdrücke festzuhalten, hilft uns, die sogenannte Gleichgültigkeit oder Verachtung des Franziskus für die Studien zu verstehen und einzuordnen. Dieser weitverbreiteten Ansicht liegt ein großes Mißverständnis zugrunde. Es ist ohne Zweifel wahr, daß der Heilige in dieser leuchtenden, wehmütigen Erinnerung nicht von *Studium oder Bildung* spricht. Es konnte in der Tat keinen Raum geben für eine Beschäftigung dieser Art, wenn man als gesellschaftlichen Standort die Randexistenz gewählt hatte. Der Verzicht auf Bildung entsprach auf einer anderen Ebene dem Verzicht auf weltliche Güter oder auf den früheren Beruf und Besitzstand. Doch liegt ein tiefer Unterschied zwischen Verzicht auf etwas und Mißtrauen oder Verachtung dagegen. Wie uns scheint, gibt uns ein bestimmter Umstand die Bestätigung: Franziskus nahm sich zwar vor, ein Ausgeschlossener zu sein, aber kein «Gesindel». Er wollte in die Armut ein Element der Erhebung und des Trostes, der Überwindung des eigenen Elends einführen. Deshalb verzichtete er nicht auf das, was er wußte. Er sang und sprach weiterhin auf französisch. Wenn der Arme in der Wirklichkeit des Elends lebte, so mußte man ihn ermutigen und ihm einen neuen Sinn dieser seiner Wirklichkeit geben. Die Sorge um theologische und exegetische Bildung kommt aber noch hinzu. Die

Gründe sind also in der Befürchtung zu suchen, daß daraus Schwierigkeiten, Probleme und Mißverständnisse um sein ursprüngliches Anliegen entstehen könnten, um den Kern dessen, was wir seine grundlegende Wahl genannt haben.

Es lohnt vielleicht, diesen Aspekt noch genauer zu klären, weil in ihm der höchste Wert des Franziskus liegt, der auch seine Bekehrung erklärt und rechtfertigt. Wie nach allem, was bereits gesagt wurde, kaum betont werden muß, ist seine Bekehrung nicht – wie es übrigens auch hätte sein können – aus einem verstandesmäßig-logischen Vorgang entstanden. Es gab keinen intellektuellen Weg, der sie herbeigeführt und dann ausgelöst hätte. Sie ist entstanden in der Begegnung mit einem Realsymbol (die Aussätzigen) des menschlichen Daseins, in dem seit langem die Erfahrung und das Schicksal der Mehrheit der Menschen zusammengefaßt war, mit ihrer Geschichte der Leiden und Schmerzen, die aber im tröstlichen, göttlichen Urgrund des gekreuzigten Christus geborgen sind. Diese Einsicht ist für Franziskus unmittelbar und direkt und braucht daher keine Deutung und Erklärung. Darum ist nicht Bildung vonnöten, sondern vielmehr der spontane Schwung, die intensive Begeisterung dessen, der durch das Leiden Christi die Wichtigkeit, wenn es nicht vielen wie bittere Ironie schiene, könnte man sagen: des Privilegs des Leidens begreift.

Der junge bekehrte Kaufmann verstand, daß all dies nicht mit Worten zu vermitteln war, sondern nur durch das Beispiel und die Teilhabe an der lebensnahen Erfahrung. Es gibt keine theologische, biblische oder juristische Bildung, die in diesem Sinne dienlich sein könnte. Das Beispiel, und nur das Beispiel kann nützen. Und dies wollte Franziskus sein in seinem Handeln, seinen Taten, der Glut des Suchens nach einer echten und vollständigen Armut. Dabei verließ ihn nie das Bewußtsein, daß «seine» Armut, und sei sie noch so streng, in ihrem psychologischen Gewicht und der Härte der Wahrnehmung nie der Armut gleichen konnte, die nicht freiwillig auf sich genommen wird, sondern wirklich von Geburt und Stand her besteht. Für den freiwillig Armen gibt es keine so intensive und tiefe Demütigung wie für den, der elend und verlassen geboren ist.

Deswegen, so fährt die Erinnerung an das Leben der Gemeinschaft fort, beteten die Kleriker zwar das Offizium, die Laien aber das *Pater noster*. Noch ein weiterer Zug ist der franziskanischen und den anderen Bewegungen der Zeit gemeinsam. In engem Zusammenhang mit dem «Evangelismus» (dem Streben nach einer evangelischen Lebensweise) und seinem erneuten Aufschwung, von dem schon die Rede war, steht die Wiederaufnahme dieses Gebetes, die in der neuen *fraternitas* eine noch größere Bedeutung und Tragweite erhielt als sonst, besonders wenn man auf schlichte, aber konkrete Weise die Lossagung des Franziskus von Pietro Bernardone bedenkt. Zwar hatte in den anderen Bewegungen das *Pater noster* Bedeutung als göttlich angeordnetes und von Christus selbst gesprochenes Gebet. Doch bei den Minderbrüdern machte das persönliche Erlebnis des Gründers daraus das Gebet, das jedesmal an jene totale Lossagung erinnerte und sie bestätigte, aber auch den Trost für sie bot. Das *Pater* muß Franziskus spontan über die Lippen gekommen sein, als er noch Laie war. Später behielt es dann für die Brüder, die nicht Kleriker waren, seinen Wert als Anrufung des gemeinsamen Vaters und als Vergegenwärtigung des totalen Verzichts. Es sei daran erinnert, daß diese Laienbrüder noch recht zahlreich geblieben sein müssen, besonders in der ursprünglichen Gemeinschaft, wenn aus der Erinnerung, die im Testament formuliert ist, die Unterscheidung zwischen Klerikern und Laien klar hervorgeht. Kaum aber ist die Unterscheidung aufgetaucht, deren Natur die Leser des Testaments möglicherweise zweifeln ließ, ob in einigen Gesichtspunkten – und sei es auch beim Gebet – die Kleriker höher stünden als die Laien, so merzt Franziskus sie auf ganz charakteristische Weise und mit nicht zu unterschätzender psychologischer Direktheit aus: *eramus omnes idiotae et subditi omnibus* (wir alle waren ungebildet und jedermann untertänig). Es gab also in der *fraternitas* keinen Unterschied zwischen dem Status des Klerikers und dem des Laien. Wenn sich Folgen daraus ergaben, so waren sie rein äußerlich und formal wie das Sprechen des Breviers oder des *Pater noster*. Gegenüber der weltlichen und kirchlichen Gesellschaft waren alle Brüder gering und allen untertan. Dies brachte für Franziskus und alle Brüder die Wahl des Übertritts zu den Ausgeschlossenen mit sich, von der schon mehrmals die Rede war und aufgrund deren sie ihrer Ansicht nach am untersten Ende jeder sozialen Stufung standen. Alle anderen – und besonders die anderen «Armen», dieser ganz spezielle Punkt sollte nicht übersehen werden – waren ihnen überlegen. Wegen seiner Prägnanz und seiner Reichhaltigkeit an Schattierungen ist der Begriff *idiota* jedoch schwierig zu interpretieren. Selbstverständlich hat er mit der heutigen Bedeutung nichts zu tun, sondern wurde im 12. Jahrhundert eher als «ungebildet» verstanden, vor allem im Sinn der theologischen oder allgemein kirchlichen Bildung. So bezeichnete er eine unüberwindliche Minderwertigkeit. Ein Abgrund entfernt die *idiotae* vom Niveau der Kleriker und Mönche. Ein klassisches Beispiel für diese Interpretation liefert uns eine Stelle beim heiligen Bernhard, die nicht nur den Sinn des Wortes mitteilt, sondern auch die Wirkung, die es auf die hatte, die eben keine *idiotae* waren. Der heilige Bernhard sagte über die Häretiker seiner Zeit: *idiotae prorsus et contemptibiles.* Dies läßt sich etwa übersetzen mit «gänzlich Unwissende und Verachtungswürdige». So wird nicht nur mit Worten, sondern auch sachlich im Zusammenhang des Textes eine Verbindung geschaffen zwischen einem Bildungsstand und einer gesellschaftlichen Wertung. Die Situation des Ungebildetseins hatte fast von Natur aus die Situation des Verachtetseins zur Folge. In den wenigen Worten des Testaments, in der kurzen Wendung eines Satzes steckt daher ein ganzes Lebens- und Aktionsprogramm. Der Heilige will sagen: «Das Klerikersein machte unter uns und in bezug auf die Gesellschaft, in der wir wirkten, keinerlei Unterschied, denn wir traten *alle* als unwissend und jedermann untertan auf.» In der nach unseren bisherigen Erkenntnissen durchgängigen Beziehung zwischen Erinnerung und aktueller Lage, in der Franziskus das Testament schreibt, ist Bedauern und gleichzeitig eine Ermahnung zu entdecken: Bedauern wegen der Unwiederholbarkeit jener idealen Verfassung der Vergangenheit – so unwiderruflich, wie die Veränderung der Gegenwart ist. Bedeutsamer aber scheint uns die Ermahnung. Als Franziskus sein letztes Wort des Abschieds verfaßte, hatte er Antonius von Lissabon (unserem heiligen Antonius von Padua) schon zugestanden, daß einige Brüder studierten – unter der Bedingung, daß ihre Berufung und Entsagung, zu der sie sich verpflichtet hatten, dadurch nicht gestört würde. Die Erinnerung, daß die ursprüngliche *fraternitas* aus *idiotae* und *subditi omnibus* bestanden hatte, sollte ein Warnsignal sein für die, deren Bildung das Risiko zu Hochmut und Eitelkeit in sich barg. In den Schriften des Franziskus von Assisi muß man immer bereit sein, jede leise Andeutung zu verstehen. Denn er schrieb an Personen, die in der konkreten Situation auch Hinweise verstanden, die uns heute leicht entgehen. So wird der Eindruck der Warnung verstärkt durch die weitere Erinnerung, die um so lebendiger wird, je zwingender die gegenwärtige Lage ist, nämlich hinsichtlich der Arbeit. Darüber haben wir schon gesprochen. Aber in unserem Zusammenhang gewinnt dies noch größere Bedeutung und Klarheit. Eng verbunden mit dem Zustand des «ungebildet und jedermann untertänig» sein ist die Situation eines Arbeiters, vor allem wenn es sich – genau gesagt – um Handarbeit handelt. Wie bereits gesagt wurde, verbinden sich so Vergangenheit und Gegenwart in einem Zusammenhang der Kontinuität: wie Franziskus einst arbeitete, als die Bruderschaft aus wenigen Personen bestand, so wollte er es auch weiter tun. Sogar am Ende seines Lebens mit den Wundmalen an den Händen, die ja dann Qual und Schmerz verursachten. Aber unter seinen Brüdern, die schon zahlreich und von unterschiedlicher gesellschaftlicher und geographischer Herkunft waren, widerstrebte es einigen – oder schon vielen –, niedere Arbeit auf sich zu nehmen, auch wenn sie für jemanden, der sich der Buße verschrieben hatte, nicht ungehörig war. Und hier kam die klare Ermahnung, ja der ausdrückliche Befehl *(precipio firmiter)*, an dem es nichts zu drehen und zu deuteln gab. Alle Brüder, so ordnete Franziskus also mit Festigkeit an, sollten eine Arbeit verrichten, die als ehrbar galt, wie landwirtschaftliche oder handwerkliche Arbeit. Die anderen, nicht ehrbaren Tätigkeiten, sollten gemieden werden, wie etwa die des Metzgers, oder, noch schlimmer, des Kaufmanns oder Geldhändlers – ganz zu schweigen von der des Henkers, Schankwirts oder Gauklers.

Jene, die kein Handwerk konnten, sollten eines lernen. Dafür wurde eine Begründung angegeben, die vollkommen mit dem übereinstimmt, was die Brüdergemeinschaft nach dem Willen des Franziskus sein sollte. Diese Arbeit sollte nicht aus Begehrlichkeit nach dem Arbeitslohn getan werden: wer allem entsagt hatte, durfte gewiß nicht mit *cupiditas*, Begierde, süchtig an den Lohn denken, sondern nur als eine Möglichkeit, sich den Lebensunterhalt zu verschaffen. Und was ist der Zweck dieser Arbeit? Die

Antwort, die Franziskus gibt, ist zweifach. Und in ihrer Schlichtheit überholt sie mit entschlossenem Willen zur Klarheit die ganze lange monastische Tradition. In der ersten Begründung, nämlich daß es notwendig ist zu arbeiten, um den Müßiggang zu vermeiden, finden wir eine vollkommene Übereinstimmung mit der benediktinischen und monastischen Idee. Doch sie wird sofort überboten durch die zweite Begründung, die in der konkreten Umwelt des Franziskus gewiß nicht unbekannt ist, doch einen neuen und aus einigen Gründen äußerst wichtigen Wert erhält: Auch um des Beispiels willen ist es notwendig zu arbeiten. Ganz deutlich sind wir nun auf ein anderes als das monastische Gebiet vorgedrungen. Dies hatte als Basis gewöhnlich, wenn nicht gar ausschließlich, immer nur das Land. Unter dem Ausdruck «Arbeit» ist in diesem Zusammenhang also einzig landwirtschaftliche Arbeit, bzw. später dann auch geistige Arbeit zu verstehen. Auch wenn die Bruderschaft des Franziskus das Land als Lebensraum nicht verläßt, wird die landwirtschaftliche Arbeit doch ergänzt oder sogar ersetzt durch die Arbeit in der Stadt, die unendlich viel mannigfaltiger, komplexer und spezialisierter ist, wie es eben dem städtischen, mehr arbeitsteiligen Produzieren und Handeln entspricht. In dieser Lage kann es schon vorkommen, daß die Arbeit nicht bezahlt wird. Es ist interessant, daß diese Möglichkeit eher in Betracht gezogen wird als die andere, daß es keine Arbeit gäbe. Ist das eine Erinnerung an etwas, das Franziskus während seines Kaufmannslebens gesehen hatte? Und so erinnert der Heilige daran, daß es «den Tisch des Herrn» gibt, das Almosenbitten *ostiatim,* d.h. von Tür zu Tür. In diesem Ausdruck ist zweifelsohne das neue Bewußtsein von den Rechten der Armen lebendig, das gerade im 13. Jahrhundert immer klarere Umrisse und immer weitere Verbreitung gewann. Die Armen hatten trotz ihrer Stellung am Rand der Gesellschaft feste Rechtsansprüche an alle, die etwas «Überflüssiges» hatten, etwas also, das über das hinausging, was für ein Leben mit gewissen Annehmlichkeiten als angebrachtes und legitimes Minimum galt. Der Überschuß stellte den «Tisch des Herrn» dar – darüber spricht Franziskus nicht weniger deutlich –, d.h. das, was die Vorsehung den anderen zusätzlich gegeben hatte, damit sie es denen zukommen ließen, die es wirklich brauchten. Franziskus gibt noch genauer an, daß dieses Almosen nicht in Form einer Gabe an die Gemeinschaft oder den Ort erwartet wurde, wie es bei den Mönchsklöstern der Fall war. Sondern es mußte erbeten werden mit der jedesmal neuen Demütigung des Anklopfens von Tür zu Tür wie bei echten Armen. Es sei uns gestattet, auf diese Dinge besonders hinzuweisen, die winzig und daher letztlich unwesentlich erscheinen können. Doch bestätigen sie uns die tiefe Absicht des Franziskus und bewahren uns davor, einem, wie uns scheint, grundlegenden Mißverständnis über seine *conversio* zum Opfer zu fallen, nach dem diese im Kern nur das Armutsideal betroffen hätte. Hier wird sie in ihrem Wesen hingegen als Umkehrung der Werte betrachtet, und nicht nur wirtschaftlicher Werte – man verzeihe uns die Eindringlichkeit –, sondern mehr noch und besser: als Übertritt von einem gesellschaftlichen Status zum anderen. Franziskus kümmerte sich weniger um den Verzicht auf seine Güter, wenn auch all das die Voraussetzung und inbegriffene Bedingung für diesen seinen Übergang war, als um die Eingliederung unter jene, die wie Christus im Elend und am Rand der Gesellschaft lebten.

Christus war das Beispiel, das Vorbild, das er immer vor Augen hatte, das zu seinem Handeln, seinem Schwung, seiner immer höheren Erhebung den Anstoß und die ununterbrochene Kraft gab. Darum blieb Jesus Christus das unverzichtbar Gegebene, der letztgültige und entscheidende Bezugspunkt, der für Franziskus als lebendige Gegenwart bei jeder entscheidenden Wendung immer wiederkehrte. So gab er, der dem Herrn das Verdienst zuschrieb für die Offenbarung, daß er nach der Form des heiligen Evangeliums leben soll, auch die Grußformel an: «Der Herr gebe dir Frieden.» Von neuem haben wir ein Stichwort vor uns, das sich auf eine lange und reiche Tradition bezog. Seit der Urkirche, in der alle ein Herz und eine Seele waren, stellt sich das Christentum als Kraft und als Erfahrung des brüderlichen Friedens für die Menschen dar. Dieses Stichwort hatte aber auch seinen ganz bestimmten Zusammenhang mit der zeitgenössischen Wirklichkeit.

Wir haben schon berichtet, wie reich an politischen Ereignissen die Jahre von 1203 bis 1210 in Assisi – und es muß hinzugefügt werden, in ganz Italien – waren, vor allem und besonders aber an Konflikten, die sich oft zu regelrechten bewaffneten Kämpfen zwischen Adel und Volk oder, wie es in der Stadt von Franziskus hieß, zwischen *maiores* und *minores* entwickelten. Im allgemeinen Zeitgeschehen wurde also der Friede als ein sehr hohes, ja das höchste Gut empfunden, das man nur ersehnen konnte. Aber wenn wir den Sinn dieses Grußes nicht mißverstehen, hat er noch eine andere, weniger äußerliche, sondern viel tiefere Bedeutung. Gewiß mangelte es dem Heiligen nicht an Sensibilität für den Wert des bürgerlichen Friedens in den Wirren und Schwierigkeiten des städtischen Lebens. Er selbst hatte ja gekämpft und die schmerzliche Erniedrigung der Gefangenschaft erfahren. Aber er dachte auf jeden Fall auch an einen anderen Frieden, denn er beharrte ständig auf dem *intus et foris,* dem «innen und außen» [Test 41]. Wenn er jemandem unter den Stadtbewohnern also den äußeren Frieden wünschte, konnte er nicht umhin, auch an den anderen, den *inneren* Frieden zu denken, den er hatte kennenlernen können, nachdem er seine entscheidende Wahl getroffen hatte. So war in dem Gruß der höchste Wunsch enthalten, den er sich vorstellen konnte: daß der Gegrüßte Frieden in der Seele erlange, um Gott wiederzugewinnen. Darauf war übrigens auch seine ganze Bußpredigt ausgerichtet.

Zusätzlich zu Mahnungen zur Armut, zur Verpflichtung zur Arbeit und zum von Gott eingegebenen Gruß fehlt nicht ein Rat, der sich in Wirklichkeit mehr auf die Gegenwart, die Zeit des Testamentes, als auf die Vergangenheit bezog. Doch darin spiegelt sich noch einmal die Festigkeit seiner Haltung und die unerschütterliche Treue zu seinem Ideal. Die Brüder hatten sich mit ärmlichen Kirchen und Behausungen zufriedengegeben und sollten sich weiter damit begnügen, wie die Regel vorschrieb. Immer wieder bedachte er dann die innere Einstellung, die seelische Verfassung, mit der sie in diesen armen Unterkünften leben sollten: Sie sollten sich dort wie Gäste und Pilger fühlen. Und wenn wir richtig interpretieren, so bezeichnet dies nicht nur die Armut und gänzliche Eigentumslosigkeit, sondern mehr noch die Vorläufigkeit und Loslösung, die der empfindet, der auf der Reise an einem Ort haltmacht, um sich dort auszuruhen und aufzuhalten, wohl wissend, daß er nicht für immer dort bleiben kann, weil andere kommen und seinen Platz benötigen werden. Auch in ihren Unterkünften sollten sie sich des Risikos des Morgen, der Last der

Unsicherheit, der Möglichkeit des Vertriebenwerdens bewußt bleiben. Die Episode von Rivotorto und dem Bauern mit dem Esel, der sie fortschickte, ist eine gute Wiedergabe dessen, was Franziskus in diesem Teil des Testaments sagen wollte. Wir werden noch Gelegenheit haben, im folgenden darauf zurückzukommen.

5.4. Unterschiede zwischen Franziskus und Dominikus

Rechtlosigkeit

In dieser Interpretation der Worte des Franziskus bestärkt uns – immer noch in dem Abschnitt, den wir hier betrachten, um ein möglichst genaues Bild von der Brüdergemeinschaft nach der päpstlichen Bestätigung zu erhalten – das Verbot, den Papst und die römische Kurie um irgendwelche Privilegien zu bitten. Ohne jeden Zweifel ist dies die für die Zeitgenossen am wenigsten verständliche Vorschrift des ganzen Testaments, aber dennoch vielleicht diejenige, die am besten und mit der absolutesten Stimmigkeit zur Logik der Bekehrung des Franziskus paßt. In einer Gesellschaft wie der des 13. Jahrhunderts, die durch eine organisch aufgebaute Hierarchie bestimmt war und nur durch eine Vielzahl von Privilegien funktionierte, sollte die Zurückweisung von Privilegien die Kontinuität jener Randstellung garantieren, die wir schon mehrmals als vorrangige Forderung und charakteristische Wahl des Franziskus bezeichnet haben. Dies wird bestätigt von neueren Forschungen über das Problem der Armut. Unter anderem haben sie zutage gefördert, wie sehr die mittelalterliche Gesellschaft zur Gliederung nach dem Gesichtspunkt der Privilegien in *potentes* (= Mächtige) und *pauperes* (= Arme) neigte, wobei die *potentes* unter Schutz und Schirm von Privilegien standen, während die *pauperes* sich ohne jede Hilfe allen Risiken ausgesetzt fanden. Nach dem Willen von Franziskus sollten die Brüder wie die *pauperes* leben. Und so sollte seine ganze Gemeinschaft bleiben. Denn er wünschte, daß ihre Gleichstellung mit den wirklich Armen, den wirklich Verlassenen und Ausgestoßenen so vollständig wie möglich sei. Auf diese Weise wird mit immer größerer

Klarheit, wenn dies denn überhaupt nötig ist, der tiefe Sinn der Wahl des Franziskus deutlich, auf den wir uns schon mehrmals bezogen haben. Wenn man den Sinn des Verbots von Privilegien richtig betrachtet und interpretiert, ist er in seiner Bedeutung als Verzicht um so revolutionärer, als man bemerken wird, daß der allgemeine Schutz der Brüder in Kraft blieb, den die *libertas ecclesiae* (das kirchliche Schutzverhältnis) jedem zusicherte, der in irgendeiner Weise Kirchenmann war. In der Praxis des Lebens im Stadtstaat beschränkte dies sich darauf, daß die weltliche Autorität zugunsten der kirchlichen auf die Rechtshoheit verzichtete. Aber wozu konnte dies Franziskus und seiner Bruderschaft nützen, wenn sie auf alles, und sei es das geringste Eigentum, verzichtet hatten und es daher kein Streitobjekt geben konnte?
Gerade in diesem Punkt ist ein wesentlicher Unterschied zwischen dem heiligen Dominikus und dem heiligen Franziskus zu finden, auch weil beide in zutiefst verschiedenen geschichtlichen und gesellschaftlichen Situationen wirkten. Dominikus griff nämlich ständig und aus den unterschiedlichsten Gründen auf die päpstliche Autorität zurück und erbat für jede Eventualität Privilegien. Das braucht uns nicht zu wundern. Zwar neigte auch der Gründer der Predigerbrüder dazu, seinem Orden das Armutsideal aufzugeben. Doch war er sich der Tatsache bewußt, daß dieser in der Mehrzahl der Fälle in einem politischen Umfeld wirkte – wie z.B. in Südfrankreich –, wo die Verflechtungen und Überschneidungen der Rechtshoheiten einen Komplex von Privilegien von der höchsten, eben der päpstlichen Autorität wünschenswert, ja notwendig machten. Sie sicherten den Brüdern die unbehinderte Handlungsfreiheit, die sie zur Verwirklichung ihres Missionswerkes tatsächlich brauchten. Nicht zu unterschätzen war auch ein gewisses Mißtrauen, um nicht zu sagen Eifersucht, auf seiten der ansässigen Kleriker. Sie waren sich zwar in vielen Fällen ihrer Ohnmacht gegenüber der Häresie bewußt. Doch sahen sie mit Mißmut auf die Einmischung dieser gebildeten und entschlossenen Dominikanerpriester, die bereit waren, sich auf Widerspruch und Auseinandersetzungen einzulassen, wo sie nach dem Kreuzzug gegen die Albigenser überhaupt noch möglich waren. In einer solchen Lage war das Privileg unentbehrlich. Es gab auch keinen Grund, darauf zu verzichten. Denn das Ziel, das Domini-

kus seinen Mitbrüdern vorgegeben hatte, war nicht wie bei Franziskus ein Wechsel des gesellschaftlichen Standorts, sondern im Gegenteil ein Aufstieg, eine Verbesserung, ein höherer Rang innerhalb des Priesterstandes, dem sie in der Regel schon angehörten, bevor sie ihre Tätigkeit vor allem gegen die Häresie begannen. Für die Predigerbrüder war das angestrebte Ziel die Zusammenarbeit mit dem Klerus, die Stärkung der kirchlichen Strukturen, die Hilfe bei der Wiedergewinnung der Massen für die orthodoxe Lehre durch das Wort und natürlich das Beispiel. Aber dieses Beispiel sollte das eines heiligen, würdigen, in jeder Hinsicht verdienstvollen Priestertums sein, das immer und überall Priestertum blieb und sich auch als solches darstellte. Die Bitte um Privilegien fügte sich also ein in die Logik des Ordens und paßte vollkommen zu den Erfordernissen des geographischen Gebietes, in dem sich seine Aktivität vorwiegend entfaltete.
Das über die Predigerbrüder Gesagte hilft nun gerade zu einem besseren Verständnis und zur Vertiefung der bisherigen Ausführungen über die Minderbrüder. In den italienischen Stadtstaaten war die Beziehung zwischen weltlicher und kirchlicher Gewalt an sich schon schwierig, so daß eventuelle päpstliche Privilegien von Fall zu Fall und von Ort zu Ort hätten erlassen werden müssen – wobei ihre praktische Verwirklichung nicht sehr wahrscheinlich und ihr tatsächlicher Wert eher gering gewesen wäre. Selbst die Dominikaner waren sich bei ihrem Wirken in Italien dessen wohl bewußt. Außerdem machte die oft schwierige Lage, in der die Bischöfe sich befanden, diese in den meisten Fällen äußerst eifersüchtig in bezug auf ihre Vorrechte. Päpstliche Privilegien hätten darum das Handeln der Brüder in den Städten am Ende erschwert statt erleichtert. Doch vor allem – man verzeihe uns die Wiederholung – hätten sie die Lage geändert, in der Franziskus und seine Mitbrüder leben wollten. Gewiß war durch den Gründer von allen dem Papst Gehorsam und Ehrerbietung gelobt worden. Vielleicht hatte ein Kardinal, Johannes von St. Paul selbst, es auf sich genommen, im Bedarfsfall mit Rat und Hilfe zur Verfügung zu stehen – auf eine Art und Weise, die wir nicht kennen –, denn traditionell gilt er als der erste der sog. «Kardinalprotektoren». Wie dem auch sei, in den Jahren, als Franziskus das Leben der Gemeinschaft leitete und als immer aufmerksamer Bruder verfolg-

te, wurde nie irgendein Privileg von der römischen Kurie erbeten. Wir möchten sogar unterstreichen, daß selten eine Anordnung unmißverständlicher klargemacht wurde: Kein Privileg durfte aus irgendeinem Grund erbeten werden, auch nicht aus dem schwerwiegendsten und dramatischsten, weder zur Erleichterung und Ermöglichung der Predigt noch für die körperliche Unversehrtheit selbst. Gerade die letzte Angabe soll bestätigen, daß der Bruder (aber auch die Gemeinschaft) eine schutzlos ausgelieferte Person sein sollte, eben wie jemand, den das Leben und die menschliche Gesellschaft zur Randexistenz verurteilt haben.

Die Berufung auf die Erfordernisse der Predigt war kein Zufall. Wie mehrfach erwähnt wurde, verdichtet sich im Testament in der Erinnerung an das Papsttum auch die Erfahrung eines kurzen, aber sicher intensiven Lebens. Aus den Ermahnungen und dem Befehl des Franziskus ergibt sich, daß nicht selten Schwierigkeiten in den Beziehungen zu Pfarrern und Bischöfen aufgetreten sein müssen, auch im Zusammenhang mit den einfachsten Mahnreden zur Buße, bei denen ausdrücklich und notwendig die Kennzeichen der typisch klerikalen Predigt vermieden werden mußten. Gerade das aber trug zum Anwachsen ebenso wie zur Vermeidung von Schwierigkeiten bei. Die Einfachheit der Worte, mit denen Franziskus und seine Mitbrüder sich an die Gläubigen wandten – und bald werden es Massen gewesen sein –, ohne je mit dem Klerus konkurrieren zu wollen, erreichte doch die Herzen. Sie weckte Gefühle echter geistiger Wandlung, die mehr oder minder tief und dauerhaft, aber zweifellos echt waren. Aus diesem für den Klerus ungünstigen Vergleich entstanden oft Schwierigkeiten in den Beziehungen. Aber das Testament beharrt darauf: Nicht einmal um zu den Gläubigen zu sprechen, was doch eine geistlich verdienstvolle Handlung war, durften Privilegien erbeten werden. Wenn ihnen die Erlaubnis zum Wirken an einem Ort nicht gegeben würde, so sollten sie an einen anderen Ort gehen, «um mit dem Segen Gottes Buße zu tun».

Wenn wir uns nicht täuschen, ist hier ein deutliches Echo der Stelle im Evangelium, in der Jesus den Aposteln die Formen ihrer Mission angibt. Auch Franziskus hatte dies gelesen und wollte es seinen Brüdern wiederholen. Und doch bemerken wir, wenn wir achtgeben, eine einzige Abweichung, die die Hervorhebung und

Klärung ihrer Ursache verdient. Im Evangelium heißt es: Wenn die Apostel an einem Ort nicht aufgenommen würden, sollten sie ihn verlassen und an einen anderen Ort gehen, aber dabei «den Staub von ihren Füßen schütteln» (Mt 10,14). Die hier angesprochene Stelle des Testamentes sagt zwar, sie sollten von dort fortgehen, wo sie nicht arbeiten dürften, erwähnt aber mit keiner Silbe irgendeine Geste des Tadels gegen denjenigen, der diese Handlung des Predigens und Bußetuns verhindert hat. Die Apostel mußten sich unter Ungläubigen und Hebräern bewegen, die sie nicht anhören mochten. Die Brüder hingegen waren auf christlichem Boden, wo, wie vorher im Testament selbst gesagt ist, die Priester eine große Vollmacht in ihren Bereichen hatten, die auch dann respektiert wurde, wenn es sich um den Geringsten unter ihnen handelte. Dies, weil sie die Vollmacht hatten, den Leib des Herrn zu konsekrieren. Die Lebensbedingung der «Brüder», die sich am Rand der Gesellschaft angesiedelt hatten, die auf alle Privilegien verzichten wollten, ja mußten, legte ihnen einen bedingungslosen Gehorsam auf, auch – das ist nicht ausdrücklich gesagt, aber eingeschlossen – wenn der betreffende «Bruder» selbst Priester war. Seine Zugehörigkeit zur Gemeinschaft um Franziskus hatte ihn als solchen gleichsam deklassiert, ihn durch freiwilligen Verzicht der Rechte seines Standes enthoben.

Wir haben weiter oben die Wahl des Franziskus in ihrem ganzen Gewicht zur Geltung gebracht und festgestellt, daß das Verlassen der Welt nicht nur eine religiöse Angelegenheit, eine Wahl des kirchlichen Standes darstellte, sondern den Verzicht auf jedes Privileg, jeden Vorteil, jeden Schutz mit sich brachte, damit er in die weit größere Masse der Unglücklichen, Bedürftigen und Aussätzigen eintauchen konnte. Diese Masse war zuerst in Assisi und dann dank der päpstlichen Bestätigung in ganz Italien und im Westen der als «Arbeitsfeld» gewählte gesellschaftliche Bereich für Franziskus und seine Gruppe. Die Worte des Testamentes haben eine breite Skala von Hintergrundbedeutungen und können heute wegen der weitaus größeren Kenntnis des 13. Jahrhunderts vertieft werden. Franziskus selbst stellt einen Bezug her zwischen Vergangenheit und Gegenwart und beschreibt so mit unmißverständlicher Klarheit das Wesentliche seines Vorhabens und die Intention seiner *fraternitas*. Die Tatsache, die am meisten beein-

druckt und die uns als Historiker mehr interessieren muß als Anekdoten über diese oder jene erbauliche, schöne, vielleicht rührende, aber letztlich immer äußerliche Episode, ist die organisch feste Folgerichtigkeit, mit der das Testament sich als tragende Struktur dieses Ideals erweist. Doch darf man sich bei der Wertung der Kontinuität und des Zusammenhangs des Testaments nicht hinreißen lassen von dem Eindruck, dieser Zusammenhang und diese Kontinuität seien Anhänglichkeit an etwas, das unglücklicherweise von den Ereignissen überrollt wurde.
Das Ideal, das Franziskus erleuchtet, zur Bekehrung bewegt und sein ganzes Leben gestützt hat, ist Menschen eigen, die einen einzigartigen Wesenszug haben: Durch ihre Natur selbst sind sie zutiefst mit ihrer Zeit verbunden und gleichzeitig überzeitlich in ihrer Bindung an das Menschsein in der Gesellschaft. Die Randstellung kann je nach Zeit in ihren Komponenten und in ihrer Ausprägung verschieden sein. Aber als Randstellung ist sie immer gegenwärtig, wie die Gesellschaft, der sie untrennbar angehört. Deswegen – wir werden in dieser Arbeit versuchen, dies so gut wie möglich zu beleuchten – behält die Bekehrung des Franziskus eine eigene Kraft bleibender Vorbildhaftigkeit, denn sie bezieht sich auf einen im menschlichen Dasein immer gegenwärtigen und lebendigen Aspekt. Daher rührt ihre außerordentliche geschichtliche Wirksamkeit. Sie ist gültig für die Epoche von Franziskus und für alle folgenden Jahrhunderte mit einer Anpassungkraft, die das überzeugendste Zeichen ihrer bleibenden Beispielhaftigkeit ist, wenn man will, sogar über das Christentum hinaus.

Die Portiunkula

Die päpstliche Bestätigung 1210 konfrontierte Franziskus also mit bestimmten Problemen, deren Entstehung wir gesehen haben und deren er selbst sich am Ende seines Lebens erinnerte zwischen Sehnsucht nach dem Vergangenen und Bewußtsein der Unwiederbringlichkeit. Ein anderes reales Problem stellte sich ihm unmittelbar, nämlich einen Ort zu wählen, der weniger unpassend als Rivotorto war, und bei aller Armut, zu der sie sich verpflichtet hatten, ein Mindestmaß an Dauer bot. Über diese Ereignisse sind wir recht gut informiert durch jene, die allem Anschein nach mit dem heiligen Franziskus waren, ihm beistanden und ihn bis zu seinem Tod pflegten. In der ins einzelne gehenden Darstellung der Absichten, die er für seinen Lieblingsort Santa Maria degli Angeli (besser bekannt unter dem Namen Portiunkula) hegte, sagen sie uns, welche Schwierigkeiten er überwinden mußte, um diesen Ort zu erhalten. Bevor wir auf die Einzelheiten der Erzählung eingehen, ist es gut, das Mißverständnis auszumerzen, das aus einer scheinbaren chronologischen Widersprüchlichkeit entstehen kann. Es ist, so scheint es, außerordentlich leicht zu lösen, wenn man nur bedenkt, daß in zeitlichem Abstand zwei verschiedene Ereignisfolgen vereinigt wurden, die in Wirklichkeit auf unterschiedliche Umstände bezogen sind. Dem Bericht der Gefährten des Franziskus zufolge [Leg Per 56 = Hug-Rotzetter 120] führte dieser seine Brüder, um sie besser unterzubringen, schließlich zur Portiunkula – gerade so, als hätte er damals zum erstenmal von ihr gehört. Die Dreigefährtenlegende und Thomas von Celano hingegen sprechen direkt vor der Abreise nach Rom zum Papst von der Portiunkula und gleichzeitig von Rivotorto. Wenn wir mit der erforderlichen Aufmerksamkeit noch einmal alle Teile der Tatsachen überprüfen, die wir besitzen, sehen wir, daß die ersten Brüder die Portiunkula wirklich bewohnten, aber ohne daß ihnen das Kirchlein zugesprochen worden war. Sie fanden Unterschlupf in einem Schuppen, der jetzt nicht mehr existiert. Er wurde zerstört, um dem Bau der gewaltigen Basilika Santa Maria degli Angeli Platz zu machen. Es gab also noch vor der Suche nach einem etwas dauerhafteren Sitz eine Zeit des Aufenthalts bei der Portiunkula, aber provisorisch und formal-juristisch gesehen sogar unrechtmäßig. Nach dem Bericht der *Gefährten* seiner letzten Jahre wandte sich Franziskus zuallererst an den Bischof, er möge ihm ein Kirchlein geben, wo die Brüder zusammen das Offizium beten und daneben «eine Hütte aus Lehm und Weidenruten» bauen könnten, in der sie Obdach fänden. Wo sie waren – nach allem, was einsichtig ist, in Rivotorto –, konnten sie aus Platzmangel nicht mehr bleiben, vor allem aber, weil es, wie schon bei San Damiano, keine Kirche in der Nähe gab. Der Bischof antwortete jedoch, er habe keinen Ort, der ihren Bedürfnissen entspräche, und daß er ihnen darum nicht dienen könne. Sei es, weil er tatsächlich nichts zur Verfügung hatte, sei es, weil er den beginnenden Erfolg der Bewegung – obwohl er sie, wenigstens solange sie sich auf eine ortsgebundene Erscheinung zu beschränken schien, gefördert hatte – mit einiger Besorgnis betrachtete. Dieselbe Antwort erhielt Franziskus von den Kanonikern von San Rufino. An diesem Punkt muß Santa Maria degli Angeli wieder bedeutsam geworden sein. Franziskus begab sich zum Abt von San Benedetto auf dem Berg Subasio, einem damals eher reichen Kloster, das im 14. Jahrhundert zerstört wurde, und legte ihm all die Schwierigkeiten dar, ohne die abschlägigen Bescheide von Bischof und Kanonikern zu verschweigen.

Der Abt zeigte sich sehr gewogen. Wie es die Regel war, rief er seine Mönche zum Kapitel zusammen. Und nachdem er sich mit ihnen beraten hatte, überließ er den Brüdern die Kirche von Santa Maria della Porziuncola – «die ärmste, die sie hatten. Sie war sogar die ärmste im Gebiet von Assisi». Gerade deshalb entsprach sie vollkommen den Wünschen des Franziskus, aber auch den Bedürfnissen der Gruppe der Brüder, die ihn umgab, und die gewiß zahlreicher geworden war, aber sich immer noch in Grenzen hielt. Eine weitere Tatsache kam hinzu, die auch zur Erklärung und Verdeutlichung der Bitte von Franziskus beiträgt: Die Kirche war, obwohl sie noch Gläubige anzog und viel Verehrung genoß, praktisch eine Ruine und bot daher die Möglichkeit des Wiederaufbaus, was schon bei San Damiano der Fall war.

Abgesehen von der Vorliebe für eine Kirche in so schlechtem Zustand, zeigte Franziskus im Verhandeln mit den Mönchen eine Geschicklichkeit und Erfahrung, die den ehemaligen Geschäftsmann durchblicken läßt, wenn auch soviel Tüchtigkeit jetzt ganz auf die Verteidigung der Armut ausgerichtet war und auf die neue Situation des Menschen, der sich an den Rand der Gesellschaft gestellt hatte. Der Abt von Subasio hatte ihm Santa Maria degli Angeli überlassen, ohne eine Entschädigung oder eine Abgabe zu fordern. Das konnte einen Wechsel der Besitzverhältnisse mit sich bringen, und sei es nur aufgrund der vorgeschriebenen Verjährungsfrist von 30 Jahren, und Probleme für die strenge Befolgung der Armut schaffen, die «der starke Fels» war, auf den Franziskus seine Gemeinschaft gründen wollte. So wurde mit dem Abt vereinbart, daß die Brüder jedes Jahr einen Korb Fische bringen würden – als Akt der Anerkennung der Fortdauer der Eigentümerschaft des Klosters. Der Abt seinerseits erwiderte dies mit dem Geschenk eines Kruges Öl.

Auf diese Weise bekam die «Bruderschaft» ihre Bleibe. Solange der Heilige lebte, zog er sie allen anderen vor und bestimmte sie bei seinem Tod, als die ursprüngliche Gemeinschaft sich zu einem regelrechten religiösen Orden ausgeweitet hatte, zum Vorbild und Beispiel für alle anderen Niederlassungen der Minderbrüder. Diese Periode des Aufenthaltes bei der Portiunkula muß nach der Enge von Rivotorto für die kleine Gemeinschaft auch wegen der idealen Lage des Ortes eine besonders glückliche Zeit gewesen sein. In einem seiner Testamente legte Franziskus seinen Brüdern den Ort ans Herz, den er als Ursprung und Ausgangspunkt des ganzen Ordens betrachtete. In jenem beim eigentlichen Testament schon mehrmals erwähnten Zusammenhang von Erinnerung an die Vergangenheit und Wirklichkeit der Gegenwart empfand er das Bedürfnis, die dortige Lebensweise wieder ins Gedächtnis zu rufen mit einem Gefühl von Zärtlichkeit und Heimweh, das tief beeindruckt, auch wegen der realistischen Darstellung jener freien, heiteren, freudigen Existenz.

> «So haben es unsere einstigen Brüder getan. Wenn der Ort auch heilig war, so bewahrten sie seine Heiligkeit Tag und Nacht mit unaufhörlichem Gebet und ständigem Schweigen. Und wenn sie manchmal, nach der für das Schweigen festgesetzten Zeit und Stunde, mit großer Hingabe und Ehrfurcht sprachen, so nur über Dinge, die das Lob Gottes und das Heil der Seelen betrafen. Und wenn es geschah, was selten der Fall war, daß einer begann, nutzlose und müßige Worte zu sprechen, so wurde er sofort von einem anderen zurechtgewiesen. Gewiß kasteiten sie das Fleisch nicht nur durch Fasten, sondern auch durch viele Nachtwachen, Kälte, dürftige Kleidung und Handarbeit. Oft gingen sie nämlich, um nicht müßig zu bleiben, und halfen den armen Arbeitern auf ihren Feldern, und diese gaben ihnen dann manchmal Brot um der Liebe Gottes willen» [Leg Per 56].

Die Portiunkula – und deshalb wird an sie mit soviel zärtlicher Sehnsucht erinnert – erlaubte jene Lebensform, die Franziskus sich und den anderen zum Vorbild gegeben hatte. Das Leben, das sie gewählt hatten, mit der ganzen Strenge des Einsiedlerdaseins,

der Einsamkeit, des Schweigens, des ständigen Gebets, erlaubte doch die Teilnahme am Leben der anderen und das lebendige und konsequente Beispiel, kurz die Arbeit. Auf diese Weise fand das Leben für Franziskus und die, die ihm gefolgt waren, seinen geordneten, festen Rhythmus. Dieser muß recht lange Bestand gehabt haben, wenn der französische Kirchenfürst Jakob von Vitry ihn beobachten konnte. Wie wir noch sehen werden, war er davon tief beeindruckt. Dies wiederum ist die Bestätigung dessen, was bislang über die Lebensweise der ursprünglichen Gemeinschaft von Minderbrüdern gesagt wurde.
Wie wenigstens eine der Quellen, nämlich die Dreigefährtenlegende aus Assisi, uns deutlich macht, ist die Suche nach einem neuen Sitz und ihre Begründung die gewachsene Zahl von Brüdern; ein untrügliches Zeichen dafür, daß bei seinen Mitbürgern eine Änderung der Meinung über Franziskus eingesetzt hatte und sich weiterhin vollzog. Die früheren Beleidigungen, das Bewerfen mit Schmutz und Steinen, der mehr oder minder grausame Spott waren der Toleranz, und mehr noch, dem Respekt gewichen. Wir wissen nicht, inwieweit zu dieser veränderten Haltung der Mitbürger die Nachricht von der Begegnung mit dem Papst und dessen Bestätigung der Lebensweise von Franziskus beigetragen hat. Auch ist ein Urteil darüber schwierig, wie stark die Unterstützung des Bischofs Guido gewesen ist.
Sicher ist in jedem Fall, daß die neue Gemeinschaft nun durch die Portiunkula ihr Dasein in feste Formen gebracht hatte, daß sie ihren Weg gefunden und begonnen hatte mit ihrem Werk der Ermahnung – dieses Wort entspricht, so scheint uns, besser der Wirklichkeit als das Wort Predigt – zur Buße, zur Umkehr zu Christus, zur Anerkennung seines Erlösungswerkes durch das Kreuz mit allem Schmerz, aller Demütigung und dem Tod, den es gekostet hatte. Allen voran immer Franziskus, unermüdlich, liebreich, brüderlich und glücklich, weil er jenen inneren Frieden gefunden hatte, der sich nach außen in Gesang, Freude und gleichzeitig völliger Offenheit für alle, besonders aber die Armen, ausdrückte.
Vor diesem neuen und veränderten Hintergrund spielt sich ein weiterer Sieg für Franziskus ab, die Bekehrung Klaras und die Gründung der Armen Frauen von San Damiano.

6. Franziskus und Klara: «Mindere Brüder und Schwestern»

6.1. «Spielmann des Herrn»

Der Erfolg, den der heilige Franziskus und seine Brüder anscheinend besonders nach der Übersiedlung zur Portiunkula hatten, hatte bestimmte Rückwirkungen auf seine Haltung. Diese müssen wir hervorheben und klären, damit nicht der Eindruck eines unheilsamen Widerspruchs in seinem Verhalten entsteht.
Wir haben ja mehrfach berichtet über sein Bedürfnis nach Sammlung, Stille und asketischer Strenge, die an die strengsten unter den Eremiten erinnert, und hinzugefügt, daß nach seinem Willen besonders die Gemeinschaft der Portiunkula bleiben sollte, wie sie war, nämlich sehr streng in der Lebensweise. Gleichzeitig jedoch spricht eine nicht minder gültige Reihe von Zeugnissen von seinem einzigartigen Willen, auf sich aufmerksam zu machen, gleichsam die Polemik, ironische Verachtung und den Spott auf sich zu ziehen, die die ersten Zeiten seiner Bekehrung und seines Büßerlebens gekennzeichnet und begleitet hatten. An diesem Punkt geht es darum, an sich unvereinbare Tatsachen in einen vor allem geistlichen Zusammenhang zu bringen, Tatsachen, die zu den für Franziskus bedeutsamsten gehören.
Als Franziskus noch jung war, zwar schon unruhig, aber immer noch den Freunden und den fröhlichen gemeinsamen Umzügen durch die Stadt verbunden, antwortete er auf die Frage, ob er ans Heiraten denke, er werde die schönste Dame der Welt zur Frau nehmen. In dieser schlagfertigen Antwort – unseres Erachtens ist sie nur das, und nicht von schwerwiegender Symbolik, wie die Biographen es darstellen – sehen wir eine scherzhafte Erwiderung auf eine freche Frage. Doch ist darin gleichzeitig eine «höfische» Lebensanschauung zu finden, die sich nicht unbedingt in nichts aufgelöst haben muß durch den schon erwähnten Willen zum Wechsel des gesellschaftlichen Standes, der Wahl der Randexistenz. Es ging nur darum, dies einzufügen und dem seinen Platz zu geben, was aus dieser Welt in den neuen Stand des Lebens gerettet werden konnte.

Auf diese Weise erklärt sich, wie Franziskus die Aufmerksamkeit auf sich ziehen wollte, gerade indem er einige Aspekte der *cortesia* aufgriff und nutzte, die er doch als umfassenden Lebensstil hatte aufgeben müssen. Diese *cortesia* wollte er auch am Rand der Gesellschaft leben, und er fand sie auf halbem Weg zwischen den höfischen Herren und dem Leben des Volkes, in den *ioculatores,* den Gauklern oder besser noch, den Hofnarren. In diesem Zusammenhang ist es wirklich ein Jammer, daß einem Gelehrten vom Rang und von den Kenntnissen eines Michail Bachtin dieser Aspekt in der Persönlichkeit des Franziskus und der Welt seiner Gefolgsleute entgangen ist. Er hätte uns vielleicht helfen können, dessen ganze historische Tragweite und Wirkung besser zu verstehen.

Die *ioculatores,* das muß sofort genau erklärt werden, sind nicht zu verwechseln mit den Troubadours oder – um es in der Sprache zu sagen, die Franziskus lieb war – den *trouvères.* Diese nämlich waren als wertvolle Komponente des höfischen Lebens angesehen, während jene der Spaß, der Gegenstand von Streichen, von Spott und Hohn waren. Daß sie manchmal geschickt und sarkastisch zu reagieren verstanden und den Schlag mit solcher Bravour erwiderten, daß sie mit genausoviel oder gar mehr Wucht trafen, wie sie getroffen worden waren, steht auf einem anderen Blatt. Ihre Stellung in der öffentlichen Meinung war jedenfalls bestimmt eine Stellung am Rand. Auch jene unter ihnen – und es gab sie –, die bei einem Herrn oder an einem Hof ihr Glück machten, blieben am Rand, nicht nur der höfischen, sondern der Gesamtgesellschaft, auch wenn sie reich oder sogar einflußreich wurden. Wenn man die Worte des Franziskus braucht, war die Arbeit des *ioculator* kein *laboritium* (= Arbeit), das *ad honestatem* gehörte, zu jener Anständigkeit, die nach seinem Willen ihr Büßerleben begleiten und kennzeichnen sollte.

Hier fand die frische und wendige schöpferische Phantasie des Franziskus wiederum eine geistliche und psychologisch geniale Lösung: Sie würden *ioculatores* sein, aber *ioculatores Domini,* Spielleute des Herrn [vgl. Leg Per 83 = Hug-Rotzetter 86]. Auf diese Weise würden sie mit treffender Genauigkeit ihren Typ der Randexistenz bezeichnen und behaupten können – und so geschah es auch eine Zeitlang gegenüber der beginnenden «Klerikalisierung» der Bewegung –, aber gleichzeitig die dem Beruf des *ioculator* untrennbar anhaftende *inhonestas* überwinden und abschütteln. Auf diese Weise blieb die von Franziskus und seinen Gefährten gewählte Stellung der armen, verlassenen und erniedrigten Randexistenzen erhalten und gleichzeitig die Möglichkeit – dies ist der psychologisch wichtige Aspekt –, die Phantasie und Vorstellungskraft des Volkes anzusprechen. Dieses läßt sich vom bloßen Wort nie dauerhaft fesseln: Franziskus erfaßte dieses heute geradezu grundlegende und banale Prinzip der Psychologie der Massen und verstand, es sich zunutze zu machen mit einer Bravour und einem Gespür für die Reaktionen des Publikums, das in seiner Wirkung und Tragweite auf allen Ebenen wirklich selten war.

Der *ioculator* zog – eben weil er ein Gaukler war – Massen an, ob es nun in Assisi oder in anderen Städten war. Wenn aber die Menge sich versammelt hatte, wußte der *ioculator Domini,* wie er sein Werk angehen mußte. Vergessen wir nicht, daß Franziskus sich als Erwachsener bekehrt hatte – wie dann im übrigen auch seine Gefährten –, als Mensch mit gereifter Erfahrung gegenüber den Volksmengen und den bald harten, bald wankelmütigen, bald leidenschaftlichen Stimmungen, die sie kennzeichnen. In dieser Fähigkeit, die Gefühle und die Dynamik einer großen Zuhörerschaft zu erfassen, müssen wir den schwierigen Moment des Übergangs vom *ioculator Domini* zum Bußprediger sehen, aber auch ein Zeichen der Genialität und der Größe des Franziskus und (warum nicht?) seiner ersten Gefährten. Der Bußprediger mußte, wie übrigens Franziskus selbst bemerkt hatte, zu jeder Demütigung, jedem Leid bereit sein und von vorneherein wissen, daß er nur auf eine einzige Weise reagieren konnte: mit totaler Ergebung, grenzenloser Geduld und in dem Wissen um seine Schwäche als seine wertvollste Stärke.

Vom Spiel zur Buße: Dies ist der Bogen, der das Werk des Franziskus umspannt, mit dem es ihm schließlich gelang, Zustimmung zu gewinnen. Er war sich dessen voll bewußt, wenn wir einem anderen Zeugnis glauben wollen, das anscheinend wiederum in dieselbe Zeit gehört. Dort greift Franziskus einen unmißverständlichen Italianismus auf, der spontan entsteht aus dem

Willen zur Erhaltung des Wortlauts auf Kosten des lateinischen Vokabulars: Er, Franziskus, war dazu bestimmt, der *novissimus pazzus in hoc mundo* [vgl. Leg Per 18] zu sein, der erstaunlichste «Verrückte» der Welt. Dies ist eine präzise Bezeichnung der Randexistenz – denn die «Verrückten», die Narren gehörten im vollsten Sinn zu ihr – bezeichnet aber auch eine sehr direkte Verbindung mit den *ioculatores,* deren äußerer Anblick dem des «Verrückten» ähnelte. Es bestand eine enge Beziehung zwischen Geisteskrankeit und Narretei, die sich als totale Befreiung von den Bindungen und Schranken der allgemeinen Logik verstand, aber gerade deshalb manchmal tiefer, bitterer und entscheidender Wahrheiten fähig war. In dieser «Verrücktheit» fand die Buße, die Franziskus predigen wollte, ihren Ort und ihre Gültigkeit. Und vielleicht spielte bei seinem Willen, sich als *pazzus* darzustellen, auch die Erinnerung an die paulinische «Torheit des Kreuzes» eine Rolle. Es ist die Torheit, die rettet.
Im Spannungsfeld von Phantasie und Wirklichkeit – wir stehen immer noch in der Zeit unmittelbar nach der päpstlichen Bestätigung und vor der Reise ins Heilige Land – hat eine psychologische Dimension des Franziskus ihren Ort. Soweit man dies beurteilen kann, bestimmt sie in einigen Aspekten wesentlich seine Persönlichkeit: Die gleichzeitig ironische und ernste Selbstdarstellung als berühmte Persönlichkeit, die einen scharfen Gegensatz zu seiner Randexistenz bildete, welche in sich schon klar war, wenn auch nur wegen der Kleidung, die er trug.
Eine erste, wohlbekannte Episode: Franziskus bezeichnete sich vor einigen Straßenräubern, die ihn überfallen hatten, um ihn auszurauben, als *«Herold des großen Königs»* [1 Cel 16]. Er ließ sich schwer verprügeln und wurde in den Schnee geworfen. Und in Erinnerung an die Leiden Christi freute er sich darüber, aber auch weil er sich in seiner Sendung gegen alle Gefahr, alle Mißhandlung bewährt hatte. Bedeutsamer, wichtiger und von längerer zeitlicher Wirkung ist es, daß er sich feierlich und öffentlich zum Ritter der Herrin Armut erklärte. Wir müssen einen kritischen Vorbehalt vorausschicken: Man darf die Angaben, die die wenigen Quellen uns geben, nicht im Licht des außergewöhnlichen kleinen Werkes *Commercium beati Francisci cum domina Paupertate* (Der Bund des seligen Franziskus mit der Herrin Armut) lesen. Dieses ist nach

der Struktur eines Ritterromans konzipiert: Franziskus ist der Ritter auf der Suche nach seiner Dame, Herrin, der Armut. Es ist ein Text, dessen unbezweifelbares Verdienst darin besteht, uns zu einem Verständnis von Sinn und Tragweite dieses Gefühls beim Heiligen verholfen zu haben, der aber auch dazu beigetragen hat, ihm mehr Gewicht und Bedeutung zuzumessen, als die Armut in Wirklichkeit hatte.

Die Bildung des Franziskus, von der an entsprechender Stelle schon die Rede war, die Kenntnis der französischen Sprache, die, wie sich mehrmals ergab, nicht bloß praktisch war, denn er konnte französisch singen – und sicher keine von ihm erfundenen Lieder –, lassen den Schluß zu, daß die «cortesia» des jungen Kaufmanns und später des Büßers ihren Ursprung nicht direkt in der provenzalischen Kultur hatte, aber mittelbar aus der französischen Kultur kam. Nun gab es zwischen diesen beiden Welten einen wesentlichen Unterschied, der die Art bestimmte, wie die Ergebenheit an die Dame in die Tat umgesetzt wurde. In der Provence «machte man ihr den Hof», man rühmte sie, verhielt sich für sie und ihr zu Ehren freigebig und großzügig im Aufwand und erwies ihr Ehre, wenn immer sie erschien. Anders war die Art des «Hofierens» in Frankreich, wo der Ritter – wie uns viele Romane zeigen – vor allem dadurch Ehre einlegte, daß er für sie Risiken und Abenteuer auf sich nahm, in deren Überwindung Mut bewies, Entschlossenheit, das gesteckte Ziel zu erreichen, und Hingabe an seine Dame bei allem, was er für sie tat.

So scheint es, daß gerade das Auftreten als «Ritter der Dame Armut» bei Franziskus eine der Formen der *ioculatio* war, die ihm gerade wegen seiner Kenntnis der französischen Welt lieb war und deshalb als seine ureigene Verwirklichung des *ioculator Domini* anzusehen ist. Diese Grundlage wurde aufgegriffen und ausgeschmückt und dann im *Sacrum Commercium* zu einem Mysterienspiel ausgearbeitet. Das Spielerische wird so ins Licht gerückt und in seiner Wirklichkeit vertieft.

Auf diese Weise gewinnt eine tiefe Einsicht von Jan Huizinga noch mehr an Gewicht und Wert: Ihm ist in seinem *Homo ludens* die Bedeutung nicht entgangen, die das Spiel (italienisch *gioco*, lateinisch *lusus*) im Leben und Handeln des Franziskus von Assisi hatte. Im Licht dessen, was wir bisher erschlossen haben, wird jedoch die Einsicht des großen holländischen Historikes in dem Sinn vertieft, daß das «Spiel» nicht nur das ritterliche Gefühl betraf, sondern die gesamte Weise, sich der Menge als *ioculator Domini* darzustellen, jene Weise, die außerordentlich wirksam war, Menschen anzuziehen, zu sammeln, die Versammelten als einzelne wie als Masse zu überzeugen. Durch ein interessantes Zusammentreffen der Umstände war selbst die päpstliche Beschränkung des Inhalts der Predigt des Franziskus, seiner Gefährten und der Gemeinschaft, die um sie herum entstand, schließlich günstig für die Darstellungstechnik der *ioculatores Domini.* Eine Predigt des klerikalen Typus, sozusagen klassisch-traditionell, hätte in der Kirche gehalten werden müssen, in dem Ton, der Form und der Technik, die üblich waren. Die Ermahnung zur Buße hingegen, die Franziskus und den Seinen gestattet war, fand ihren natürlichen Ort auf den Straßen und Plätzen Assisis und später anderer Städte, in einer menschlichen, wirklich konkreten und vor allem den Zuhörern zusagenden Dimension. Die *ioculatores Domini* konnten sich, wenn nur die Umstände günstig waren, jederzeit aus der Masse erheben, sich vorstellen und das Thema ihrer Ideen entwickeln. Und der Ritter der Dame Armut konnte seine Abenteuer erzählen, von seiner Liebe sprechen mit der Wärme, dem Eifer, den psychologischen Gesten, die er bei den Konsuln oder dem Bürgermeister in den Konflikten und Streitigkeiten der Bürger erlebt hatte. Er konnte an die zartesten Saiten der Empfindsamkeit bei den Anwesenden rühren, um sie zur Buße und zu einem christlicheren Leben zu bewegen.

Sie lebten nun bei der Portiunkula, heiter und fröhlich im Schweigen, in asketischer Strenge und im Gebet und ihrem Assisi verbunden. Doch viele in der Stadt beurteilten sie noch immer mit dem alten Hohn und mit stillschweigender Verachtung. Andere hingegen – und sie waren die Mehrheit – spürten immer intensiver die Faszination dieses Kaufmanns, der freiwillig zu den Verlassenen übergegangen war, um wie sie zu sein, um ihnen brüderlichen Trost zu bringen, aber vor allem um ihrem materiellen Elend, das sehr oft mit geistlichem Elend einherging, einen höheren Sinn zu geben, indem er auf das Beispiel Christi verwies, dessen harte, schwere Lage, im äußersten Opfer des Kreuzes gipfelte.

In der Stadt, die die Brüder täglich aufsuchten, wirkten sie also auf zwei Ebenen. Die eine war die der Arbeit, an der sie, wie es scheint, tätigen Anteil hatten, sei es in der Landwirtschaft, sei es bei einer anderen höchst wahrscheinlich handwerklichen Arbeit, gemäß dem Abschnitt des Testaments, in dem Franziskus den Brüdern, die kein Handwerk kennen, eines zu lernen vorschreibt. Die andere Ebene ist die der *ioculatores Domini*. Mit der Portiunkula, zu deren Wiederherstellung Franziskus und die Gefährten sicher beigetragen hatten, war das Werk der Instandsetzung von Kirchen abgeschlossen, das sie unvermeidlich mehr oder weniger an den Rand der Stadt geführt und sie von den Bürgern entfernt hatte, mit und unter denen sie doch leben wollten. Bei der Arbeit in Assisi konnten sie als «Spielleute Gottes» den Seelen Gutes tun und sie zur Buße mahnen, wofür sie selbst ein Beispiel gaben durch ihren persönlichen Verzicht, ihre freiwillige Lossagung von ihrem Geburtsrecht.

Bei diesen Ergebnissen ist es leicht, zu sagen, sie hätten Erfolg gehabt. Um aber jeder Versuchung zum Triumphalismus zu widerstehen, um ihr großes Leid, ihre Demütigung und ihren Verzicht zu ermessen, müssen wir uns der langen Jahre erinnern, in denen Franziskus und dann die, die sich ihm in der Folge anschlossen, Tag für Tag die neuen Lebensumstände zwischen der Entfremdung und den harten Vorwürfen ihrer Lieben in all ihrer drückenden Schwere durchlebten. Was die persönliche, außerordentliche geistige Sensibilität des Franziskus selbst betrifft, so werden wir den Schmerz nie kennen – wenn wir ihn uns nicht vorstellen und versuchen, ihn nachzuerleben –, den ihm die Lossagung vom Vater und die unausgesprochene, doch deshalb nicht minder wirkliche Lossagung von seiner Mutter und seinen anderen Angehörigen verursacht haben muß. Die Quellen verbergen uns nicht die Hemmungen, die er hatte, um Almosen zu bitten. Auch nicht den Ekel, die Reste zu essen, die sich in seinem Napf vermengten, so wie sie ihm von den Menschen, die ihm immerhin Gutes erwiesen und nicht die Tür vor der Nase zuschlugen, aus Mitleid gegeben wurden. Auch nicht die Beleidigungen, nicht die Verachtung derer, die ihn,

allerdings voll Neid, als König der fröhlichen Jugend angesehen hatten.
Um die wesentlichste Größe von Franziskus zu verstehen, muß man im Sinn der Geschichtlichkeit mehr als all die Anekdoten – auch wenn sie vielleicht wahr und sicher charakteristisch und anschaulich sind – die täglichen Äußerungen in einer mindestens anfangs zutiefst feindseligen Umgebung bedenken, die kleinen Eroberungen und Erfolge, die aber in einem Zeitraum verwirklicht wurden, der sich in Jahren mißt. Diese Größe bestand gerade darin, in einem Augenblick und mit einer Handlungsweise gesiegt zu haben, die ihn am meisten zum vollständigen Scheitern zu bestimmen schienen. Bei diesem Unterfangen, das die Grenzen des Menschlichen überstieg, tröstete ihn das Gefühl der Mission, die es für Christus und in Christus auszuführen galt. Wir haben an seine Träume und seine jugendlichen Ambitionen auf Ruhm und Ehre erinnert. Als er ihr Vorzeichen umkehrte, hat Franziskus sie mit derselben Kühnheit und Seelenstärke weiter verfolgt. Er war sich nur bewußt geworden, daß nicht die Macht des Geldes den Menschen befreit, nicht Waffengewalt seine Fesseln bricht, nicht die Geschäftigkeit zwischen tausendfachem Ehrgeiz ihm Frieden gibt. Die vollkommene Versenkung in die menschliche Existenz als etwas Weltumfassendes hatte sich ihm als größte Freude offenbart. Es war jedoch nicht die der Reichen, wie er ja einer gewesen war, auch nicht der Mächtigen, wie er vielleicht einer hätte werden können, sondern die der großen Masse der Hilflosen und Ausgeschlossenen. Gemessen am Beispiel und Opfer Christi also war seine Wahl die richtige. Er wollte sie teilen: Er fand Gefährten und einen Weg, die anderen anzuziehen, indem er sich zu einem Spielmann erniedrigte.
Der Erfolg war also teuer erkauft. Aber die Freiheit, die er gewonnen hatte, die Freude, die aus ihr wie aus der eigenhändigen Arbeit oder aus dem Werk der Ermahnung zum christlichen Leben erwuchs, bildeten die beste Belohnung. Der Gesang des Franziskus, ob italienisch oder französisch, war das äußere Zeichen der Freude am Sieg über die Welt, an der Hoffnung auf das, was er noch tun konnte und sollte, an seinem Gefühl, auch in der Schwäche der menschlichen Natur Christus immer näherzukommen.
Am wahrhaftigsten und wirklichsten ist dieser Erfolg jedoch an

einer Tatsache zu messen, die zumindest die Quellen, deren wir uns bisher bedient haben, gar nicht oder kaum durchblicken lassen, die aber von außergewöhnlicher Bedeutung ist, auch um die Ziele genau zu verstehen, die sich Franziskus gesteckt hatte. Es ist das Hinzukommen von Schwestern, die Beteiligung von Frauen, die in der minoritischen Bewegung so wichtig war. Eine Reihe von Umständen aber stellt sie eher als sekundären Aspekt und ihren Wert daher viel geringer dar, als er tatsächlich ist.

6.2. Die Frauenbewegungen und Klara von Assisi

Die Frauenbewegungen

Eines der bezeichnendsten Merkmale des religiösen Lebens des 11. und 12. Jahrhunderts ist die Aktivität der Frauen, die sich nicht auf die eigenen vier Wände beschränkte, sondern sich öffentlich, mit großer Energie und Vitalität bemerkbar machte. Sowohl in den ketzerischen als auch in den orthodoxen Bewegungen spielte die Frau eine wesentliche und bedeutsame Rolle.
Eines der interessantesten Beispiele ist Königin Konstanze von Frankreich, die – übrigens nicht als einzige Frau – am Konzil von Orléans teilnahm. Als die im Ketzergewand erschienenen Kanoniker der Stadtschule verurteilt wurden, stach sie einem von ihnen, nämlich ihrem früheren Beichtvater, mit ihrem Stock ein Auge aus. Noch lebhafter und spürbarer ist die Beteiligung der Frauen in den volkstümlichen Massenbewegungen, bei den Wanderpredigern der ersten Hälfte des 12. Jahrhunderts in Südfrankreich und in den beiden großen häretischen Bewegungen, den Waldensern und den Katharern.
Die große Massenbewegung im Gefolge Roberts von Arbrissel in der Normandie hatte neben vielen anderen Elementen einen solchen Zulauf von Frauen, daß ein scharfer Vorwurf nicht ausblieb. In einem an sie gerichteten Brief schreibt Bischof Marbod von Rennes unmißverständlich, daß eine gemischte Anhängerschaft von Männern und Frauen schwerwiegende Folgen haben könne.

Sofort fließt ihm das traditionelle Sprichwort in die Feder, es sei schwierig, wenn nicht unmöglich, daß Stroh in der Nähe des Feuers sich nicht entzünde. Trotz Marbods Sorgen löste sich die Gemeinschaft von Männern und Frauen aber nicht auf – man machte sich an die Gründung des Doppelklosters von Fontevrault.

Im übrigen begnügten sich die Wanderprediger nicht damit, Bekehrung und Buße zu predigen. Bezüglich der Bedingungen der Frau protestierten sie leidenschaftlich gegen das gesellschaftliche Übel der Prostitution, die, zumindest einigen Anzeichen nach zu urteilen, von nicht geringer Bedeutung und zahlenmäßiger Verbreitung gewesen sein muß. Bernhard von Tiron und Vitalis von Savigny setzten das ganze Gewicht ihres Wortes, ihrer Autorität und ihrer Arbeit für die Rettung dieser Frauen ein, damit sie nicht mehr am Rand leben mußten, wozu sie rechtlich und auch im täglichen Leben verurteilt waren, und zur Normalität der «Ehrbaren» zurückkehren konnten. Dabei darf man nicht dem Irrtum verfallen, das Wort dieser Prediger habe beim Rest der weiblichen Welt nicht ein ebenso intensives wie günstiges Echo gefunden. Ihr Handeln hatte außergewöhnlichen Widerhall, und dies überall.

Einer dieser Prediger, der Mönch Heinrich, sorgte sich vor seinem Abfall in die Häresie mit wahrem Erlösungseifer um gefallene Frauen. Er verschaffte ihnen nicht nur ehrbare Kleider, sondern suchte für sie – statt sie in einem Kloster einzuschließen – auch einen Platz im Leben, indem er junge Männer dazu brachte, sie zu heiraten. Auf diese Weise löste er jegliche Bindung an ihre traurige, schuldhafte Vergangenheit.

Bei aller Bedeutung, welche die Frauen in den französischen Bewegungen hatten – diese Bedeutung war in Deutschland nicht geringer. Auch hier fielen die Frauen, um wenig zu sagen, ins Gewicht. Man denke nur an die hervorragendsten Frauen dieser Jahre: die große Hildegard von Bingen, die sogar die Hochachtung des heiligen Bernhard zu gewinnen wußte, und die Seherin Elisabeth von Schönau. Der Einfluß, den diese beiden Frauen in ihrem Kampf gegen die Häresie ausübten, indem sie die öffentliche Meinung, bei den Laien wie im Klerus, gegen sie aufbrachten, ist kaum zu ermessen. Wir begnügen uns mit dem Hinweis, daß es ihnen gelang, den Bruder Elisabeths, Ekbert von Schönau, dazu zu bewegen, eine äußerst wirksame und handfest polemische Schrift gegen die Ketzer zu verfassen, die weithin gelesen und beachtet wurde. Ihm schloß sich dann mit einer noch nicht edierten Schrift Gebeno von Eberbach an. So gelang es, den Vormarsch der Katharer in Deutschland aufzuhalten, die hier bei weitem nicht die Gefolgschaft erreichen konnten wie in Italien oder Südfrankreich.

Ein weiterer Aspekt der Rolle der Frau im religiösen Leben kann hier nicht übergangen werden: die Spiritualität der Fürsten und allgemein des Adels. So waren in Südfrankreich die Frauen an ihren Höfen zwar Gegenstand der Komplimente der Dichter. Andere aber fühlten sich von einem tieferen geistlichen Leben angezogen, ob orthodox oder häretisch spielt hier keine Rolle. Neben Königin Konstanze von Frankreich (Ende des 11. Jahrhunderts) und anderen frommen Königinnen und Damen denken wir an Esclarmonde von Foix. Nicht weniger beeindruckend und bemerkenswert ist die Gruppe heiliger Königinnen und Fürstinnen, von Kunigunde, der Frau Heinrichs II. von Deutschland, bis zu den Fürstinnen von Ungarn und Polen, die uns die Intensität des religiösen Lebens solcher Damen zeigen.

Im orthodoxen Bereich ist die Zurückhaltung gegenüber einer aktiven Beteiligung der Frauen in den Bewegungen der Zeit in einem anhaltenden, aus gewissen Gründen unüberwindlichen Mißtrauen der klerikalen Mentalität begründet. Man konnte jenen nicht trauen, die die Erbinnen Evas waren, die die Sünde in die Welt gebracht hatte, selbst wenn Maria die Mutter des Erlösers gewesen war. Darum hat man den Eindruck einer gebremsten Energie, die sich erst in den häretischen Bewegungen der Waldenser und Katharer zeigen und voll explodieren konnte. Waldes konnte das Streben nach Armut, den Verzicht auf das Eigentum niemandem verwehren, auch nicht den Frauen, die bei den Waldensern von Anfang an die gleichen Rechte wie die Männer hatten. Auch hatte gerade bei den Frauen die gesellschaftliche Komponente kein geringes Gewicht: Erinnern wir uns an das waldensische Zeugnis, in dem eine alte Frau die Häresie auch als eine Rechtfertigung dafür empfand, die schwere, drückende Arbeit zu umgehen, die auf ihr lastete. Nicht minder wichtig war dies bei den Katharern, wo es keine genaue Unterscheidung bei der charismatischen Funktion gab: Auch die Frau konnte nämlich den bereits erwähnten Ritus des *consolamentum* empfangen und mitvollziehen, wenn auch unter besonderen Vorsichtsmaßnahmen, um jeden körperlichen Kontakt zwischen Mann und Frau zu vermeiden. Wie dem auch sei, eine zahlenmäßig riesige Beteiligung von Frauen, besonders unter denen, die «die Gläubigen» genannt wurden, wird unmißverständlich klar. «Die Gläubigen» waren jene, die das *consolamentum* bis zum Augenblick des Todes hinauszögerten, um nicht die außerordentlich strenge Askese auf sich nehmen zu müssen, die mit dem Stand der «Vollkommenen» verbunden war. Diese große Beteiligung ergab sich trotz eines Umstandes, der nicht unbeachtet bleiben darf: Die Frauen hatten bei den Katharern eine wesentlich untergeordnete Stellung. Das ergibt sich aus der Tatsache, daß keine einzige Frau Mitglied der Hierarchie war, daß man Eva – wie übrigens auch bei den Katholiken – die Schuld zuschrieb, den Versuchungen Satans nachgegeben zu haben, und daß man glaubte, die Frau könne möglicherweise einen Dämon in ihrem Leib empfangen.

Was nun speziell Italien betrifft, so war die Beteiligung der Frauen bei allen religiösen Bewegungen von den mailändischen und florentinischen Patarenern bis hin zu den vielen ortsgebundenen Erscheinungen immer und überall lebhaft. Besonders aktiv und wichtig war die Rolle der Frauen in der Gruppe der Humiliaten, als Ehefrauen oder als «Enthaltsame». Mit Sicherheit muß auf ihnen die gleiche Arbeit gelastet haben. Diese war lang, hart und ohne jeden persönlichen wirtschaftlichen Gewinn; alles kam der Gemeinschaft zugute.

Der Druck der Frauen auf Klerus und Mönchtum war durch ihr verstärktes Teilnehmen am kirchlichen Leben in vieler Hinsicht beeindruckend, wie der Fall der Zisterzienser zeigt. Verschiedene Äbte, auch der heilige Bernhard, der mit dreißig Verwandten und Freunden ins Kloster gegangen war, versuchten sich den Frauen zu widersetzen, die zisterziensische Nonnen werden wollten. Sie mußten schließlich nachgeben. Nicht weniger bedeutsam ist die Tatsache, daß gerade in jenen Jahren die Doppelklöster, d.h. Männer- und Frauenklöster, blühten, wie schon für Fontevrault gesagt wurde. Zusammenfassend ist die Festellung wichtig, daß in allen Teilen Europas und in allen Gesellschaftsschichten, von der höfischen Dichtung bis zum Ordensleben, von der Königin bis zur Armen, die Frau eine wirklich intensive, oft entscheidende Rolle spielte.

Klara

Nach allem, was bisher gesagt wurde, muß hier eine eindrückliche Tatsache festgehalten werden: Viele Jahre lang – die Biographen sprechen bei ihren ungefähren Angaben von mindestens sechs Jahren nach seiner Bekehrung – erscheint keine Frau in der Gefolgschaft des Franziskus. Dieser Umstand ist als historisch gesichert anzusehen, weil keine einzige Quelle hierüber auch nur die geringste Andeutung macht. Wenn Thomas von Celano [1 Cel 18] über den Wiederaufbau der Kirche San Damiano spricht, erinnert er daran, daß dort später die *pauperes Dominae* (armen Damen) Asyl fanden, die sich *de Sancto Damiano* nannten, aber wie gesagt, nachdem seit der Bekehrung des seligen Franziskus schon ein Zeitraum von fast sechs Jahren vergangen war *(a conversione b. Francisci fere sex annorum spatio iam elapso)*. Zwar folgt dann ein beflügelter Lobpreis Klaras: *Clara nomine, vita clarior, clarissima moribus* (Klara [leuchtend] mit Namen, leuchtender durch ihr Leben, am leuchtendsten durch ihr Verhalten). Celano macht aber deutlich, daß ihre Bekehrung erst später stattfand. Noch erstaunlicher ist die Tatsache, daß Thomas in der zweiten Lebensbeschreibung [2 Cel 13] gar nicht von Klara spricht, obwohl er an die *pauperes Dominae* erinnert. Ist dies eine Bestätigung dafür, daß er daran dachte, ihr eine eigene Lebensbeschreibung zu widmen, – jene nämlich, die uns überliefert ist?
All diese Zeugnisse und andere, wie die Dreigefährtenlegende, geben immer einen negativen Befund. Damit bestätigt sich, daß Franziskus keine weibliche Gefolgschaft hatte, die doch für so viele andere vor ihm kennzeichnend war. So ist es nötig, die möglichen Gründe dafür aufzuzeigen, von denen sich einige auf Franziskus selbst beziehen können, andere auf die Begleitumstände seiner Bekehrung in der Stadt. Als erstes müssen wir uns daran erinnern, daß seine Grundentscheidung nicht die eines Klerikers war, der auf irgendeine Weise eine besondere Seelsorge bei den

gläubigen Männern und Frauen entfalten konnte, sondern die eines Laien, der isoliert, allein und tastend seinen Weg suchte. Die verschiedenen Wanderprediger und selbst Waldes waren Menschen, die ihr Ziel schon klar vor Augen hatten und es verwirklichten, indem sie es anderen in der Predigt auseinandersetzten, und zwar mit oder ohne Zustimmung der örtlichen Bischöfe und des Klerus. So ging von ihrer Bewegung ein Aufruf aus, der von der Menge mehr oder weniger aufgegriffen werden konnte – was ja dann auch der Fall war – und also auch von den Frauen in der Menge. Doch dies ist nicht alles. Was Franziskus verstand und in seiner Bekehrung verwirklichte, was ihm vom ersten Augenblick an klar war als einleitender und entscheidender Schritt, war – die Wiederholung sei uns gestattet – der Übergang von einem Stand in einen anderen, von einer juristisch und gesellschaftlich klaren Stellung zu einer anderen, zur wirklichen und eigentlichen Randexistenz, wie die des Aussätzigen, des Elenden, des hilflosen Armen. Wie konnte eine solche Stellung von einer Frau geteilt werden? Wie hätte sie sich der armen und aussätzigen Frauen, aber auch den Dirnen und Hexen anschließen können, also der noch schwierigeren und komplexeren Welt der weiblichen Randexistenz? Franziskus konnte sich bereitfinden, seine Lebensweise mit einem Gefährten zu teilen, nachdem er ihm gut erklärt hatte, was auf ihn zukam und auf welche Bedingungen er sich einließ. Aber er hätte keineswegs Frauen aufnehmen können. Wir haben an entsprechender Stelle berichtet, wie feindlich die Bewohner Assisis dem jungen Kaufmann gesonnen waren, der Büßer geworden war, wie sie ihm Beleidigungen und Streiche, Hohn und Spott nicht ersparten und wie sie auch nicht versäumten, seine ersten Gefährten gleich zu behandeln. Es war deshalb – und es braucht nicht viel Phantasie, das zu verstehen – praktisch unmöglich, eine «Schwester» in die Gemeinschaft aufzunehmen, ohne sich und sie noch schlimmerem Spott und beleidigenden Verdächtigungen auszusetzen. Wir werden jedenfalls nie wissen, ob es eine Frau gab, die vom ersten Augenblick an Sympathie empfand für den faszinierenden jungen Mann, der sich um der Liebe Christi willen zum Büßerleben erniedrigt hatte.

Auch in dieser Beziehung muß sich die Lage nach der päpstlichen Bestätigung geändert haben. Diese war trotz der genauen rechtlichen Beschränkungen, innerhalb derer sie erlassen wurde, eine zweifellos feierliche Bestätigung: Die Lebensform des Franziskus konnte zwar merkwürdige und überraschende Aspekte haben für den, der sie von außen sah, war aber auf jeden Fall offiziell von der Kirche anerkannt. Diese Tatsache räumte schlagartig und zumindest formell die scheinbare Merkwürdigkeit oder Lächerlichkeit der Grundentscheidung aus dem Weg, die er in seiner Zeit als Kaufmann getroffen hatte. Als Haupthindernis blieb jedoch die für eine Frau nicht nebensächliche, sondern entscheidende und wesentliche Schwierigkeit, sich am Rand der Gesellschaft anzusiedeln, wie es die damals junge, noch winzige Gemeinschaft in Portiunkula tat.

Diese Schwierigkeit offenbarte sich das erstemal in ihrem ganzen Gewicht, als einer der Mitbrüder von adeliger Herkunft, Bruder Rufinus, der sich Franziskus um 1210 angeschlossen hatte, ihn wissen ließ, seine junge, ebenfalls adelige Cousine wolle ihrer Gruppe beitreten und ihr Leben befolgen: *Chiara di Favarone di Offreduccio.* In seinem Eifer für die Seelen war das für Franziskus eine drängende Frage. Wer aber war diese junge Frau? Was wissen wir von ihr? Da sie recht lange gelebt hat und auch jünger als Franziskus war, haben wir glücklicherweise nicht nur eine Biographie, die Thomas von Celano zugeschrieben wird. Dazu kommt die italienische Übersetzung des Heiligsprechungsprozesses, wobei allerdings einige Zweifel an ihrer Echtheit bestehen, so daß man höchstens von einer guten Wahrscheinlichkeit reden darf. Hier ist der Wille, die offizielle Praxis einzuhalten – anders als 1228 bei Franziskus und drei Jahre darauf bei Antonius von Padua – für die Historiker eine unschätzbare Hilfe. Denn über die Antwort der Personen, die noch vor ihrem Eintritt ins Ordensleben mit Klara zusammengelebt hatten, können wir vieles im Detail erfahren, was von äußerstem Interesse für die Kenntnis von Klaras Leben und dadurch auch für das Leben des Franziskus ist. Wir dürfen jedoch in unserem Fall nur die Elemente hervorheben, die zur Rekonstruktion der Lebensgeschichte des heiligen Franziskus und der Institutionen dienen, die er zu gründen die Absicht hatte. Klaras Wunsch, die Probleme, die er aufwarf und die Entscheidungen, die er erforderte, markiert eine entscheidende Wende in der Psychologie und in den Absichten des Franziskus. Seine

Wahl war, wie wir an entsprechender Stelle gesehen haben, persönlicher Ausdruck seiner eigenen existentiellen Unruhe. Dann hatten sich im Evangelium und in der *sequela Christi* (Nachfolge Christi) sein Weg und seine Ziele nach und nach geklärt, während andere Brüder hinzugekommen waren.

Wie gesagt ergibt sich aus den Quellen, über die wir verfügen, übereinstimmend, daß Franziskus gerade wegen der Natur seiner Entscheidung zunächst glaubte, seiner Männergruppe nie eine Frauengruppe beiordnen zu können. Nicht einmal die ungenauesten Zeugnisse, und wir fügen hinzu, nicht einmal die phantasievolleren, die von sozusagen vertraulichen Unterredungen zwischen Innozenz III. und dem Heiligen erzählen, deuten die Möglichkeit einer weiblichen Zweiggruppe an. Die Nachricht von einer jungen Frau, die zur *fraternitas* gehören wollte, muß eine große Überraschung gewesen sein, und nicht nur wegen der schon erwähnten Probleme, die sie aufwarf. Klaras Bitte zeigte ihm nämlich, daß sein Weg auch für Frauen bestimmt sein könnte, wenn zumindest eine – aber er muß gleich gewußt haben, daß es sich um mehr als eine handelte – ihn gehen wollte. Dies veränderte nun gewiß nicht vollständig die Wahl und das Ideal von Franziskus, aber verlagerte gewissermaßen den Schwerpunkt. Ohne darauf zu verzichten, am Rand der Gesellschaft zu bleiben, bewegte er sich in Richtung auf ein Ordensleben, das sich durch die gegebenen Umstände notwendigerweise selbst an den traditionellen Modellen und Formen anlehnen mußte, besonders wenn für die Unterbringung von (jungen!) Frauen zu sorgen war. Franziskus mußte daher seine Lebensweise nicht weniger streng, aber anpassungsfähiger fassen und ihnen dabei trotzdem den Charakter des Lebens in Buße und nach dem Evangelium erhalten. Besonders in diesem letzten Punkt mußte er den Mut haben, genaue Grenzen zu setzen.

Wir wissen nicht, wieviel Franziskus über die religiösen Bewegungen seiner Zeit und besonders über die Häresien wußte. Soviel uns allgemein über Waldenser und Katharer in der Region bekannt ist, die man damals «valle spoletana» (Spoletotal) nannte und die etwa dem Dreieck Perugia, Orvieto und Spoleto entspricht, können wir sagen, daß dort eine «katharische Diözese» von auch zahlenmäßig großer Bedeutung bestand: Etwa Mitte des 13. Jahrhunderts spricht Rainer Sacconi von ihr als unabhängiger Kirche und macht dazu Angaben, die uns über ihre Bedeutung Gewißheit verschaffen.

Kurz vor der Bekehrung des Franziskus war anläßlich der bürgerlichen und religiösen Kämpfe in Orvieto der von Papst Innozenz III. eingesetzte Bürgermeister, der Römer Petro Parenzo, von den «Ketzern» ermordet worden. Wenigstens wurde den angeblichen Katharern die ganze Schuld in die Schuhe geschoben. Viel weniger wissen wir über die Waldenser, die uns sehr geholfen hätten, die Situation zu klären, in der der Heilige sich bewegen mußte, und die Möglichkeiten, die er ergreifen konnte, als Klara ihre Absicht kundtat, sich seiner Gemeinschaft anzuschließen. Aber wir wissen auch, daß die Häretiker sich verstecken und unter den Gläubigen geschickt tarnen konnten. Und doch muß Franziskus sie besser und genauer gekannt haben, als es den Anschein hat. Seine Vorsichtsmaßregeln, die er immer, bis zu den letzten Ermahnungen im Testament, wiederholte: die Predigterlaubnis, die auch vom Priester der entlegensten Landkirche respektvoll zu erbitten war; die Bitte, daß die Brüder, wenn sie einmal die Erlaubnis nicht bekämen, in gehorsamer Unterwerfung, ohne Protest und ohne Vorwürfe, weitergehen sollten; die stets freundschaftlichen und respektvollen Beziehungen zum Bischof: dies sind untrügliche Zeichen für die nicht unbegründete Befürchtung, seine Bewegung könne gerade wegen ihrer Originalität und wegen einzelner Aspekte mit anderen verwechselt werden. Und gerade die Sorge, in gewisser Weise den Waldensern ähnlich sein zu können, muß Franziskus – was die Frauen betraf – zum, wenn auch nur teilweisen, Verzicht auf ein totales, umfassendes evangelisches Leben veranlaßt haben. Er wies sie an, in den Mauern eines Klosters eingeschlossen zu bleiben und schrieb ihnen eine im wesentlichen kontemplative Lebensform vor, stellte sie aber allen anderen Brüdern gleich in der Verpflichtung zu Arbeit und Armut, wie er es für seine Gefährten gewollt und angeordnet hatte.

Zu dieser traditionsgemäßen Ordnung muß Franziskus recht schnell und durch eine in wiederholten Unterredungen schrittweise Klärung und Übereinkuft mit Klara gelangt sein. Aber wer war nun – wiederholen wir unsere Frage – diese Klara? Ihre Familie führte zwar nicht den Grafentitel, den die Tradition ihr zuschrieb, als sie diese mit den Scifi identifizierte, war aber gewiß Teil der städtischen Führungsschicht. Und dies schon seit langem. Ihr Vater, Favarone, hatte eine ausgedehnte Verwandtschaft. Dies erlaubte ihm, in Assisi zu schalten und zu walten und ein beträchtliches Ansehen zu genießen. Dieser hohen gesellschaftlichen Stellung entsprach eine nicht minder glänzende wirtschaftliche Lage. So hatte sich ihre Mutter, Hortulana, ebenfalls aus einer großen Familie, eine Pilgerreise ins Heilige Land und andere, mehrfach wiederholte Reisen nach Rom und San Michele auf dem Monte Gargano erlauben können – zwei charakteristische Ziele für Bewohner Mittelitaliens. Daraus können wir auch schließen, daß es sich um eine typische Familie des soliden Adels, freilich nicht des Hochadels handelte, mit einem intensiven religiösen Leben, wenn, wie wir sehen werden, dieses auch nicht von zu großer Intensität war.

Klara wurde nach zeitlichen Berechnungen, über die gestritten wird, die aber höchstens um acht bis zwölf Monate abweichen, zwischen 1193 und 1194 geboren und war daher elf Jahre jünger als Franziskus. Sie war also schon halbwüchsig, als sich auf dem Platz vor ihrem Wohnsitz, auf der Piazza San Rufino, die Szene abspielte, in der sich Franziskus vor dem Bischof öffentlich und feierlich von seinem Vater lossagte. Allem Anschein nach – die Quellen wenigstens sprechen nicht davon – war das Mädchen nicht dabei. Aber sie hörte sicher die Frauen des Hauses darüber sprechen. Mit welchen Ausdrücken und Kommentaren wissen wir nicht, doch muß das Ereignis einen Eindruck bei ihr hinterlassen haben. Zumindest schärfte es ihre Sensibilität und ihr Gedächtnis. Es war ein Ereignis, dessen weitere Entwicklung zu verfolgen sich lohnte, und sei es nur hie und da unter den vielen Dingen, die in einer Stadt des 13. Jahrhunderts besprochen wurden. Es ist zweifellos sicher – wie im Prozeß der Heiligsprechung jene Personen bezeugten, die Klara in ihrer Kindheit und frühen Jugend nahestanden –, daß sie aufgrund einer natürlichen Neigung zum religiösen Leben recht früh eine beispielhafte Frömmigkeit entwickelte. Doch wollen wir die tiefen inneren Ursachen, die sie bestimmten, noch besser kennenlernen. Nach den Quellen war ihr Leben äußerlich das eines adeligen, reichen Mädchens, wie das so vieler anderer ihres Standes und ihrer Zeit. Sie bewegte sich – auch dies scheint sich aus den Quellen zweifelsfrei zu ergeben – anmutig und graziös unter den Mädchen ihres Alters. Die Familie hoffte deshalb, sie gut zu verheiraten, und hatte schon, wie dem Prozeß der Heiligsprechung zu entnehmen ist, an junge Männer gedacht, die ihr gesellschaftlich und wirtschaftlich eine Stellung hätten bieten können, die ihrer würdig war. Klara verlieh ihrer Weigerung entschieden Ausdruck, sprach aber nicht von der in der Stille gereiften Entscheidung, sich dem Ordensleben zu weihen. Wie so oft vorher und nachher in der Geschichte warteten Vater und Mutter gelassen den günstigen Moment oder den Mann ab, dem es gelingen würde, ihre Zustimmung zu erhalten. Wenn wir nicht fürchten müßten, die Quellen allzusehr zu strapazieren und mehr in sie hineinzulegen, als sie in Wirklichkeit enthalten, würden wir sagen, Klaras Eltern hätten es beim Abwarten einer guten Partie nicht eilig gehabt, diese Tochter loszuwerden, die etwa 18 Jahre alt war. Und das war für das 13. Jahrhundert schon ziemlich viel!

Tatsächlich berechtigt gerade die Ablehnung der ersten Heiratsanträge, auf eine geistliche Unruhe in Klara zu schließen, von der leider nicht genau gesagt werden kann, inwiefern sie auf die Nachrichten zurückging, die nach 1209/1210 über Franziskus zu ihr drangen. Sie hat sicher gewußt, daß kurz nach der Reise nach Rom einer ihrer Cousins, Rufino, der Gruppe beigetreten war, die sich um den zum Außenseiter und Büßer gewordenen Kaufmann gesammelt hatte. Nun scheint Rufino einen guten Kontakt zu seiner Familie behalten zu haben – es gibt keine Angaben über einen gewaltsamen Bruch wie im Fall von Franziskus selbst –, und so wird er ihr von seinem Leben und dem Leben seiner Gemeinschaft erzählt haben. Ihm muß Klara ihre Unruhe anvertraut haben, und er sprach darüber mit Franziskus. Beide wünschten, einander kennenzulernen, sich zu treffen und miteinander zu sprechen. Die Biographie, die, wie gesagt, die Daten des Heiligsprechungsprozesses zusammenfaßt, erzählt:

> «Als Klara den schon damals wohlbekannten Namen des Franziskus hörte, der als neuer Mensch mit neuen Tugenden den in der Welt vergessenen Weg der Vollkommenheit zu neuem Leben erweckte, wünschte sie sofort, ihn zu hören und zu kennen. Nicht weniger wünschte Franziskus, sie zu sehen und mit ihr zu sprechen, denn auch zu ihm war der gute Ruf dieses

liebenswerten Mädchens gedrungen, und er wünschte, sie dem Herrn zu weihen» [Cel, Klara 5].

Wahrscheinlich durch die Vermittlung von Bruder Rufino konnten die beiden sich begegnen, in einem Rahmen, der der Mentalität einer Stadt wie Assisi im 13. Jahrhundert entsprach. Zum Wunsch beider, sich zu begegnen, hatte neben Bruder Rufino auch die *fama publica* beigetragen. Doch diese war äußerst mißtrauisch und vor allem geschwätzig. Klara wußte ihrerseits recht gut, wie von jetzt an die Umstände ihrer «Bekehrung» zeigen, daß die Eltern zwar keine Eile hatten, sie zu verheiraten, aber auch nicht die geringste Absicht, sie Gott zu weihen und damit unter anderem ihre ehrgeizigen Ehepläne ins Wasser fallen zu lassen. Dies zwang zur Heimlichkeit. Aber auch eine andere Tatsache trieb sie dazu: Klara wußte genau, daß ihr auf ihre Flucht hin sofort weitere Frauen des Hauses gefolgt wären.

Die Begegnungen fanden in größter Verborgenheit statt wie zwischen zwei Verliebten. Klara ging in Begleitung einer Vertrauten, Bona di Guelfuccio, heimlich aus dem Haus, um Franziskus zu treffen – wie oft haben wir in Romanen von heimlichen Begegnungen gelesen! Der Heilige kam auch nicht allein, sondern mit einem Mitbruder aus den Abbruzzen, Filippo Longo aus Atri. Schwerlich hat Franziskus die Ermahnungen und geistlichen Reden, die Klaras Biographen ihm in den Mund legen, damals wirklich ausgesprochen. Sicher bleibt die tiefe, intensive, unvergeßliche Anziehung, die er auf sie ausgeübt haben muß. Die wird uns in einem Traum bezeugt, der ein unschätzbares Zeugnis darstellt, weil er von Klara selbst erzählt wird. Daher soll er hier vollständig wiedergegeben werden:

«Frau Klara berichtete, sie habe einmal geträumt, daß sie ein Gefäß Wasser zum heiligen Franziskus trage und dazu ein Tuch, um die Hände zu trocknen. Sie sei damit eine hohe Treppe hinaufgestiegen. Das sei so angenehm gewesen, als ob sie auf ebenem Boden gegangen wäre. Als sie zum heiligen Franziskus gekommen sei, habe er ihr seine Brust hingehalten und gesagt: ‹Komm, nimm und saug.› Und nachdem sie gesaugt habe, habe Franziskus sie aufgefordert, noch einmal zu saugen. Was sie da getrunken habe, sei so süß und angenehm gewesen, daß sie dafür keine Worte fände. Danach sei die Rundung der Brustwarze, aus der die Milch gekommen sei, zwischen ihren Lippen haften geblieben. Sie sei mit den Händen wie Gold anzufassen gewesen: klar und glänzend. Sie hätte sich darin wie in einem Spiegel ganz und gar wiedererkannt» [Schwester Filippa, Beeidete Zeugenaussage am Heiligsprechungsprozeß: III,29].

Bekräftigt wird diese Beziehung tiefen Vertrauens und köstlicher Hingabe auch dadurch, daß Klara zu Lebzeiten des Franziskus ihm allein Gehorsam gelobte und jede andere Hierarchie, gleich welcher Art, völlig ignorierte. Erst nach 1226 wandte sie sich an die Hierarchie, als ihr Inspirator und Meister gestorben war. Dies ist in unmißverständlicher Deutlichkeit in Klaras eigenem Testament erklärt. Darin geht sie, dem Tode nah, wie Franziskus noch einmal die entscheidenden Stationen ihres Lebens durch und betont ganz einfach und schlicht in wesentlichen Zügen ihre Beziehung zum Vater und Meister. Dabei unterstreicht sie, daß diese Beziehung nicht nur einen mündlichen Ausdruck fand, sondern auch zu Briefen führte:

«... er beschränkte sich nicht darauf, uns zeit seines Lebens mit vielen Predigten und Beispielen zur Liebe und Beobachtung der heiligsten Armut zu ermutigen, er gab uns auch verschiedene Schriften, damit wir nach seinem Tod in keiner Weise von jener Armut abließen, ebenso wie der Sohn Gottes, solange er auf Erden lebte, niemals von dieser heiligen Armut lassen wollte» [Klara, Testament 10].

Jene Begegnungen – dies muß hier hervorgehoben werden – waren nur die ersten in einer Reihe, die das ganze Leben lang andauerten. Soviel Bemühen beantwortete Klara mit totaler Hingabe. Leider sind die Briefe verlorengegangen, die die beiden einander geschrieben haben. Sie wären wertvoll gewesen und hätten uns die verborgensten Gemütsregungen zweier außergewöhnlicher Seelen gezeigt – nicht anders als bei Abälard und Heloise und im anderen, nicht minder interessanten Briefwechsel zwischen Jordan von Sachsen, dem Generalminister der Predigerbrüder, der auf den heiligen Dominikus folgte, und der seligen Diana degli Andalò in Bologna. Jene verborgenen Regungen werden wir nie kennen. Es bleibt das Band tiefer und rückhaltloser Zuneigung, lebendig und intensiv in ihrer höchsten Vergeistigung.

Diese geheimen Begegnungen müssen notwendig nicht nur geistliche Erbauung und fromme Pläne berührt haben, sondern auch praktische Fragen, die sich auf das Leben bezogen, das die neue «Schwester» würde führen müssen. Aus ihnen ergab sich auch die bittere Notwendigkeit einer Flucht. Es ist schwer zu sagen, wie und von wem sie vorbereitet wurde, inwieweit Franziskus persönlich beteiligt war – obwohl Klaras Lebensbeschreibung mit blumiger, aber feiner Zartheit ihre wesentlichen Ereignisse schildert. Es war am Palmsonntag 1212, dem 18. März, und Klara begab sich mit den anderen Frauen zur Kirche – zweifellos nach San Rufino, denn dort zelebrierte der Bischof –, um den Feierlichkeiten des Tages beizuwohnen. Schön war sie in ihrem Festkleid, elegant, wie es einem adeligen Mädchen zukam, nach außen so heiter wie unruhig und versunken im Innern wegen der schweren Entscheidung, die sie treffen mußte und nun nicht länger hinauszögern konnte. Sie bemerkte darum nicht, daß alle Frauen sich zum Empfang des Palmzweiges aus den Händen des Bischofs aufgestellt hatten. Dieser stieg – war ihm vielleicht etwas vertraulich mitgeteilt worden? – vom Altar herab und kam zu ihr, um ihr den Olivenzweig zu reichen.
Die Nacht brachte die endgültige Entscheidung, die wahrscheinlich beschleunigt, wenn auch nicht unvorhergesehen kam, denn ihre gewohnte Begleiterin, Bona di Guelfuccio, war in Rom. Aus den Akten des Prozesses scheint sich zu ergeben, daß deren Schwester, Pacifica di Guelfuccio, für sie einsprang. Doch muß in Wirklichkeit eine regelrechte kleine Verschwörung zwischen diesen Frauen bestanden haben, eine heilige, wenn man so will, aber konkret und planmäßig, wenn wir der Erzählung einer anderen Frau aus Klaras Haus, Cristiana di Bernardo, glauben, an der zu zweifeln es keinen Anlaß gibt. Durch die Haupttür hinauszugehen, daran war nicht einmal zu denken, vielleicht weil sie bewacht oder mit unerreichbaren Schlüsseln verschlossen war. Sie mußten sich daher einer Nebentür bedienen, also eines jener Notausgänge, die in einem großen Wohnsitz nie fehlten. Aber diese waren fest verbarrikadiert mit Balken und Steinblöcken. Diese mußten beiseite geräumt werden, und die Biographie erklärt, es habe erstaunlicher Kräfte bedurft, um die Tür zu öffnen.
So ließ sie Haus, Stadt und Familie hinter sich und eilte nach Santa

Maria della Portiuncola, das ein paar Kilometer von San Rufino entfernt ist. Auch wenn die Quellen nicht davon sprechen, müssen wir an eine gewisse Komplizenschaft der Wächter an den wohlverschlossenen Stadttoren denken. Denn das Kirchlein, auf das sie zustrebte, lag außerhalb des Mauerrings.

> «In der Portiunkula – sie muß in jener Nacht überfüllt gewirkt haben – empfingen sie die Brüder, die mit brennenden Lichtern eine heilige Wache am Altar des Herrn hielten. Sofort warf sie den Schmutz Babylons von sich und gab der Welt den Scheidebrief» [Cel, Klara 8].

In einer symbolischen Geste, die für jene Zeiten entscheidend war, aber auch schmerzlich schwer, trennte sie sich von ihren Haaren: Franziskus selbst schnitt sie ihr ab, wie die Bulle der Heiligsprechung berichtet. Dann legte sie die kostbaren Kleider und den Schmuck des Edelfräuleins ab, um das grobe Gewand anzuziehen, das die Brüder trugen.

So wurde – Klaras Lebensbeschreibung versäumt nicht, es zu unterstreichen – das Kirchlein der Muttergottes, das Sammel- und Ausgangspunkt der Brüder gewesen war, zu dem Ort, von dem die Bewegung auch des anderen Ordens ausging, der durch die Inspiration des Franziskus entstand. Beiden wollte Maria, die Mutter Christi, Mutter und Beschützerin sein. Nach dem Abschneiden der Haare und dem Wechsel des Gewandes vor dem Altar, vor dem Bild der Jungfrau, nahm Klara das andere äußere Zeichen der Buße, den Strick um die Hüften, und verpflichtete sich, demütige Magd Christi zu sein.

Wenn auch alles gut gegangen schien, so traten doch zwei große Schwierigkeiten auf, beide vielleicht vorhergesehen, aber trotzdem, schwer zu lösen: der Wohnort – und sei er nur provisorisch – für Klara und die Reaktion der Familie. Die erste Schwierigkeit wurde nicht ohne Bedacht und Geschick gelöst, indem man Klara zu den Benediktinerinnen von San Paolo in Bastia schickte, etwa vier Kilometer von Assisi entfernt, an der Straße nach Perugia. Dort erreichten sie die Angehörigen, warfen ihr ihre Handlungsweise vor und baten sie mit Schmeicheln und Drohen, nach Hause zurückzukommen. Klara beschränkte sich darauf, ihr abgeschnittenes Haar zu zeigen, um mit dem Hinweis auf ihre symbolische Handlung die unwiderrufliche Festigkeit ihrer Verpflichtung zu

bekräftigen. Ihre Angehörigen waren zwar verletzt und enttäuscht, mußten sich aber mit den vollendeten Tatsachen abfinden. Sie reagierten auch nicht mit derselben Härte wie Pietro Bernardone gegenüber Franziskus, denn keine Quelle spricht uns von Gewalt gegen Klara. Im übrigen folgte viel Schlimmeres im Laufe kurzer Zeit: Das Haus Favarones verlor nach und nach einen großen Teil seiner Frauen.
Wir wissen nicht, ob Klara im Zusammenhang oder in der Folge dieser familiären Auseinandersetzung das Kloster von San Paolo in Bastia verließ, um in das ebenfalls benediktinische San Angelo di Panso umzuziehen. Es lag etwa drei Kilometer von der Stadt entfernt, in der Nähe des heutigen Eremo delle Carceri, unter der Rechtshoheit des Abtes von San Pietro auf dem Subasio, der wenige Jahre zuvor Franziskus mit soviel Wohlwollen das Kirchlein der Portiunkula mit der kleinen Unterkunft überlassen hatte. In San Angelo stieß Klaras Schwester Agnes zu ihr – die erwähnte «Verschwörung» bestand und funktionierte weiter. Und diesmal provozierte sie die wütende Reaktion der Verwandtschaft. Zwar blieben, anscheinend zumindest, Vater und Mutter im Hintergrund, doch dem Onkel Monaldo gelang es nicht, seinen Zorn zu zügeln. Kaum hatte er erfahren, wo die beiden Schwestern waren, stürzte er mit zwölf Bewaffneten wie ein Rasender auf sie los, um sie nach Hause zu holen. Aber sie waren nicht dazu zu bewegen. Sie konnten auch ihren Körper nicht heben – so wenigstens berichtet die Lebensbeschreibung [Cel, Klara 25], die einzige Quelle, die wir davon haben. Als der Onkel, schäumend vor Wut, Agnes schlagen wollte, konnte er den Arm nicht bewegen. Da mischte sich Klara ein und bat die Verwandten, von der ungerechten Gewalt abzulassen und ihr Agnes anzuvertrauen. Während die Bewaffneten nach Assisi zurückkehrten, kam Franziskus, um noch einmal den symbolischen Ritus zu vollziehen: Er schnitt Agnes die Haare ab, kleidete sie ein und überreichte ihr den Strick als Zeichen der Buße.
Wegen dieser Gewalttat, die das Risiko der Wiederholung in sich trug, wann immer die «Bekehrung» einer Dame dem Ehrgeiz einer Familie schadete, und wegen der Notwendigkeit, den neuen «Schwestern» der Gemeinschaft, der sich bald weitere anschlossen, selbst aus Favarones Haus, einen festen Wohnsitz zu geben,

brachte sie Franziskus in der Kirche von *San Damiano* unter, die er damals in der ersten Phase seiner Bekehrung auf eigene Kosten und mit eigener Arbeit instandgesetzt hatte. Die Dreigefährtenlegende berichtet – und das wird von der Heiligsprechungsbulle bestätigt –, daß Franziskus schon damals, als er an der Wiederherstellung von San Damiano arbeitete, auf französisch gesagt habe, dieser Ort sei bestimmt für ein «Kloster von Damen, durch deren Ruf und Leben unser himmlischer Vater verherrlicht werden wird». Dies gibt Anlaß zu Zweifeln, ob es sich um einen Scherz oder wenigstens um eine phantasievolle Übertreibung gehandelt habe, die dann für jene, die die späteren Ereignisse sahen, zur Prophezeiung wurde. Für San Damiano sprach vielleicht auch der nicht unbedeutende Umstand, daß diese Kirche, anders als die beiden Klöster, der Rechtshoheit des Bischofs von Assisi unterstand, jenes Guido, dem wir schon merhmals begegnet sind und der ein energischer, angesehener Mann war. Er war radikal entschlossen, niemandem zu gestatten, etwas gegen seine Autorität zu unternehmen. Die *pauperes Dominae de S. Damiano* (die Armen Damen von San Damiano), wie sie bald genannt wurden, konnten sich nun sicher fühlen, ihrem Leben der Buße, des Gebetes und der Arbeit nachgehen zu können.

Die Regel

Nachdem die erwähnten Schwierigkeiten überwunden waren, blieb die wesentliche Frage, welche Lebensregel zu befolgen sei. Die Regel, die Franziskus Innozenz III. vorlegte und die in der Hauptsache aus Stellen des Evangeliums bestand, konnte Klara und ihren «Schwestern» nicht vollkommen entsprechen. Sie konnten nicht umherziehen und sich unter die Menge der Stadt mischen, wie es die Brüder weiterhin taten. Noch weniger konnten sie hinausgehen und für ihren Lebensunterhalt Arbeit suchen. Schließlich war für sie das Predigen gänzlich ausgeschlossen, denn dies war Frauen strengstens untersagt, auch in Form der Ermahnung zur Buße, die den Brüdern gestattet war.

Es mußte daher eine Lebensform gefunden werden, die dem Evangelium möglichst nahe war und dabei die vom Kirchenrecht sehr deutlich aufgestellten Hürden mied. Die Lösung ergab sich nach kurzer Zeit durch eine Anpassung, die Klara selbst genau darlegt. Sie zeigt dabei die psychologischen Grundvoraussetzungen auf, in die Franziskus seinen grundlegenden Orientierungspunkt einfügte, ohne jedoch auf weitere Einzelheiten einzugehen. Doch sind die wenigen Worte, die Klara – wenn auch später – selbst schrieb, von höchster Bedeutung. Mit ihnen stellte sie die *forma vivendi,* die Lebensweise vor, die Franziskus geschrieben hatte für seine «Schwester» und für die anderen, die sich ihr angeschlossen hatten:

> «Als dann der selige Vater bemerkte, daß wir keine Armut fürchteten, keine Arbeit, Sorge, Erniedrigung und Verachtung in der Welt, sondern sie sogar als große Wonnen ansahen, schrieb er uns, von Güte bewegt, eine Lebensform *(forma vivendi)* in dieser Weise: ‹Da ihr euch auf göttliche Eingebung hin zu Töchtern und Mägden des erhabensten, höchsten Königs, des himmlischen Vaters, gemacht und euch dem Heiligen Geiste verlobt habt, indem ihr das Leben nach der Vollkommenheit des heiligen Evangeliums erwähltet, so will ich, und ich verspreche dies für mich und meine Brüder, für euch genauso wie für diese immer liebevolle Sorge und besondere Aufmerksamkeit hegen›» [Klara, Regel VI,2].

Dieser Text ist nicht zu unterschätzen, denn er ist einer der ganz wenigen, wenn nicht der einzige, in dem die beiden Persönlichkeiten einander gegenüberstehen und sich gegenseitig beleuchten. Dies erlaubt uns auch, die vielfältigen Aspekte zu verstehen, die zusammen einige Schwerpunkte bei Franziskus charakterisieren, von denen Klara nur einen Teil übernahm.

Bewegend ist vor allem die Gegenüberstellung zweier Persönlichkeiten, die in ihrer tiefen Verschiedenheit deutlich werden und uns einen vielleicht einmaligen, sicher aber seltenen Einblick ermöglichen. Bei Franziskus ist eine innere Unruhe und Ratlosigkeit herauszuspüren, ein Gefühl, das die Erinnerung weder abgeschwächt noch vergessen hat. Er, der für sich selber nicht gezittert und gezagt hatte, machte sich Gedanken, man möchte fast sagen, Sorgen um die Widerstandsfähigkeit der Frau, um die weibliche Zerbrechlichkeit. Zweifellos hatte er früher, als er in der Welt lebte, die Feinheiten, Anmut und vielleicht auch die Schwäche der weiblichen Seele bemerkt. Er mußte ihnen eine Lebensform ohne hautnahen Kontakt mit dem Volk und mit den Menschen am Rand der Gesellschaft vorschreiben, die aber dennoch hart und streng war und die Aussicht in sich barg, bittere Erfahrungen machen zu müssen. Solche Erfahrungen sind allen Mystikern bekannt: die Trockenheit der Seele, die furchtbare Dürre dessen, der sich verlassen fühlt. In ihrem tiefen Einfühlungsvermögen erkannte Klara die Zweifel des Franziskus und spürte die Notwendigkeit, ihn für sich wie für ihre Gefährtinnen zu beruhigen: Sie hatten den Schritt wohlüberlegt getan und fürchteten deshalb keine der Entsagungen, die das Verlassen der Welt mit sich brachte. Der ängstlichen Besorgtheit des Meisters und geistlichen Vaters entsprach Klaras einfache, aber heitere Sicherheit. Wenn diese *forma vivendi* aus dem Jahr stammt, in dem sie ihre Familie verließ, oder aus dem Jahr darauf, verdichten sich in der Erinnerung blitzartig all die Diskussionen, die es gegeben haben muß, das Zögern, die Zweifel und geheimen Ungewißheiten der jungen Frauen in Favarones Haus vor Klaras Flucht. In diesen wenigen Worten erkennt man, daß ihre Tat nicht als Kurzschlußhandlung eines unbedachten Mädchens geschehen war, sondern als Abschluß einer intensiven Auseinandersetzung, die zum Teil innerlich ausgefochten, zum Teil mit den Schwestern und anderen Frauen diskutiert und geklärt wurde – die Mutter wurde anscheinend nicht eingeweiht – und dann eben zur Flucht führte. Die Dinge, die sie nicht fürchteten waren genau die, die wir bei Franziskus und seinen Brüdern beobachtet und hervorgehoben haben. Er fragte sich, ob sie fähig seien, sie auf sich zu nehmen und mit ihnen zu leben. Denn das Leid wuchs, das mit wirtschaftlichen Schwierigkeiten, mit Armut und Arbeit zusammenhing: Ihr neues Leben als Büßerinnen brachte ihnen die Verbannung von der Welt, die Erniedrigung und Verachtung durch die anderen. Die Frau, die sich daran erinnert und davon schreibt, hat eine lange Zeit des Ordenslebens hinter sich und kann die Erinnerung gelassen betrachten – in der Heiterkeit eines Gleichgewichts, das sie auch deshalb erreicht hat, weil sie zuvor ihre Kräfte gemessen hat.

In seiner tiefen Güte (dies bedeutet das Wort *pietas* in der Redewendung *pietate motus)* gab Franziskus Klara also eine Lebensform, die die tiefe Weisheit des bekehrten Kaufmanns zeigt. Gleichzeitig ist sie – unabhängig von der Tatsache, daß sie für Klara bestimmt ist – eine ausdrückliche und deutliche Bestätigung dessen, was er selbst noch Jahre später im Testament über sein Verlassen der Welt wiederholen wird. Er selbst fühlte sich als Ritter der Armut und als Spielmann des Herrn, der die Massen anziehen sollte. Für Klara und ihre Gefährtinnen aber umschrieb und unterstrich er die ganze Tiefe und hohe Bedeutung des Engagements, das sie eingegangen waren. Er tat das in einem deutlichen Bezug zum einen und dreifaltigen Gott, mit klaren Zuordnungen, die eher geistlich dicht als theologisch exakt sind. Von Gott kam die Inspiration für ihre Weltentsagung: so wurden sie «Töchter und Mägde des erhabensten, höchsten Königs, des himmlischen Vaters». Die Bindung ist doppelt: einerseits kindlich an den Vater, der nicht mehr der leibliche, sondern der Einzige, der Vater aller ist – auch Klara hat sich ja tatsächlich von ihrem weltlichen Vater losgesagt um dessentwillen, der im Himmel ist – und andererseits im Dienst an den König, den Schöpfer des Alls. Gleichzeitig aber sind sie Bräute des Heiligen Geistes, der die Liebe ist. Diese einzigartige Beziehung ist möglich, weil sie das Leben nach der Vollkommenheit des heiligen Evangeliums erwählt haben, nach dem Beispiel des Gottmenschen Jesus Christus. Es mag spitzfindig scheinen, daß wir nun den Unterschied aufzeigen zwischen der Formulierung *vivere secundum perfectionem sancti Evangelii,* die wir für Klara finden, und *vivere secundum formam sancti Evangelii* (nach der Vollkommenheit bzw. nach der Form des heiligen Evangeliums leben), die späteren Datums als dieser Text ist, aber im Testament als Erinnerung an eine noch davor liegende Zeit auftritt. Der Unterschied zwischen diesen beiden Wendungen ist nicht zufällig. Denn durch ihn wird klar und bestimmt, wie das Leben nach dem Evangelium, das beide führen wollten, sich in zweifacher Weise ausformte. Das hing mit der Tatsache zusammen, daß die «Brüder» des Franziskus sich von den «Schwestern» unterschieden wegen der verschiedenen Aufgaben, die sie in der Kirche erfüllen und verwirklichen mußten. Franziskus und seine Mitbrüder wählten das Modell des Evangliums, also das Leben Christi und der Apostel: ein Wanderleben, ungewiß, ohne jegliche Sicherheit für das Morgen genau wie der Sohn Gottes, der von sich sagte, er habe keinen Ort, wohin er sein Haupt legen könne – wir haben schon darauf hingwiesen. Sie verzichteten auf alle Privilegien, auf jede mögliche Absicherung. Sie lebten freiwillig am Rand der Gesellschaft und waren nach dem Beispiel Christi zu jedem Opfer bereit. Diese *forma sancti Evangelii,* dieses Modell des Evangeliums zu befolgen war, wie gesagt – und wir wollen uns nicht wiederholen –, für Klara und die Schwestern nicht möglich. Ihnen mußte das Leben nach dem Evangelium nicht nur zur Nachahmung und Wiederholung von Christi Leben dienen, sondern zum Beispiel der Vollkommenheit, das sie immer vor Augen haben sollten.

Genau an diesem Punkt scheint man zurückzukehren zur gewohnten Formulierung, man müsse sich verpflichten, nicht nur die Gebote Christi, sondern auch die evangelischen Räte zu befolgen. An diesem Punkt tritt eine unseres Erachtens neue und in gewisser Hinsicht unvorhergesehene, wenn nicht gar unvorhersehbare Tatsache in den Vordergrund. Das Ideal der Vollkommenheit wird nicht in einer Reihe normativer Wendungen bestimmt, sondern wie ein konkreter Lebensplan vorgestellt, der ständig zu erneuern ist. Diese Vollkommenheit wird sich ergeben aus einer andauernden Beziehung der Hilfe und zärtlichen Fürsorge zwischen Klara und ihren Schwestern einerseits und Klara und Franziskus mit seinen Brüdern andererseits. Sie wird daher nicht starr und unveränderlich sein, sondern gleichsam eine Kraft ständiger Anpassung und Erneuerung in sich haben. Dies geschieht durch das mit aller Flexibilität gelebte Leben – wir haben voher darauf verwiesen – und die Anpassungen, die durch ganz konkrete Umstände herbeigeführt werden, ohne daß ein Lebensplan über eigene und fremde Erfahrungen mehr oder minder abstrakt im voraus bestimmt oder vorgestellt wird.

Die Vollkommenheit des Evangeliums wird hier zu einem idealen Ziel, das nicht durch die formale Erfüllung dieser oder jener Pflicht erreicht wird, die mehr oder minder vorgegeben ist, sondern im Prozeß eines inneren Fortschrittes und einer ständigen, immer notwendigen Annäherung an so etwas wie einen Prüfstein, einen Berater, der gleichzeitig auch Richter sein soll. Dies ist die Aufgabe, die Franziskus persönlich übernahm und die nach seiner Meinung von seinen Brüdern fortgeführt werden konnte. Es ist eine außergewöhnliche Aufgabe, deren Besonderheit nicht so sehr und nicht nur die Gabe der Unterscheidung, die Ausgewogenheit der Entscheidungen und die tiefe Kenntnis der Seelen erfordert, sondern vor allem das Geschenk der Liebe, der verständnisvollen Zärtlichkeit, der brüderlichen Fürsorge, die sich in einem ständigen Geben und Nehmen verwirklichen muß.

Das bisher Gesagte wird genau bestätigt durch das Fragment eines Briefes des Franziskus an Klara, das einzig erhaltene aus einem Briefwechsel, dessen Verlust man gerade wegen dieses Bruchstücks um so mehr bedauert. Das Fragment betrifft eine ganz bestimmte Angelegenheit, die Einhaltung des Fastens. Es ist uns erhalten, weil Klara es zitiert, die jene Briefe offenbar sorgfältig aufbewahrt hatte. So konnte sie die Stelle, auf die wir uns beziehen, in einem Brief wiedergeben, den sie 1238, also zwölf Jahre nach dem Tod des Heiligen, an Agnes von Prag schrieb [vgl. 3. Brief an Agnes von Prag 4]. Im Ton, in den Erklärungen und Ratschlägen jener Stelle zeigt sich die Fülle menschlicher Sensibilität und brüderlich-schwesterlicher Liebe, die die Beziehung zwischen Franziskus und Klara bruchlos begleitet hat. Franziskus schreibt, beim Fasten sei zwischen schwachen, kranken und gesunden Schwestern gut zu unterscheiden. Die Kranken seien immer davon auszunehmen. Sie müßten sogar gemäß ihren Bedürfnissen mit aller Fürsorge gepflegt werden. Die Gesunden seien täglich außer donnerstags verpflichtet, nur Fastenspeisen zu essen, kein Fleisch und tierisches Fett. Fasten, also nur einmal täglich essen, müßten sie außer sonntags und an Weihnachten (hier wird wieder die besondere Verehrung von Franziskus für den Tag von Christi Geburt offenbar!). Gar keine Verpflichtung zum Fasten gebe es an Ostern, an den Festen der Muttergottes und der heiligen Apostel, soweit sie nicht auf einen Freitag fielen.

Dieser Brief wurde, wie gesagt, von Klara in seinem normativen, anordnenden Teil zitiert. Aber die zärtliche und liebevolle Gegenwart von Franziskus, sein Wunsch, übermäßige Strenge und Härten zu vermeiden, ist so echt, daß Klara später, in der «Regel», die sie für ihre Schwestern ausarbeitete und verfaßte, allen tatsächlich Fasten auferlegte, mit der einzigen Ausnahme von Weihnachten (eine genaue Erinnerung an Franziskus nach so vielen Jahren!) und eventuelle Ausnahmen dem Urteil der Äbtissin überließ.

Weil Quellen fehlen, ist es uns leider nicht möglich, das Band der Zuneigung und der Ratschläge zum intensiv geteilten geistlichen Leben zwischen Klara und Franziskus zu verfolgen. Doch dürfen wir auch dort, wo nicht darüber gesprochen wird, nicht vergessen, daß es existierte, daß es zwei große Seelen verband, daß es sie in den schweren Umständen ihres Lebens hielt und stützte. Daß es intensiv, tief und anhaltend war, beweist Klaras Traum, die Tatsache, daß Franziskus sie vor seinem Tod noch einmal sehen wollte, und die Tränen, welche die «Schwester» vergoß, als sie den tot sah, der ihr Leben geändert hatte, um es zu Gott hin zu führen.
Mehr zu sagen sind wir nicht imstande, außer daß Klaras Bekehrung Franziskus in seinem Ideal gefestigt haben muß, in seinem Trachten, innerhalb der Kirche eine erneuernde Alternative zu schaffen, eine Kraft, die gerade deshalb, weil sie sich an die riesige Mehrheit der Verlassenen und Unglücklichen wandte, dem Beispiel Christi neue Wirkung zu geben vermochte. So konnten sie, die Verlassenen, Unglücklichen, Kranken, Aussätzigen, endlich dieses Beispiel wiederkommen und sich verwirklichen sehen. Der Beitritt der Frauen geschah nicht aus schwärmerischer Bewunderung, Schwatzhaftigkeit und Klatschsucht. Vielmehr suchten sie streng, bedächtig und ernst nach der Vollkommenheit des Evangeliums. Dies ließ Franziskus auf die Möglichkeit hoffen, daß sein Ideal – wenn auch mit Änderungen und Anpassungen – eine faszinierende Kraft werden konnte, oder wenigstens ein Ferment, das jene träge Masse lauer Seelen in Bewegung bringen würde, deren Herzen Christus als Gegenstand der Verehrung, der Furcht und anderer Gefühle erwärmen konnte, um sie zu einem religiös fruchtbaren Leben anzuregen.

6.3. Das Zeugnis des Jakob von Vitry

Jakob von Vitry

Nach einer langen Reise aus dem fernen Frankreich kam Jakob von Vitry, ein berühmter Kirchenmann, am 17. Juli 1216 nach Perugia, um dort Papst Innozenz III. zu treffen, von dem er zum

Bischof von Akkon im Heiligen Land bestimmt war. Er hatte die *via francigena* durchfahren, die ihn nach Mailand geführt hatte, wo er von der Menge und Vielfalt der Ketzer beeindruckt war. Als Gründer einer Gruppe frommer Laienfrauen, die sich zu einem religiösen Leben zusammengeschlossen hatten, war er voll Bewunderung für die Gemeinschaft der Humiliaten mit ihrer Arbeit, ihrem religiösen Eifer und ihrem entschlossenen Widerstand gegen die Häresie. In Perugia erwartete ihn eine traurige Überraschung: Der Papst war gerade am Vortag gestorben. So erlebte er ein trauriges Schauspiel, einen betrüblichen Brauch der damaligen Zeit: Er fand einen fast nackten Leichnam, seiner Gewänder beraubt und schon Beute der beginnenden Verwesung. Auf die Bischofsweihe brauchte er aber nicht lange zu warten, denn schon am Tag danach wurde der Camerlengo Kardinal Cencio Savelli zum Papst gewählt. Dieser war – nach dem Bericht Jakobs von Vitry – ein frommer Mann, der all sein Eigentum den Armen gegeben hatte. Er nahm den Namen Honorius III. an.

Nach seiner Weihe am darauffolgenden Sonntag und im Vollbesitz seiner päpstlichen Würde weihte Honorius III. Jakob zum Bischof. Weil Jakob nun schon an der päpstlichen Kurie war, bemühte er sich, auch die Fragen im Zusammenhang mit jenen Initiativen zu regeln, die er in Frankreich vorbereitet hatte, nicht ohne an seinem eigenen Leib die vielen Umtriebe und Intrigen in der Umgebung des Papstes kennenzulernen. Er muß also relativ lange in Perugia geblieben sein und mit der Kurie zu tun gehabt haben. Der Eindruck, den er davon mitnahm, war für ihn wahrhaft entmutigend. An seine Freunde in Frankreich schrieb er:

> «Ich habe viele Dinge vorgefunden, die meinem Geist zuwider waren: man war nämlich so sehr mit weltlichen und zeitlichen Geschäften befaßt, mit Königen und Königreichen, mit Prozessen und Streitigkeiten, daß man sich kaum auf irgendeine Weise über geistliche Dinge unterhalten konnte» [Huygens 75].

Die Beobachtungen des französischen Kirchenfürsten stimmen vollkommen überein mit der Wirklichkeit der Lage. Innozenz III. hatte vor kurzem das IV. Laterankonzil abgehalten mit all den schwerwiegenden Problemen für die Regelung des kirchlichen Lebens im Zusammenhang mit der Behandlung der Ketzerfrage und den damit verbundenen Nebenproblemen. Außerdem stand noch immer die Frage der feudalen Unterwerfung des Königs von England unter den Papst an, der sich dessen Hilfe in seinem Widerstand gegen die Ansprüche der Barone seit der *Magna charta* sicher sein wollte. In Deutschland schließlich war Friedrich II. nach der Schlacht von Bouvines fast zwei Jahre zuvor immer mehr Herr der Lage, wenn auch sein Rivale, Otto IV., trotz seiner Niederlage weiterhin Widerstand leistete. Schließlich mußte man mit Friedrich verhandeln und klare Verhältnisse schaffen – um so mehr, als früher oder später die Frage der Kaiserkrönung auf den Tisch kommen würde: Der junge designierte Kaiser hatte Innozenz glänzende Versprechungen gemacht, unter anderem, zum Kreuzzug aufzubrechen. Aber all dies mußte aus der Unbestimmtheit heraus klare und konkrete Formen annehmen, und zwar in Verhandlungen, an denen Honorius sich orientieren mußte. Seine lange Kurienerfahrung jedenfalls machte ihn zu einem der besten Praktiker in religiösen und politischen, internationalen oder italienischen Kirchenbelangen. Gewiß wird er mit Jakob diese Probleme diskutiert haben. Einige berührten ja direkt oder indirekt Frankreich und die französische Welt. Besonders besorgt war er über die heikle Lage des Heiligen Landes. Er konnte ja nicht vergessen, daß der vierte Kreuzzug in Konstantinopel geendet hatte und daß die folgenden Versuche sich mehr als Spiegelfechterei denn als entscheidende oder wenigstens wirksame Lösungen erwiesen hatten.

Das Zeugnis

Angesichts dieses Wirrwarrs von politischen Problemen mildert sich Jakobs Unmut bei der Festellung:

> «Einen einzigen Trost habe ich in dieser Gegend immerhin gefunden; viele Menschen beiderlei Geschlechts, Reiche und Weltleute, haben nämlich um Christi willen alles verlassen und sind der Welt entflohen; und sie nennen sich mindere Brüder und mindere Schwestern. Vom Herrn Papst und den Kardinälen werden sie in hohen Ehren gehalten. Diese nun sorgen sich in der Tat nicht um zeitliche Güter, sondern ihre glühende Leidenschaft und ihr brennender Eifer gelten Tag für Tag der

Rettung gefährdeter Seelen, die der Eitelkeit der Welt nachlaufen, um sie mit sich zu führen. Und hier haben sie durch Gottes Gnade viele Frucht gebracht und viele gewonnen: wer hört, sagt: ‹Ich komme›, und einer zieht den anderen nach. Diese nun leben nach dem Beispiel der Urkirche, von der geschrieben steht: ‹Die Menge der Gläubigen war ein Herz und eine Seele.› Am Tag kommen sie in die Städte und Dörfer, um Seelen zu gewinnen, einige gehen der Arbeit nach; nachts kehren sie dann zur Einsiedelei zurück oder an einsame Orte, wo sie sich der Kontemplation hingeben. Die Frauen jedoch leben in verschiedenen Behausungen zusammen wie Gäste; sie nehmen nichts an, sondern leben von ihrer Hände Arbeit. Und vielen bereitet es Schmerzen und Sorgen, daß sie von Klerikern und Laien mehr geehrt werden, als sie möchten. Die Männer dieses Ordens versammeln sich mit vielfätigem Nutzen einmal jährlich an einem bestimmten Ort, um sich miteinander im Herrn zu freuen und Mahl zu halten, und mit dem Rat erfahrener Männer machen und erlassen sie ihre heiligen und vom Herrn Papst bestätigten Verordnungen. Danach gehen sie auseinander für das ganze Jahr und wandern durch die Lombardei, die Toskana, Apulien und Sizilien. Bruder Nikolaus, ein heiliger und frommer Mann aus der Provinz des Papstes, hat die Kurie verlassen und bei ihnen Zuflucht gefunden; aber weil der Papst ihn sehr nötig brauchte, wurde er von ihm zurückgerufen» [Huygens 75f.].

Diese lange, wohlwollende Beschreibung der Brüdergemeinschaft, die sich um Franziskus zusammengefunden hatte, ist eines der interessantesten Zeugnisse, die wir besitzen – hierüber herrscht unter den Forschern vollständige Einigkeit –, auch weil sie uns diese in einem entscheidenden Moment ihrer Entwicklung zeigt: Sie hatte ihre erste Krise überwunden, sich gefestigt und stand vor ihrem abschließenden Vorstoß, der sie nach ganz Europa bringen sollte. Paradoxerweise scheint uns dieses Zeugnis auch deshalb besonders wertvoll, weil es – anders als die späteren Zeugnisse desselben Jakob von Vitry – nicht von Franziskus persönlich spricht. Entweder war er ihm nicht begegnet, oder er war von ihm nicht so außerordentlich beeindruckt, um ihn in seinem Brief eigens hevorzuheben. Noch paradoxer: Jakob von

Vitry ist gerade deshalb wichtig, weil er uns das franziskanische Phänomen beschreibt, ohne seine grundlegende Inspiration schon wirklich verstanden zu haben. Das ergibt sich aus seinem Urteil: «sie folgten dem Beispiel der Urkirche». Dabei unterstreicht er besonders den Geist brüderlicher Liebe, der sie einte, und hebt in bezug auf die wirtschaftliche Verfassung, wie bei den Humiliaten, und sogar mit fast denselben Worten, hervor, daß sie von ihrer Hände Arbeit lebten. Ein Verständnis des tiefen Unterschiedes zwischen den beiden Bewegungen gelingt ihm aber nicht.

Gerade diese Grenzen, dieses Unverständnis, die wesentliche Verhaftung am Äußerlichen bestätigen uns die objektive, man möchte sogar sagen sichtbare Gültigkeit dieser Angaben. Sie werden bis ins Detail ganz genau bekräftigt und bestätigt in den anderen franziskanischen Quellen, die so eine Beglaubigung von wahrhaft außergewöhnlicher Bedeutung erfahren. Jakob von Vitry war aus den bereits erwähnten persönlichen Beweggründen ein höchst aufmerksamer Beobachter jener Erscheinungen gemeinschaftlicher Religiosität und hatte ein waches Verständnis für ihre Besonderheiten und charakteristischen Einzelheiten. Einige von diesen werden annäherungsweise genannt, in einem kritischen Geist, der ihre Bedeutung hervorhebt und gleichzeitig ihre Grenzen aufzeigt.

Auf die Oberflächlichkeit der Formel Jakobs, nach der die Gefährten des Franziskus nach dem Beispiel der Urkirche lebten, wollen wir nicht zurückkommen: Kaum hat er sie geäußert, berichtigt und klärt er sie, um jedes Mißverständnis zu vermeiden, mit dem Zitat über die brüderliche Liebe, die die franziskanische Gemeinschaft verband. An diesem Punkt gewinnt nun die ganze Anekdotik um Franziskus und seine Gefährten ihren Wert zurück: Auch wenn die einzelnen Episoden fürsorglicher Zärtlichkeit, für sich betrachtet, diskutiert und bezweifelt werden können, ihre Darstellung in den biographisch-hagiographischen Quellen über den Heiligen bestätigt das Bild, das sich die Verfasser seiner Lebensgeschichte von jener Gemeinschaft gemacht hatten. Durch die Angaben, die Jakob von Vitry nicht vom Hörensagen, sondern aus eigener Anschauung hatte, erhält dieses Bild, so undeutlich es auch sein mag, eine generelle, wenn auch nicht die einzelnen Züge der Darstellung betreffende Beglaubigung.

Wir wollen noch verdeutlichen, was damit gemeint ist: Jakobs Angabe, «sie nehmen nichts, sondern leben von ihrer Hände Arbeit», erklärt einerseits, warum er nicht von Gütergemeinschaft und Gebrauch je nach Bedarf spricht, und ist andererseits die beste Bestätigung des in sich schon wertvollen Berichts aus guter Quelle über das florentinische Erlebnis Bernhards von Quintavalle mit dem wohltätigen Guido. Sie gibt uns also Aufschluß über einen wesentlichen Aspekt der Lebensweise derer, die man von diesem Augenblick an – Jakob bezeugt, daß die Bezeichnung schon geläufig war – Minderbrüder nennen kann. Ihre normale Art, sich den Lebensunterhalt zu verschaffen, war die Handarbeit, und dies war ein wesentliches Element. Der Rückgriff auf Almosen war also, obwohl Franziskus auf ihn hinwies, etwas Ungewöhnliches, worauf, wie übrigens vorgesehen, nur im Fall unausweichlicher Notwendigkeit zurückgegriffen wurde. Jakob hebt hier hervor, daß sie nichts erhielten. Mit anderen Worten: Sie nahmen in diesem Augenblick ihrer geschichtlichen Entwicklung, wohlverstanden, von niemandem Spenden entgegen.
Diese genauen, weithin bekannten und immer diskutierten Angaben müssen neu bedacht und mit aller Aufmerksamkeit vertieft werden, weil sie beitragen zu einer Klärung von nicht äußerlichen, sondern wesentlichen Aspekten dieses ersten Franziskanertums und des Ideals, das Franziskus von Anfang an belebte. Die Beschreibung, die uns Jakob von Vitry nicht von ihm, sondern von seiner Gemeinschaft gibt, bestätigt uns noch einmal, daß seine Bekehrung nicht der Übergang zum Bettlertum war, sondern zum sozialen Status eines Menschen, der am Rand der Gesellschaft lebte, der sich von einer Arbeit ernährte, die nicht eine ständige, feste Beschäftigung ist, sondern mit der er sich von Tag zu Tag das Lebensnotwendige verschaffen mußte. Und wenn er keine fand, war er auf Almosen angwiesen. Darum war seine Armut Folge, nicht Ursache seiner Entsagung. Und wenn die Minderbrüder nichts annahmen, dann deshalb, weil sie sonst, wie Franziskus klar gesagt hatte, gezwungen gewesen wären, das Angenommene zu verteidigen und von jener gesellschaftlich untergeordneten Randstellung – wir wiederholen es – abzuweichen, die für das Anliegen des Heiligen wesentlich war.

Mit diesem Status hing auch der Name zusammen, den die Gemeinschaft sich gab, und den wir bei Jakob zum erstenmal direkt auf sie angewandt finden: «*Mindere* Brüder und Schwestern». Sein Zeugnis über die Bezeichnung, die 1216 anscheinend geläufig war, ist unanfechtbar, doch möchte man ein wenig mehr erfahren über ihren Ursprung und ihre Zeit. Wir wollen in die noch lebhafte Debatte nicht eingreifen, sondern uns mit der Feststellung begnügen, daß jene Passage des Jakob von Vitry vom chronologischen Gesichtspunkt aus die erste zu sein scheint. Ferner findet sich der Name im 7. Kapitel der *Regula non bullata,* wo jedoch der Ausdruck *minores* nicht die Bedeutung einer offiziellen Namensgebung hat, sondern nur die gewöhnliche adjektivische Bedeutung [NbReg 7,2]. Und drittens taucht diese Bezeichnung bei Thomas von Celano auf [1 Cel 38], als die Gesamtheit der Zeugnisse hierüber schon vorliegt, Celano aber, um es deutlich zu sagen, mit schönen Sätzen und biblischen Lobpreisungen des Franziskus nur seine eigene Unwissenheit zu vertuschen sucht und sich dann am Ende auf das bereits erwähnte Kapitel der *Regula non bullata* beruft. Daraus ziehen wir den unseres Erachtens gesicherten Schluß, daß die «Brüder» die Bezeichnung «Minderbrüder» von anderen erhielten, selbst aber akzeptierten. Sie hatten ja die anderen gewissermaßen darauf gebracht, denn nach dem Willen ihres Vaters und Gründers stellten sie sich als *minores et subditi omnibus* dar, als «minder», unterlegen, allen untertan.

Dies scheint bestätigt durch die Tatsache, daß Jakob von Vitry sich mit der Angabe eines scheinbar geläufigen Namens begnügte und sich nicht kümmerte um eine eingehende Prüfung der Angelegenheit oder darum, wer ihr Gründer war. Diesen Gesichtspunkt bekräftigt außerdem ein anderer Umstand, dem aber zu wenig Gewicht beigemessen wird: Der französische Kirchenfürst berichtet nicht nur von den *fratres minores,* sondern auch von den *sorores minores* (minderen Schwestern). Dies muß also der gängige Name gewesen sein und nicht der andere, offizielle: *pauperes Dominae de Sancto Damiano* (Arme Damen von San Damiano).

Nicht minder wichtig ist, was Jakob von Vitry uns über die Unterkünfte und Lebensgewohnheiten der Anhäger von Franziskus berichtet. Das Leben war in zwei genau unterschiedene Phasen aufgeteilt: Tag und Nacht. Am Tag, sagt er, gehen die Brüder in die Städte und Dörfer, um Seelen zu gewinnen. Das Werk der Ermahnung, Beratung und Ermutigung, das diese an den Weltleuten verrichteten, um sie zur Buße und zu einem ihren christlichen Pflichten besser entsprechenden Leben zu bewegen, nennt er als in kirchenrechtlichen Normen wohlbewanderter Prälat nicht Predigt. Doch spricht er von der Wirkung: *magnum fructum fecerunt* (sie brachten viele Frucht), nämlich durch das Wort und durch ihre Arbeit. Nachts geben sie sich dem Gebet und der Kontemplation hin. Die besten Quellen, unter ihnen besonders die Dreigefährtenlegende, geben uns eine Reihe von Einzelheiten, die mit dem übereinstimmen, was Jakob von Vitry uns hier in allgemeinen, aber gewiß nicht verallgemeinernden oder banalen Worten sagt.

Als aufmerksamer Beobachter des religiösen Lebens der Frauen versäumt Jakob nicht, uns in wenigen wesentlichen Zügen die «minderen Schwestern» vorzustellen. Um sie von den Brüdern zu unterscheiden, sagt er von ihnen sofort, daß sie in verschiedenen Behausungen *(hospitia)* lebten. Weil alle, Männer und Frauen, wie gesagt, von ihrer Hände Arbeit lebten und jede Spende zurückwiesen, machten sie großen Eindruck und wurden sehr geachtet, so sehr, daß sie darüber bekümmert waren. Nun sind wir weit entfernt von den Beleidigungen, der Bewerfung mit Schmutz und Steinen. Wir sind bei jenem Erfolg, der zwar die Erfüllung all der ehrgeizigen Träume zu sein schien, die den jungen Kaufmann bewegt hatten, für ihn in Wirklichkeit aber immer mehr zur heimlichen Qual wurde. Denn nach und nach brachte dieser Erfolg die Bruderschaft ab von jener Randstellung, die Franziskus spontan gewählt hatte.

Eine letzte Angabe von Jakob von Vitry bestätigt uns, daß es sich nur bei den Brüdern eingebürgert hatte – es wird ausdrücklich gesagt, daß es sich nur um sie handelt und die Schwestern davon ausgenommen sind –, sich jedes Jahr zu versammeln, um unter der Führung erfahrener Männer gemeinsame Entscheidungen zu treffen, um sie dann dem Papst zur Billigung zu unterbreiten, bevor sie als bindend verbreitet wurden. Hier haben wir die große Neuerung vor uns, die für Franziskus und die Minderbrüder notwendig geworden war, um das Ordensleben möglichst geordnet und einheitlich zu regeln: Der Brauch des Generalkapitels, der nach dem, was der Dreigefährtenlegende zu entnehmen ist, in Assisi aufkam.

Dreigefährtenlegende 57–67

In diesem Sinn und wegen dieser Einzelheiten scheinen uns jene Kapitel der Dreigefährtenlegende besonders wichtig, die wegen ihres Wahrheitsgehaltes ganz einmalig sind (14,15,16). Sie haben die Funktion, den Zusammenhang zwischen der Geschichte des Franziskus in Assisi, von der Jugend bis zur Portiunkula, und den Umständen seines Todes und seiner Heiligsprechung herzustellen. Ohne auf Einzelheiten näher einzugehen, machen wir gleich darauf aufmerksam, daß die Erzählung einzelner Begebenheiten schlagartig aufhört, um außerordentlich allgemeinen Angaben Platz zu machen, die sich auf drei Punkte konzentrieren: die Bedeutung der Kapitel, die bei der Portiunkula abgehalten wurden – hier sind wir zeitlich und örtlich noch in Assisi; der Tod des Kardinals Johannes von St. Paul und die Nachfolge in seiner Funktion als «Vater und Beschützer» des Ordens durch Hugolin von Ostia; die hierarchische Organisation des Ordens und die «offizielle» Übertragung des Protektoramtes auf denselben Hugolin. Wie gesagt folgen darauf die Endkapitel, die wie die ersten Kapitel reich an Einzelheiten sind und in Zusammenhang mit dem Leben in der Stadt Assisi stehen.
Diese drei zentralen Kapitel – aber wir sprechen von allseits Bekanntem – erschienen Paul Sabatier so enttäuschend, daß sie ihn zur wohlbekannten These führten, die kirchliche Autorität habe hier eine willkürliche und zensierende Amputation vorgenommen und die Kapitel ausgemerzt, die auf irgendeine Weise ihre Einwirkung auf den Minderbrüderorden begrenzen oder gar behindern konnte. Diese Kapitel seien dann aber im *Speculum perfectionis* wiedergefunden worden! Bei näherer Betrachtung rechtfertigen die drei Kapitel 14 bis 16 diese Enttäuschung aber nicht, wenn wir bedenken, daß der aus Assisi stammende Autor hier die Echos auf das Leben des Ordens zusammengefaßt hat, die mit Assisi zu tun

hatten. So ist es natürlich, daß er das sammelte, was er über einige charakteristische und bedeutsame Tatsachen erfahren konnte, und den Rest fallen ließ. Nicht weniger interessant ist aber, daß er in dieser weder dummen noch oberflächlichen Zusammenfassung bei aller Unvollständigkeit einige Anklänge an die Schriften von Franziskus einzuflechten wußte, die er mit Sicherheit kannte, so z. B. die *Ermahnungen*. Wahrscheinlich hatte er sie im Laufe ihrer Veröffentlichung gelesen oder später von ihnen Kenntnis bekommen. So würde sich dann auch die Unsicherheit in der zeitlichen Abfolge als Unsicherheit eines Autors erklären, der die Dinge kunterbunt zusammen berichtet, ohne organische und systematische Ordnung.
Im übrigen entgeht gerade das Kapitel 14 über die halbjährliche Zusammenkunft bei der Portiunkula – eben das Kapitel – zumindest teilweise dem Vorwurf der fehlerhaften Chronologie, von dem gesprochen wurde. Denn es berichtet in aller Klarheit, daß der Brauch, sich zweimal im Jahr, an Pfingsten und am Fest des heiligen Michael (29. September), vollzählig zu versammeln, aus dem Bedürfnis nach Wiedersehen und Beisammensein entstand. Es handelte sich ja in jenen ersten Jahren noch um Männer, die zusammen und etwa gleichzeitig die Erfahrung ihrer «Bekehrung» durchlebt hatten. Ihre gegenseitige Zuneigung war also ihr erster Beweggrund, noch vor den organisatorischen Notwendigkeiten. Es ist darum nicht merkwürdig, daß die Legende das Kapitel an St. Michael fallen läßt, das nach kurzer Zeit wohl schon seltener abgehalten wurde. Dies bestätigt uns im übrigen gerade Jakob von Vitry schon 1216, wenn er von nur einer Zusammenkunft im Jahr spricht. Doch geben uns diese beiden Quellen Gewißheit über die charakteristische Funktion des Kapitels: gemeinsam, heute würde man sagen: im Plenum zu beraten über die Probleme, die im Laufe eines Jahres aufgetaucht waren. Daß Franziskus den Vorsitz hatte, jedenfalls solange es seine Kräfte erlaubten, ist nicht verwunderlich. Darin kann man der ebenfalls zusammenfassenden, aber wirkungsvollen Darstellung zustimmen, die die Dreigefährtenlegende uns gibt.
Bevor wir über Franziskus und seine Tätigkeit auf diesen Kapiteln sprechen, ist es nötig, noch besser zu verstehen, welche Rolle diese im Leben der Gemeinschaft spielten und was sie für Franziskus

über die Freude des Zusammenseins hinaus noch bedeuteten. Dabei ist ein Zug seiner Persönlichkeit hervorzuheben, den wir schon erwähnten, als von Klara und ihrer Regel die Rede war, den es aber jetzt klar herauszuarbeiten gilt.

Weiter oben haben wir gesagt, daß die *forma vivendi,* die Franziskus für Klara schrieb, aus wenigen Zeilen bestanden habe, die sie in der Suche und Verwirklichung der «evangelischen Vollkommenheit» festlegten. Dann bemerkten wir, daß die Art und Weise der Verwirklichung nach und nach vorgeschlagen wurde, je nach den besonderen Vorkommnissen und Umständen, wie es dann beim Fasten genau erfolgte. Nun hat man nicht immer beachtet, daß die schnell und in kurzen Sätzen geschriebene Regel, die Papst Innozenz III. vorgelegt wurde, sicher etwas, wenn auch nicht viel umfangreicher war als die für Klara geschriebene. Denn allgemein wird angenommen, daß es sich um eine Reihe von Stellen aus dem Evangelium gehandelt haben muß, die auf verschiedene Weise in der Form zusammgestellt waren, in der sich uns das erste Kapitel der *Regula non bullata* darstellt. So wird verständlich, daß im konkreten Leben jene Stellen zwar ihren Wert und ihre Bedeutung als allgemeiner Rahmen und gemeinsamer Hintergrund für das Leben von Franziskus und seinen Brüdern behielten, aber zweifellos die «Plattform», die Ausgangsbasis, gebildet haben müssen für eine ganze Reihe von Entwicklungen, die Franziskus mit persönlichem Engagement verwirklichte und die ihn als einzelnen betrafen, aber auch für die anderen in einer allgemeinen Norm festgehalten werden mußten. Zum Beispiel waren alle zur Buße verpflichtet, die Art ihrer Verwirklichung unterschied sich aber. Dasselbe galt für das Gebet, das kontemplative Leben und auch die Arbeit. Ferner kam man bei der Aufstellung diesbezüglicher Vorschriften nicht umhin, das traditionelle Recht der Kirche gebührend zu berücksichtigen, dem diese mit großer Bestimmtheit Respekt verschaffte. Noch bedeutsamer waren die allgemeinen Lebensnormen, weil Franziskus immer wieder seinen Willen zum Gehorsam gegenüber der Hierarchie betonte, vom bescheidensten Pfarrer bis zum Papst.

Andere Probleme, die sich an jenen Kapiteln stellten, waren die Beziehungen zu den örtlichen kirchlichen Autoritäten, die immer schwieriger wurden, je mehr die Brüder ihr Betätigungsfeld erweiterten und in immer weiter von Umbrien entfernte Gegenden kamen. Die Minderbrüder – und in diesem Punkt ist das Zeugnis des Jakob von Vitry nach wie vor grundlegend – waren nun über die ganze Halbinsel verstreut, von der Lombardei bis Sizilien. Auch wenn man die Angaben des französischen Bischofs als Ausdruck der Verwunderung wertet, bleibt die von anderen Quellen bestätigte Tatsache einer Ausdehnung weit über die ursprünglichen Grenzen des Aktionsradius hinaus.

Hier sei wiederholt, daß Franziskus nach der ersten missionarischen Tätigkeit, als die Gruppe noch wirklich winzig war, eine Bilanz ziehen wollte, die das schon Getane auswerten und zur Grundlage machen sollte für das, was man, realistisch gesehen, in der Folge tun konnte. In jener ersten Zusammenkunft und in der Folge auf den Kapiteln legte der Heilige, wie uns die Dreigefährtenlegende sagt, eine unvermutete Begabung für Strategien an den Tag, eine unerschöpfliche Energie, auch gegenüber Kirchenmännern und weltlichen Herren, die sich zwar vielleicht nur aus Neugier einmischten, an die man sich aber doch wenden mußte, um sie zu einem Leben der Buße und Heiligkeit zu bewegen. Doch versäumte er dabei nie, seine tiefe Zuneigung für die Armen zu zeigen, denen er sich rückhaltlos zur Verfügung stellte.

In vieler Hinsicht scheint also die Einführung des Kapitels den fast unmerklichen, aber deshalb nicht weniger rechtswirksamen und wichtigen Übergang von der *fraternitas* zur *religio* zu markieren, d.h. zu einem richtigen religiösen Orden, mit all den Folgen, die sich daraus ergaben, auch für die engeren Beziehungen zur Römischen Kirche und zum Papst. Dieser Übergang geschah, nachdem die päpstliche Bestätigung der kleinen Gruppe eine wirksame Tätigkeit erlaubt und sie von möglichen Hindernissen und Schwierigkeiten befreit hatte, und auch als Folge der Umsiedlung zur Portiunkula. Die *fraternitas,* die Gruppe von Brüdern, die zusammengehalten wurde vom Band der Zuneigung und, wenn man will, auch von der Tatsache, daß sie alles verlassen hatten, um sich als Söhne des gemeinsamen Vaters im Himmel zu bekennen, konnte sich in Selbstbestimmung nach den sehr allgemeinen Richtlinien verhalten, die Innozenz III. bestätigt hatte. Die zahlenmäßige Kleinheit erlaubte eine ebenso klare wie große, unkontrollierte Handlungsfreiheit. Das zahlenmäßige Wachstum hingegen

bestätigte zwar den Erfolg des Beispiels, das die kleine Gruppe von Brüdern gab, und entsprach im Grunde dem Wunsch des Franziskus und der Seinen. Es rief aber eine Reihe von Rückschlägen hervor, deren Bedeutung nicht zu unterschätzen ist. Zunächst zog es die Aufmerksamkeit der kirchlichen Autorität auf sich, nicht so sehr die des Bischofs von Assisi – Guido scheint Franziskus nie seine Zustimmung und wohlwollende Unterstützung entzogen zu haben – als vielmehr jene der zentralen römischen. Zu ihr drangen auf die eine oder andere Weise Echos und Worte der anderen Bischöfe, die die «Brüder» in Aktion gesehen hatten. Und diese brauchten nicht immer wohlwollend zu sein. Mit der Aufmerksamkeit wuchs die Sorge. Die Predigerbrüder verursachten keine Unruhe, denn ihr Priesterstand und ihre kulturelle, speziell theologische Bildung machte sie über alle Zweifel erhaben. Doch traf dies, offen gesagt, für die Minderbrüder durchaus nicht zu. Viele waren Laien, wie wir uns erinnern, und man konnte fürchten, daß sie irgendwelchen häretischen Einflüsterungen Gehör schenkten. Der Gründer selbst, Franziskus, war zwar gewiß kein Ungebildeter. Sein Eifer und seine persönliche Frömmigkeit, sein Gehorsam gegenüber der Kirche waren in den Augen des Papstes – von jetzt an müssen wir an Honorius III. denken – unanfechtbar. Aber er hatte doch nicht die theologische, dogmatische und kirchenrechtliche Bildung, die zur Lenkung eines religiösen Ordens erforderlich war. Und ein solcher entstand um ihn herum mit überwältigender Eigendynamik und wandelte dabei in gewisser Weise ab, was er mit seinem Übergang zu den Ausgeschlossenen, Aussätzigen und Elenden beabsichtigt hatte.
Wie Jakob von Vitry und die Dreigefährtenlegende uns berichten, wobei beide trotz ihrer unterschiedlichen Gesichtspunkte die Wichtigkeit unterstreichen, wurde das Kapitel in einigen Aspekten auch zu einer Antwort auf diese Sorge der Kirche. Während jedoch Jakob von Vitry, der zweifellos auch an die Kapitel der Mönchsorden dachte, die er gut kannte, viel Gewicht auf den normativen, wenn man so sagen kann, gesetzgebenden Aspekt legt, stellt uns die Dreigefährtenlegende Franziskus als Seele dieser Versammlungen dar. Aber auch nach dieser Quelle war er bemüht, wie schon gesagt, um die Regelung der anstehenden Probleme: wie die Regel besser befolgt werden könnte, wie man in konkreten

Situationen ihren Sinn interpretieren sollte, wo man predigen und wo man sich niederlassen sollte. Es scheint uns besonders wichtig, daß Franziskus die Pflicht und Aufgabe der Achtung vor der Kirche und der kirchlichen Welt bekräftigte und mit einer bis zum Ende seines Lebens ungebrochenen Beharrlichkeit an die größte Andacht gegenüber dem Sakrament der Eucharistie erinnerte.
Es gibt in der Legende einen Abschnitt, der sich zwar anscheinend immer noch auf die Ermahnungen bezieht, die Franziskus auf den Kapiteln gab, der aber doch einen Eigenwert und besondere Bedeutung hat, die man nicht übergehen darf, und der zu einer Verdeutlichung der charakteristischen Begleitumstände seines Verhaltens in der Gesellschaft beiträgt. Er betrifft die Haltung, die man jenen gegenüber einnehmen sollte, die *delicate vivunt,* also in Luxus und Annehmlichkeiten leben [3 Gef 58]. Weil niemand sich das Recht anmaßen könne, über andere zu urteilen, so sagte der Heilige, dürfe man auch nicht diejenigen kritisieren, die den Luxus lieben, und sei es bis zur Extravaganz. Wir wüßten nämlich nicht, was Gott mit ihnen tun könne und wolle. Daraus können wir entnehmen, daß sich Franziskus mit Vertrauen und Dankbarkeit an seine eigene Jugend *in peccatis* (in Sünden) erinnerte, aus der ihn der Herr gezogen und gerettet hatte, indem er ihm den Weg zur Buße wies. Und er fügte hinzu, man müsse diese Menschen achten wie Brüder und Herren, vor allem weil alle miteinander von einem einzigen Vater und Schöpfer geschaffen seien und «insofern sie die Guten, denen sie das zum Leben Notwendige gewähren, unterstützen, das Bußleben zu führen» [3 Gef 58]. Aber, und dies ist ein Zug, der das Gefühl eines Erlebnisses gibt, er fügte auch die Notwendigkeit und Pflicht der Beispielhaftigkeit hinzu. Wo und bei wem es auch sei, die Brüder sollten sich so verhalten, daß sie alle zu Dank und zum Lob der Güte Gottes bewegten.
Auch auf den Kapiteln unterstrich Franziskus also die Macht des Beispiels und legte es seinen Brüdern mit großer Beharrlichkeit ans Herz. Dies sollte eine der typischsten Äußerungen seiner Persönlichkeit werden, besonders in den letzten Jahren seines Lebens, als die Bekanntheit und der Ruhm ihm die ständige Sorge bereiteten, hinter dem Vorbild zurückzubleiben, das seine ursprüngliche Entscheidung als junger Mann ihm zur Aufgabe gemacht hatte. Im besonderen kam er auf den Frieden zurück, den

die Brüder der Welt als Wunsch verkündigen sollten, den sie aber persönlich, als Mitglieder seiner Bruderschaft, im täglichen Leben konkret verwirklichen sollten. Niemand sollte von ihnen zu Zorn oder Ärgernis veranlaßt werden, sondern alle sollten durch ihre Milde bewegt werden, Frieden, Güte und Eintracht zu lieben. Sie, die Brüder, hatten ihre Entscheidung ja getroffen, um die Verwundeten zu pflegen, die Gebrochenen zu heilen und die Verlorenen zurückzuholen. Am Ende schloß er die wesentliche und grundlegende Ermahnung an: «Viele scheinen uns Glieder des Teufels zu sein, die dereinst noch Jünger Christi werden» [3 Gef 58].

Wenn Franziskus so auf der geistlichen Funktion zu beharren suchte, die die Brüder in der Gesellschaft würden ausüben können, so versäumt die Legende auch nicht, ein anderes seiner Anliegen hervorzuheben, das nicht minder wichtig und wirksam ist für das Gleichgewicht, das er schaffen wollte, wenn sich alle zum Kapitel versammelten. Während er einerseits einige zu ihrer Mission und Beispielhaftigkeit ermunterte, mußte er sich andererseits gegen die übertriebene Strenge anderer Brüder einsetzen, wie es in jeder Gemeinschaft vorkommt und wie er es auch im Zusammenhang mit Klara und dem Fasten der «armen Damen von San Damiano» tat. Er schritt also ein, um die Strenge jener Mitbrüder zu mäßigen, die zu hart gegen sich selbst waren und sich mit Wachen, Fasten und körperlichen Bußübungen zu sehr kasteiten. Es ist ein Zeichen tiefen inneren Gleichgewichts, daß er sich bemühte, das Engagement derer zu bremsen, die in ihrer Askese so hart waren, daß sie ihren eigenen Körper zu hassen schienen. Er selbst verhielt sich gewöhnlich nicht so, wenn auch die Quellen uns von großen Versuchungen berichten, die er dem «Bruder Esel» anlastete, wie er seinen Körper scherzhaft nannte. Trotzdem bemerkt er in einer Schrift, man müsse auch sich selbst hassen können.

Vor allem aber ergibt sich aus der aktiven Gegenwart des Heiligen auf den Generalkapiteln seine, wie man heute sagen würde, charismatische Funktion im höchsten und edelsten Sinn des Wortes. Allen ließ er seine Ermutigung und sein Lächeln zuteil werden. Wer unter Ängsten, Bedrückung und geistlichen Störungen litt, schüttete ihm sein Herz aus, vertraute sich ihm an und empfing Worte des Trostes, durch die er aufgeheitert wurde und wieder

Vertrauen zurückerhielt. Die Dreigefährtenlegende sagt, er sei nicht Richter gewesen, sondern mitfühlender Vater unter seinen Söhnen, Arzt unter seinen Kranken, obwohl er, wenn es sein mußte, auch zu Strenge und Tadel bereit und fähig gewesen sei.
Diese Kapitel dienten außer der Bestimmung der für alle gültigen Verhaltensweisen und Lebensnormen und der vertrauensvollen Begegnung mit dem geistlichen Vater und Meister an ihrem Ende auch noch einem letzten Zweck. Nachdem er alle gesegnet hatte, erprobte er nämlich jene, die den Wunsch hatten, zu predigen, was sich, wie gesagt, auf eine Ermahnung zur Buße beschränken mußte. Diese Probe sollte aber nicht die kulturelle Bildung feststellen, sondern zeigen, ob die Betreffenden genügend spirituell und beredsam waren.

Predigtstil

Dies gestattet die Feststellung, daß gerade der spezifische und eingeschränkte Predigttypus der Minderbrüder andere Begabungen erforderte als die Predigt im strengen Sinn, die die Priester hielten. Franziskus persönlich übernahm niemals deren Redetechnik, die er anscheinend nicht kannte und auf jeden Fall nicht liebte, denn er war ein Feind von Interpretation in jeder Form wegen des Risikos, den wörtlichen Sinn der Texte – der für ihn der einzig wahre war – zu verfälschen oder gar zu zerstören.
Auf genau diese Jahre, kurz vor oder nach den Beobachtungen Jakobs von Vitry, beziehen sich Angaben, die uns einer der wenigen, die Franziskus persönlich sprechen gehört haben, über ihn und seinen Predigtstil gibt: der wohlbekannte Chronist Thomas von Spalato. In seiner *Historia salonitana* [Hug-Rotzetter 83] bezeugt er den Eifer, mit dem der Heilige in Bologna aufgenommen wurde, und gibt uns einen wertvollen Hinweis: Franziskus wandte beim öffentlichen Sprechen nicht den *modus praedicandi,* d.h. die bei den Priestern übliche Technik an, sondern den *modus concionandi,* d.h. die Technik des Sprechens auf Bürgerversammlungen. Hier ist die Bemerkung angebracht, daß für die kirchliche Autorität der Gegenstand der Predigt zwar Bedeutung hatte und sie denen, die nicht Priester waren, Beschränkungen auferlegte, so

auch Franziskus, daß dieser jedoch durch diese objektiven Beschränkungen sich in keiner Weise behindert oder gestört fühlte. Was ihn besonders beschäftigte, war nicht das, was er sagen sollte, sondern wie und wozu. Über den *modus concionandi* gibt uns Boncompagni von Signa, ein Zeitgenosse des Heiligen und *magister dictandi,* also ein großer Lehrer der Rhetorik, die wegen einiger wertvoller Aspekte ausführlichsten Hinweise. In seiner *Rhetorica novissima* widmet er ein ganzes Buch der Kunst des «concionare» (Ansprache). Dies hilft uns, die Worte des Thomas von Spalato in ihrer ganzen Bedeutung zu erfassen. Diese Redetechnik bediente sich vor allem der Mittel, die geeignet waren, Gefühle und Phantasie der Anwesenden anzusprechen. Wenn jemand sich zum Beispiel zum Fürsprecher eines Kriegsvorhabens machen will, sagt Boncompagni, muß er der Menge in Rüstung und Waffen gegenübertreten, stolz mit den Augen rollen, mit erregter Stimme sprechen, sich erregen, sich erhitzen - wenn nötig, sich verzweifelt zu Boden werfen und dabei immer ein Klirren von Waffen und Rüstung hören lassen. Auf solche Weise beeindrucke dieser äußere Apparat die Zuhörer und fasziniere sie – oder sollte sie faszinieren –, so daß der Redner die Zustimmung zur vorgeschlagenen kriegerischen Handlung erhalte. In Bologna, führt Thomas aus, nahm der Heilige sich für seine Ansprache «Die Engel und die Teufel» zum Thema.

Aus den Worten des dalmatischen Chronisten erhält der Habit des Franziskus selbst und seiner Gefährten einen noch tieferen Sinn und Wert. Ihre grobe Kutte mit den Flicken und dem Strick als Gürtel war nicht nur äußeres Merkmal ihres Standes als Büßer, sondern wirkte auf die Anwesenden auch als optische Einladung und gab ihnen einen Anstoß in dieselbe Richtung, in die die Worte zielten, die sie ebenfalls zur Buße ermahnten.

Wachstumskrise

Zum Schluß dieser Darstellung des Zeugnisses des Jakob von Vitry und allem, was damit verbunden ist, können wir nun voll erkennen, welchen Grund er hatte zu schreiben, der einzige Trost, den er in Perugia bei einem so langen Aufenthalt an der Kurie gefunden habe, sei das Vorhandensein der minderen Brüder und

Schwestern gewesen. Er verstand, wenn auch zwischen Unverständnis und Teilwahrheiten, welch wesentlich neue Kraft im Leben der Kirche sie darstellten. Vielleicht ist die genaueste Beobachtung jene, die sich nicht aus diesem oder jenem Teil des Zeugnisses ergibt, sondern aus der Dynamik des ganzen Textes: Die minderen Brüder und Schwestern waren neue Menschen mit einer neuen Aufgabe und der Fähigkeit, jede gesellschaftliche Schicht, jedes menschliche Wesen zu erreichen. Es ist diese Möglichkeit, verschiedene Wege zum Herzen der Menschen zu finden, die ihm Eindruck machte. Nicht zufällig hielt er die Episode des Mitarbeiters von Honorius III. fest, der Minderbruder geworden war, und den der Papst zu sich zurückrief, weil er ihm so wertvoll war. Und es ist auch kein Zufall, daß die Kardinäle, wie die Dreigefährtenlegende erzählt, Minderbrüder um sich haben wollten, was ihnen jedoch, wenigstens zunächst, nicht gelang.
Das Zentrale jener Jahre ist dies: Die Wende im Leben des Ordens, die sozusagen eine Wachstumskrise ist, wird deutlich in einer neuen Wirkung auf die Kirche und in einem intensiveren und entschiedeneren missionarischen Elan. Dies ist wesentlich und brachte auch eine engere Bindung an das Papsttum mit sich. Denn von dort erhielten sie jene genaueren Weisungen, auf die sie wegen der Verpflichtung des Franziskus zum Gehorsam nicht verzichten konnten. So stellte sich die Aufgabe, etwas in eine feste Institution zu verwandeln, das bis dahin auf eine nicht formale Weise funktioniert hatte. Wie wir bereits an entsprechender Stelle berichteten, hatte ein Kardinal, und zwar Johannes von St. Paul, das Leben des Ordens jahrelang aufmerksam verfolgt – nach allem, was die Quellen ergeben, anscheinend aber ohne allzuviel oder nur spürbare Einmischung. Dieser Kardinal aber, der sehr hilfreich gewesen war, auch weil er als Bischof von Sabina eine einflußreiche Persönlichkeit der Kurie war, war tot. So stellte sich das Problem, eine neue Persönlichkeit zu finden, die wie der bisherige Kardinal die Rolle des Vermittlers spielen konnte. Und dies war Bischof Hugolin von Ostia. Er war, anders als sein Vorgänger, mehr ein Mann der Tat als der intensiven Spiritualität und übte auf den Orden einen erheblichen Einfluß aus, auch weil er mit Franziskus eine Beziehung von engerer Freundschaft und lebendigerem Vertrauen aufbauen wollte.

7. Die Ausdehnung des Ordens zwischen Eingreifen der Kurie und Seelsorge

7.1. Das Problem Hugolin von Ostia

Umstrittene Person

Das Handeln und Eingreifen Hugolins von Ostia in das Leben des Minderbrüderordens, sein persönlicher Einfluß auf Franziskus und schließlich die Ziele, die er sich setzte, sind seit Sabatier Gegenstand so vieler Diskussionen geworden, daß man ihnen eigene Monographien widmen mußte. Wie in anderen Fällen hat sich die Diskussion zu diesem Thema am Ende polarisiert für oder gegen Sabatier, bei unterschiedlichen Abstufungen der Zustimmung oder Ablehnung. Erst in jüngster Zeit ist man zum Studium der Quellen zurückgekehrt, die redaktionsgeschichtlich untersucht wurden. Im wesentlichen stellt Sabatier, der in Franziskus den Vorkämpfer einer in der Liebe zu den Menschen und zur Natur frei schwärmerischen Religiosität sieht, Hugolin von Ostia dar als den verlängerten Arm Honorius III. Dieser habe durch Hugolin erreicht, daß die freie Bruderschaft von Christus-Begeisterten in einen religiösen Orden umgebildet wurde, der den Wünschen der Kurie und des Papstes entsprach und, um es in der Sprache unserer Zeit zu sagen, für sie Mittel zum Zweck war. Dabei sei der freien Initiative und fröhlichen Spiritualität des Franziskus mit allen Mitteln Gewalt angetan und so sein ursprüngliches Ideal, seine fruchtbare Spontaneität ins Gegenteil verkehrt worden.

Dieser Ansatz Sabatiers und der Forscher, die seinen Hinweisen folgten, wird begünstigt durch einige Unsicherheiten, Verzerrungen und Verschweigungen in den Quellen, wie etwa bei Thomas von Celano. In der ersten Lebensbeschreibung des Franziskus, die er schrieb, als Hugolin von Ostia gerade Papst Gregor IX. geworden war, gibt er diesem Papst sehr viel Raum und Bedeutung, während er ihm in der zweiten sehr viel weniger Gewicht beimißt

– vielleicht weil er sie 1246 schrieb, als Gregor schon einige Jahre tot war, oder weil das Material, über das er verfügte, sehr verschieden war. Aufgrund der Angaben in den anderen Quellen – wie der Dreigefährtenlegende und anderer nichtbiographischer Quellen – stellt die jüngste Forschung zu diesem Thema fest, daß die Rolle, die Hugolin in der franziskanischen Bewegung spielte, bescheidener war. Nun müssen wir uns fragen, wer dieser Kardinal war und welchen Rang er in der Kurie einnahm. Ihm wurde eine zweifellos heikle Aufgabe übertragen, wenn sie auch weniger schwierig und kompliziert war, als es heute, nach so vielen Jahrhunderten, den Anschein haben mag. Hugolin von Ostia hatte sich nämlich in der hohen Schule kurialer Praxis und internationaler Beziehungen mit Innozenz III. ausgebildet, der ihn verschiedentlich im Konflikt zwischen Philipp von Schwaben und Otto von Braunschweig in Deutschland vertrauensvoll als seinen reisenden Diplomaten eingesetzt hatte. Zuvor hatte er ihn in den Verhandlungen mit den Deutschen erprobt, die nach dem Tod Kaiser Heinrichs VI. in Italien geblieben waren: Markward von Anweiler und Diepold von Vohburg. Noch wichtiger war die Mission gewesen, die ihm Honorius III. 1217 anvertraute, der ihm das Vertrauen seines Vorgängers bewahrte: Es ging um den Versuch, die Städte Nord- und Mittelitaliens zu befrieden, um ihnen eine Militär- und Finanzorganisation aufzuerlegen, die die Kreuzzüge unterstützen sollte. Denn die Kreuzfahrer im Heiligen Land hatten große Schwierigkeiten, sich zu halten.

Hugolin von Ostia hatte bei diesen Gegebenheiten große Tatkraft und Intelligenz in der Vermittlung entwickelt, die allerdings die erhofften Wirkungen nicht zeitigte. In Florenz begegnete er Franziskus und begann mit ihm eine Beziehung gegenseitiger Hochachtung, die dann bis zum Tod anhielt. Es waren jedenfalls zwei reife Persönlichkeiten, die sich da zum erstenmal sahen. Der erfahrene Diplomat war tief religiös, wie seine vorhergehenden Beziehungen zu den Zisterziensern und besonders zu seinem Lehrmeister Rainer belegen, den er unterstützte und protegierte. Für die Minderbrüder und Franziskus hatte er sich zuvor anscheinend nie interessiert. Franziskus war nun reifer und wußte nach einer langen und zum großen Teil schmerzhaften Erfahrung mit seiner Bruderschaft recht gut, wieviel Gewicht die Leitung und Lenkung einer Bewegung hatte, deren Erfolg gerade ihre Schwierigkeiten vervielfachte.

Die Wachstumskrise

Das Zeugnis des Jakob von Vitry zeigte, wie schon gesagt, die Bewegung von Franziskus in einem Wendepunkt. Dies findet, wie es scheint, eine Entsprechung in dem, was uns in bezug auf etwa dieselbe Zeit die Dreigefährtenlegende sagt: Vom Gesichtspunkt der Institution her sind wir in der Phase, in der die *religio,* von nun an der Minderbrüderorden, sich ein Mindestmaß an struktureller Organisation gab. Franziskus war noch Stütze und Mitte, aber die Organisation drohte ihm schon aus den Händen zu gleiten. Er brauchte daher Mitarbeiter, sowohl in seiner Nähe als auch in den Außenbereichen. Dort bildeten sich langsam, aber mit einer Stetigkeit, die sich jeder auch nur annähernden chronologischen Bestimmung entzieht, Wohnsitze und feste Bleiben, die zwar den Anforderungen auch äußerer Armut genügten und ohne Zweifel jedes Eigentumsrecht ausschlossen, aber doch eine gewisse Stabilität hatten. Sie bildeten Zentren, die den dauernden Rückhalt an Assisi überflüssig machten und als Bezugspunkte für die Außenbereiche dienten. Im übrigen war es offensichtlich nicht mehr möglich – gerade das schon erwähnte Hilfsmittel der Generalkapitel beweist das –, daß alle Brüder bei Franziskus waren, wenn sie den Erfordernissen ihrer Berufung als wandernde Bußprediger mit Intensität entsprechen wollten.
Diese neue Organisation brachte die Bildung örtlicher Rangordnungen mit sich. Auch darum mußte man sich auf den Generalkapiteln kümmern, je nach den Notwendigkeiten, wie sie sich von Fall zu Fall ergaben, und nach einem Plan der Ausdehnung, der zwar nicht alles bis ins Detail festlegen, dem aber doch zugestimmt werden mußte. Dann mußte man eine systematische Zuteilung der Gebiete vornehmen. Dies geschah den Quellen zufolge aber eher als Frucht begeisterter Improvisation denn als genaue und bewußte Vorbereitung auf die Schwierigkeiten, die es in Angriff zu esnehmen galt. Das ist aus dem zu schließen, was geschah, als zwischen 1215 und 1217 beschlossen wurde, die Grenzen Italiens

zu überschreiten. Die Entscheidung war zweifellos schwerwiegend und verpflichtend. Die Erfahrung hatte gezeigt, wie man oft unversehens – eine Erinnerung daran findet sich noch in der Dreigefährtenlegende – auf Hindernisse aller Art stoßen konnte. Noch mehr mußte dies befürchtet werden, als auf dem Pfingstkapitel 1217, am 14. Mai, beschlossen wurde, Brüder über das Meer zu schicken, das heißt – in der Ausdrucksweise jener Zeit – ins Heilige Land. Doch ist es vielleicht angebracht zu erklären, daß diese Reise, wie der Zusammenhang der Quellen zeigt, mehr die Sehnsucht bezeichnete, dorthin zu gehen, wo Christus gelebt hatte und am Kreuz gestorben war, als eine Notwendigkeit, die Meere zu überqueren, weil sie schon alle Länder Europas erreicht hatten. Gleichzeitig wurde nämlich die Aussendung von Brüdern zumindest nach England, Frankreich und Deutschland beschlossen und so die Bildung der «Ordensprovinzen» eingeleitet.

Auf diesem Generalkapitel hielt Franziskus eine kurze Ansprache, die sich gänzlich einfügt in die Linie seines Vorhabens, Beispiel und Vorbild für alle zu sein, die aber auch zeigt, wie ungenau die Informationen waren, über die er verfügte:

> «Liebste Brüder», sagte der Heilige, «ich muß allen meinen Brüdern Vorbild und Beispiel sein. Wenn ich daher meine Brüder in ferne Länder gesandt habe, zu Arbeit, Demütigung, Hunger und wer weiß wie vielen Nöten, so scheint es mir recht und billig, daß ich meinerseits auch in eine ferne Gegend gehe, besonders damit die Brüder in der Lage sind, ihre Not und Bedrängnis mit mehr Geduld zu ertragen, wenn sie gehört haben, daß auch ich dasselbe erdulde» [Leg Per 108].

Dann rief er, wie es Brauch war, zum gemeinsamen Gebet auf, damit Gott sie erleuchte in der Wahl einer Provinz. Nach diesem Gebet, als sie sich wieder versammelt hatten, verkündete Franziskus im Namen unseres Herrn Jesus Christus, der Jungfrau Maria und aller Heiligen, er habe die Provinz Frankreich gewählt, wo es katholische Menschen gebe, «besonders weil sie unter den anderen Katholiken dem Leib Christi die größte Ehrfurcht erweisen». Und um so lieber sei es ihm, sich mit ihnen unterhalten zu können [Leg Per 108 = Hug-Rotzetter 46].

Die *Kompilation von Assisi* bzw. *Legende von Perugia,* die uns diese Begebenheit überliefert, dehnt dann zwar den Lobpreis der Andacht aus, die Franziskus der Eucharistie entgegenbrachte, indem sie andere erbauliche Episoden erzählt. Doch wird es gut sein, hier daran zu erinnern, daß die Wahl auch damit zusammenhing, daß er als junger Kaufmann von seinem Vater Nachrichten über Frankreich gehört hatte, der dorthin Geschäftsbeziehungen hatte und Reisen machte. Es ist auch nicht zu vergessen, daß er Französisch konnte, wenn auch nicht besonders gut, daß er gern in dieser Sprache sang und sie oft brauchte, wenn er sich und seine Gefährten der Menge als Spielleute des Herrn präsentierte. Deshalb braucht man nicht an eine Begegnung mit Jakob von Vitry zu denken, wie Thomas Eccleston zu unterstellen scheint: Direkte Kenntnisse hatte er selbstverständlich vom Vaterhaus her.

Nach letzten Ermahnungen und Ratschlägen trat er mit seinem Gefährten, dem Priester Silvester, seine Reise an. Sie kamen nach Arezzo und fanden die Stadt als Beute jener tragischen Konflikte und Feindseligkeiten, die die ersten Jahre des dreizehnten Jahrhunderts kennzeichneten. Diese markierten den Übergang von der Regierung durch Konsuln zu der durch Bürgermeister sowie das Aufkommen der Schicht von Kaufleuten und Handwerkern, die sich später «Volk» nannte.

In diesem Bürgerkrieg, dessen ganzes tragisches Gewicht er Jahre zuvor persönlich erfahren hatte, erkannte Franziskus bei seiner Ankunft in der Umgebung Arezzos den Triumph der Dämonen, die «frohlockten über jene Zwietracht und alle aufstachelten, die Stadt mit Feuer und anderen Zerstörungswerkzeugen zu vernichten». Da bat er Silvester, der ja Priester war, diese Dämonen auszutreiben, weil er dies durch die priesterlichen Vollmachten tun konnte. Und Bruder Silvester sprach vor dem Stadttor seine Gebetsformel:

> «Gelobt und gepriesen sei der Herr Jesus Christus. Im Namen des allmächtigen Gottes, und kraft des heiligen Gehorsams unseres heiligsten Vaters Franziskus gebiete ich allen Dämonen, aus dieser Stadt auszufahren» [Leg Per 108].

Franziskus konnte in Arezzo nicht predigen – das sagt die Quelle eindeutig. Aber kurz darauf gewann die Stadt Frieden und Eintracht zurück. Diese Begebenheit, die dann von der Frömmigkeit der Hagiographen zu einem Wunder hochstilisiert wurde, verdient es, näher und mit größerer Aufmerksamkeit in Erinnerung ge-

rufen und untersucht zu werden. Denn sie gibt uns die Möglichkeit, uns der typischen Religiosität des Heiligen zu nähern und sie zu durchschauen, die sich als sehr vielschichtig erweist: Sie bewegte sich zwischen dem strengen Festhalten an der Schrift, der Theologie und Liturgie einerseits, wie wir sie in seinen Schriften, oder wenigstens in einigen von ihnen finden, und der Nähe zur Volksfrömmigkeit andererseits. Diese blühte in der schon besprochenen Episode der *sortes apostolorum* oder eben in dieser Erklärung eines Bürgerkrieges durch die Anwesenheit von Dämonen, die dann zu beschwören sind, als hätte es sich einfach um eine besessene Einzelperson gehandelt und nicht um eine Stadt. Die Besonderheit des Bruder Silvester anvertrauten Exorzismus' ist nicht weniger interessant und kennzeichnend: Nicht Franziskus, der keine heilige Weihen hat, führte ihn aus, sondern er übertrug ihn Sivester, weil dieser Priester war. Silvester seinerseits berief sich beim Sprechen der Exorzismusformel auf Gott den Allmächtigen, flüchtete aber sozusagen hinter den Gehorsam, den Franziskus ihm auferlegt hat. Hier stoßen wir auf ein Denken, das im Wandel begriffen ist: Zwar war der Heilige sich der schweren Verantwortung in der Führung seines Ordens bewußt und empfand immer mehr Respekt für den «Apparat» der Kirche, auch was Organisation und Lehre betrifft, doch in seinem Innern hielt er immer noch an der Auffassung des jungen Kaufmanns fest mit ihren religiösen Ungenauigkeiten, mit dem Weiterleben uralter Glaubenshaltungen und Denkgewohnheiten.
Von Arezzo kam Franziskus nach Florenz, das in jener Zeit große Schwierigkeiten mit dem Papsttum hatte. Schon von Innozenz III. war es mit dem Bann belegt worden, sei es wegen der Konflikte mit der Kurie selbst in dem Augenblick, als diese gerade alles für die bevorstehende Rückkehr des designierten Kaisers Friedrich vorbereitete, sei es wegen der inneren Kämpfe zwischen Guelfen und Ghibellinen (Papsttreuen und Kaisertreuen). Unrealistisch ist auch nicht der Gedanke, einer der Beweggründe für den Bann sei die Sorge wegen der Häresie gewesen, wenn wir uns erinnern, daß die Geschichtsschreibung von Florenz die Ankunft der Patarener, d.h. der Katharer, in der Stadt gerade in jenen Jahren ansetzt.

Die Verhandlungen des Kardinals Hugolin hatten lange gedauert und schwierige Unterredungen erfordert, die er führen mußte, während er noch auf päpstliche Anweisungen und Entscheidungen wartete. Diese waren um so wichtiger, als Florenz nach dem gescheiterten Aussöhnungsversuch desselben Kardinals zwischen Pisa und Genua im Kampfgebiet der Toskana eine sehr wichtige Rolle bekam. Wie schon erwähnt, traf Franziskus in Florenz den Kardinal, den er anscheinend noch nicht kannte. Dieser jedoch hatte schon von ihm gehört und empfing ihn mit großer Herzlichkeit. Dann wünschte er, über die Motive der Reise unterrichtet zu werden, und als er sie erfuhr, riet er ihm sofort ab. Die Gründe dafür müssen gut durchdacht werden, um jeden triumphalistischen Eindruck zu korrigieren, was die Einbettung des Minderbrüderordens in der Kirche betrifft, und gleichzeitig um zu verstehen, wie der Papst und die Kardinäle – oder wenigstens einige von ihnen – das Gewicht und die Bedeutung erkannten, die Franziskus für seine Gemeinschaft hatte.

> «Ich will nicht, Bruder», sagte Hugolin, «daß du nach jenseits der Berge gehst, denn es gibt viele, Kirchenfürsten und andere, die das Wohl deines Ordens in der römischen Kurie behindern würden. Ich und die anderen Kardinäle, die deinen Orden lieben, werden ihn einfacher und besser schützen können, wenn du im Umkreis dieses Gebietes bleibst» [Leg Per 108].

Franziskus machte an dieser Stelle geltend, wie beschämend es für ihn sein würde, in der Heimat zu bleiben, nachdem er seine Mitbrüder in abgelegene und ferne Länder geschickt hatte. Wie ein Wissender einem Unwissenden und daher Unvorsichtigen erwiderte ihm der Kardinal in vorwurfsvollem Ton:

> «Warum hast du deine Mitbrüder so weit fortgeschickt, um vor Hunger zu sterben und so viele andere Bedrängnisse zu erleiden?» [Leg Per 108].

Hier zeigt sich in seiner ganzen Tragweite der Unterschied zwischen der Unbesonnenheit des Franziskus, wenn man so will, seiner Kühnheit, seinem tiefen Vertrauen in den Wert seines Handelns und seines Werkes der Buße und der Mission und der klaren Voraussicht, aber auch dem fehlenden Schwung des Kardinals, der im Grunde nicht begriff. Mit Verblüffung – doch müßten wir vielleicht sagen mit Skepsis – vernahm er daher die leidenschaftliche Antwort des Franziskus:

> «Herr, glaubt oder meint Ihr denn, daß der Herr die Brüder nur für diese Länder gesandt hat? Aber wahrlich, ich sage Euch, der Herr hat die Brüder erwählt und gesandt zum Nutzen und Heil der Seelen aller Menschen in aller Welt; und sie werden nicht nur aufgenommen werden in den Ländern der Gläubigen, sondern auch in denen der Ungläubigen. Und weil sie die Versprechen halten, die sie dem Herrn gemacht haben, wird Er ihnen das Nötige geben, im Land der Ungläubigen wie der Gläubigen» [Leg Per 108].

Der Kardinal wagte nicht zu antworten, denn er erkannte die Gültigkeit der Worte des Franziskus. Dennoch erhielt dieser keine Reiseerlaubnis, so daß er an seiner Stelle Bruder Pacifikus nach Frankreich schickte und nach Assisi zurückkehrte. Die Begegnung ist offensichtlich in einer Reihe schneller Wortwechsel berichtet, die ihren Höhepunkt darstellen, während sie wesentlich breiter und ausgedehnter verlaufen sein muß, wie schon ihr Rahmen zu verstehen gibt. Aber sie hatte große Rückwirkungen auf das weitere Leben des Heiligen und des Ordens, soweit wir feststellen können. Von da an blieb der Heilige in Italien – die Reise ins Heilige Land ist ein Fall für sich – und war immer persönlich anwesend, sei es, daß er das Leben und die Aktivität all seiner Brüder lenkte, sei es, daß er nach seinem freiwilligen Verzicht auf das Amt als einfacher Bruder weiterhin aufmerksam ihr Schicksal beobachtete, es mit ihnen teilte und mit aller Kraft zu vermeiden versuchte, daß die Verhältnisse oder menschlicher Wille den ursprünglichen, echten Geist seiner Bruderschaft beeinträchtigten, die nun schon eine *religio,* ein Orden im vollen Sinn des Wortes war. Da wir den spontanen Eifer des Franziskus und seine Leidenschaft für die Tat kennen, bedeutet dies alles, daß die vom Kardinal vorausgesehenen Gefahren keine schwatzhaften Einflüsterungen eines mächtigen Kurienmannes waren, sondern Realitäten, die Franziskus zwangen, über seine persönlichen, sozusagen instinktiven Neigungen hinwegzugehen, um auf der Hut zu sein und entsprechend zu handeln. In diesem Sinne war die Begegnung mit Kardinal Hugolin wirklich, wie oben gesagt wurde, ent-

scheidend für das ganze Leben des Franziskus von Assisi. Aber sie war es auch noch in einem anderen Sinn. Wir haben berichtet, daß kurz vor Innozenz III. Kardinal Johannes von St. Paul gestorben war. Dadurch hatte der Orden den Mann verloren, der ihn in seinen ersten Schritten gestützt und auch in der Folge nie versäumt hatte, ihn mit seinem Schutz und Rat zu leiten, ohne je die Pläne und Initiativen der Bruderschaft und ihres Leiters dadurch zu beeinflussen oder irgendwie zu behindern. Gerade nach der Begegnung mit Hugolin und der Rückkehr nach Assisi muß sich erwiesen haben, wie günstig Schutz und Hilfe einer hochstehenden Persönlichkeit waren, die jene Unterstützung sichern konnte, deren objektive Notwendigkeit Franziskus anerkennen mußte. Er wußte wohl, daß er dem Papst Gehorsam und Ehrerbietung gelobt hatte. Aber er wußte auch von den wirklichen Schwierigkeiten, die eine wenn auch nur gelegentliche Begegnung mit dem Papst mit sich brachte, dessen vielfältige Pflichten und nicht abreißende Sorgen er gut kannte, etwa das Heilige Land mit dem Kreuzzug, die Ketzer, die damals den Höhepunkt ihrer Ausbreitung erlebten, die politischen Geschäfte.
So dachte er sich dazu, durch die Umstände selbst darauf hingewiesen, sich jene besondere kirchenrechtliche Figur aus, die im Leben der Kirche bis dahin zwar nicht vollkommen fehlte, aber auch keine klare, konkrete und vor allem ununterbrochene Realität gewesen war, und die den Namen «Kardinalprotektor» erhielt. In diesem Zusammenhang haben wir, wie gesagt, zwei klare Überlieferungen in den Quellen, und zwar in der ersten Lebensbeschreibung des Thomas von Celano und in der Dreigefährtenlegende. Beide sind aus verschiedenen Gründen angreifbar. Celano nämlich neigt dazu, Hugolin als denjenigen darzustellen, der aus eigenem Antrieb Franziskus beim Papst einführte und erreichte, daß er in aller Öffentlichkeit zu ihm sprechen konnte, so daß sich die Bitte um ihn als Kardinalprotektor von selbst ergab. Als solcher habe er in der Folge den Heiligen zum Verzicht auf seine Reise nach Frankreich genötigt. Feiner schattiert und weniger genau in den Details ist die Erzählung der Legende, die ebenfalls Hugolin als wohlwollend und freundlich gegenüber dem Orden darstellt und als aufmerksamen Betrachter seines Handelns und Wirkens, so daß Franziskus selbst, wie wir sehen werden, ihn als

Kardinalprotektor erbat. Das zu lösende Problem stellt sich also folgendermaßen dar: Ist die gerade erzählte Begebenheit in Florenz ein normales Moment und Ausdruck der Tätigkeit Hugolins als Kardinalprotektor, oder ist nicht vielmehr die Begegnung in Florenz gerade der Ausgangspunkt, die Voraussetzung für eine herzliche Beziehung, die mit der Bitte um ihn als Kardinalprotektor zur festen Einrichtung wurde?

Eines ist sicher: Franziskus und Hugolin waren einander vor Florenz nicht begegnet. Dies würde automatisch die Erzählung Celanos von der Reise nach Rom und den damit verbundenen Ereignissen ausschließen. Andererseits erweist es sich bei einem aufmerksamen Lesen der Legende als unrichtig, an einen unmittelbar funktionierenden Automatismus zu denken, durch den beim Tod des Kardinals von St. Paul sofort die Bitte um einen Kardinalprotektor erfolgt wäre. Auf den ersten Blick könnte man dies meinen, es ist aber ganz anders. Als Kardinal Johannes tot war, hätte Hugolin spontan und aus Sympathie das Leben und die Aktivität des Franziskus und seines Ordens verfolgt. Aus der Feststellung dieses Wohlwollens sei dann der Antrag erwachsen, ihn als Kardinalprotektor zu erhalten. Könnte nun nicht gerade jene freundliche Gesinnung, die die Legende [3 Gef 61] allgemein mit den Worten *diligere, protegere, fovere* (lieben, schützen, fördern) umschreibt, in der ausgedehnten Beratung in Florenz und in dem wohlwollenden Verständnis bestehen, das diese Beratung in ihm geweckt hatte? Dies würde auch erklären, warum der «Mann Gottes» Franziskus in Anerkennung seiner Wichtigkeit mit seinen Mitbrüdern zu Hugolin ging, «weil er unter allen Kardinälen wohlbekannt war» [3 Gef 61]. Dieser empfing ihn freudig und war zu jeder «Beschützung» bereit, die er daher spontan und frei anbot. Der Heilige nahm nicht nur den Vorschlag des Kardinals an, sondern gab zu erkennen, daß er ihn als «Vater und Beschützer unseres Ordens» haben wollte, wobei er versicherte, alle Brüder würden seiner in ihren Gebeten gedenken. Schließlich lud er ihn zur Teilnahme am nächsten Pfingstkapitel ein – wahrscheinlich 1218. Und, so erklärt die Legende, fortan habe er an jedem Generalkapitel teilgenommen und sei von den Brüdern in froher Feierlichkeit empfangen worden.

Schon diese einfache Erzählung der Umstände, die zu Hugolins

Ernennung zum Kardinalprotektor führten, genügt, um Sabatiers These zu widerlegen, eine Verschwörung an der Kurie habe Franziskus und seine Minderbrüder in die Hand bekommen und für ihre eigenen Ziele einspannen wollen. Merkwürdigerweise, muß man sagen, war es gerade Sabatier, der als erster mit Recht die Wichtigkeit der Begegnung in Florenz unterstrich und behauptete. Mit großer Einfühlsamkeit hat er die Psychologie des Heiligen studiert und interpretiert. Was aber jenes Zwiegespräch mit seinem klaren und festen Wortwechsel, vor allem aber mit dem starken, unbeirrbaren Vertrauen des Franziskus in die göttliche Vorsehung, die nie versäumt hatte, seinen Brüdern zu helfen, zeigt, hat er nicht erkannt: Daß Franziskus sich vernünftigen, überzeugenden Argumenten fügen konnte, wie jenen, die ihn dazu bewegten, in Italien und Umbrien zu bleiben. So beugte er möglichen Gefahren und Drohungen für seinen Orden vor und gab doch das Wesentliche nicht auf. Er blieb in Assisi, rief aber die zur Mission ausgesandten Brüder nicht zurück. Und wenn er schon auf die Reise nach Frankreich verzichten mußte, schickte er an seiner Stelle eben einen anderen, Bruder Pacifikus.

Aufgrund der Quellen können wir diesen Punkt also abschließen mit der Erklärung, daß Hugolin die Entwichklung des Minderbrüderordens stützte und förderte, Franziskus aufrichtig liebte, dessen Heiligkeit und besonders dessen heldenhaftes Leben – vor allem in den letzten Jahren, worüber zu seiner Zeit zu sprechen ist – er bewunderte. Nach unsern Ergebnissen gelang es ihm aber nie, einen entscheidenden und wesentlich verändernden Einfluß auf den Heiligen, seine Entscheidungen und seinen Willen auszuüben.

Alle franziskanischen Quellen stimmen im übrigen – wenn auch mit verschiedenen Nuancen – darin überein, Hugolin Gewicht und Bedeutung beizumessen. Sie schreiben ihm aber auch keine Einmischung bedeutenden Ausmaßes zu, außer seiner Forderung, die freilich ihren spezifischen Ton hatte, Franziskus müsse nach Assisi zurückkehren und auf die Reise nach Frankreich verzichten. Hingegen ist es wichtig, hier zum erstenmal zu unterstreichen – wir werden auch im folgenden auf die Frage zurückkommen –, daß die Gruppe von Brüdern, die ihre eigenen Erinnerungen überliefert und mit dem Ausdruck *Nos qui cum eo fuimus* (wir, die mit ihm waren) signiert hat, nicht im geringsten auf Einmischungen des Kardinalprotektors anspielt. Statt dessen hebt sie bei verschiedenen Gelegenheiten die *condescensio* (Gewogenheit, Herablassung) hervor, die Franziskus den Brüdern erwies, indem er ihren Bedürfnissen und Wünschen entgegenkam. Dabei stellte er manchmal auch seinen eigenen Willen zurück, sei es aus zärtlicher, väterlicher Nachgiebigkeit, sei es um den Skandal von Zwietracht und Streit innerhalb der *fraternitas* zu vermeiden.

Daraus kann man, wie uns scheint, schließen, daß die innere Entwicklung des Ordens, seine Tendenz zu immer größerer Komplexität und Vielfalt also nicht eine unglückselige Folge der Einmischung seitens der Kurie durch die Vermittlung des Kardinals Hugolin war – jedenfalls zu Lebzeiten des Heiligen –, sondern vielmehr das Ergebnis des Widerstandes, den die Brüder selbst dem Ideal des Heiligen in seiner ursprünglichen Fassung entgegensetzten. Mindestens ein Aspekt dieses Widerstandes zeigt sich als wirklich wichtig. Wir haben an entsprechender Stelle darauf hingewiesen, wie der Fall der Priester gelöst worden war, die um Aufnahme in die *fraternitas* gebeten hatten – es handelte sich um Petrus Catanii und Silvester. Dabei war in aller Einfalt dem Übergang zur Randexistenz größere Bedeutung beigemessen worden als dem klerikalen Stand. War es aber möglich, diese Haltung beizubehalten, als die Zahl der Priester im Orden erheblich angewachsen war und sie in einem ganz anderen gesellschaftlichen Umfeld zu leben und zu arbeiten hatten als dem eines italienischen Stadtstaates?

Der Konflikt, den Sabatier zwischen der Kurie und Franziskus annahm, verliert in dieser Sicht seinen ohnehin geringen Stellenwert als «Betrug der Kurie» und «Pfaffenschwindel» auf hoher Ebene und bekommt die weit höhere und für Franziskus weit tragischere Bedeutung des Konfliktes zwischen einem Mann mit einem Ideal und seiner Zeit mit den konkreten Umständen, in denen er sich darstellt. Es ist ein *Konflikt,* den wir ohne Zögern gleichzeitig riesig und tragisch nennen: Der junge, körperlich zerbrechliche und zarte Kaufmann zeigte eine übermenschliche Energie und Widerstandskraft in der Gewißheit seiner Überzeugung, für die er auf alles verzichtet, sich selbst und sein Leben geopfert hatte – aber die außerordentlichen Ereignisse schienen

ihm dann unerbittlich die Anerkennung zu verweigern. Als die Gewißheit zu schwanken schien, kannte auch Franziskus seinen Garten Getsemani, seinen Augenblick des Zweifels. Aber er ließ sich nie umstimmen. Daher der tragische Aspekt, der in so vieler Hinsicht das letzte Lebensjahrzehnt von Franziskus kennzeichnet, das ihm dem Anschein nach den größten Triumph brachte, in Wahrheit aber die bitterste Enttäuschung, die ihn jedoch nie zum Aufgeben oder Einlenken zu bewegen konnte. Von diesem Gesichtspunkt aus muß man auch anerkennen, daß er trotz tausend Schwierigkeiten, trotz schwelender, aber lebhafter Spannung, die sich vor allem zwischen den am weitesten entfernten Brüdern und ihrem Gründer entwickelte, die Hoffnung auf einen sicheren, unfehlbaren göttlichen Beistand nie verlor. Die seelischen und körperlichen Schmerzen, die er zwischen 1216 und 1226 erlitt, verstand er als Grund und als Mittel, den Verlassenen und Unglücklichen näher zu bleiben, zu denen er bewußt hatte überwechseln wollen, und um noch enger mit seinem Vorbild, dem gekreuzigten Christus, verbunden zu sein.
Wenn wir das «Pfaffenkomplott» beiseite lassen, das von Sabatier so eindrucksvoll und überzeugend dargestellt wird, in Wirklichkeit aber nicht existierte, und statt dessen die tiefe, einschneidende Bedeutung des immer intensiveren Zustroms von neuen Brüdern – besonders aus Ländern, die weit entfernt von Italien und jenseits der Alpen lagen – betonen, müssen wir, wenn auch in Kürze, die Ereignisse dieser Ausdehnung in ihren charakteristischen und wesentlichen Zügen darstellen. So erhalten wir dann Orientierungsdaten, die nützlich sind, um die Bedeutung der Spannung zu vertiefen und voll zu ermessen, die sich zwischen diesen neuen Brüdern und ihrem Meister und Beispiel Franziskus entwickelten.

7.2. Außerhalb Italiens: Frankreich, England, Deutschland und Ungarn

Die Quellen

Wir haben schon erwähnt, daß auf dem Generalkapitel von Pfingsten 1217 die Aufteilung der ganzen abendländischen Christenheit in eine Reihe von Provinzen eingeleitet und dabei festgelegt wurde, daß jeweils eine Gruppe von Brüdern sich in die verschiedenen Länder begeben sollte. Wenn auch Franziskus nach Assisi zurückkehrte und an seiner Stelle Bruder Pacifikus nach Frankreich reiste, so gehorchten doch die anderen Brüder und erreichten auch, wie wir sehen werden, ihre Ziele.

Glücklicherweise haben wir über diese erste Ausbreitung Berichte von außergewöhnlichem Wert, die sich dicht an die Ereignisse halten und insgesamt sichere Information geben: die beiden kleinen Schriften *De adventu fratrum minorum in Anglia* (die Ankunft der Minderbrüder in England) von Thomas von Eccleston und die *Chronica* des Jordan von Giano. Jordan von Giano ist ein wahrhaft kostbarer Zeuge, nicht nur wegen der Angaben, die er uns überliefert, sondern auch weil er selbst das außergewöhnliche Klima erlebt hat, in dem die Ausdehnung des Ordens beschlossen und in die Tat umgesetzt wurde. Er war, wie der Name sagt, gebürtig aus Giano, einer Ortschaft nahe von Assisi. Er wurde vom heiligen Franziskus persönlich als Minderbruder aufgenommen, wahrscheinlich gegen 1217. Nach seinen eigenen Angaben war er nur durch einen Zufall nicht unter den ersten franziskanischen Märtyrern in Marokko, die 1219 zu den Ungläubigen gesandt wurden. In Italien geblieben und, wie es schien, dazu bestimmt, für immer dort zu bleiben, wurde er auf dem Generalkapitel von 1221 dazu ausersehen – und er gesteht ausdrücklich ein: gegen seinen Willen –, nach Deutschland zu gehen, wohin er sich im Herbst/Winter 1221 begab. Nach seiner Priesterweihe im Frühjahr 1223, vielleicht in Speyer, blieb er in Deutschland und reiste bis zu seinem Tod von einem Ort zum anderen. Dieser ereilte ihn in hohem Alter, zwischen 75 und 80 Jahren, zu einem nicht näher bestimmbaren Zeitpunkt. Sein Leichnam wurde in Magdeburg begraben. Die *Chronica,* die er schrieb, als er sich schon dem Ende seines Lebens näherte, will kein historisch angelegter und geordneter Bericht sein, sondern, wie mit Recht festgestellt worden ist, ein Erlebnisbericht, bei dem zweifellos nicht nur die Abfolge der Ereignisse und Tatsachen Gewicht und Bedeutung hat, sondern auch und vor allem die Gefühle, mit denen sie aufgenommen und mitgeteilt werden. Gerade dieser Plan hat naturgemäß ihre Rückwirkungen auf das gesamte Werk. Im ersten Teil, als Jordan noch jünger war, neugieriger, aufmerksamer für die Erlebnisse seiner Mitbrüder, ist der Bericht breit und gibt uns wertvolle Informationen – wir werden uns ihrer bedienen –, auch was die ordensinternen Ereignisse betrifft. Doch bald beschränkt er als Folge seiner persönlichen Sorgen und Schwierigkeiten sein Blickfeld auf das Brandenburgische, wo er die letzten Jahre seines Daseins verbrachte. In der zeitlichen Abfolge hat dieser Umstand allerdings für unsere Arbeit keine Bedeutung, weil er sich auf die Zeit nach Franziskus bezieht.

Vollkommen anders ist das Schicksal und in gewisser Hinsicht auch die Persönlichkeit und das Werk des Thomas, genannt von Eccleston, obwohl er seinen Geburtsort nie angibt. Von ihm wissen wir nichts, weil er auch in seinem Werk nicht viel von sich spricht. Wichtig ist aber, was er über seinen Eintritt in den Orden berichtet: Er gehörte nämlich zu jenen neuen Brüdern – auf die wir schon hingewiesen haben –, die weder Franziskus noch Italien je sahen oder kannten, und die das neue franziskanische Ideal nur indirekt aufnahmen – und wie es scheint, sehr indirekt, wenn er uns erzählt, er sei von jenen Brüdern beeinflußt, die dem Orden in Paris beigetreten und dann nach England gegangen waren, um ihn zu verbreiten. Nach allem, was sich feststellen läßt, wurde Thomas zwischen 1230 und 1232 Minderbruder und begann sofort mit seiner Arbeit. D.h., daß er schon eine kulturelle Bildung und Ausbildung besaß und daher nicht allzu jung gewesen sein kann, als er beschloß, das Ordensleben zu erwählen. Im Orden blieb er bis zu seinem Tod, den man einigen Indizien zufolge kurz nach 1259 ansetzt. Sein Aufenthaltsort war, dies scheint gesichert, London.

Sein Werk ist ganz anders als das des Jordan. Es unterscheidet sich von diesem sowohl durch den Zweck – Thomas wollte nicht eine Lebenserfahrung berichten, sondern ein erbauliches Werk schreiben – als auch durch die unterschiedliche Darstellungskraft des Autors – aufgrund ihrer allgemeinen Zielsetzung schreibt Jordan lebendiger als Thomas, der schlicht erzählt. Der Bruder aus Umbrien verliert nie eine gewisse kritische Haltung gegenüber der deutschen Welt, obwohl er etliche Jahrzehnte in ihr gelebt hat. Der Engländer sucht bei aller Kenntnis der Grenzen und Schwächen der eigenen Mitbrüder diese zu entschuldigen oder abzumildern. Dies zeigt uns genau – wenn auch einige Jahre nach dem

Tod von Franziskus –, daß es die Vielfalt der Brüder war, die den Orden in verschiedene Richtungen trieb, die zwar nicht allzusehr, aber doch erkennbar vom Ideal seines Gründers abwichen.

Schwierigkeiten

Leider fehlen uns ähnliche Berichte über Frankreich, wenn es auch nicht mangelt an Angaben, die zeigen, daß sich die beiden Provinzen Südfrankreich (*provincia Provinciae*) und Nordfrankreich (*provincia Franciae*) sehr bald klar voneinander unterschieden. Gerade in Frankreich erlebten die Brüder die ersten schwerwiegenden Probleme. Wir dürfen an diesem Punkt nicht vergessen, daß lange Zeit und praktisch bis zum Kreuzzug gegen die Albigenser jene Häretiker, die das *consolamentum* empfangen hatten, die sogenannten «Vollkommenen», ein besonderes kennzeichnendes Gewand trugen aus rauhem, grauem Tuch mit einem Gürtel, so daß im Sprachgebrauch «eingekleideter Ketzer» gleichbedeutend war mit «Vollkommenem». Als die Brüder nach Paris kamen mit ihrem für jene Stadt total ungewohnten Habit, wurden sie sofort mit Ketzern verwechselt und vor Petrus von Nemours, den Bischof der Stadt geführt. Dieser rief die Lehrer der Universität zur Beratung zusammen – es gab also eine Art Prozeß, wenn auch anscheinened nicht formal –, und diese befragten die Brüder und wollten Informationen über ihre Regel. Trotz des günstigen Ergebnisses der Vernehmung wollte der Bischof, der sich in dieser Frage durchaus nicht sicher war, sie dem Papst vortragen. Dieser beruhigte ihn sofort und erklärte in einem Dokument vom 29. Mai 1220, *Pro dilectis filiis,* wer die Brüder seien. Ob die Brüder nach Paris gegangen waren, weil es eine berühmte Universitätsstadt war – wie schon der heilige Dominikus nach Bologna – oder ob sie durch Zufall dorthin geraten waren, ist nicht in Erfahrung zu bringen. Doch ist man aufgrund der Erzählung der Ereignisse geneigt, die zweite Hypothese anzunehmen.
Anders, insgesamt einfacher und günstiger war die Aufnahme im französischen Mittelmeerraum, wo die politische Lage und das städtische Leben die schlimmsten Schwierigkeiten ausräumten, wenn nicht gar ausschlossen. Man kann sich gut vorstellen, daß

die Brüder in einem Ort, in dem trotz des Albigenserkreuzzugs und des darauffolgenden Krieges die Häretiker praktisch volle Ruhe genossen, von der Bevölkerung mit Wohlwollen aufgenommen wurden. Sicher entwickelten sich auch bald freundliche Beziehungen zu den Leuten. Es ist der Erwähnung wert, daß der Obere der Brüdergruppe, Johannes von Penna, dreißig Jahre in der Provence blieb.

Sehr viel schwieriger stellte sich die Lage in Deutschland und Ungarn dar. Nach Deutschland wurde ein Bruder aus den Marken gesandt, der ebenfalls Johannes von Penna hieß, aber mit dem eben erwähnten anscheinend nicht identisch war. Er brach mit etwa zwanzig Brüdern auf, ohne das Land und die Sprache zu kennen, also im Vertrauen auf eine recht mangelhafte Voraussetzung. Zuerst schien alles gut zu gehen, denn sie merkten, daß sie immer dann aufgenommen und bewirtet wurden, wenn sie «ja» sagten. Daraus erschlossen sie, dieses Wort müsse einen freundlichen Wert und Sinn haben. Als man merkte, daß sie Italiener waren, dachte man unglücklicherweise, sie könnten Häretiker sein und fragte sie danach. Die Antwort war wieder ein «Ja», worauf die Folgen nicht lange auf sich warten ließen:

> «Einige wurden verprügelt, andere ins Gefängnis geworfen, andere ausgezogen und dem Richter vorgeführt und dienten schließlich den Anwesenden zu groben Scherzen» [Chronik 5].

Sie waren also gezwungen, nach Italien zurückzukehren, und die Lage in Deutschland erschien ihnen so furchterregend, daß sie sich als Gruppe nicht mehr dorthin wagten. Und wer es allein wagte, tat es aus Sehnsucht nach dem Martyrium.

Noch dramatischer war das Erlebnis in Ungarn, von dem uns ebenfalls Jordan von Giano berichtet: Ein ungarischer Bischof, der ihnen anscheinend wohlgesonnen war, ließ eine Gruppe von Brüdern die Adria überqueren. Als sie aber, in verschiedene kleine Gruppen geteilt, sich selbst überlassen waren und über die große Ebene reisten, stießen sie auf Hirten, die sie mit wer weiß wem verwechselten, die Hunde auf sie hetzten und sie mit ihren Spießen zurücktrieben. Es ist möglich, daß sie Angst vor ihnen hatten, weil sie sie für Zauberer oder Hexenmeister hielten. Die Brüder jedoch glaubten, sie wollten ihre Kutten haben und zogen sie aus, um sie ihnen zu geben, doch wurden die Feindseligkeiten nicht eingestellt. So zogen sie auch die Unterhosen aus und dann die Sandalen. Doch gelang es ihnen keineswegs, die bittere Feindseligkeit der Hirten zu besänftigen, so daß sie am Ende, nachdem sie etliche Male ihre Kleidung eingebüßt hatten, zur Rückkehr nach Italien gezwungen waren.

Noch tragischer war das Schicksal der Brüder, die nach Spanien gesandt worden und von dort nach Marokko aufgebrochen waren, wo sie den Märtyrertod fanden. Der einzige, dem es jenseits des Meeres besser erging, war Bruder Elias. Er ging nach Palästina und lernte dort Cäsar von Speyer kennen, eine Persönlichkeit von großem Format. Cäsar hatte schon sein Theologiestudium in Paris abgeschlossen, unter der Führung eines hervorragenden Lehrers und Landsmannes, Konrad von Speyer, der dann von 1221 an Bischof von Hildesheim war.

Ein sehr gerafftes, aber insgesamt genaues Echo dieser Ereignisse liegt in der kurzen, aber wirkungsvollen Darstellung der Dreigefährtenlegende, die die bittere Bilanz dieser ersten Erfahrung außerhalb Italiens als Fehlschlag bezeichnet. Sie kann wohl als Erklärung für den Stillstand des Ordens jenseits der Alpen dienen:

> «In manchen Provinzen wurden sie aufgenommen, doch erlaubte man ihnen nicht, Behausungen zu bauen. Aus anderen Provinzen vertrieb man sie, weil man annahm, sie seien Ketzer *(infideles)*. Zwar hatte der genannte Herr Innozenz III. ihren Orden und ihre Regel gutgeheißen, doch hatte er sie nicht schriftlich bestätigt. Deshalb mußten die Brüder von Klerikern und Laien viel Ungemach erleiden: die Brüder waren gezwungen, aus verschiedenen Provinzen zu fliehen. Verängstigt und hart mitgenommen und auch von Räubern ausgeplündert und geschlagen, kehrten sie in tiefer Trauer zum seligen Franziskus zurück. So erging es ihnen in fast allen Gebieten jenseits der Alpen, in Deutschland, Ungarn und in vielen anderen» [3 Gef 62].

Es handelt sich hier zweifellos um eine sehr bedeutsame Stelle: Wenn wir bedenken, daß die Dreigefährtenlegende ihre Angaben überlieferte, ohne die dramatischen Berichte des Jordan von Giano zu kennen, wird klar, wie sehr diese Vorfälle die Phantasie der Brüder beschäftigt hatten. Sicher hatten die Verfolgungen ihren Grund in der noch ungenügend definierten Stellung des Ordens als Institution. Sie müssen Franziskus stark belastet haben, hatte er doch immer gezögert, ein «geschriebenes» Privileg, ein klares Dokument gleich welcher Art von der Kurie zu erbitten oder anzunehmen, das den Orden irgendwie gesichert hätte. Hier findet einer der ersten Konflikte zwischen Ideal und Wirklichkeit statt, von denen die Rede war: Die brüderliche Bußgemeinschaft, die wenigstens in ihrem Herkunftsgebiet und dessen Umgebung anscheinend mit der «Lebensweise», der Regel leben konnte, die der Papst gebilligt hatte – samt den fortlaufenden Anpassungen, die von Mal zu Mal auf den Generalkapiteln vorgenommen wurden – mußte genauer und organischer aufgebaut werden. Die ursprüngliche Gemeinschaft mußte sich in einen richtigen religiösen Orden umformen. Daß Hugolin von Ostia in diesem Sinn wirkte und Franziskus drängte, die Tatsachen anzuerkennen, ist aus vielen Gründen natürlich. Niemand als Hugolin konnte nämlich besser einschätzen, wie ungewöhnlich – vom Standpunkt des Kirchenrechts her – die Situation dieses Ordens war. Daß aus der *fraternitas* ein Orden entstanden war, darüber gab es keinen Zweifel. Und dieser Orden konnte, wie auch der wachsende Erfolg überall, wo er auftrat, zeigte, wirklich auf keine Weise ohne Mißverständnisse in die vier schon bestätigten Orden eingegliedert werden, weil er ihnen gegenüber tiefe und unleugbare Unterschiede aufwies. Es wird gut sein, diesen Unterschieden kurz die Aufmerksamkeit zu widmen.

Auch wenn die Minderbrüder einsame und abgelegene Orte suchten und sich oft der kontemplativen Meditation hingaben, konnten sie sich mit Sicherheit nicht Eremiten nennen wegen der höchst einfachen Tatsache, daß sie auch täglich ihre Einsiedelei verließen, sich unters Volk mischten und sich der Mahnung zur Buße widmeten. Daß dann mehr als einer von ihnen, allen voran Franziskus, zeitweise als Eremiten im eigentlichen Sinn des Wortes lebten, hatte auch kein wirkliches Gewicht, weil es sich eben um ein Einsiedlerleben auf Zeit handelte. Zum Mönchtum fehlte den Minderbrüdern nicht nur das wesentliche Merkmal der *stabilitas,* d.h. der festen Bindung an das Kloster, sondern auch die hierarchische Struktur mit einem Abt an der Spitze. Franziskus beharrte zwar gewiß auf dem Gehorsam gegenüber dem Oberen, aber dieser Obere mußte vor allem Diener aller seiner Mitbrüder sein und war ohnehin in seiner Autorität sehr eingeschränkt, wie in der Regel festgehalten wurde: Jedem seiner Befehle sollte Gehorsam geleistet werden, doch nur, wenn er nicht im Widerspruch zum Heil der Seele und zur Beobachtung der Regel stand. Bei all dem lassen wir den wichtigen Umstand beiseite, daß die Mönche eine Gütergemeinschaft hatten, die oft recht ansehnlich war und ihnen normalerweise völlige wirtschaftliche Selbstversorgung gestattete. Die Minderbrüder hingegen wiesen zur Bekräftigung ihres Standes als Büßer am Rand der Gesellschaft jedweden Besitz zurück, auch wenn er ihnen angeboten wurde, um von ihrer Arbeit zu leben und von Almosen, die sie von Tür zu Tür erbettelten.

Auch konnten sie keinem der bestehenden Typen von Chorherren angeglichen werden. Die notwendige Voraussetzung, die diese allgemein kennzeichnete, war die Zugehörigkeit zum klerikalen Stand. Daraus folgte ihre Verpflichtung zum gemeinsamen Leben für den Dienst und die Sorge an den Seelen. Davon unterschieden sich die Minderbrüder vor allem durch die absolute Gleichstellung von Klerikern und Nichtklerikern, ferner durch die Ablehnung von Eigentum in jeder Form und schließlich durch den Verzicht auf Seelsorge. Außerdem war ihre grundlegende Zielsetzung das direkte, ständige und spontane Handeln auch außerhalb der kirchlichen Gebäude, mitten im Volk, zur geistlichen Erneuerung der Gläubigen, um sie zu Bekehrung und Buße zu bewegen. Endlich unterschieden sie sich durch ihre Einstellung zur Armut, die bei den Minderbrüdern immer «total» war.

Aus offensichtlichen Gründen, wie wir schon gesehen haben, traten sie schließlich auch nicht dem Priesterstand bei: Das Priestertum – und dies bezieht sich zweifellos auf alle anderen, die als Einsiedler, Mönche oder Chorherren religiös lebten – stellte einen gesellschaftlichen Stand dar, in der Sprache des dreizehnten Jahrhunderts und allgemein des Mittelalters einen *ordo,* mit einer klar definierten Stellung, mit Rechten, Privilegien und offiziellen Anerkennungen. All dies wußte Franziskus von Assisi schon vor seiner Bekehrung sehr genau. Gerade all dies hatte er vermeiden wollen. Denn als er als Gläubiger unter Gläubigen in der Welt gewohnt hatte, hatte er in seiner Sensibilität gemerkt, daß etwas fehlte, das er für notwendig hielt. Und die Beispielhaftigkeit des Mönches und des Einsiedlers war gewiß wichtig und wertvoll.

Aber sie blieb hinter den Mauern des Klosters eingeschlossen. Vor allem wurde sie nicht geteilt und konnte nicht geteilt werden. Die Chorherren und Priester waren Verwalter der Sakramente. Sie arbeiteten zwar innerhalb der Massen, aber diese Tätigkeit gehörte zu ihren Pflichten. Und die neuen Massen der neuen Städte bemerkten, daß die Priester sich immer auf das wesentliche Mindestmaß beschränkten und in vielen Fällen hinter dem Mindestmaß zurückblieben. Franziskus hingegen hielt es für religiöse Pflicht und Notwendigkeit, nicht in der Kirche auf die Gläubigen zu warten, sich nicht erst an sie zu wenden, wenn sie schon zur Messe oder anderen Feiern versammelt waren. Er wollte mit ihnen diskutieren, sie beraten. Die Beispielhaftigkeit des echten Christen mußte eine mitreißende Kraft haben. Sie war nötig, um die Abgestumpften, Gleichgültigen zu überzeugen, die immer bereit waren, ihre Bekehrung auf die lange Bank zu schieben. Bei all dem wollte Franziskus sich nicht als Beispiel hinstellen und nichts von seiner eigenen, persönlichen, geistlichen Konzentration und seiner strengen Askese verlieren, sondern sie bis zum Grund ausloten. Er wollte auch nicht die Vergangenheit kirchlicher Tradition vergegenwärtigen, sondern die Zukunft einer Spiritualität, die, ohne das zu verlieren, was schon Bestand und Wirkung hatte, noch darüber hinausgehen konnte, um die Herzen der Gläubigen besser zu erreichen.

Die erwähnten dramatischen Erfahrungen bestätigen, wie revolutionär die Position des Franziskus war. Auch die ursprüngliche Regel stellte sich in der Kirche des dreizehnten Jahrhunderts als etwas Revolutionäres dar: sie war einfach, dehnbar und als dauernder Ansporn gedacht – wie es das Evangelium in Wahrheit ist – und nicht als Norm. So war sie in gewisser Hinsicht direkt eine Antiregel (nicht umsonst ist sie verschwunden, als sie nicht mehr in Kraft war). In Italien freilich, das von soviel Gärung und Unruhe aufgewühlt war, hatte man Franziskus – zwar nicht ohne Mißtrauen und Sorgen – akzeptiert als möglichen Katalysator schweifender Energien, als einen Menschen, der die Seelen anziehen, zügeln und leiten konnte, die auf der Suche nach einem alternativen religiösen Leben waren. Die große Überraschung war die Zahl und Vielfalt der Seelen, die sich danach sehnten, in der tätigen Buße und im Werk der Ermahnung ihre eigene Vitalität und geistliche Verpflichtung auszudrücken. Es fehlen uns darüber ausreichende Angaben aus anderen Quellen für eine auch nur annähernde Schätzung. Aber vielleicht unterschätzt man die Tatsache, daß nicht nur Laien jedes gesellschaftlichen Standes, sondern auch viele Kleriker der *fraternitas* und dann der *religio,* dem Orden der Minderbrüder beitreten wollten. Es war nicht Wunsch nach Erniedrigung, nicht masochistische Lust am selbstauferlegten Leiden – dies hat der eine oder andere alte oder neue Dummkopf über Franziskus gesagt, aber man könnte es noch mehr über seine Nachfolger sagen. Es war vielmehr die Wiedergewinnung des Leidens, das zum Menschsein gehört, nach dem Vorbild Christi und von Christus allen angeboten, um die Menschen zum Heil zu führen.

All diese Gründe helfen verstehen, warum die Kirche angesichts der Existenz des Minderbrüderordens in Sorge war. Freilich schloß diese Sorge nicht die aufrichtige Bewunderung und Hochachtung für seinen Gründer aus. Besorgniserregend waren, wie gesagt, die rechtlichen Regelwidrigkeiten, und dies um so mehr, als gerade jene Regelwidrigkeiten, jene Anomalien zum Teil das Scheitern der Versuche in Deutschland und Ungarn mitverursacht hatten, wie die Dreigefährtenlegende klar sagt [3 Gef 63]. Die Ereignisse in Frankreich mit der Befragung der Brüder in Paris und der günstigen Aufnahme im Süden, wo die religiöse Lage derjenigen in Italien so ähnlich war, bestätigen dies. Deutschland, wo die klerikale und monastische Welt in ihren Strukturen fest und geschlossen war und der politischen Macht sehr nahestand, die sie stützte und förderte, war wachsam gegen jedes Einsickern von Häresien. Unter ihnen war die katharische besonders gefürchtet, so sehr, daß es später zu erbitterten Verfolgungen kam, die zwischen 1231 und 1232 das mäßigende Eingreifen von Papst Gregor IX. erforderlich machten.

Die Regel war also nicht, wie so oft behauptet, ein Instrument der Kirche, um Franziskus zu unterdrücken und auszunutzen, sondern vielmehr ein Mittel, welches das Leben des Minderbrüderordens regelte und ihm dadurch das Recht des Daseins und Handelns innerhalb der Christenheit gab, nicht nur in Italien, sondern im ganzen Abendland. Die Sonderbefragung, Beglaubigung und Bestätigung, die der Bischof von Paris und die Lehrer der Universität

als Untersuchung in eigener Verantwortung unternahmen und für die sie dann von Rom Billigung und Bestätigung erbaten, mußte auf einer einheitlichen, umfassenden Ebene geschehen, eben in Rom. Nur Rom konnte die Existenz dieser religiösen Gemeinschaft, die Männer und Frauen umfaßte, bekanntgeben und öffentlich empfehlen: jener Gemeinschaft, die sich nun anschickte, auch solche Menschen um sich zu sammeln, die zwar weiter in der Welt lebten, aber doch in unterschiedlichen Formen von Buße der Gemeinschaft der Minderbrüder nahestehen wollten. Sie bildeten den Anfangskern dessen, was später Dritter Orden genannt wurde.
So merkwürdig es auch scheinen mag – dies gestattet uns, auf einem grundlegenden und geschichtlich wesentlichen Punkt zu beharren –, das schwerste Hindernis kam weder von der Kurie, denn im Grunde waren Papst und Kurienkardinäle wohlgesonnen, noch von Franziskus selbst, der als Kaufmannssohn und Kaufmann zu realistisch und praktisch war, um gewisse unvermeidliche Notwendigkeiten nicht anzuerkennen. Das Hindernis waren, genau gesagt, die Mönche, Chorherren und Priester, die, in vielhundertjährigen kirchlichen Traditionen verwurzelt, gegen eine Neuheit rebellierten, die jene Traditionen umzustürzen schien und tatsächlich umstürzte. Man denke nur kurz daran, was die normalen Reaktionen eines Bischofs sein konnten, wenn eine Gruppe Minderbrüder auftauchte: zwar baten sie ihn um «Predigterlaubnis» und bekundeten ihm die tiefste Ehrfurcht, aber in Wirklichkeit entzogen sie sich jeglicher Kontrolle, zogen von einem Ort zum anderen, ohne *stabilitas,* ohne eine feste Bleibe zu haben. Und wenn es auch eine solche Bleibe gab, konnte sie für ihn keine Bedeutung haben, denn er konnte nichts von ihnen fordern, weil sie nichts hatten. Einem Bischof, der an die alte Welt der Mönche gewöhnt war, fehlte schließlich die Abtweihe oder die Klostervisitation, die selbstverständlich war und als Gewohnheit bisweilen sogar für die freien Klöster beibehalten wurde. Daß es sich nicht um eine Übertreibung von Historikern handelt, die die Neuheit von Franziskus und seiner Bewegung bekräftigen und vertiefen und Widerstände ausloten wollen, die diese Neuheit auslöste, zeigt die Tatsache, daß eine solche Opposition, mehr oder wenig untergründig und offen, nie fehlte. Noch gegen Mitte des 13. Jahrhunderts gelang es ihr, Innozenz IV., einen großen Rechtsgelehr-

ten, teilweise zu überzeugen, so daß er am Ende seines Lebens die Bulle *Etsi animarum* vom 20. November 1254 erließ (die von seinem Nachfolger Alexander IV. sofort widerrufen wurde). Und beim II. Konzil von Lyon 1274 hätte die Opposition beinahe sowohl Franziskaner als auch Dominikaner gestürzt. Nur die Lehre und Geschicklichkeit des Kardinals Bonaventura von Bagnoreggio zusammen mit der Unterstützung des Papstes Gregor X. und der Energie des Dominikanergenerals Hubert von Romans konnten die Katastrophe verhindern. Doch wurden viele der kleineren Bewegungen ausgemerzt – eine wohlbekannte Geschichte! –, die besonders um die Franziskaner herum aufgeblüht waren.

Notwendigkeit der Regel

Die Notwendigkeit einer *Regel* war also vordringlich und unumgänglich. Die Schwierigkeit lag in der Abfassung. Über diesen Punkt sind Hunderte von Seiten geschrieben und endlose Debatten geführt worden, die schließlich alle mehr oder minder im Bereich der Wahrscheinlichkeit und der Vermutung bleiben. Da wir für diese Zeit keine Quellen haben, auf die wir bauen können, scheint es uns, keine Hypothese, sondern eine Möglichkeit zu sein, daß der einzige Orientierungspunkt aus einer beiläufigen und daher nicht zweckgerichteten Bemerkung in der Dreigefährtenlegende kommt. Sie spricht von der Ablehnung jeden Eigentums durch Franziskus und berichtet, wie Franziskus alle darauf aufmerksam machte, den Umgang mit Geld zu meiden. Die Legende fährt dann fort:

> «... daß er in allen seinen Regeln gerade die Armut betonte und alle Brüder besorgt machte, das Geld zu meiden; er verfaßte nämlich mehrere Regeln und erprobte sie, bevor er jene verfaßte, die er zuletzt den Brüdern hinterließ» [3 Gef 35].

Diesem Zeugnis eines Biographen bzw. Hagiographen schließt sich nun das der letzten Ausgabe der Schriften des heiligen Franziskus an, wo es unbezweifelbare Hinweise auf eine andere *Regula non bullata* gibt, die der uns erhaltenen zwar ähnelt, aber doch Unterschiede aufweist [Fragm].

Nach diesen genauen Angaben halten wir es nicht für erforderlich, in die Diskussion um die zahlreichen Angaben einzusteigen, die von der einen oder anderen Quelle über diesen oder jenen Punkt herkommen, über diese oder jene Abwandlung, Hinzufügung oder Auslassung, die unter den verschiedensten Umständen und durch den Einfluß dieser oder jener Persönlichkeit entstanden – nicht ohne Tricks und Kniffe, wie im Fall eines Textes, den Bruder Elias verschwinden ließ oder verlor. Es ist höchstens von Bedeutung, daß diese Regeln ohne Zweifel auf den verschiedenen Generalkapiteln erörtert worden sind und sich unter anderem der Mitwirkung jener *boni viri* (guten Männer) erfreut haben, jener Rechtsexperten, von denen für die Jahre 1214–1216 schon Jakob von Vitry spricht. Daß unter ihnen Petrus Catanii gewesen sein kann, einer der ersten Gefährten von Franziskus, ist sehr wahrscheinlich, auch wegen des Vertrauens, das Franziskus in ihn hatte. Aber über eine Hypothese kann man nicht hinausgehen, um so mehr, als Petrus relativ früh, am 10. März 1221, starb und jedenfalls bei der letzten und endgültigen Abfassung, die wir als *Regula bullata* kennen, nicht mitgewirkt haben kann.
Die geschichtliche Entwicklung der Regel der Minderbrüder nachzuzeichnen halten wir für unmöglich. Aber wir meinen, daß man nun die beiden Bezugspunkte genau angeben kann, deren Gegensätze zu den beiden uns überlieferten Dokumenten geführt haben, der *Regula non bullata* und der *Regula bullata*. An seinem Ideal hielt Franziskus mit aller Kraft fest. Er strebte ein Dokument an, das anregend sein sollte, offen für Initiativen großzügiger Hingabe an den Nächsten, lebendig im Festhalten am Beispiel Christi, in der Liebe zur Armut, zum Opfer, zu jener Wahl des Standes, die wir wiederholt erwähnt haben, sowie zur wesentlichen Tatsache seiner Bekehrung. Während er sich dem Ende seines Lebens näherte, war seine tiefe, ja immer tiefer werdende Sorge das Abfallen des Ordens in einen *formalen* Gehorsam gegenüber einer *formalen* Regel, dem der lebendige und belebende Geist des Minderbruders fehlte. Für Franziskus sollte der Minderbruder eine treibende, verwandelnde Kraft in der christlichen Gesellschaft sein, besonders wegen seiner Nähe zu den Verlassenen. Franziskus fürchtete in der Tat, das, was Elan war und inneres Bedürfnis aus Liebe und Hingabe für den Aussätzigen, den Kranken, den Un-

glücklichen, den Leidenden, könnte auf das Niveau eines müden Gehorsams absinken, einer Pflicht, die deshalb erfüllt und anerkannt würde, weil sie auferlegt worden wäre.
Hier ist, um es deutlich zu sagen, das Kampffeld der letzten Jahre von Franziskus. Dies war seine Qual, seine Bedrängnis, seine Angst, die ihn zur Erfindung möglichst vieler Vorsichtsmaßnahmen trieb, damit jener Verfall – wohlgemerkt ein innerer Verfall, der nach außen nicht in Erscheinung tritt – nicht wahr würde. Der Beweggrund seiner Sorge, die er übrigens seit langem empfand und seit der Zurückweisung einer der vier schon bestätigten Regeln zum Ausdruck brachte, war die rechtliche Norm, insofern sie dazu neigt, den lebendigen Schwung der Seele zu regulieren, festzuschreiben, in ein System zu pressen und ihm schließlich den Garaus zu machen. Und mit der rechtlichen Norm – auch dies haben wir an entsprechender Stelle hervorgehoben – ging das vielleicht noch größere Risiko der auslegenden Anmerkungen einher, des Kommentars, der schließlich den tiefen Sinn der Normen, auch der besten, zunichte machte oder änderte.
Für die Überwindung dieses Risikos verbrauchte Franziskus seine Kräfte, die körperlich sicher schwach, geistlich und geistig aber ungemindert waren, soweit man dies aus den Quellen schließen kann – besonders wenn man bedenkt, daß viele seiner Schriften gerade in diese letzte Zeit seines Lebens gehören, wenn sie auch Sekretären oder Mitarbeitern diktiert wurden.

Das Heilige Land

Während die schwierige Aufgabe einer Systematisierung mehr oder minder organisch entstandener Normen, die als Regel dienen konnten, sich anbahnte, befaßte er sich im Geist mit etwas, das er wie eine Pflicht empfand, der er sich nicht entziehen konnte und durfte: einer Reise ins *Heilige Land*. Wir sagen nicht grundlos «ins Heilige Land», denn man hat den Eindruck, daß Franziskus nicht besonders begierig auf das Pilgern im üblichen, technischen Sinn des Wortes war. Zwar hatte er als junger Mann noch vor seiner Bekehrung St. Peter in Rom besucht. Als er mit seinen Gefährten dorthin zurückkam, um vom Papst die Bestätigung seiner Lebens-

weise zu erhalten, besuchte er mit ihnen die *limina apostolorum,* d. h. die für Pilger vorgesehenen Basiliken. Aber allem Anschein nach gehörte er nicht zu denen, die nach diesem oder jenem Heiligtum Reisen unternehmen. Tatsächlich war für Franziskus die Reise ins Heilige Land etwas anderes: Sie stellte sich ihm als höchste Prüfung seines Lebens dar. Seine Brüder in Marokko waren gerade in jenen Jahren für den Glauben gestorben, weil sie zum Predigen unter die Ungläubigen gegangen waren. Er mußte bei der höchsten Tat des Martyriums wieder der erste und das Beispiel sein. Er, der vom Ruhm im Gefolge eines Grafen geträumt hatte – irgendeines Gentile, dessen Geschichte vergessen ist –, durfte nicht fehlen, wo andere Gläubige für Christus litten und stritten.
So holte er die unterbliebene Reise nach Frankreich nach und bekräftigte sein Ideal der Armut und des Friedens. Denn er reiste ohne irgendetwas, vor allem aber ohne Waffen, stark in seinem Glauben und gestützt – wir werden sehen, wie und warum – allein auf seinen Mut.
Sehnsucht also, das Land zu betreten, wo Christus gelebt hatte und gekreuzigt worden war; Hoffnung, dem Ungläubigen zu begegnen und von seiner Hand den Märtyrertod zu finden; Notwendigkeit des Beispiels – diesmal konnte nichts Franziskus zurückhalten. Wir wissen nicht, ob Hugolin von Ostia es noch einmal versuchte. Die Entscheidung war gefallen. Es ging darum, sie zu verwirklichen.

8. Im Heiligen Land und in Italien: Vom Martyrium zur Krankheit

8.1. In Europa und in Palästina

Das Martyrium als Wert

Ein so wichtiger Zeuge wie Thomas von Celano erzählt uns als einziger in seiner ersten, aber nicht in der zweiten Lebensbeschreibung, daß Franziskus in Wirklichkeit lange vor 1219 versucht hatte, ins Heilige Land zu gelangen. So habe er sich eingeschifft, als «im sechsten Jahr seiner Bekehrung» (1 Cel 55) Klara sich der Brüdergemeinschaft angeschlossen hatte. Er habe die Adria überquert und sei an der Küste Dalmatiens an einem nicht näher bestimmten Ort gelandet. Dort habe er erfahren, daß in jenem Jahr schwerlich ein Schiff nach Syrien gehen würde. So habe er beschlossen, nach Italien zurückzukehren, und sich auf einem Schiff versteckt, das nach Ancona gehen sollte. Wohin er dank der Hilfe der barmherzigen Vorsehung auch gelangt sei – trotz der Feindseligkeit der Seeleute, denen er für die Überfahrt nichts habe zahlen können.

Nach dem gescheiterten Versuch auf dem Seeweg habe er es – immer noch nach dem einzigen Zeugnis des Thomas – in seiner Sehnsucht nach dem Martyrium auf dem Landweg versucht. Nicht lange nach jener ersten Reise habe er eine weitere über die Straßen Italiens und Frankreichs entlang der Küsten des Mittelmeeres unternommen. So sei er nach Spanien gekommen mit der Absicht, von dort nach Marokko zu gelangen und den Kalifen Mohamed-ben-Nasser zu bekehren. Dieser war kurz zuvor, am 16. Juli 1212, von den Spaniern unter Peter II. von Aragonien bei Las Navas de Tolosa geschlagen worden. Wieder habe Franziskus seine Reise nicht zu Ende geführt, weil er auf dem Weg – Thomas erklärt, in Spanien – erkrankt und zur Heimkehr gezwungen worden sei [1 Cel 56].

Soweit uns bekannt ist, hat nie jemand diese beiden Versuche bezweifelt. Nun wollen wir nicht überkritisch sein – aber wir kommen nicht umhin, anzumerken, daß sich keine Spuren in anderen Quellen finden, die nicht auf Thomas zurückgriffen. Besonders die Dreigefährtenlegende spricht nicht davon, obwohl sie jenen Jahren im Leben des Franziskus höchste Aufmerksamkeit widmet, in denen Assisi noch ganz der Mittelpunkt war. Sicher kann die kurze Abwesenheit während der Reise nach Dalmatien und der Rückkehr über Ancona auch unbemerkt geblieben und in Vergessenheit geraten sein, da es sich, relativ gesehen, um wenig Zeit, einige Wochen, handelte. Doch ist es nicht leicht zu verstehen, warum niemand sonst seine Abwesenheit von Assisi bemerkt hat, die nicht weniger als einige Monate gedauert haben kann. Ohne das Verdienst des Thomas schmälern zu wollen, mag vielleicht der Gedanke genügen, daß die Krankheit den Heiligen nicht in Spanien heimgesucht haben wird, sondern bevor er dort ankam oder sogar nicht lange nach seiner Abreise. Auf jeden Fall ist es interessant, daß das Ziel dieser Reisen nicht eine Pilgerfahrt, sondern das Martyrium war. Und hier ist es angezeigt, daran zu erinnern, daß vom 11. Jahrhundert an und als Rückwirkung der Kreuzzugszeit – viele Elemente weisen in diese Richtung – der Wert des Martyriums eine neue, lebhafte Blüte der Wertschätzung erlebte. Nicht, daß seine Wichtigkeit während der Jahrhunderte nach den Christenverfolgungen je vergessen oder unterschätzt worden wäre – aber es war gewiß weniger häufig und wegen der Zeitumstände weniger möglich. Das Mönchtum neigte dazu, sich auf allen Ebenen und in allen Ausformungen als tägliches Martyrium darzustellen, als stetiges Martyrium der Buße und Abtötung, das auf diese Weise das Blutzeugnis ersetzte. Dann hatte das Mönchtum in Irland eine Theorie des Klosterlebens als Martyrium ausgearbeitet, mit Abstufungen von der Askese bis zum Tod für Christus bei der Verkündigung des Glaubens an ihn. Es handelte sich nicht um bloße Theorien ohne jede Entsprechung in der praktischen Wirklichkeit. Man denke an den Mut und die Kühnheit, mit denen diese Mönche unter die Heiden gingen und in verschiedenen Fällen den Märtyrertod fanden: Dies lehrt uns als bekanntestes und berühmtestes Beispiel Bonifatius.

Außerhalb des Mönchtums wird uns Wert und Bedeutung des Martyriums um die Jahrtausendwende bestätigt durch das Beispiel

des heiligen Adalbert von Prag und durch die anderen Fürsten und Bischöfe, die Märtyrer wurden, vom heiligen Stanislaus in Polen bis zum heiligen Gerhard in Ungarn. Die Mystik des Martyriums jedoch wurde mit den Kreuzzügen tief und neu gelebt: Wer dort kämpfte und starb, war ein Märtyrer. So ist es kein Zufall, daß man während des ersten Kreuzzuges auf wunderbare Weise – so sagte man – die Heilige Lanze fand, die die Seite Jesu Christi durchstoßen hatte. Zudem festigte sich gerade in dieser Zeit unter den rigoristischen Häretikern des Abendlandes der Glaube, die einzig sichere Heilsgarantie sei das Martyrium – ein Glaube, der dann in den katharischen Irrglauben überging mit seinem rituellen Martyrium-Selbstmord, der bei ihnen als höchste Form der Sühne den Namen *endura* (Buße) erhielt. Hier ist aber nicht der Ort, eine solche Frage zu behandeln. Wir werden uns nicht auf kleinere Einzelfälle einlassen. Doch kommen wir nicht umhin, Ereignisse in Italien zu erwähnen, die eine ungeheure Breitenwirkung hatten: den Fall Arialdo, der in Mailand von Gegnern getötet wurde und als Märtyrer galt, und den des Petrus Parenzo, der, wie schon gesagt, in den allerersten Jahren des 13. Jahrhunderts in Orvieto, also nicht weit von Assisi, in einer Verschwörung von Ketzern und aufständischen Feudalherren ermordet wurde.
Uns scheint jedoch, daß das Martyrium im Orient für Franziskus besondere Anziehungskraft hatte. Aber nicht so sehr das Martyrium an und für sich, das die irischen Mönche gerade erhofften, sondern vielmehr als mögliche und daher mutig ins Auge zu fassende Folge eines Missionswerkes zur Bekehrung der Ungläubigen. Dies ist der allgemeine Eindruck, der sich sowohl aus dem Verhalten des Heiligen ergibt als auch aus seiner persönlichen Einstellung, die jede irgendwie provozierende, herausfordernde Handlungsweise ausschloß.

Die Reise

Nachdem die Abreise beschlossene Sache war, übertrug Franziskus, der sich wohl bewußt war, nun an der Spitze eines zahlenmäßig großen und vielschichtigen Ordens zu stehen, mit aller Sorgfalt die Pflichten an jene, die ihn während seiner Abwesenheit vertreten sollten. Er teilte sie auf zwischen zwei Brüdern, denen er seiner Meinung nach ausreichend vertrauen konnte, Matthäus von Narni und Gregor von Neapel. Matthäus sollte in der Portiunkula bleiben, die, wie wir uns erinnern, Zentrum und Ausgangspunkt des ganzen Ordens blieb. Seine Aufgabe war allgemeine Aufmerksamkeit für das Geschehen und Aufnahme und persönliche Prüfung derer, die bei den Brüdern aufgenommen werden wollten, wie es bis dahin Franziskus selbst getan hatte. Gregor sollte eine Art Visitator sein und in Italien von einem Ort zum anderen reisen. Jenseits der Alpen waren erst wenige Minderbrüder, und ihre Bedeutung war noch gering. Wir werden sehen, wie diese beiden Vikare dann mit ihrer Handlungsweise verschiedene Störungen verursachten, welche die schnelle Rückkehr von Franziskus erforderlich machten.

Franziskus brach auf, als das Heilige Land ohne jeden Zweifel einen der schwierigsten Momente seiner Geschichte durchmachte. Es wurde schon gesagt, wie der vierte Kreuzzug in einem Fehlschlag endete und wie Honorius III. sofort nach seiner Wahl zum Papst daran dachte, Hilfe für den Orient zu sammeln, und zu diesem Zweck Kardinal Hugolin von Ostia ausssandte, zwischen den verfeindeten italienischen Stadtstaaten Frieden zu stiften, um von ihnen Bewaffnete und finanzielle Mittel zu erhalten. Während dieser Mission hielt Hugolin, wie wir sahen, Franziskus in Florenz auf, der schon auf der Reise nach Frankreich war. Aber er muß ihn wohl mit seinen Worten und seiner Wirksamkeit in dem Vorhaben bestärkt haben, nach einer notwendigen und vernünftigen Vorbereitung ins Heilige Land zu gehen. Auf der anderen Seite wurden Männer und Mittel gesammelt und dem Kardinal Pelagius Galvani, Bischof von Albano, zur Verfügung gestellt. Dieser war vielleicht ein heiliger Mann. Aber er hatte keinerlei Erfahrung mit der Lage im Orient, wo die verschiedenen christlichen Fürsten, die religiösen Ritterorden und die ehrgeizigen Führer aus dem Abendland an Land gegangen waren und heftig stritten, um politisch und militärisch ihre Ansichten zur Geltung zu bringen, die sich mit ihren Interessen genau deckten. Der päpstliche Gesandte Pelagius war sicher nicht imstande, Herr der Lage zu sein, denn es fehlte ihm die persönliche Eignung und die Energie, seiner Autorität Respekt zu verschaffen. Und so stützte er sich bald auf diese, bald auf jene der sich widersprechenden Gruppen. Doch hatte er die schlechte Idee, ein Manöver vorzuschlagen – auf den ersten Blick sah es wie ein guter Vorschlag aus –, durch das der Druck der moslemischen Truppen auf Palästina vermindert werden sollte. Dabei sollte in Ägypten die wichtige befestigte Stadt Damiette angegriffen werden. Dies sollte den Herrscher des Landes zwingen, wenigstens einen Teil seiner Truppen dorthin zu schicken – im Heiligen Land und in Ägypten war al-Kamil von 1218 an Herrscher und hatte etliche Jahre lang ständig Schwierigkeiten mit Brüdern und anderen Thronanwärtern.

Über diese Ereignisse informieren uns verschiedene Quellen. Unter ihnen finden wir noch einmal Jakob von Vitry mit einem Brief und mit seiner *Historia Occidentalis* (Geschichte des Abendlandes), die besonders wegen der Geschichte über Franziskus und seinen Orden kostbar ist. Und Jordan von Giano fand bei der Erzählung über die Anfänge der Minderbrüder in Deutschland Gelegenheit, zwischen seinen Erinnerungen in der *Chronica* gerade diese Ereignisse einzufügen [Chronik 10–15], die sich zeitlich genau zwischen der ersten und der zweiten Mission nördlich der Alpen abspielten. Es muß gesagt werden, daß neben diesen präzisen und ausführlichen Zeugnissen die erste Lebensbeschreibung des Thomas von Celano an Wert verliert, denn sie ist literarisch ausgeschmückt, geschichtlich aber nicht abgesichert.

Wir wissen nicht, wie Franziskus, der von Petrus Catanii begleitet wurde, ins Heilige Land reiste. Mit aller Wahrscheinlichkeit schloß er sich den Hilfstruppen aus den italienischen Stadtstaaten an, die, wie gesagt, von Honorius III. geschickt wurden, und kam zu Bruder Elias. Dieser war auf dem Kapitel von 1217 in den Orient entsandt worden und hatte während seines Aufenthaltes dort erreicht, daß Cäsar von Speyer in den Orden eintrat, eine hervorragende Persönlichkeit, ein Mann von hoher Universitätsbildung, erfahren in Exegese und Theologie. Franziskus muß in Damiette angekommen sein, als die Belagerung der Stadt im Anfangsstadium war. Jakob von Vitry spricht von seiner Anwesenheit schon in seinem 6. Brief und vermittelt dabei den Eindruck, es sei da jemand gekommen, der beunruhige, wenn nicht gar störe.

An diesem Punkt gilt es, zu den Zweifeln Stellung zu nehmen, die bezüglich dieses Briefes zuerst von Golubovich und in seinem Gefolge dann von anderen vorgebracht wurden. Sie haben hervorgehoben – und mit gutem Recht –, daß das Urteil in diesem Brief stark abweicht sowohl von dem des Briefes von 1216 (aber dort war die Rede von «minderen Brüdern und Schwestern», nicht von Franziskus persönlich, und von einer Bewegung, die dazu bestimmt schien, auf Italien beschränkt zu bleiben) als auch, was noch wichtiger ist, von dem, was der gleiche Jakob in seiner *Historia Occidentalis* über Franziskus schreibt, wo er ihn außerordentlich positiv zeichnet. Abgesehen von einer Reihe philologischer Gegebenheiten, die ihr Gewicht haben (die mögliche Interpolation müßte fast gleichzeitig sein mit der Abfassung des Briefes, denn sie befindet sich in einem Kodex aus praktisch derselben Zeit), haben all diese Forscher eine Reihe von Begleitumständen nicht bedacht, die uns helfen, die negative Einstellung Jakobs von Vitry zu verstehen. Der Brief ist gleichzeitig und mit nur unbedeutenden Abweichungen an drei verschiedene Empfänger gerichtet: an Papst Honorius III., an seine Gläubigen in Belgien und an die Äbtissin Agnes vom Zisterzienser Frauenkloster in Aywières. In dem an alle gerichteten Teil erzählt Jakob – jetzt Bischof von Akkon, und daher direkt interessiert an den militärischen Ereignissen – wie durch Gottes Hilfe die Eroberung von Damiette möglich gewesen sei, die als entscheidenden Durchbruch dargestellt wird. Dann folgen in dem nur für den Papst bestimmten Abschnitt andere Einzelheiten militärischer Natur. Im Abschnitt, der für die Freunde und Gläubigen bestimmt ist, folgen Grüße. Die Angaben über Franziskus fügt er für die Freunde und die Äbtissin hinzu. Der Hinweis auf Franziskus wird sozusagen umrahmt von zwei Ereignissen, die für Jakob unangenehm, für uns aber sehr aufschlußreich sind. Der gute Bischof berichtet nämlich, der Priester Rainer, Prior von St. Michael, sei Minderbruder geworden. Und da er wohl weiß, daß seine Briefpartner nicht wissen, wer die Minderbrüder sind, ist er zu Erklärungen gezwungen, die vom Orden auf Franziskus zurückführen. Dabei enthüllt sich eine Geisteshaltung, die zwischen Ärger und Bewunderung schwankt, zwischen der Sorge des Kirchenfürsten und dem, wenn auch zähneknirschenden Eingeständnis der Anziehungskraft dieses neuen religiösen Ordens. Sie gipfelt in einer abschließenden, von Unbehagen bestimmten Feststellung:

> «Diesem selben Orden, von dem eben die Rede war, hat sich der Engländer Colin verschrieben, unser Kleriker, und zwei weitere aus unserer Begleitung, nämlich Magister Michael und Don Matthäus, denen ich die Sorge für die Kirche des Heiligen Kreuzes anvertraut hatte. Den Kantor und Heinrich kann ich nur mit großer Mühe davon abhalten» [Huygens 131].

Schwerlich konnte Jakob von Vitry nach soviel «Abtrünnigkeit» wegen Franziskus und seinen Brüdern diesem wohlgesonnen sein, wenn man bedenkt, welche Probleme der unvorhergesehene Mangel an Mitarbeitern verursacht haben muß – gerade in Palästina, wo sie nicht zu ersetzen und daher kostbar waren.

Nachdem – dies ist wichtig an der fraglichen Stelle – er seine Sorge um die Leichtigkeit zum Ausdruck gebracht hat, die ihm direkt wie Leichtfertigkeit vorkommt, mit der die Minderbrüder neue Brüder aufnahmen und sie dann ohne reifliche Vorbereitung zu zweien in die Welt entsandten (hier ist Bruder Elias am Werk), wendet er doch seine Aufmerksamkeit Franziskus allein zu:

> «Ihr Magister, der diesen Orden gegründet hat, kam zu unserem Heer, brennend vor Glaubenseifer, und ging ohne Furcht zum Heer der Feinde. Und nachdem er einige Tage lang den Sarazenen das Wort Gottes gepredigt hatte, hatte er keine großen Ergebnisse. Doch der Sultan, Herrscher von Ägypten, bat ihn heimlich, den Herrn in seinem Namen zu bitten, daß er dank göttlicher Erleuchtung der Religion angehören könne, die Gott wohlgefälliger sei» [Huygens 131].

Das Zeugnis ist in vieler Hinsicht grundlegend und sogar noch wertvoller als das der *Historia Occidentalis,* weil es unmittelbarer und direkter ist. Die erste Angabe, auf die wir nicht zurückkommen, ist die chronologische. Eine weitere bestätigt die totale, tiefe und entschlossene Friedfertigkeit des Franziskus. Aus den Worten des französichen Bischofs ergibt sich mit unmißverständlicher Klarheit, daß er keinerlei bewaffneten Geleitschutz wollte oder hatte. Während die militärischen Operationen in vollem Gange waren, war er nur vom Glaubenseifer und missionarischen Geist bewegt. Auch die Muselmanen waren Brüder, denen der wahre Weg des Heils, das nur Jesus Christus geben kann, gezeigt werden mußte. Schwierig bleibt das Problem, wie er zu Malek al-Kamil vordrang – und auch was Jordan von Giano in seiner *Chronica* schreibt, hilft uns nicht, es zu lösen. Nach ihm soll Franziskus «Sultano, Sultano» [Chronik 10] geschrien haben, bis er zu ihm geführt wurde. Daß er dort gewesen ist und wirklich mit ihm gesprochen hat, ist nicht zu bezweifeln, auch weil man, wie zuerst von Louis Massignon aufgezeigt und kürzlich von Francesco Gabrieli bestätigt wurde, ein genaues Echo der Anwesenheit des Heiligen in der Biographie eines ägyptischen Theologen und Juristen findet. Es handelt sich um Fakhr ad-din al-Fârisî, der sehr alt, aber in jenen Jahren berühmt war als «geistlicher Führer und Berater des al-Kamil». In dieser Biographie erinnert sich der Weise an eine Diskussion mit einem christlichen Mönch, und zwar im Beisein des Herrschers. Die Umstände sind derart, daß sie sich ohne Zweifel nur auf Franziskus beziehen können. Die Worte Jakobs stellen uns den Heiligen dar, wie er in einem Augenblick die Linien überschreitet, in dem offenbar kriegerische Auseinandersetzungen stattfinden. Also nicht in einer Kampfpause, wie irgend jemand unterstellt hat, wenn der Ausdruck Jakobs «ohne Furcht ging er zum Heer der Feinde» [Huygens 131] einen Sinn hat. Auf jeden Fall hat Malek al-Kamil ihm nichts Böses getan. Wie man aus seinen Beziehungen mit Friedrich II. von Schwaben weiß, war er aufgeschlossen auch für spirituelle Probleme und eher auf politischer als auf kulturell-religiöser Ebene ein Feind der Christen. Dies bestätigt in der Folge die Einhaltung eines mehr als zehnjährigen Waffenstillstandes, den er mit dem schwäbischen Kaiser aushandelte und der von keinen größeren Zwischenfällen gestört wurde.

Jakobs Zeugnis ist schließlich jedoch noch wichtiger wegen der Angaben, die er uns über Franziskus in Ägypten macht. Denn einerseits bestätigt er die Anziehung, die Franziskus auf alle ausübte, die ihm begegneten, auch wenn es Ausländer waren wie die Begleiter des Bischofs. Andererseits verdeutlicht er besonders, welche Anziehungskraft der Orden als solcher hatte, mit seiner Bußpredigt, dem Wirken in der Volksmasse, der Bewegung auf die Gläubigen zu. Und zwar nicht nur für arme Pilger und Weiblein, sondern für reife und verantwortungsbewußte Personen, die doch, um Minderbrüder zu werden, vielleicht keine außergewöhnlichen, aber doch begehrte Ämter und Würden aufgaben. Gerade dies ärgerte Jakob von Vitry – es sei uns gestattet, diesen Punkt nochmals hervorzuheben. In Wirklichkeit verstand er das Neue des Minderbrüderordens nicht und sollte es nie verstehen. Er wiederholt noch einmal: «... sie ahmen bewußt das Vorbild der Urkirche und das Leben der Apostel nach» [Huygens 131]. Diese letzten Worte lassen uns aber begreifen, daß er in den Brüdern etwas bemerkte, das über die traditionellen Formeln des Mönchtums hinausging. Nur verstand er es nur als Nachahmung des Lebens der Apostel. So blieb er ein Gefangener seiner Denkmodelle und der theologischen Bildung, in der er erzogen war. Dasselbe ist von der *Historia Occidentalis* zu sagen, wo das Gesamturteil positiver ausfällt, das Unverständnis aber gleich geblieben ist.

Probleme in Italien

Wie lange Franziskus im Heiligen Land blieb, ist schwer zu bestimmen. Doch das Zeugnis in der zweiten Lebensbeschreibung des Thomas von Celano, nach dem der Heilige durch göttliche Prophetengabe den Fall Damiettes vorhergesehen haben soll [2 Cel 30], läßt uns darauf schließen, daß er zwischen der Belagerung Damiettes mit der darauf folgenden Eroberung und dem Verlust durch den Gegenangriff des Malek al-Kamil dort gewesen sein muß, also mindestens zwischen dem 9. Mai 1218 und dem 29. August 1219 – mehr als ein Jahr. Jedenfalls war es genügend Zeit für die beiden Vikare, die Franziskus in Assisi und Italien zurückgelassen hatte, um eine Reihe von Störungen und Aufregungen zu verursachen. Hierüber wurde der Heilige schnellstens von einem Laienbruder in Kenntnis gesetzt und veranlaßt, so rasch wie möglich zurückzukehren. Es handelte sich um einen Bruder Stefan – er hatte den Gehorsam gebrochen und das Meer überquert, um den Heiligen zu informieren. Und der Heilige kehrte nach einer Beratung mit Petrus Catanii mit allen anderen Mitbrüdern heim.
Die beiden Vikare fühlten sich nämlich bemüßigt, ohne Rücksicht auf die von Franziskus zurückgelassenen Anweisungen, die Bestimmungen für das Fasten strenger zu machen und sie den anderen religiösen Orden anzugleichen. Nach der bisherigen Praxis

aßen sie mittwochs und freitags fleischlos und mit Erlaubnis des Heiligen auch montags und samstags. Sie aßen jedoch auch an allen Tagen Fleisch, wenn es ihnen, offensichtlich als Almosen, angeboten wurde, um dem Gebot des Evangeliums Ehre zu erweisen: «Eßt, was man euch vorsetzt» [Lk 10,8]. Dies alles entsprach, das ist klar, vollkommen dem Geist und der Mentalität des Franziskus, widersprach aber auffallend der Praxis in anderen Gemeinschaften, wo die Bestimmungen über das Fasten bekanntlich starr und streng waren. Die beiden Vikare machten sich also das Kapitel vom 29. September 1219 zunutze. Unterstützt von den *seniores* unter den Brüdern – den ältesten, einflußreichsten, zuerst in den Orden eingetretenen?, der Ausdruck bleibt mehrdeutig –, setzten sie eine ganze Reihe von Normen durch, die die Minderbrüder in das Fastensystem der anderen monastischen Orden einbinden sollten, und brachen so mit dem tiefen Sinn der Buße, die ihr Meister und Gründer gewollt hatte. Dies bestätigt das vorher Aufgezeigte im Zusammenhang mit dem Konflikt zwischen der spirituellen Anpassungsfähigkeit aus dem Geist des Evangeliums bei Franziskus und dem Drängen auf juristisch abgesicherte, aber im wesentlichen als Regelung auch beengende Normen. Jedenfalls widersprachen diese Normen der Lebensweise, an der dem Heiligen mehr lag: jener des wirklich Armen, der nicht nach vorbestimmten Normen ißt, sondern das nimmt, was er finden kann oder was man ihm anbietet.

Keine geringeren Probleme verursachten – wiederum aus Übereifer – andere Brüder, die nicht weniger vertrauenswürdig als die beiden Vikare waren. Bruder Philipp Longo, dem die besondere Sorge für die «Armen Damen von San Damiano» anvertraut war, kümmerte sich nicht allzusehr um die Anweisung von Franziskus, keine Privilegien von der römischen Kurie zu erbitten («aus keinem Grund», wie im Testament ausdrücklich wiederholt wurde). Er erbat nämlich vom Papst ein Privileg zum Schutz für Klara und ihre Schwestern: eine Drohung mit Exkommunikation gegen jeden, der sie belästigen sollte. Weitere Aufregungen verursachte eine Initiative des Bruders Johannes de Capella. Er glaubte, den Ideen von Franziskus besser gerecht zu werden, wenn er eine große Schar Aussätziger, Männer und Frauen, um sich scharte, um mit ihnen einen regelrechten religiösen Orden zu bilden, den er persönlich gründete und für den er beim Apostolischen Stuhl um Erlaubnis bat.

All diese und andere schon erwähnte, aber auch nicht näher bestimmbare Ereignisse, die das Ordensleben der Minderbrüder in Aufruhr brachten, sind vom Standpunkt der Geschichte außerordentlich wichtig und bedeutsam, bestätigen sie uns doch gerade mit ihren Übertreibungen und Auswüchsen die Realität und Gültigkeit der Bedürfnisse, auf die Franziskus mit seiner Gemeinschaft hatte antworten wollen. Aber gleichzeitig offenbaren sie seine Begabung für Gleichgewicht, Konkretheit und Wirklichkeitssinn und seine Fähigkeit, gefährliche Einseitigkeiten ebenso wie Übereifer zu vermeiden, die mit der formgebenden Idee seiner Lebensweise im Widerspruch standen. Den schon mehrmals genannten Charakterzügen der persönlichen Anziehung und Faszination müssen wir diese anderen Eigenschaften hinzufügen, die wesentlich waren für das Haupt einer Gemeinschaft, das um so lebendiger war, als es beweglich und geschmeidig war, aber auch fähig, Widerstand und Widerspruch gegen manche unvorhergesehene Vorkommnisse zu bieten.

Die Initiativen der Vikare wurden bald zurückgenommen, nachdem Franziskus Anfang 1220 wieder nach Italien kam. Nach einer frommen Überlieferung soll er über Venedig gereist sein und sich dort auch einige Zeit aufgehalten haben. Da sich aus den Quellen keinerlei Widerstand ablesen läßt, weder von seiten der Vikare noch von Philipp Longo, noch von Johannes de Capella, und sie alle ohne Schwierigkeiten im Orden blieben, müssen wir annehmen, daß ein einfacher Gedankenaustausch, ein klärendes Gespräch genügten, um Frieden und Heiterkeit wiederherzustellen. Doch wurde nun auch ein bindender und schwerwiegender Schritt in Richtung Institution notwendig, der deutlich macht, mit wieviel Wirklichkeitssinn Franziskus von den Lektionen der Erfahrung lernte.

Institutionalisierung

An entsprechender Stelle wurde gesagt, daß Franziskus nach dem Tod des Kardinals Johannes von St. Paul unter dem Druck der Umstände den Kardinal Hugolin von Ostia persönlich, aber sozusagen als Privatmann gebeten hatte, seine immer größer und herausfordender werdende Gemeinschaft im Auge zu behalten und bei gegebenem Anlaß beim Papst zu vermitteln. Wie die Haltung des Kardinals Hugolin gegenüber all diesen Unruhe-Erscheinungen war, von denen wir sprachen, ist schwer zu erfahren. Die Quellen sagen uns nichts darüber, und es ist unnütz, Hypothesen ohne jede Grundlage aufzustellen. Wir können nur aufgrund der Haltung von Franziskus annehmen, daß Hugolin mit ihr im Grunde zufriedengestellt war. Nur so ist es zu erklären, daß der Heilige gleich nach seiner Rückkehr im Frühjahr 1220 die günstige Gelegenheit nützte, daß der Papst nicht weit entfernt war, nämlich in Viterbo. Er ging dorthin, trug dem Papst die Lage seiner Gemeinschaft vor und bat ihn, der Rolle, die Kardinal Hugolin als Privatmann und aus freundschaftlichem Wohlwollen für den Orden schon übernommen hatte, institutionell rechtsgültige Form zu geben. Der Vortrag, den Franziskus dem Papst hielt – er wird uns in seinem Kern von Jordan von Giano, von Thomas von Celano und von anderen Quellen berichtet – zeugte von praktischer Vernunft: Die Bedürfnisse des Ordens – und wir fügen hinzu, eines Ordens, der Privilegien zurückwies – machten eine dauernde Rückbindung an den Papst erforderlich, dem Franziskus selbst und seine Mitbrüder Hingabe und Ehrfurcht gelobt hatten. Der Papst jedoch war oft über Gebühr in Anspruch genommen von vielen Problemen, die zum Teil viel schwerwiegender waren als die der Minderbrüder. So wurde der Beistand eines Mannes notwendig, an den man sich mit größerer Leichtigkeit wenden konnte.

Auf die Frage des Papstes, wer dieser Mann sein solle, antwortete Franziskus mit der Bitte um den Kardinalbischof Hugolin von Ostia. Der Papst war sofort einverstanden. Der Kardinalprotektor war von nun an eine bleibende offizielle Institution.

Diese Bitte sollte einerseits die Probleme abschließen und lösen, die aus der Unordnung und der Unruhe während der Abwesenheit des Franziskus entstanden waren, und dem Orden eine sichere Stütze und ein festes Band zum Apostolischen Stuhl schaffen. Andererseits entsprach sie auch einem anderen Problemkreis, der sich dem Heiligen aufdrängte und sowohl den Orden als auch ihn persönlich betraf.

Im Zusammenhang mit dem Orden machte ihm vor allem die schon erwähnte Frage der Regel Sorgen, seine Angst vor einem Dokument, das das Risiko in sich trüge, die spontane Vitalität vieler Brüder zu hemmen und die Neigung anderer zu begünstigen, es sich in einer formalen Erfüllung äußerlich empfundener Normen bequem zu machen. Wir müssen also die Bitte, die Franziskus an Cäsar von Speyer richtete, mit großer Aufmerksamkeit bedenken und in ihrer ganzen Tragweite verstehen. Jordan von Giano [Chronik 15] berichtet uns davon – der bestmögliche Zeuge, weil er sowohl bei den Ereignissen zugegen war als auch aufmerksam Menschen und Dinge verfolgte, die mit Deutschland zu tun hatten. Cäsar sollte als glänzender Kenner der Heiligen Schrift die Regel, die Franziskus schon entworfen hatte, mit Zitaten aus dem Evangelium anreichern. Wenn der Regelentwurf aus dem Komplex von Entscheidungen bestand, die auf den Generalkapiteln nach und nach getroffen worden waren, wie unseres Erachtens eher sinngemäß als wörtlich Jordans Text zu entnehmen ist, muß die Hinzufügung von Bibelstellen, die – wie mit Recht bemerkt worden ist – fast ein Drittel der *Regula non bullata* ausmachen, den Zweck gehabt haben, die verschiedenen Normen und Vorschriften zu verdeutlichen, sie anregender und aktiver zu gestalten und sie zu jenem Ansporn fähig zu machen, den Franziskus sich wünschte. Auf diese Weise hoffte er, sein Bedürfnis nach einem Text, der offen ist für ein schöpferischeres Ordensleben, mit der Notwendigkeit eines normgebenden Textes zu versöhnen, auf die ihn alle hingewiesen hatten. Außerdem kam er so den Anregungen entgegen, die der Apostolische Stuhl möglicherweise gemacht hatte.

Das Beispiel

Es gab noch einen weiteren, ausschließlich persönlichen Grund, der in einem tiefen inneren Unbehagen in Franziskus lag. Er hatte seinen Träumen vom Ruhm, seinen Idealen von Glanz und Größe entsagt, um zu den Außenseitern, Aussätzigen und Armen überzugehen. Statt dessen fand er sich in einer Stellung der Befehlsgewalt wieder, als Führer im vollen Sinn des Wortes, als Persönlichkeit, die mit den Machthabern der Welt verhandelte, von den Kardinälen bis zum Papst. Und sie hörten ihm mit Achtung und Vertrauen zu. Dies stand im Wiederspruch zu seiner Berufung, wirklich ganz und gar Außenseiter zu sein. Er selbst sagt es uns einige Zeit später. Als er wieder einfacher Bruder war, vertraute er einem seiner Gefährten, der es uns berichtet, an: «Ich hätte mit Gottes Hilfe der gefürchtetste Ordensführer sein können, wenn ich es gewollt hätte» [LegPer 11 = Hug-Rotzetter 114]. Und er fügte im Vertrauen hinzu: «Ich will nicht der Peiniger meiner Brüder sein» [LegPer 106 = Hug-Rotzetter 115]. Es konnte ihm nämlich nicht verborgen bleiben, daß nicht alle Brüder vollkommen waren, nicht alle seinem Ideal gehorsam folgten, nicht alle leidenschaftlich zu seiner Verwirklichung bereit waren. So kam er zu dem Entschluß, von der «juristischen» Leitung des Ordens zurückzutreten, wobei er sich das Recht vorbehielt, sein Beispiel und, wenn nötig, sein Gesetzgeber zu sein.

So haben wir einen der kritischsten, wenn nicht den schwierigsten Augenblick in der Lebensgeschichte von Franziskus vor uns, denn er scheint einen sehr tiefen und unauflöslichen Widerspruch mit sich zu bringen. Franziskus trat nämlich von der Leitung des Ordens zwar zurück und übertrug sie einem anderen, wie wir sehen werden. Aber er versäumte nicht, seinen Einfluß und seinen Standpunkt in den verschiedensten und vielfältigsten Entscheidungen geltend zu machen. Davon war auch die Abfassung der endgültigen Regel nicht ausgenommen, die Honorius III. bestätigte, und zwar mit einer Bulle, wodurch er ihr amtliche Bedeutung gab – aber hierauf werden wir noch zurückkommen. Die Situation, die sich aus den Ereignissen ergab, scheint und ist außergewöhnlich und in einigen Aspekten sogar paradox. Aber trotzdem entspricht sie dem Geist und der Mentalität des Franziskus, wie es uns von den gesicherten Zeugnissen bestätigt wird, die die letzten Jahre seines Lebens von der Rückkehr aus Palästina bis zum Tod begleiten.

Die Lösung dieser so offensichtlichen, aber auch so unbegründeten Widersprüche ist, wie uns scheint, in der ursprünglichen Natur der ersten *fraternitas* selbst zu suchen, die sich zu einem Orden entwickelt, aber in ihrem Wesen nicht gewandelt hatte. Die *fraternitas* hatte sich nicht in der Rolle und in der Verbindung mit einer Norm gebildet, sondern in der Wiederholung eines Vorbildes, das Franziskus selbst war. Als Bernhard, Petrus Catanii, Silvester und die anderen sich nach und nach um ihn geschart hatten, hatten sie einem Mann folgen wollen, der seinerseits auf ein Beispiel verwies: auf Christus und sein Leben unter den Menschen, wie es im Evangelium beschrieben ist. Die idyllischen Szenen der ersten Brüder in Rivotorto oder der Portiunkula, die isoliert von ihrem geschichtlichen Zusammenhang den Eindruck erbaulicher Sagen abgeben, werden ganz anders, wenn man sie als das betrachtet, was sie in Wirklichkeit waren: Wettstreit der *Beispielhaftigkeit* in der Umgebung eines *Beispiels,* Franziskus, in einer Atmosphäre freudiger Heiterkeit und außergewöhnlicher innerer Freiheit. Es war nicht die Norm, die die Lebensform vorgab, sondern die von Christus inspirierte und mit Christus gelebte Existenz selbst, die eine stetige Nachfolge des Evangeliums nicht in den Äußerlichkeiten, sondern in den tiefen Aspekten Wirklichkeit werden ließ. In diesem Licht verwandelt sich alles, von der Anweisung der Plätze mit Angabe des Namens, die Franziskus selbst bei Rivotorto vornahm, bis zum plötzlichen «Überfall» des Eseltreibers mit seinem Esel [3 Gef 55]. Schließlich hatte der Wille, einem lebendigen und konkreten Beispiel so weit wie möglich zu folgen, Klara und ihre Gefährtinnen dazu bewegt, ihr Haus zu verlassen, um sich in büßender Armut hinter Klostermauern einzuschließen, ohne anderen Trost als das Wort und die Ermahnung von Franziskus.

Wenn wir die Haltung des Heiligen noch einmal von seiner Bekehrung bis zum Tod betrachten, werden wir die Betonung des Beispiels mit einer Beharrlichkeit finden, die sogar lästig sein könnte, wenn man sie nicht an ihren richtigen Platz stellt und in ihrer rechten Bedeutung versteht. Zur Bestätigung soll die Erinnerung an die Begegnung mit Kardinal Hugolin in Florenz genügen: Antwortete er nicht dem Bischof von Ostia, er wolle nach Frankreich gehen, gerade weil er seinen Brüdern Beispiel sein wolle und weil er nicht hinnehmen könne, wie jene sich Gefahren und Beschwernissen aussetzten, denen er selbst sich allem Anschein nach entzog? Wir fügen hinzu, daß dieses Beharren auf dem Beispiel in den letzten Jahren fast zur Besessenheit wurde. Und das ist verständlich. Denn während die Gemeinschaft zahlreicher wurde und bildungsmäßig und gesellschaftlich klarere Konturen gewann, wurde die Beziehung zwischen dem Heiligen und seinen Mitbrüdern erschwert: Franziskus wurde sich immer deutlicher bewußt, daß er ein Symbol der Verehrung wurde, statt ein lebendiges Beispiel zum Nachahmen zu bleiben. Je höher man ihn stellte, desto mehr sonderte man ihn ab.

Gerade aus diesem Willen zur Beispielhaftigkeit mußte er auf die Stellung des Führers verzichten, der offiziell an der Spitze des Ordens stand in einer Hierarchie, die wegen der Notwendigkeit, dem Orden eine juristische Struktur zu geben, nicht abzuwenden gewesen war. Doch folgte daraus nicht der Verzicht darauf, die Verwirklichung, die konkrete Verkörperung seines Ideals zu sein und zu leben, wic er nach der göttlichen Eingebung leben mußte. Er griff nicht in das Ordensleben und in die Normengebung, die dessen Entwicklung begleiteten, ein, um eine Macht auf rechtlicher Ebene zu demonstrieren, die er sich angemaßt hätte. Vielmehr war es ihm ein nicht logisches, sondern eher instinktives Bedürfnis, den Text einer Norm zu korrigieren und zu klären, die sein Ideal der Lebensweise, wie er es im Augenblick seiner Bekehrung gesehen hatte, verändern, wenn nicht sogar verfälschen konnte.

Hier tritt für Franziskus von Assisi der deutliche Widerspruch zutage zwischen dem, der ein Ideal bildet und lebt, und dem, der ihm folgt, es nachlebt – aber auf eine Weise, die immer blasser wird, je ferner derjenige in Zeit und Erinnerung ist, der es verkörpert hat. Dies sah und fühlte Franziskus genau und in qualvoller Hellsichtigkeit voraus. Und dies suchte er mit all seinen Kräften zu verhindern oder wenigstens zu verzögern. Dazu diente eine Reihe bewußter Hinweise und Beispiele. Es wird davon die Rede sein, wie er selbst sie entwickelte. Zusammenfassend wollen wir sagen, daß er auf zwei Ebenen handelte: einerseits in der Normengebung, um sie immer unmißverständlicher, deutlicher und klarer zu gestalten, und andererseits in der Beispielhaftigkeit, damit den Anweisungen der Regel das konkrete Tun des Vorbildes entspräche.

Wir werden sehen, wie dieses Bedürfnis zur Rettung seines Ideals Franziskus bis zu seinem Tod gestützt, gehalten und begleitet hat und wie er diese Verpflichtung aus tiefstem Herzen lebte, wofür er all seine Kräfte aufbieten mußte. Daraus ergab sich eine ständige, unaufhörliche Spannung, mit einem Wechsel von Enttäuschungen und Hoffnungen, mit entschlossenen und unerschütterlichen Äußerungen einer Persönlichkeit, deren Willenstärke in ihrer tiefsten Demut lag. Man muß hier sagen, daß diese Spannung von schweren gesundheitlichen Schäden begleitet wurde, von unsäglichen Leiden und von Heilversuchen unmenschlicher Grausamkeit.

Franziskus kam, wie wir sehen werden, als Kranker aus dem Heiligen Land heim und mußte sich schwierigen Problemen stellen, sich mit Aufgaben und Menschen auseinandersetzen. Das Martyrium von der Hand der Sarazenen wurde ihm nicht zuteil, aber ein anderes, sechs Jahre währendes, klaglos ertragenes, das ihn an Leib und Seele folterte. Währenddessen wuchs um ihn der Ruhm, die Bekanntheit, der Glanz in den Augen derer, die nicht verstehen konnten, daß all das nichtig war – nichtiger als das Stroh, das man vor dem Papst verbrennt, um ihn an die Eitelkeit der Welt zu erinnern – für ihn, der als junger Mann mit glänzenden Zukunftsaussichten von Reichtum, Größe und Macht in dem Aussätzigen den gekreuzigten Christus wiedergefunden und in ihm wie in allen Leidenden der Welt das Antlitz des Bruders erkannt hatte.

8. 2. Rücktritt und Erfolg des Franziskus – die geschichtlichen Gründe

Der Rücktritt

Es war der 29. September 1220: die Brüder waren zum Kapitel versammelt. Die Folgen der Unruhen, die aufgetreten waren, während Franziskus auf seiner Reise ins Heilige Land gewesen war, waren behoben, und der Orden schien, gesichert auch durch die Unterstützung des Kardinalprotektors, seinen Weg in ungetrübter Heiterkeit weiterzugehen. Aber da erhob sich zur Überraschung aller der Heilige, schon gepeinigt von den schweren Krankheiten, die ihn bis zum Tod begleiten sollten, und sprach Worte aus, die vielen unglaublich schienen.

«Von nun an bin ich für euch tot. Doch seht, hier ist Bruder Petrus Catanii, dem wir alle, ich und ihr, gehorchen wollen» [LegPer 11 = Hug-Rotzetter 114].

Alle waren erschüttert, besonders als er dann auf den Knien seinem Mitbruder die Zeichen des Gehorsams und der Ehrfurcht erwies, die einem Oberen gebührten. Von nun an wurde der Orden von einem Vikar geleitet, wenn auch Petrus kaum zur Ausübung des Amtes kam, weil er, wie schon gesagt, einige Monate später, am 10. März des darauffolgenden Jahres, starb.

Eine andere Quelle erzählt die Begebenheit mit fast denselben Worten, fügt aber eine weitere Erklärung hinzu: Der Rücktritt des Heiligen sei auch von seinem Gesundheitszustand abhängig gewesen, der ihm nicht erlaubt habe, eine nun so zahlreiche Gemeinschaft zu leiten. Im übrigen habe ihn schon ein warnender Traum dazu gebracht, jemanden um Hilfe und Unterstützung zu bitten. Eine schwarze Henne hatte unter ihren Flügeln viele Küken, und es waren schon so viele, daß sie sie trotz ihrer breiten Flügel nicht alle aufnehmen konnte. Dieses Gefühl hatte, wie schon gesagt, bei Franziskus tiefere seelisch-persönliche und – noch schwerwiegender – geistliche Gründe. Dies betonen besonders die Gefährten des Franziskus, die sich, wir haben schon daran erinnert, als diejenigen bezeichnen, die bei ihm waren. Gerade sie müssen sich von jenem Jahr an bemüht haben, ihm wegen seines immer schlechteren Gesundheitszustandes beizustehen.

Die Demut und der Wunsch, wieder ein einfacher Bruder wie alle anderen zu sein, bewegten Franziskus dazu, allen ein Beispiel sein zu wollen und darum darauf zu verzichten, der Leiter zu sein. Das ergibt sich aus der Tatsache, daß er auf demselben Generalkapitel oder sofort danach Petrus Catanii bat, ihm einen Bruder zu geben, der als sein Stellvertreter immer in seiner Nähe wäre, so daß er sich immer zum Gehorsam verpflichtet fühlte. In diesem Punkt ist, wie wir schon berichtet haben, sein Denken von ebenso absoluter wie bedeutungsvoller Klarheit. Dies zeigen die Worte, die er vertraulich seinen Gefährten sagte und die jene Wahl des Lebens in absoluter Demut, ja in einer Randstellung bezeugen, die wir schon wiederholt als einen wesentlichen Aspekt seiner Bekehrung und seines ganzen Lebens hervorgehoben haben:

«Unter anderen Gaben, die mir die Güte Gottes gnädiglich schenkte, gewährte sie mir diese Gnade, daß ich einem Novizen, der erst eine Stunde in den Orden aufgenommen ist, ebenso eifrig gehorchen könnte, wenn er mir als Guardian gegeben würde, wie dem ältesten und erfahrensten Bruder. Der Untergebene darf in seinem Oberen nicht den Menschen erblicken, sondern jenen, um dessen Liebe willen er untertan ist» [LegPer 11 = Hug-Rotzetter 114].

Diese Worte sind von den verschiedenen Quellen in fast identischer Form wiedergegeben worden und gehen daher mit Sicherheit auf Franziskus zurück, wenigstens in ihrer wesentlichen Bedeutung. Sie sind auch wichtig, um die Psychologie und die Beweggründe der Entscheidung selbst zu verstehen und zu erklären, die der Heilige für sich und als Vorbild für seine Brüder getroffen hatte.

Zusätzliche Klarheit gewinnt diese Entscheidung durch etwas, das er in einem anderen Zusammenhang sagte. Wir erinnern nochmals daran, um zu verdeutlichen, daß der Verzicht auf die Ordensleitung – obwohl auf gesundheitliche und andere Gründe zurückzuführen – vor allem aus dem Willen zum Untergebensein kam, aus dem inneren Widerspruch zwischen dem Verzicht auf alles, den er gewählt hatte, und der Führerrolle, die er ganz gegen seinen Willen und wider alles Erwarten schließlich hatte einnehmen müssen. Seinen Gefährten gegenüber drückte er sich so aus:

«Es gibt keinen Oberen auf der ganzen Welt, der von seinen Untergebenen und von seinen Mitbrüdern so gefürchtet würde wie ich, wenn der Herr es zuließe, daß ich gefürchtet würde von meinen Brüdern, vorausgesetzt daß ich es wollte. Aber der Herr hat mir gerade diese Gnade gewährt, daß ich mit allem zufrieden sein will wie der Mindeste im Orden» [LegPer 11 = Hug-Rotzetter 114].

Doch hiervon war bereits die Rede.

Ausweitung des Ordens unter Elias

Auf juristischer Ebene wurde die Lage also immer deutlicher, auch weil nach dem Tod von Petrus Catanii Bruder Elias Vikar wurde. Dieser hatte nach allem, was wir wissen, seine Fähigkeit und

Tatkraft schon in Palästina unter Beweis gestellt. Als Vikar bewies er sie nicht minder. Das sah man auf dem Kapitel am 30. Mai 1221 nach dem Rücktritt des Franziskus und dem Tod von Petrus Catanii. Viele Brüder waren anwesend, unter ihnen die Novizen, ungefähr dreitausend Personen. Unter den hohen Persönlichkeiten trat Rainer Capocci hervor, Kardinaldiakon von S. Maria in Cosmedin. Er stand damals am Anfang einer Laufbahn von außergewöhnlicher Bedeutung, auch weil er sich im Zusammenhang mit dem großen Problem des Kirchenstaates an den politischen und organisatorischen Belangen beteiligte. Dann waren weitere Bischöfe und Vertreter anderer Orden anwesend. Es sei betont, daß Kardinal Capocci Zisterzienser war und daß sich weitere Zisterzienser in Assisi aufhielten. Dies ist ein Zeichen dafür, daß sich auch das Generalkapitel der Minderbrüder den allgemeinen Richtlinien angepaßt hatte, die das IV. Laterankonzil 1215 für Kapitel beschlossen hatte. Danach sollten die Generalkapitel aller Orden das Modell der Zisterzienser vor Augen haben, und es mußten zwei Zisterzienseräbte anwesend sein. Wenn dies zutrifft, so ergibt sich daraus eine Anpassung des Minderbrüderordens an die anderen religiösen Orden. Noch zur Zeit des ersten Briefes von Jakob von Vitry war den Brüdern die Zusammenkunft zu Pfingsten und am Fest des heiligen Michael als brüderliche Begegnung und als Erfahrungsaustausch teuer und wichtig gewesen, wenn auch der Anlaß die Abfassung von Entscheidungen und Vorschriften gewesen war. Nun aber wurde die Zusammenkunft ein formeller und feierlicher Akt.

Ein Bischof feierte die Messe, ein Bruder las die Epistel und Franziskus das Evangelium. Und wie schon bei anderen Anlässen war nach den Zeremonien an das leibliche Wohl so vieler Menschen zu denken. Dafür sorgten, wie Jordan uns sagt, die Anwohner der Gegend: Sie brachten Brot, Wein und andere Speisen. Die Freude war groß, besonders wegen der Anwesenheit von Franziskus, der seinen Brüdern predigte über das Thema: «Gelobt sei der Herr, mein Gott, der meine Hände zum Kampf stärkt» [Chronik 16]. Dies ist der Anfang von Psalm 143. Franziskus legte ihn aus, indem er den Wert der Tugend darlegte und zu Geduld und einem für alle vorbildlichen Leben aufrief. Dann sprach er zum Volk auf eine Weise, die alle erbaute und bewegte.

Danach wurde das Thema Deutschland und die Organisation der Brüder in diesem Land wieder aufgenommen. Bruder Elias interessierte sich dafür. Zu seinen Füßen saß Franziskus, schon geplagt von seinen beiden schweren Krankheiten. Jedesmal, wenn er Elias etwas sagen mußte, zupfte er ihn am Habit. Im Namen des Meisters und Gründers und als sein Sprecher erinnerte Bruder Elias an Deutschland, wohin die Brüder gegangen und wo sie schwer mißhandelt worden waren. Daher wurde niemandem im Gehorsam auferlegt, dorthin zu ziehen, sondern statt dessen um freiwillige Meldungen gebeten. An die neunzig Brüder erhoben sich augenblicklich, ergriffen von der Sehnsucht nach dem Martyrium (wir wiederholen nicht, was im Zusammenhang mit dieser charakteristischen Einstellung jener Zeit bereits gesagt wurde). Wir führen hier den farbigen Bericht der Umstände und Zufälle an, durch die Jordan von Giano nach Deutschland verschlagen wurde, ohne daß er sich mit den Neunzig gemeldet hätte und ohne daß er die geringste Absicht gehabt hätte – wie er uns aufrichtig anvertraut –, das Martyrium zu suchen. Er hatte die fünf Brüder nicht kennenlernen können, die den Märtyrertod in Marokko gefunden hatten. Und weil er wenigstens einen von denen kennen wollte, die er für die zukünftigen Märtyrer von Deutschland hielt, fragte er einen von ihnen, wer er sei. Es war ein Bruder Palmerio von Monte Gargano in Apulien, der annahm, auch Jordan gehöre zur Gruppe der Freiwilligen. Und als dieser auswich und sich dem, was wie eine schwere, vielleicht tödliche Pflicht aussah, zu entziehen suchte, gelang es ihm nicht mehr, sich zu befreien. Während er so zum Warten gezwungen war, wurde als Oberer für Deutschland jener Bruder Cäsar von Speyer bestimmt, den Bruder Elias im Heiligen Land zum Eintritt in den Orden bewegt hatte. Er wurde beauftragt, unter den neunzig Freiwilligen seine Begleiter auszuwählen. Unter ihnen fand sich wiederum Jordan, der weiter protestierte und sagte, er gehöre wirklich nicht zu jenen, die sich erboten hatten mitzugehen. Er wurde daher vor Bruder Elias geführt, den wir bei dieser Gelegenheit in der Ausübung seiner vollen Autorität als Vikar erleben können. Vor ihm spielte sich eine Szene ab, die es wert ist, hier wiedergegeben zu werden, denn sie ist sehr lebendig erzählt. Sie gibt uns aber auch die Gelegenheit, den Ton des konkreten tägli-

chen Lebens der Minderbrüder zu «hören», auch wo es bescheiden und von menschlicher Schwäche bestimmt ist.
Die Brüder aus seiner Provinz, die Umbrer, unterstützten Jordan. Sie machten geltend, daß seine Gesundheit anfällig sei. Das Klima des kalten Landes werde ihm nicht gut tun. Cäsar seinerseits beharrte auf seinem Entschluß, ihn bei sich haben zu wollen. Elias beendete diese Auseinandersetzung zwischen dem künftigen Provinzial von Deutschland und den umbrischen Brüdern, indem er die endgültige Entscheidung Jordan selbst überließ. Dieser machte große Qualen durch, weil er offen gesagt Angst hatte. Er wandte sich also um Rat an den Mitbruder, der das außerordentliche Abenteuer in Ungarn erlebt hatte, und den er eben kennengelernt hatte. Er erzählte ihm seine Angst, Ratlosigkeit und Unsicherheit. Darauf riet ihm der Mitbruder, die Entscheidung Bruder Elias zu überlassen und ihm seine Sorge in der Entscheidung anzuvertrauen. Der Vikar befahl ihm im heiligen Gehorsam, also in aller Form, nach Deutschland zu reisen. Mit ihm – Cäsar hatte gut zu wählen gewußt – reisten nach Jordans Bericht, um nur einige der Wichtigsten zu nennen, auch Johannes von Pian del Carpine, der künftige Gesandte unter den Mongolen; Barnabas, ein Deutscher, der deutsch und italienisch predigen konnte; Thomas von Celano, der spätere Biograph des heiligen Franziskus; Joseph von Treviso; dann Abraham, ein Ungar; Simon della Contessa aus Collazzone bei Todi, ein Umbrer; Konrad, ein deutscher Kleriker; Petrus von Camerino, Jakob und Walter, drei Priester – und der Diakon Palmerio, der Jordan festgehalten hatte. Insgesamt kamen etwa dreißig Personen zusammen. Dabei ist die Unterscheidung zwischen Klerikern und Laien, Deutschen und Italienern von Bedeutung [Chronik 17-20].
Wir wissen, daß die Expedition erst einige Monate später zu Anfang des Winters aufbrach, aus Gründen, die uns nicht mit Gewißheit bekannt sind. Es mag am Zögern Cäsars gelegen haben, den Heiligen zu verlassen – wie sich zeigen sollte: für immer – oder an der schon erwähnten Gelegenheit, die Regel mit Stellen aus dem Evangelium anzureichern und zu vervollkommnen, oder an den Vorarbeiten für die Reise, die um so komplizierter waren, weil sie eine relativ beträchtliche Anzahl von Personen betrafen. Bei der Organisation musste auch für die örtlichen Niederlassun-

gen gesorgt werden, denn offenbar gingen sie in Gruppen entsprechend der Unterteilung des deutschen Königreiches. Eine Bestätigung dafür liefert uns die Tatsache, daß die erste Gruppe dann in Trient zurück gelassen wurde, das damals Sitz eines Fürstbischofs war und zum Königreich gehörte.

So sah Franziskus, wie sein Orden sich in einem wichtigen Gebiet niederließ. Unter der Leitung eines erfahrenen Mannes wie Cäsar und mit wertvollen, fähigen Mitarbeitern sollte die Gruppe, die mit soviel Furcht und Zittern aufbrach, in kürzester Zeit einen Erfolg erringen, der dem in Frankreich um nichts nachstand, ebensowenig wie dem später in England. Dort landeten die Brüder nach dem Bericht des Thomas von Eccleston [Chronik 1] ohne eine so dramatische Vorbereitung wie für Deutschland am 10. September 1224. Anscheinend war es eine kleinere Gruppe als jene, die nach Deutschland geschickt wurde. Aber sie war auf dem Generalkapitel vom 2. Juni 1224 mit viel Geschick zusammengestellt worden. Dem Diakon Agnellus von Pisa, einem Italiener, wurde nämlich in Richard Ingworth ein englischer Priester zur Seite gestellt, der schon in Frankreich gewesen war, aller Wahrscheinlichkeit nach in den Gebieten, die zum Königreich England gehörten. Er war beauftragt worden, Agnellus von dort aus zu begleiten, auch um die gewonnene Erfahrung einzusetzen. Er hatte großes Organisationstalent, denn er wurde dann zwischen 1230 und 1232 bevollmächtigt, den Minderbrüderorden auch in Irland anzusiedeln.

Eine großartige Ausbreitung also, die gewiß wegen des Überschwangs und des leidenschaftlichen, nicht immer bedachten Eifers Sorgen bereiten konnte. Daraus macht in einem Augenblick von Verstimmtheit, wie wir bemerkt haben, ein erfahrener Mann wie Jakob von Vitry kein Hehl. Aber es handelte sich eben um einen Augenblick schlechter Stimmung. Denn in der *Historia occidentalis,* die er wahrscheinlich etwa in denselben Jahren schrieb, in denen diese Ereignisse sich abspielten, verschweigt er auch die Bewunderung, den Eindruck nicht, den Franziskus auf alle machte, die ihm begegneten. Im Zusammenhang mit Damiette heißt es dort:

> «Wir sahen das Haupt dieses Ordens, den Gründer und Meister, dem als ihrem höchsten Oberen alle anderen gehorchen (Fran-

ziskus hatte seinen Rücktritt noch nicht vollzogen), einen einfachen, ungebildeten Mann, geliebt von Gott und den Menschen, Bruder Franziskus mit Namen» [Hinnebusch 161].

Auch er, der kluge Bischof, dessen Sorge alles andere als absurd und gegenstandslos war, fühlte die Anziehungskraft des Mannes, der im Vergleich zu seiner eigenen theologischen Gelehrsamkeit und seinem literarischen Können einfach und unwissend war, und doch Gott und den Menschen lieb.

Erfolg und Faszination des Heiligen

So stellt sich drängend die Frage nach dem Geheimnis des Menschen Franziskus und nach dem Erfolg seines Ordens. Der Erfolg erklärt sich in vieler Hinsicht – wir fassen das bereits Gesagte noch einmal zusammen – daraus, daß der Orden den Bedürfnissen seiner Zeit genau entsprach. Diese werden uns alle zusammen deutlich vor Augen geführt in einem Brief Innozenz III. vom 17. November 1207, der schon im Zusammenhang mit dem heiligen Dominikus erwähnt wurde. Wir fügen hinzu, daß die franziskanische Bewegung auch noch anderen Bedürfnissen entsprach, welchen der große Papst keine Beachtung schenkte: Der Papst hatte um Menschen gebeten, die ein heiliges Leben führten, die überlegt sprechen und mit den Häretikern diskutieren könnten, ohne ihre Polemik zu fürchten. Menschen, die Bereitschaft und Entschlossenheit zeigten und mutig und unbefangen zu ihren eigenen Gedanken standen. Auf diesen Appell antwortete ihm Dominikus mit seinen Predigerbrüdern und mit der besonderen Ausrichtung und Organisation seines Ordens. Doch es gab noch mehr: Die Kirche des beginnenden 13. Jahrhunderts litt auch unter der Kluft zwischen Klerus und Gläubigen, die wegen der auch heilsamsten Erschütterungen der Kirchenreform im 11. Jahrhundert entstanden war. Weil es notwendig geworden war, den eigenen Stand innerlich zu erneuern und neuzuordnen, neigte der Klerus dazu, sich in sich selbst zurückzuziehen: zugunsten der Pflichten der religiösen Strenge; aus dem Willen der Abkapselung gegen die Welt der Mönche – man denke an die zisterziensische Wüste und an die Polemik, die Walter Maps in seinen *Nugae curialium* gegen

sie richtet –; zugunsten des Lebens in der Gemeinschaft bei den Chorherren; zur Festigung der eigenen Autorität in den Bischöfen und des eigenen Ansehens bei den Klerikern. Diese Abkapselung war zwar für die Frömmigkeit der Strengsten und Ernsthaftesten wertvoll. Aber sobald die Abkapselung gelockert wurde, öffneten sich Tür und Tor für Kompromisse mit der weltlichen Realität, die die Gläubigen selbst brandmarkten als Simonie, Konkubinat, Begehrlichkeit und Geldgier, Bevorzugung der eigenen Familien samt den daraus folgenden Anschuldigungen von Verderbtheit, Unfähigkeit und manchmal auch Unwissenheit.
Den Päpsten entging all dies nicht. Sie erkannten es als Schuld des Klerus, als Abweichung von dem Ideal, das er in der Nachfolge des Beispiels Christi hätte leben und verkörpern sollen. Doch gelang es ihnen nicht immer zu begreifen, wie tief der Riß zwischen kirchlicher und außerkirchlicher Welt wurde. Die Laien respektierten und fürchteten vielleicht die Kleriker, aber letztlich hörten sie nicht auf sie – oder besser: sie folgten ihnen nicht, denn die Massen forderten Übereinstimmung von Worten und Lebenswirklichkeit, von gelehrten Maximen und ihrer praktischen Umsetzung. Und daran fehlte es oft. Daher die zunehmende Hinwendung zu Häretikern, Wanderpredigern – und nicht nur zu den bereits erwähnten des 11. und 12. Jahrhundert –, zu denen, die besser schienen als die anderen, weil sie im Ruf der Heiligkeit standen oder Wunder wirkten, und sogar zu Zauberern und Hexen. Es fehlte etwas, das diesen Abgrund überbrücken konnte, das einen nicht nur formalen Bezug zwischen dem Priester als dem Träger übernatürlicher Vollmachten und den Gläubigen als den passiven Empfängern wiederherstellen konnte. Was wir hier umrissen haben, wird in seiner Beschaffenheit immer genauer sichtbar, je zahlreicher die heutigen Untersuchungen und je tiefer die Forschungen über die Frömmigkeit, besonders die Volksfrömmigkeit in Europa werden. Natürlich betrifft es nicht nur Italien mit aller unvermeidlichen regionalen Vielfalt, sondern die ganze westliche Welt, die ganze lateinische Kirche. Dagegen spricht auch nicht, daß die franziskanische Bewegung, die mit aller Kraft gerade diese Bedürfnisse erfüllen wollte und in vieler Hinsicht auch konnte, überall Raum zur Ausbreitung fand. Ihre Fähigkeit, auch in den fernsten Ländern Fuß zu fassen und zu leben, ihre freundli-

che und herzliche Aufnahme bei der jeweiligen Bevölkerung, die dem Klerus und der Hierarchie durchaus nicht immer und überall zuteil wurde, überzeugen: Darauf hatten die Gläubigen gewartet. Sie fanden in den Brüdern zwar Kirchenmänner, aber es waren besonders in der ersten Zeit Ordensleute von makelloser Lebensführung, mit einem verschwenderischen Reichtum an Ideen, menschlichem Verständnis und vor allem Zuneigung und liebevollem Erbarmen mit den Armen, den Verlassenen, den Bedrängten, den Kranken jeglicher Art bis zu den Aussätzigen.

Diese geschichtlichen Umstände, über die wir uns nicht länger aufhalten können und wollen, erklären also hinreichend die Gründe des Erfolgs, den die Minderen Brüder überall dort hatten, wohin sie kommen konnten, besonders aber in den Städten, wo sie ihre Bleibe in den Vierteln der Armen und Arbeiter einrichteten, um denen nahe zu sein, die sie am meisten brauchen konnten.

Es bleibt das Problem der persönlichen Faszination, die von Franziskus ausging. Wir sprechen hier davon, bevor wir die Krankheiten und Leiden seiner letzten Jahre betrachten. Diese allein wären ja schon Erklärung genug für die Verehrung und den Kult, mit denen er sofort nach seinem Tod umgeben wurde, dem Tod, der, wie wir es nannten, ein langes Martyrium beschloß. Den Aufstieg des bekehrten Kaufmanns in Assisi, den Erfolg, den der Büßer zunächst in seiner Stadt hatte, dann vor den Kardinälen und dem Papst und schließlich unter den Bewohnern der Städte und Orte, wo er erschien, gilt es zu erklären. Zwar läßt sich im Nachhinein vieles besser erklären. Das Problem aber bleibt. Es stellte sich im übrigen schon seinen Zeitgenossen, wenn wir die Episode glauben wollen, die uns mit unvergleichlicher Frische und Spontaneität in den *Actus b. Francisci et sociorum eius,* besser bekannt als *Fioretti* überliefert wird. Als Franziskus und Masseo einmal unterwegs waren, fragte Masseo – sicher nicht aus Eifersucht, sondern aus Sorge, Beunruhigung und verständlicher Neugier:

> «Warum, dir, warum dir, warum laufen dir alle nach?» Und er fuhr deutlicher fort: «Warum läuft dir alle Welt nach, und warum sehnt sich anscheinend jeder Mensch danach, dich zu sehen, dich zu hören, dir zu gehorchen? Du bist nicht schön von

Gestalt, du hast keine großen Kenntnisse, du bist nicht adelig von Geblüt. Woher kommt es also, daß alle Welt dir so nachläuft?» [Fior 10]

Die Antwort des Franziskus war, wie gewöhnlich, geduldig und verständnisvoll. Demütig schrieb er allen Verdienst der göttlichen Vorsehung zu. Aber das Problem erweist sich als noch aktueller und drängender. Daß die Unruhen, die im Orden ausgebrochen waren, kaum daß der Heilige aus Italien nach Palästina abgereist war, ohne Nachspiel von Feindseligkeiten und Ressentiments beigelegt wurden, zeigt – wenn das überhaupt nötig sein sollte – den wirklichen Wert der persönlichen, leiblichen Gegenwart des Franziskus. Selbst das pathetische, schmerzliche Bild, das Jordan von Giano von ihm zeichnet – Franziskus sitzt zu Füßen des Bruder Elias, des energischen und kraftvollen Vikars, versäumt aber nicht, ihn an der Kutte zu zupfen, um ihm seine Ansicht mitteilen zu können – zeigt, daß er sich damals bewußt war, von seinen Mitbrüdern gebraucht zu werden. Obwohl er, wie wir in Kürze sehen werden, von sehr schweren Krankheiten gepeinigt wurde.

Wenn man über Franziskus nachdenkt, ihn betrachtet und dabei die verschiedenen Faktoren in den bisherigen Ausführungen berücksichtigt, faszinieren an ihm von der Begegnung mit dem Aussätzigen an bis zur Reise nach Palästina zwei Charakterzüge, die zwar widersprüchlich scheinen, einander aber nicht ausschließen: die Festigkeit in der Formulierung des eigenen Ideals und die Flexibilität bei dessen Anpassung an die konkreten Umstände, ohne dass dabei je die tragenden Grundelemente verfälscht wurden. Diese wiederum fügten den psychologischen Seiten seines Charakters ein alles andere als nebensächliches Element von konkreter Überzeugungskraft hinzu: Der Wille, an der Randexistenz teilzuhaben, war aufrichtig und echt, und er wurde, nicht in der Abgeschiedenheit einer Einsiedelei oder in den Mauern eines Klosters gelebt, sondern unter den Menschen, auf den Straßen, in den Gesprächen bei und mit den Menschen. So überrascht uns die erste verblüffte Reaktion derer nicht mehr, die Franziskus schlicht für einen Verrückten hielten und ihn zur Zielscheibe ihres Spotts machten. Aber wir verstehen auch, warum dieselben Spötter sich zunächst wunderten und dann, wenn sie mehr und besser verstanden, Franziskus bewunderten und feststellten, daß er selbst den Spott nicht wie ein Verrückter oder Dummer aufnahm, sondern wie ein Mensch, der sich voll bewußt war, eine Lage gewählt zu haben, die es mit sich brachte, als Zielscheibe und Anlaß zum Spott zu gelten.

Darin war Franziskus wirklich ein Sieger, der seinen Sieg zwar immer als Zeichen annahm, aber nicht für sein eigenes Verdienst, sondern für eine Mission, die er erfüllen und für ein Ziel, das er erreichen mußte – denn wie kann ein Außenseiter denken, irgendein Verdienst zu haben in einer Gesellschaft, in der nur Waffengewalt, Finanzkraft oder kirchliche Autorität zählen? Seine Mission war es, Christus den Menschen wiederzubringen: Nicht jene ferne Person der Dreifaltigkeit, den Gott-Sohn, der an Kruzifixen byzantinischen Stils unbeweglich, mit einem Lächeln des Triumphs, vom Kreuz herunter herrscht, sondern den anderen Christus, den die Menschen seiner Zeit vergessen zu haben schienen, den Sohn des Zimmermanns, der predigend durch das Land gezogen war, unter den Armen gelebt hatte, der sich allen mit seinem Wort des Verstehens und der Liebe zugewandt hatte, verschwenderisch war mit seinen Taten und Wundern, um sich dann am Kreuz als Opfer darzubringen: Christus als Gott-Mensch in seiner Menschlichkeit, auch er auf dem Weg zur Vollendung nach seiner tiefsten Weisung «Seid vollkommen, wie euer Vater im Himmel vollkommen ist».

Die Lebensweise des Franziskus, der feste Wille, dieses Ideal in sich zu verwirklichen und als Beispiel den anderen zu zeigen, die ständige Vergegenwärtigung und Nachfolge Christi wurden mit der Zeit zu einer Wiederholung des Lebens Christi auf der Erde und vermittelten den Eindruck, durch ein einmaliges, außergewöhnliches Wunder Christus wieder unter den Menschen zu haben. Darum bezeichneten die nachfolgenden franziskanischen Theologen Franziskus als *alten Christus* (zweiten Christus) und setzten ihn mit dem Engel des sechsten Siegels gleich, von dem die Apokalypse spricht. Aber bevor diese Idee Gegenstand theologischer Überlegung wurde, entstand sie aus dem allgemeinen Bewußtsein, daß Franziskus nicht nur auf der Erde gewandelt war wie Christus, sondern auch seine Gegenwart auf der Erde erneuert hatte.

Diese Feststellung erklärt auch die schon erwähnte Tatsache, daß der Sinneswandel, der Umschwung in bezug auf Franziskus und die kleine Gruppe seiner elf Gefährten sich etwa gleichzeitig mit seiner Romreise vollzog. Wir wollen hier die päpstliche Gutheißung nicht überbewerten, doch hatte sie weit mehr als nur rechtliche Bedeutung. In Assisi gab es, wie gesagt, solche, die ihn für verrückt hielten, und solche, die ihm mit neugieriger Aufmerksamkeit folgten, nicht ohne ihn irgendwie zu bewundern: Alle drehten sich nach ihm um. Die Anerkennung durch Innozenz III. schloß Verrücktheit aus, bestätigte Franziskus als Büßer und bestärkte die Bewunderer. Die unveränderte, immer heitere und glückliche Haltung, die der Büßer ohne Unterlaß beibehielt, sorgte für das übrige.

Zudem wollen wir dem grundlegenden und wesentlichen Element im Leben einer mittelalterlichen Stadt, von dem wir schon sprachen, die Bedeutung nicht absprechen: der *fama publica*. Diese rundete das Bild ab. Leider erlaubt uns der heutige Stand der Forschungen nicht, mit aller wünschbaren Sicherheit und Vollständigkeit die Wege und Stege der Verbreitung zu verfolgen, deren diese öffentliche Meinung sich bediente. Aber mit Sicherheit hatte sie eine viel größere Reichweite und viel reichere Verästelungen, als wir es uns heute vorstellen können. Da es sich um den Ruf der Heiligkeit handelte, war er immer umgeben von der Gloriole des Übernatürlichen und begleitet von Wundern, wenn auch die konkrete Geschichtlichkeit seines Handelns die Komponente des Wunderwirkens von selbst einschränkt. Selbst Thomas von Celano, der sich mehr als die anderen darin ergeht, ist dank seines weisen Gebrauchs literarischer Mittel sehr geschickt, wenn er außerordentliche Dinge als übernatürlich darstellt. Und Franziskus war ein Mensch des Außerordentlichen – es scheint fast banal, dies zu sagen.

Vergessen wir schließlich nicht die Anziehungskraft des Franziskus selbst als Individuum, mit seinem Wort, seinem Handeln, seinem Äußeren. Sein Reden war herzlich, wirksam und volkstümlich (man denke an den Ausdruck, mit dem Jakob von Vitry ihn uns vorstellt: *simplex et illiteratus* (einfach und ungelehrt). Vor allem aber wurde sie bestätigt durch die Wahrheit seines Lebens, die Wirklichkeitsnähe des Beispiels, das direkt ins Auge fiel und nicht zeitlich und räumlich fern war oder aus irgendeiner *tabula exemplorum* (Beispielverzeichnis), aus erbaulichen Beispielen und Episoden zusammengestellt wurde. Noch ein letzter Charakterzug krönt diese persönliche Anziehungskraft, die sich immer mehr als Charisma im soziologischen und tatsächlichen Sinn des Wortes herauskristallisierte, aber, das muß auch gesagt werden, immer als Charisma *sui generis* (von eigener Art). In einer Zeit der Stärke, Autorität und Macht zeigte sich Franziskus als ein Schwacher, Wehrloser, Ausgeschlossener und Friedfertiger. Der Gruß, der nach seiner Erzählung und Erinnerung auf eine göttliche Eingebung zurückging und den er allen entbot, anscheinend selbst Honorius III., «Gott gebe dir Frieden», war nicht ein äußerlicher Ausdruck, dem nicht eine wirkliche seelische Verfassung entsprach. Für ihn war der Friedensgruß grundlegend und umfassend. In seinen Augen ist der Mensch nicht Mensch, wenn er nicht in sich den Frieden hat, jenen inneren Frieden, den nichts und niemand nehmen kann. Dies werden wir noch besser verstehen, wenn wir uns an die Unruhe, die Qual, das Schwanken erinnern, die seine Seele bis zum entscheidenden, befreienden Augenblick der Bekehrung und des Verzichts aufwühlten, der ihm den Frieden wiedergab. Dieser Mensch hatte die hohe Gabe, instinktiv Sympathie zu wecken mit seiner Fähigkeit zur Selbstkritik, die er auch öffentlich übte, wobei er sich direkt lächerlich machte, wenn er seine Schuld und Reue zum Ausdruck brachte – hier trat er als Spielmann Gottes auf –, oder mit seiner Freude am Gesang, in dem die Heiterkeit seines Geistes überquoll. Und diese Freude war um so tiefer, je näher sie ihn Christus brachte. Es lohnt sich daher, einen Text wiederzugeben, der, schon bekannt in der herrlichen italienischen Prosa der Fioretti [Fioretti 8], heute wiedergefunden ist in den Worten, wie sie Franziskus selbst gebrauchte – weniger kunstvoll vielleicht, aber mit größerer geistlicher Kraft:

> «Eines Tages rief der selige Franziskus in der Nähe von Santa Maria (der Portiunkula) Bruder Leo und sagte: ‹Bruder Leo, schreibe!› Er antwortete: ‹Sieh, ich bin bereit!› ‹Schreibe›, sagte er, ‹was die wahre Freude ist. Es kommt ein Bote und sagt, daß alle Magister von Paris zum Orden gekommen sind. Schreibe: das ist nicht die wahre Freude. Ebenso, alle Prälaten jenseits der Alpen, die Erzbischöfe und Bischöfe; ebenso der König von Frankreich und der König von England. Schreibe:

Das ist nicht die wahre Freude. Ebenso, daß meine Brüder zu den Ungläubigen gegangen sind und sie alle zum Glauben bekehrt haben; ebenso, daß ich von Gott solch große Gnade erhalten habe, daß ich Kranke heile und viele Wunder wirke. Ich sage dir, daß in all dem nicht die wahre Freude ist. Was aber ist die wahre Freude? Ich kehre von Perugia zurück, und in tiefer Nacht komme ich hierher, und es ist Winterszeit, schmutzig und so kalt, daß die kalten Wassertropfen am Saum des Habits gefrieren und immer an die Schienbeine schlagen, und das Blut aus diesen Wunden fließt. Und völlig in Schmutz und Kälte und Eis komme ich zur Pforte, und nachdem ich lange geklopft und gerufen habe, kommt der Bruder und fragt: ‹Wer ist da?› Ich antworte: ‹Bruder Franziskus.› Und er sagt: ‹Geh fort! Es ist nicht die schickliche Zeit auszugehen. Du kommst nicht herein.› Und auf weiteres Drängen antwortet er: ‹Geh weg! Du bist der nämliche einfältige und ungebildete Mensch. Du kommst auf keinen Fall zu uns. Wir sind so viele und von solcher Art, daß wir dich nicht brauchen.› Und ich stehe wiederum an der Pforte und sage: ‹Um der Liebe Gottes willen, nehmt mich auf in dieser Nacht.› Und jener antwortet: ‹Das werde ich nicht tun. Geh zur Niederlassung der Kreuzträger und bitte dort.› Ich sage dir: Wenn ich Geduld habe und nicht erregt werde, daß darin die wahre Freude ist und die wahre Tugend und das Heil der Seele» [Voll Freud].

Die Episode macht in dieser Fassung, in einem Latein voller Italianismen und syntaktischer Mängel, das der Sprache des Franziskus sehr nahe kommt, noch mehr betroffen. Sie rundet das Bild ab, das wir von der Persönlichkeit und Anziehungskraft des Franziskus zu zeigen versucht haben. Denn die Betroffenheit entsteht durch den Gegensatz zwischen dem, was nicht wahre Freude ist, (= erster Teil, der zunächst die Begrenztheit der Erfolge des Ordens und dann die gottgegebenen übernatürlichen Gaben darstellen soll), und der wahren Freude, die im zweiten Teil dargestellt wird: das innere Überwinden und Erdulden des Geringseins und der Randexistenz. Aller Anschein des Paradoxen verschwindet jedoch, wenn wir nur bedenken, daß die «nicht wahren» Freuden Erfolge sind, die Ansehen und Ruhm, Befriedigung und Selbstzufriedenheit bringen, die Verbindung zwischen der Seele und Gott aber nicht festigen und vor allem Hochmut und Stolz nicht abtöten. Die wahre Freude besteht im Annehmen der Existenz am Rand der Gesellschaft, im Annehmen sogar der eigenen Mitbrüder, die nicht einmal ihren eigenen Gründer und Meister erkennen oder erkennen wollen und ihn zum Hospiz schicken, wo eben die sich sammeln, die keine andere Zuflucht haben. Dies hängt mit dem tiefsten Beweggrund im entscheidenden Augenblick seiner Bekehrung zusammen. Und die Schlußworte zeigen, daß Franziskus gut weiß, wieviel es kostet und wie leidvoll es ist, daß die wahre Freude, der wahre Sieg und das Seelenheil im vollkommen heiteren Ertragen all dieser Dinge liegt. Unausgesprochen vergleicht er sich mit Christus und weiß, daß er ihm so nahe ist.

Die Faszination des Franziskus hatte also ihre Wurzeln in einem Reichtum und in einer Intensität der Menschlichkeit, die wirklich außergewöhnlich war und es ihm ermöglichte, alles zu verstehen, alles anzunehmen in einem Schwung der Liebe, der die Herzen der anderen immer erreichte und bewegte.

Gerade diese erstaunlichen Eigenshaften schafften aber Probleme. Die Episode über die wahre Freude, die Fähigkeit, Schmerz auf ungewöhnliche Weise zu akzeptieren und zu tragen, das geduldige Sichfügen in seine Krankheiten haben, wie schon erwähnt, Psychiater und Ärzte in Versuchung geführt. So interpretierten Lombroso-Schüler zu Anfang dieses Jahrhunderts, die überzeugt waren von der Verbindung zwischen Genie und Wahnsinn, Franziskus als Sadomasochisten. Lassen wir die Freud-Jünger ohne Umschweife beiseite. Der Autor hat vor dem großen Wiener Lehrer den tiefsten Respekt, wie er einem Entdecker und Erforscher unbekannter Erdteile gebührt. Gerade deshalb meint er, daß man der Psychoanalyse einen schlechten Dienst erweist, wenn man sie auf Franziskus anwendet. Das Unterbewußtsein und das Unbewußte eines Mannes zu erschließen, der vor acht Jahrhunderten gelebt hat, ist an sich schon schwierig, wenn nicht unmöglich: Man bräuchte auf jeden Fall direkte und unmittelbare Äußerungen der Persönlichkeit, die nicht von Sekretären und Mitarbeitern gefiltert, überprüft und überarbeitet wären. Im Mittelalter war diese Arbeitsweise aber normal und gerade jetzt an der Passage über die vollkommene Freude zu sehen, die Bruder Leo diktiert bekam.

Was die fanatische Energie oder den Masochismus betrifft, so sei uns die Bemerkung gestattet, daß das bloße Sprechen darüber von vollständigem Unverständnis für das Ideal des Franziskus zeugt, das – und wir glauben, das bisher Gesagte kann dies belegen – nicht Ausgeburt eines verwirrten Gemütes war, sondern aus genauem Überdenken einer historischen, konkreten Wirklichkeit entstand. Franziskus ging nicht unter die Menschen am Rand der Gesellschaft, die Aussätzigen, die Verlassenen, weil ihm das Spaß machte. Er brachte seinen ganzen menschlichen Ballast von Ekel und Abscheu mit. Aber er überwand ihn auf einer höheren Ebene der Menschlichkeit und einer Christus näheren Ebene des Christseins.

8.3. Schmerz und Mut

Beispiel

Franziskus übte eine außerordentliche Faszination aus und war unermüdlich in der strengen Leitung des Ordens, und sei es nur durch sein Beispiel. Zwischen 1219 und 1221, vielleicht sofort nach seiner Heimkehr aus dem Heiligen Land, ging er zum Predigen von Verona nach Bologna – dies ist ein Beispiel unter so vielen möglichen. Wir erzählen es, weil es gerade von einem überliefert wird, der die Folgen zu tragen hatte. Als Franziskus nach Bologna kam, hörte er mit Staunen, aber auch Entrüstung, daß dort ein Haus für die Brüder gebaut worden war [SpecMaj 6 = Hug-Rotzetter 126]. Die Nachricht braucht uns an sich nicht zu überraschen: Die große Universitätsstadt hatte die Wirksamkeit und das Werk des heiligen Dominikus erlebt, der dort in seinen letzten Jahren einige Zeit gelebt hatte, dort gestorben ist und begraben worden war. Den neuen Orden begegnete man danach mit Sympathie. Daß deshalb die Stadt oder einige Bürger die Idee hatten, den Brüdern eine Unterkunft zu bauen – es müssen also etliche dort gewesen sein –, ist nur natürlich. Franziskus aber gefiel es gar nicht. Denn er wollte, daß die Brüder möglichst am Stadtrand und in Hütten lebten und auf keinen Fall ein eigenes Haus besäßen. Er setzte daher keinen Fuß in die Stadt und befahl den Brüdern, jenes

Haus umgehend zu verlassen. Es kümmerte ihn auch nicht, daß einer dort krank lag: auch er mußte gehen. Und dieser erzählte die Begebenheit Jahre später, nicht ohne eine Spitze von Unwillen. In der Gegend befand sich auch Kardinal Hugolin, der, wie gesagt, das Amt des Kardinalprotektors innehatte. In jenem Jahr reiste er als Legat *a latere* von Honorius III. (mit stellvertretender Regierungsgewalt des Papstes) durch Mittel- und Norditalien und bemühte sich darum, daß die verschiedenen Stadtstaaten in ihre Statuten die Gesetze einfügten, die Friedrich II. bei seiner Krönung (1220) erlassen hatte. Sie betrafen im einzelnen den Bann für Häretiker, die Achtung der kirchlichen Freiheit und unter anderem auch eine Reihe von Maßnahmen zur «Humanisierung» des Krieges, besonders für die Landbevölkerung.
Franziskus wollte mit seiner Anordnung für den Minderbruder die typische Situation eines Menschen bekräftigen, der überall ein Reisender und Pilger ist, und widerstand dabei jeglicher Versuchung, den Orden in den üblichen Rechtsnormen einzuengen. Hugolin suchte indessen eine Kompromißlösung, die zwar die Forderung der Armut aufrechterhielte, bei der der Heilige äußerst empfindlich war, aber gleichzeitig den Brüdern nicht das Dach über dem Kopf wegnähme, das sie offensichtlich brauchten. So erklärte er öffentlich in einer Predigt, das Haus sei sein Eigentum und die Brüder sozusagen Gäste. Mit dieser Entscheidung gab sich Franziskus anscheinend zufrieden, obwohl er unter ähnlichen, aber zeitlich nicht bestimmbaren Umständen in Assisi die Zerstörung eines Gebäudes erzwungen hatte. Die Gemeinde hatte nämlich begonnen, es für ihn zu bauen, und zwar in der Nähe der Portiunkula. Gerade weil nach seinen Vorstellungen die Portiunkula beispielhaft für alle Brüder sein sollte, war es unvorstellbar, daß die Portiunkula ein eigens für sie erbautes Haus und ihr Eigentum sein könnte.

Krankheit

Aus dem Heiligen Land war Franziskus wirklich krank heimgekehrt, und zusätzlich zu allem anderen trug sein Gesundheitszustand zu seiner Entscheidung bei, sich der Bürde der Leitung und der Führung seiner Gemeinschaft zu entledigen. Um welche Krankheiten ging es? Die Diagnostik des 13. Jahrhunderts ist ganz verschieden von unserer heutigen und als Lehre von den Symptomen besser zu gebrauchen denn als Krankheitsbestimmung im eigentlichen Sinn. Zwei Krankheiten vor allem waren sehr gefährlich. Sie befielen einen Organismus, der nach dem übereinstimmenden Zeugnis der Quellen bereits vorgeschädigt war. Dies zeigen auch die Jugendkrankheiten – wohl zwei –, von denen Thomas von Celano spricht. Die eine hatte ihn in Spoleto festgehalten, und die andere, die seiner Reise nach Marokko ein Ende gesetzt hat, soll ihn zur Rückkehr nach Italien gezwungen haben. Dieser Organismus war sodann ohne Zweifel auch von der strengen Askese geschwächt, dem Fasten, mit dem er in seinem Streben nach Beispielhaftigkeit seinen Leib kasteite. In diesem Zusammenhang ist ein Wort des Franziskus bezeichnend, das uns von seinen Gefährten überliefert wird und das wahrscheinlich in die Zeit nach der Reise ins Heilige Land fällt, obwohl nicht auszuschließen ist, daß er es schon früher gesagt hatte:

> «Sehen denn die Brüder nicht, daß auch meinem Leib die ‹Pietanza› (ein zweiter, nahrhafterer und reichlicherer Gang, in der damaligen Sprache) nottäte? Aber weil ich den Brüdern Vorbild und Beispiel sein muß, will ich mich damit begnügen, armselige Dinge und Speisen zu essen, keine ausgesuchten,» [LegPer 50 = Hug-Rotzetter 117].

Welche Erkrankungen hatte er sich also in Palästina zugezogen? Im Grunde zwei, wenn die Fachleute über ihre spezielle Bestimmung auch noch diskutieren: Die erste, schwerste und anscheinend jene, welche schließlich zu seinem Tod geführt hat, war die Malaria in der Form des Viertage-Wechselfiebers, die auch für die Leber schwere Schäden mit sich bringt. Die ständigen Fieberanfälle, gegen die die Medizin der Zeit nichts vermochte, bedeuteten für Franziskus einen ununterbrochenen Leidensweg, auch wegen der Einschränkung der Bewegungsfreiheit und Reisefähigkeit. Noch mehr Leiden bereitete ihm die Augenkrankheit, mit der er sich im engen Kontakt mit den Pilgern und in den Hospizen auf der Reise ins Heilige Land angesteckt hatte. Es handelte sich anscheinend um eine Trachom-Bindehautentzündung, die an sich schon schlimm ist, weil sie eine ständig fortschreitende Verschlechterung des Sehvermögens bis zu fast vollständiger Blindheit hervorruft. Aber durch die Heilverfahren, die Anfang des 13. Jahrhunderts gebräuchlich waren, wurde sie sehr schmerzhaft verschlimmert. Weil dieses Übel sich daran zeigt, daß Wasser und Eiter aus den Augen fließen, meinte man damals, die Quellen dieser Flüssigkeiten austrocknen zu müssen, die nach der damaligen Medizin direkt neben den Augen zu suchen war. So schritt man zur Kauterisation, d. h. man legte ein zwei Finger breites glühendes Eisen vom Ohr bis zu den Augen auf. Das Ganze – es braucht kaum gesagt zu werden – ohne auch nur die geringste Möglichkeit der Betäubung.

Sowohl der Vikar Bruder Elias als auch Kardinal Hugolin machten sich schwere Sorgen wegen dieser Krankheiten. Jeder reagierte seinem Temperament entsprechend: Elias schlug Ärzte und Kuren vor. Hugolin bat Franziskus, die Vorschriften und Weisungen des Arztes wirklich zu befolgen. Denn er wußte genau, wie wenig dieser auf sich achtete und wie er in seiner Frömmigkeit diese Krankheiten als schwere Prüfung deutete, in die er sich demütig schicken mußte. Und die Prüfung war wahrhaftig schwer, vielleicht mehr wegen der Kuren der Ärzte als wegen der Krankheiten selbst. So begab er sich nach Rieti für einen Versuch, besonders das Augenleiden zu lindern, das ihn bald zum Tragen einer Augenbinde zwang. Dort blieb er einige Zeit. Die Gefährten, die bei ihm waren, erzählen eine Reihe von Begebenheiten, die nicht übergangen werden können. Denn sie gehen in ihrer Bedeutung über das Episodische hinaus und dienen zur Klärung wesentlicher Aspekte in der Lebensgeschichte und dem Verhalten des Franziskus.

Rieti war vor allem für die Heilung von Augenkrankheiten berühmt, obwohl es, wie übrigens auch andere kleinere Städte, keine Studienzentren wie die großen medizinischen Universitäten Salerno und Montpellier hatte. So gingen viele, Arme und Reiche, dorthin in der Hoffnung auf Heilung oder wenigstens Besserung. In Rieti wurde wie an den anderen erwähnten Orten nicht wissenschaftlich-theoretisch gearbeitet – wie man heute sagen würde –, sondern man bemühte sich um greifbare Heilerfahrungen mit Medikamenten und Operationen, die manchmal erfolgreich waren – bei Franziskus leider nicht.

Der Arzt entschloß sich nach der Untersuchung natürlich zur Kauterisation, die nach seinem Dafürhalten besonders für das eine Auge notwendig war, das kränker als das andere wirkte. Der Heilige wollte auf Bruder Elias warten. Doch dieser hatte soviel zu tun, daß er sich nie entschließen konnte zu kommen. Schließlich beschloß man, nicht länger zu zögern, weil die Schmerzen sehr groß waren. In der Nacht konnte Franziskus nicht schlafen, so daß er das Bedürfnis spürte, sich bei den Brüdern zu entschuldigen, die ihn versorgten und die uns seine freundlichen und dankbaren Worte überliefern. Dann kam der Zeitpunkt der Operation, der von denen, die dabei waren, so geschildert wird:

«Und es begab sich, daß eines Tages der Arzt kam und das Eisen mitbrachte, mit dem er die Kauterisation zur Heilung der Augenkrankheit ausführte. Und nachdem er Feuer hatte machen lassen und das Feuer angefacht hatte, legte er das Eisen hinein. Der selige Franz (die Gefährten schreiben nach der Heiligsprechung) sagte zum Feuer, um seinen Geist zu ermutigen und keine Angst zu haben: ‹Mein Bruder Feuer, edel und nützlich unter den Wesen, die Gott geschaffen hat, sei in dieser Stunde höflich zu mir, denn ich habe dich schon lange geliebt und werde dich weiter lieben um der Liebe Gottes willen, der dich schuf; ich bitte auch unseren Schöpfer, der dich schuf, daß du deine Glut so milderst, daß ich sie ertragen kann.› Und als er das Gebet beendet hatte, bezeichnete er das Feuer mit dem Kreuz.

Wir aber, die bei ihm waren, flohen alle aus Erbarmen und Mitleid mit ihm, und nur der Arzt blieb bei ihm. Und als die Kauterisation gemacht war, kamen wir zu ihm zurück, und er sagte: ‹Ihr Kleinmütigen und Ungläubigen, warum seid ihr geflohen? Wahrlich, ich sage euch, daß ich keinen Schmerz empfunden und die Hitze des Feuers nicht gespürt habe. Ja, wenn noch nicht gut kauterisiert ist, kauterisiere noch mehr!

Und darüber wunderte sich jener Arzt sehr und hielt es für ein großes Wunder, denn Franziskus hatte tatsächlich nicht die Fassung verloren. Und der Arzt sagte: ‹Brüder, ich sage euch, nicht nur bei ihm, der schwach und krank ist, sondern bei einem, dessen Körper stark und gesund wäre, würde ich fürchten, daß er eine solche Kauterisation nicht ertragen könnte, wie ich es mehr als einmal erlebt habe.› Tatsächlich dauerte die Kauterisation lange, denn sie begann in der Nähe des Ohres und ging bis zur Augenbraue, wegen der vielen Flüssigkeit, die Tag und Nacht seit vielen Jahren aus den Augen sickerte. Daher mußten nach Meinung dieses Artzes alle Adern vom Ohr bis zur Augenbraue geöffnet werden, wenn auch die Meinung anderer Ärzte ganz gegenteilig war. Es ist auch wahr, daß es ihm überhaupt nicht half. Ebenso durchstieß ihm ein anderer Arzt beide Ohren, und doch half es ihm überhaupt nicht» [LegPer 86 = Hug-Rotzetter 129].

Die Begebenheit hat eine beispielhafte, beeindruckende Wirkung auf die Personen, die sie erleben: auf Franziskus, das Feuer, den Arzt und die Gruppe der Gefährten. Gerade der Arzt unterstreicht bei aller Gewöhnung und beruflichen Routine mit seinem rein technischen Urteil die ganze Dramatik des Ereignisses. Das Gespräch des Franziskus mit dem Feuer ist es wert, hervorgehoben zu werden: Im Gebet, welches das Feuer als Gottes Geschöpf preist, und der Bitte, «höflich» (nämlich *curialis*) zu sein, weil er immer geliebt habe, schwingt schon ein lyrischer Anklang an das mit, was wir dann im «Sonnengesang» finden. Die Brüder erinnern sich und betonen, daß Franziskus vorher wie nachher vor dem Feuer eine einzigartige, fast kindliche Ehrfurcht hatte. Wenn er sich ihm im ersten Augenblick wie einem Gesprächspartner zuwendet, so betrachtet er es darauf – in der besorgten Gelassenheit, mit der er sich der Kauterisation stellt – als lebendiges Wesen. Es ist einer der Fälle, in denen der Geist der Macht der stofflichen Elemente Herr wird. Während die Brüder fliehen, um das grauenhafte Leiden ihres Gründers und Meisters nicht zu sehen, bleibt dieser heiter und gelassen. Es gelingt ihm sogar ein schmerzliches, aber ironisches Lächeln, als er sich zu einer weiteren Kauterisation bereit erklärt, falls die erste nicht gelungen sei.

Daraus geht hervor, daß die Krankheiten Franziskus Leid und Tod brachten, ihn aber nicht besiegen konnten. Seine Bitte an das Feuer war eine Bitte an den Schöpfer der Welt, daß er, Franziskus, in der schrecklichen Prüfung nicht versage, die von ihm gefordert war. Das Feuer blieb trotz seines Schreckens, und obwohl es wehtat, ein göttliches Geschöpf, und daher ein Bruder, etwas Gutes. Und Franziskus blieb derart Sieger, daß der Arzt sich soviel

Wiederstandskraft nicht medizinisch erklären konnte und daß Thomas von Celano, der den Text der Gefährten verwendet, das Geschehnis als ein Wunder oder fast ein Wunder darstellen kann. Die Wirklichkeit war nur die Kraft, den Schmerz anzunehmen, die Franziskus deshalb hatte, weil er ihn in der menschlichen Lage, die er gewählt hatte, als gottgewollt empfand: Einst, vor langer Zeit die Aussätzigen ... jetzt war er der Kranke.
Kardinal Hugolin, der Vikar Elias und die Brüder sorgten zwar für ihn. Doch er zeigte sich nicht als einer von jenen egozentrischen Kranken, für die angesichts ihres Leidens der ganze Rest der Welt verschwindet. Stattdessen blieb in ihm der Sinn für Mitleid und Verständnis für die anderen lebendig. Das beleuchten zwei Ereignisse, die auch mit Rieti und seinem Aufenthalt in dieser Stadt – war es einmal oder zweimal? – zur Behandlung der Augen zusammenhängen.
Der Arzt – wir wissen nicht, ob es derselbe war, der ihn kauterisiert hatte – erzählte seinem Patienten, eine Frau sei gekommen, die so arm sei, daß er sie nicht nur umsonst behandeln, sondern ihr auch noch etwas geben müsse, damit sie sich ernähren könne, bis die Behandlung abgeschlossen sei. Franziskus sagte nichts, aber er bediente sich sofort eines jener unschuldigen «Kunstgriffe», die ihm gewöhnlich nützlich waren, wenn er etwas bestimmt erreichen wollte, ohne zu befehlen. Er rief den Guardian, dem er von Bruder Elias anvertraut worden war, und sagte zu ihm: «Bruder, wir müssen zurückgeben, was uns nicht gehört.» Auf die verblüffte Frage des Guardians erklärte er, er müsse den Mantel zurückgeben, den er von einer armen, augenkranken Frau geliehen habe. Der Guardian antwortete ihm, er solle nur tun, was er für richtig halte. Franziskus rief also einen Freund, der sein volles Vertrauen besaß und auch eine gute Seele war und bat ihn, den Mantel und zwölf Brote zu nehmen (wie es ihm gelungen war, sich diese zu verschaffen, wird uns nicht gesagt) und zu der Frau zu gehen, die der Arzt ihm genannt hatte, ihr alles zu geben und ihr zu sagen:

> «Ein armer Mann, dem du diesen Mantel überlassen hast, gibt ihn dir zurück und dankt dir, daß du ihn ihm geliehen hast. Nimm, was dir gehört!» [LegPer 89 = Hug-Rotzetter 122].

Der Freund gehorchte und führte die erhaltenen Anweisungen

aus. An diesem Punkt wird das Ereignis zum Sinnbild für eine Epoche und eine Geistesart: Die Frau meinte, sie werde zum besten gehalten und hinters Licht geführt und sagte ihm, er möge sie in Frieden lassen. Dies tat er auch, aber den Mantel und die Brote ließ er da. Als die arme Kranke merkte, daß es keine Täuschung war, nahm sie alles an sich, stand in der Nacht auf und kehrte heim. Franziskus aber bat den Guardian, diesmal ohne zu scherzen, ihr zu essen zu geben, falls sie je wieder zur Behandlung käme.

Wir haben auf den Egoismus der Kranken hingewiesen und auf den mildtätigen Geist des Franziskus. Daran haben offenbar seine Gefährten gedacht, wenn sie in ihren Erinnerungen, direkt nach dem Bericht über das Ereignis mit der kranken Frau, das Bedürfnis hatten, zu bezeugen:

> «Daher legen wir, die bei dem seligen Franziskus waren, über ihn Zeugnis ab: in jedem Zustand seines Befindens war er voller Liebe und Erbarmen, und nicht nur zu seinen Brüdern, sondern auch zu den Armen, Gesunden und Kranken. So gab er die Dinge, die sein Körper nötig hatte und welche die Brüder manchmal mit großer Mühe und mit Gottvertrauen erworben hatten, in großer äußerer und innerer Freude an andere weiter und enthielt sie seinem Körper vor, der sie doch dringend nötig gehabt hätte, nachdem er uns geschmeichelt hatte, damit wir uns nicht darüber ärgerten» [LegPer 89 = Hug-Rotzetter 122].

Ebenfalls kennzeichnend für den Aufenthalt in Rieti ist eine andere, auch von den Gefährten seiner letzten Jahre berichtete Episode. Sie schreiben sie der Gabe der Prophezeiung zu, die der Heilige nach ihrem Urteil hatte. Als er in Rieti während der Behandlung seiner Augen von einer Unterkunft in eine andere wechselte, befand er sich schließlich als Gast bei einem armen Priester, der in einer Kirche nicht weit von der Stadt seinen Dienst tat: in San Fabiano, heute noch bekannt als Kirche von La Foresta oder San Fabiano della Foresta. Zur selben Zeit war Papst Honorius III. mit seiner Kurie in der Stadt – es war also zwischen dem 25. Juni 1225 und dem 31. Januar 1226, schon gegen Ende des Lebens von Franziskus. Viele Mitglieder der Kurie kamen, um Franziskus zu sehen. Denn er war eine Persönlichkeit, die Verehrung und Neugier anzog. Beim Kommen und Gehen kümmerten sich diese Geistlichen freilich nicht um den kleinen Weinberg des armen Priesters, der von den Füßen so vieler Menschen beschädigt wurde. Da tröstete Franziskus seinen Gastgeber mit bedeutungsvollen Worten: «Sorge dich nicht und sei nicht erbittert, denn wir können es nicht ändern.» Dann ermahnte er ihn, sein Vertrauen auf Gott zu setzen, der ihm um seines armen Knechtes Franziskus willen helfen würde, und fügte hinzu:

> «Sei nicht mehr traurig, und sage zu niemandem beleidigende Worte (offenbar muß der Priester über irgend jemand heftig verärgert gewesen sein) und beklage dich nicht bei anderen. Vertraue dem Herrn und meinen Worten! Wenn du weniger als zwanzig Faß Wein haben wirst, werde ich dir das Fehlende ersetzen» [LegPer 67 = Hug-Rotzetter 133].

Aber das war nicht nötig, denn der Priester hatte einen reicheren Ertrag als gewöhnlich und erzielte die zwanzig Faß Wein, die Franziskus vorausgesagt hatte.

Zwar ist den Gefährten hier die Gabe der Prophezeiung wichtig. Doch beleuchtet die ganze Szene die Gemütslage des Franziskus zwischen Belästigtsein und Geduld, mit der er die Achtung und Ehrfurcht der Kurienmitglieder hinnimmt, sie aber als unnütz, ja im wesentlichen sogar als schuldhaft empfindet, weil so ein armer Priester geschädigt und seine mageren Möglichkeiten der Selbsterhaltung und des Verdienstes gefährdet werden. In der Entscheidung zwischen den Prälaten, die kommen, um ihm zu huldigen, und dem armseligen Priester ist kein Zaudern möglich: Franziskus kann nicht anders als auf seiten derer stehen, die er eines Tages in seiner Jugend gewählt hat, als im Erbarmen mit einem Aussätzigen die endgültige Entscheidung für sein Leben gereift war.

Wir haben die Lage des Franziskus, seine Schwierigkeiten und die Leiden seiner Krankheiten nicht hervorgehoben, um uns dem anekdotischen, malerischen Stil anzupassen, der von den ältesten Zeiten an nur allzuoft seine menschliche Wirklichkeit umrankt hat. So schön, so zart, so fein die Anekdoten auch sein mögen, wir müssen sie durch die viel härtere, aber konkret greifbare Wirklichkeit eines Mannes ersetzen, der sein Ideal heldenhaft durchtrug und sich dabei, wie gesagt, weder von den Menschen noch selbst

von seinem Körper beugen ließ – dem Bruder Esel, wie er ihn gewöhnlich nannte, oder der Zelle, in die seine Seele eingeschlossen war. Vor diesem Hintergrund des Schmerzes ist die ganze Organisationstätigkeit im Orden zu sehen, die er gewiß dem Vikar Bruder Elias anvertraut hatte, aber weiter mit all der Aufmerksamkeit und dem Verantwortungsbewußtsein verfolgte, die er für nötig hielt. Hier ist noch ein anderes, noch schärferes und aktuelleres Verantwortungsbewußtsein hinzuzufügen: Es wuchs in ihm gerade dadurch, daß ihm nicht entging, wie seine Gestalt im kirchlichen Leben immer mehr in den Vordergrund gerückt wurde. Er wurde sich der Verpflichtung bewußt, klar zu sprechen, zu ermahnen, wann und wo immer möglich sein Ideal zu bekräftigen, gerade weil ihm so viele zuhörten.
Doch wäre er nicht Franziskus von Assisi gewesen, hätte er bei all den schrecklichen Schmerzen, bei aller Sorge und Verantwortung seine «Brüder» und «Schwestern» vergessen, besonders jene, die ihm in den schwierigen Tagen der Zweifel, der Entscheidungen und der Verwirklichung gefolgt waren. Die Briefchen und der Segen an Leo, das Schreiben an Klara sind nur Fetzen, Überbleibsel. Doch sie bezeugen eine Liebe, eine Erinnerung, die kein körperlicher Schmerz und kein menschlicher Kummer vergessen machen konnte.

9. Die Regel und die Regeln

9.1. Der Orden und seine institutionellen Normen

Das Problem

Unter den Sorgen, die Franziskus in seinen letzten Lebensjahren tief bedrängten, war das Problem der Regel. Es brachte schwerwiegende Fragen mit sich: seelische für ihn persönlich, wie wir schon erwähnten; organisatorische für den Orden, auch wegen der Aufnahme, die die verschiedenen auf den Kapiteln beschlossenen Vorschriften bei den Brüdern gefunden hatten; und schließlich kirchliche, denn jede Vorschrift mußte vor ihrer endgültigen Festsetzung mit dem Kardinalprotektor und in der Kurie diskutiert werden, ehe der Papst sie bestätigte. Ein Ansporn zu einer vollständigen Fertigstellung der Regel war gewiß das nicht erbetene Eingreifen des Papstes Honorius III. gewesen, der am 20. September 1220 mit der Bulle *Cum secundum* Anweisungen zur Aufnahme der Novizen gegeben hatte. Das Problem mußte also in einer endgültigen Form gelöst werden. Dies um so mehr, als man nicht länger mit Notbehelfen fortfahren konnte, wie es die Bitte an Cäsar von Speyer gewesen war, die schon gültige Lebensweise mit Stellen aus dem Evangelium auszustatten. Außerdem erforderte die wachsende Zahl der Brüder und die Zunahme der Häuser einen möglichst zusammenhängenden und festen Text, der nicht ständigen Überprüfungen und Überarbeitungen ausgesetzt wäre, wie sie die Dreigefährtenlegende erwähnt, wenn sie von mehreren Regeln spricht, die im Laufe der Zeit erprobt und angepaßt wurden. Franziskus mußte also dem Druck der Umstände weichen und eine Regel annehmen. Wie er ja auch hingenommen hatte, daß aus der winzigen *fraternitas* von Assisi ein Orden geworden war, der sich nun, wie wir sagten, im ganzen Abendland ausbreitete und so großen Erfolg hatte, daß Franziskus darüber besorgt war.

Die Innozenz III. vorgelegte Regel, durch deren Bestätigung die

Gemeinschaft gefestigt und eine erste Wirksamkeit ermöglicht worden war, war jedenfalls nicht geeignet, einen riesigen, komplizierten Orden zu regeln und zu leiten, der inzwischen in verschiedenen Ländern verbreitet war. Man mußte an einen neuen, zusammenhängenden Organismus von Richtlinien denken, der den verschiedenen Erfordernissen entsprechen und dienen konnte, die im Prozeß der Ausbreitung der Brüder entstanden.

Wenn diese Probleme Franziskus bei der Suche und Schaffung eines Textes, der möglichst weitgehend die Verwirklichung seines Ideals ermöglichen sollte, bedrängten, so bedrängt die Frage der Regeln des Franziskanerordens die Historiker und Philologen nicht weniger als die «Franziskanische Frage». Sie bringt gerade so wie diese Folgen von erheblicher Tragweite mit sich für alles, was die Deutung des franziskanischen Ideals betrifft, die Anzahl der Personen, die an der Erstellung der uns überlieferten Texte beteiligt waren und die Wechselbeziehung zwischen den Texten selbst. Der einzige Vorteil der «Frage der Regel» ist, daß sie sich wenigstens auf zwei gesicherte Texte und Bruchstücke von anderen stützen kann, während die «Frage der franziskanischen Quellen» immer noch auf der Suche nach der Quelle der Quellen ist. Wobei das Problem gerade in der Frage liegt, ob eine solche überhaupt jemals existiert hat.

In den langen und lebhaften Diskussionen über die Regeln ist man immerhin zu sicheren Punkten gekommen, denen wir unsere Aufmerksamkeit kurz zuwenden wollen. Dabei werden wir hier und da bereits behandelte Aspekte aufgreifen. Zunächst ist offensichtlich – und es scheint banal, es zu erwähnen –, daß der Innozenz III. vorgelegte Text nicht mehr existiert und daß alle Versuche, die ja auch gemacht worden sind, ihn irgendwie zu rekonstruieren, zum Scheitern verurteilt sind. Die einzigen Angaben, die wir über diesen Text besitzen, stammen von Franziskus selbst: Er war sehr kurz und aus Stellen des Evangeliums zusammengestellt. In gewisser Weise bestätigt die Regel, welche die heilige Klara erhielt, diese Angaben. Es muß sich also eher um die Formulierung einer Lebensweise als einer Reihe von Vorschriften gehandelt haben: eine Zusammenfassung von Stellen, die zum Tun gemäß dem Evangelium ermahnen, vergleichbar dem ersten Kapitel der uns erhaltenen *Regula non bullata*. Tatsächlich kann man über Hypothesen nicht hinausgehen. Und diese wären in diesem Teil unserer Arbeit um so nutzloser, als die Notwendigkeit einer neuen Regel sich dadurch aufdrängte, daß die Innozenz III. vorgelegte, wie auch immer sie ausgesehen haben mag, nicht mehr ausreichte.

Die Regula non bullata

Die Regeln, die uns erhalten sind, die *non bullata* oder *sine bulla* (ohne Bulle) und die *bullata* oder *cum bulla* (mit Bulle), sind zwei in ihrer Entstehung und Entwicklung sehr verschiedene Texte. Die Regula non bullata besteht aus vierundzwanzig Kapiteln und liest sich typischerweise mehr wie ein Gespräch als eine Vorschrift, in einem Ton, der zwischen Rat und Befehl hin und her pendelt. Auf den ersten Blick erscheint sie wie ein Text, der aus einer langen, mühevollen Vorbereitung und Zusammenstellung hervorgegangen ist, bei dem dann allerdings jemand letzte Hand angelegt hat. Die Tatsache, daß sie die päpstliche Bestätigung, für die sie vorbereitet worden war, nicht erhielt, legt den Gedanken nahe, daß entweder die Kompilatoren selbst nicht mit ihr zufrieden waren oder daß der Kardinalprotektor und die Kurie etwas klarere und strengere Normen wünschten. Jedenfalls hatte dieses Dokument seine eigene besondere Bedeutung, denn Kommentatoren der endgültigen Regel wie Hugo von Digne und Angelus Clarenus beziehen sich auf sie. Dann wird auch in den biographisch-hagiographischen Quellen über Franziskus oft an sie erinnert, von Thomas von Celano angefangen bis zur Dreigefährtenlegende. Man hat wirklich den Eindruck, daß manche markante, unmißverständliche und feste Wendungen von Franziskus selbst diktiert wurden oder jedenfalls unverfälschter Ausdruck seiner persönlichen Überzeugung und seiner Spiritualität sein können. Man braucht nur den Anfang des 23. Kapitels noch einmal zu lesen, der als Anhang des 22. Kapitels erscheint, das mit einem Gebet zu Gott schließt, um auf die einleitenden Worte aufmerksam zu werden: *«Omnipotens, sanctissime, altissime et summe Deus ... propter temetipsum gratias agimus tibi.»* Sie sind ein deutlicher Anklang an den Beginn des Sonnengesangs: «Höchster, allmächtiger, guter

Herr», ein Dankeshymnus, der in den Texten mehr als einen Vergleichspunkt hat.
Ein zusammengesetzter Text also, der als solcher die Bemühungen der Philologen notwendig anzog. Diese haben es sich zur Aufgabe gemacht, den Prozeß seiner Entstehung aufzudecken. Sie wollen in ihm auch in jeder Art und Weise den Widerhall vom Standpunkt des Franziskus und die Rückwirkungen der Ereignisse in der Kirche auf ihn verstehen. Denn er war ja wie immer jedem Einfluß offen und nahm Meinungen und Veränderungen in sich auf, wie sie von Mal zu Mal notwendig werden mochten. Diese Arbeit mit ihren verschiedenen und vielfältigen Aufgaben ist noch im Gang. Schließlich geht es darum, die Entstehung eines Komplexes von Vorschriften zu rekonstruieren, deren besondere und spezifische Herkunft im einzelnen Nachforschungen und Untersuchungen erfordern. Und diese, das ist mit Recht hervorgehoben worden, können sich nicht mit schlichten und einfachen Beobachtungen zufriedengeben.
Nach einer der jüngsten Untersuchungen über die *Regula non bullata,* die sich jedoch im wesentlichen eher auf die philologischen als auf die geschichtlichen Grenzen beschränkt, läßt sich mit beachtlicher Wahrscheinlichkeit ausmachen, daß der erste Teil dieser Regel bis zum 18. Kapitel wohl vor 1215 entstanden ist, dem Jahr des IV. Laterankonzils. Dieses Konzil schrieb den neuen Orden vor, sich einer der vier anerkannten *religiones* anzuschließen. Ferner läßt sich ausmachen, daß der darauffolgende zweite Teil bis einschließlich des 23. Kapitels auf Bedürfnisse eingeht, die in der Folge dieses Konzils auftraten. Das 24. Kapitel, dessen Einzigartigkeit wir schon hervorgehoben haben, ist nach jener Untersuchung ein von Franziskus verfaßtes und der Regel angeschlossenes Gebet. Auch Grundmanns Meinung ist nicht zu unterschätzen, der zumindest einen Teil dieser Regel als mehr oder minder geglückten Versuch ansieht, den Minderbrüdern einen gewissen rechtlichen Status zu geben, der es ihnen – gerade im Blick auf die Entscheidungen des Konzils – ermöglichen sollte, den eventuellen Gefahren der Unterdrückung zu entgehen.
Aus den vielfältigen und gegensätzlichen Meinungen scheint sich nur der zusammengesetzte Charakter der Regel unzweifelhaft zu ergeben sowie die Möglichkeit, einige Vorschriften spezifischen

Zeitpunkten der Ordensgeschichte zuzuordnen. So läßt sich über das 15. Kapitel, *Quomodo fratres debeant ire per mundum* (Wie die Brüder durch die Welt gehen sollen), wegen seiner Allgemeinheit und weil es die Vorschriften Jesu Christi an die Apostel vollständig aufnimmt, sagen, daß es früher entstand als das 16. Kapitel, *De euntibus inter saracenos et alios infideles* (Von denen, die zu den Sarazenen und anderen Ungläubigen gehen). Hier spürt man die Erfahrung der Märtyrer in Marokko und wohl sogar der Predigt des Franziskus im Heiligen Land, wenn von den zwei Weisen des missionarischen Lebens die Rede ist:

> «Eine Art besteht darin, daß sie weder Zank noch Streit beginnen, sondern um Gottes willen jeder menschlichen Kreatur untertan sind und bekennen, daß sie Christen sind. Die andere Art ist die, daß sie, wenn sie sehen, daß es dem Herrn gefällt, das Wort Gottes verkünden: sie sollen glauben an den allmächtigen Gott, den Vater und den Sohn und den Heiligen Geist, den Schöpfer aller Dinge, an den Sohn, den Erlöser und Retter, und sie sollen sich taufen lassen und Christen werden...» [NbReg 16,6 f.]

Allem Anschein nach ist die Tatsache noch nicht herausgearbeitet worden, daß man mit dem 7. Kapitel, *De modo serviendi et laborandi* (Von der Weise zu dienen und zu arbeiten), ohne Zweifel ein Entwicklungsstadium des Ordens vor Augen hat, in dem sich seine Wesensart als im Innern der Gesellschaft wirkender Faktor noch nicht gefestigt hatte. Einige Angaben, die wir dort finden, deuten nämlich mit aller Wahrscheinlichkeit darauf hin, daß die Meinungen und Verhaltensweisen der Brüder noch nicht festgelegt waren. Man beachte die Mahnung:

> «Keiner der Brüder, an welchen Orten auch immer sie bei anderen verweilen, um zu dienen oder zu arbeiten, soll Kämmerer noch Kanzler sein, noch überhaupt eine leitende Stelle in den Häusern innehaben, in denen sie dienen. Auch sollen sie kein Amt übernehmen, das Ärgernis hervorrufen oder ihrer Seele schaden zufügen würde. Sie sollen vielmehr die Minderen und allen untergeben sein, die im gleichen Haus sind» [NbReg 7,1 f.]. (Kämmerer waren Angehörige der *camera,* d. h. der Finanzverwaltung.)

Vorschriften dieser Art hatten ihre Daseinsberechtigung, solange der Orden ein italienisches Phänomen war. Es kennzeichnete nämlich die italienischen Stadtstaaten, daß sie für finanzielle Ämter wie die *camera* und für andere wie die Kanzler, für die Bildung und Schreibgewandtheit nötig waren, Ordensleute einsetzten. Franziskus dachte beim Aussprechen dieser Verbote ohne Zweifel an die Humiliaten, die gerade als Kämmerer und Kanzler intensiv tätig waren. Diese mußten – die einen mehr, die anderen weniger – viel mit Geld hantieren, und dies war Grund genug zur Sorge für den Heiligen, denn vor Münzen hatte er einen regelrechten körperlichen Ekel. Außerdem waren es Ämter, in denen die Brüder unter Umständen zum Kontrollieren, Überwachen und Leiten herangezogen wurden und dadurch jenen Forderungen der Demut und Dienstbarkeit für alle nicht gerecht wurden, auf denen die Regel ständig beharrt.

Das 7. Kapitel über die Arbeit ist in seinem zentralen Teil ganz aus Evangelientexten gewoben und zusammengestellt und läßt auch die Beteiligung Cäsars von Speyer erkennen, die schon erwähnt wurde. Aus der *Regula non bullata* geht die Wesensart des Ordens als Gemeinschaft von Arbeitern, und zwar vorwiegend Handarbeitern klar hervor. Es wird jedoch deutlich gesagt, daß sie entschädigt werden können – nie jedoch mit Geld –, und es wird darauf hingewiesen, daß sie, nur wenn es notwendig ist, um Almosen betteln können. Der kennzeichnende Wille ist offensichtlich, unter unsicheren und risikoreichen Bedingungen zu leben wie die größte Masse der Stadtbevölkerung, die Arbeiter. Ebenso offensichtlich ist der unausgesprochene Grund für die Erlaubnis zum Betteln. Wenn die Arbeitslosen und Notleidenden das Recht hatten, die anderen um Erbarmen, also um Almosen zu bitten, so war das auch für die Minderbrüder zulässig. Die einzige noch strengere Auflage, die dem Büßerleben mehr entspricht, besteht in dem absoluten Verbot, Geld entgegenzunehmen. Dieses Verbot wird im 7. Kapitel bekräftigt und im 9. Kapitel bestätigt. Hinweise auf das Evangelium sind in zwei Dritteln des 9. Kapitels selten, aber der Geist, die Seele des Franziskus selbst ist darin spürbar. Allerdings sollte man sich von seinem Titel *De petenda elemosyna* (Vom Almosenbitten) nicht beeindrucken lassen, sondern auf seinen tatsächlichen Inhalt achten. Dieser bringt uns zu jener Forderung zurück, sich zu den Menschen am Rand zu gesellen, von der schon im Zusammenhang mit der tiefen und entscheidenden Eingebung die Rede war, die als letzte und ausschlaggebende Wahl Franziskus im Augenblick der Bekehrung beseelte. Man beachte die psychologische Steigerung beim Übergang von der Ermahnung der ersten Periode zum Befehl der zweiten:

«Alle Brüder sollen bestrebt sein, der Demut und Armut unseres Herrn Jesus Christus nachzufolgen. Und sie sollen daran denken, daß wir, wie der Apostel sagt, von der ganzen Welt nichts anderes nötig haben als Nahrung und Kleidung; damit sind wir zufrieden. Und sie müssen sich freuen, wenn sie mit gewöhnlichen und verachteten Leuten verkehren, mit Armen und Schwachen und Aussätzigen und Bettlern am Wege. Und wenn es notwendig wäre, mögen sie um Almosen gehen. Und sie dürfen sich nicht schämen und sollen mehr daran denken, daß unser Herr Jesus Christus, der Sohn des lebendigen Gottes, des Allmächtigen, sein Antlitz wie den härtesten Felsen gemacht hat und sich nicht geschämt hat. Und er ist arm gewesen und ein Fremdling und hat von Almosen gelebt, er selbst und die selige Jungfrau und seine Jünger. Und wenn ihnen die Menschen Schmach antun würden und ihnen kein Almosen geben wollten, dann sollen sie Gott dafür danken; denn für die Schmach werden sie große Ehre vor dem Richterstuhl unseres Herrn Jesus Christus erhalten. Und sie sollen wissen, daß die Schmach nicht denen angerechnet wird, die sie ertragen, sondern denen, die sie zufügen. Und das Almosen ist das Erbe und der gerechte Anteil, der den Armen zusteht, den unser Herr Jesus Christus uns erworben hat. Und die Brüder, die sich abmühen, es zu sammeln, werden großen Lohn erhalten und lassen die Spender gewinnen und erwerben. Denn alles, was die Menschen in der Welt zurücklassen werden, wird vergehen, aber für die Wohltätigkeit und die Almosen, die sie gegeben haben, werden sie Lohn vom Herrn erhalten» [NbReg 9, 1-9].

Andere Aspekte der Regel – hier ist nicht der Ort, auf philologische Fragen einzugehen – entsprechen entschiedenen und klaren Ideen des Franziskus: Brüderliche Liebe, Predigt durch das Beispiel *(Omnes fratres operibus praedicent* – alle Brüder sollen durch Werke predigen, heißt es im 17. Kap.), Ehrfurcht vor den Priestern, Bischöfen und den kirchlichen Autoritäten allgemein, stren-

ge Rechtgläubigkeit, Strafe des Ausschlusses aus dem Orden, der auch den Brüdern droht, die durch Unenthaltsamkeit sündigen. Das ganze 20. Kapitel wird der grenzenlosen Verehrung und Achtung gewidmet, die die Brüder dem eucharistischen Sakrament entgegenbringen sollen.
Der Schlußteil mit den Kapiteln 22 und 23, der durchsetzt ist mit Bibelzitaten, zeugt noch einmal von der Bildung Cäsars von Speyer, besonders wo die Zitate einander ohne Unterbrechung folgen und nur von einigen Worten begleitet sind. Man hat fast den Eindruck, dieser letzte Teil wolle das 1. Kapitel wieder aufnehmen und bekräftigen, das als Einleitung so bedeutsam ist und dann doch für sich bleibt. Es bleibt isoliert durch das sofortige Nachfolgen der Anweisungen über die Aufnahme von Novizen, ein Problem, das, wie wir uns erinnern, Jakob von Vitry bedrängt hatte.
Diese *Regula non bullata* ist also ein Spiegel des Ordensleben um 1221. Dieses Datum nimmt man gewöhnlich ungefähr an nach allem, was diejenigen Texte insgesamt ergeben, die irgendwelche chronologischen Anhaltspunkte bieten. Es braucht kaum gesagt zu werden, daß dieses Datum der *terminus ad quem,* das spätest mögliche ist. Ein frühester Zeitpunkt ist indessen unmöglich festzusetzen, denn ein Teil dieser Regel könnte auch, freilich mit Abwandlungen, Zusätzen und Änderungen, von der um 1209/1210 Innozenz III. vorgelegten Regel geblieben sein. Wenn auch alle bis heute angestellten philologischen und historischen Überlegungen von Bedeutung sind, so bleibt doch die wichtigste Frage jene nach dem Verhältnis zur *Regula bullata.* Diese ist sicher datiert, weil sie der Bulle *Solet annuere* Honorius III. vom 29. November 1223 angefügt ist, in der sie vom Papst bestätigt wird.

Die Regula bullata

Warum die *Regula non bullata* niemals endgültige Regel wurde, haben wir schon hervorgehoben: Sie erscheint nicht als sauber definierte, normgebende Regel, sondern als spontane, unüberlegte und nicht durchdachte Zusammenstellung von Forderungen. Möglicherweise entsprach sie der Mentalität des Franziskus: Für

ihn war die Regel nicht ein Instrument, das den Brüdern eine Reihe von Pflichten auferlegte, sondern eher eine Aufgabe, ein Anreiz zum Handeln. Zu diesem Zweck waren auch die vielen Zusätze aus dem Neuen Testament hilfreich, die Cäsar von Speyer eingearbeitet hatte. Doch konnte sie von den Männern der Kurie gewiß nicht akzeptiert werden. Der Papst selbst und die Kardinäle, die theologisch-juristisch gebildet waren, manchmal sogar in hohem Maß, mußten – sagen wir es deutlich – wenigstens zum Teil bestürzt sein angesichts eines solchen Textes. Dieser war zwar zweifellos zu schätzen und wertvoll als Ausdruck einer heiligen Seele. Aber er war juristisch so schwach, daß er gerade wegen der Vermengung von Vorschriften und Erläuterungen ganz offensichtlich eine Unterscheidung zwischen Rat und Gesetz provoziert hätte. Eine solche Unterscheidung hatte schon auf anderen Ebenen für Auseinandersetzungen gesorgt: Das war mit dem Wort Jesu Christi geschehen, und Franziskus von Assisi wäre sicher nicht verschont geblieben.
Ein Vergleich der beiden Regeln ergibt jedoch auch, daß die nicht bullierte Regel als Ausgangspunkt und Basis, wenn nicht als Entwurf für die endgültige gedient hat, die der Papst mit seiner Bulle bestätigte. Dabei ist uns nicht entgangen, daß Forscher wie z. B. Paul Sabatier gerade aus dem Vergleich der beiden Regeln jenen Druck auf Franziskus, jene Verdrehung seines Ideals ableiten wollten, welche die Kurie ihm mit Gewalt und durch die Vermittlung des Kardinals Hugolin aufgezwungen habe. Daß der Kardinal bei einigen Gelegenheiten als Rechtsgelehrter und Kenner des Lebens an der Kurie ratend und helfend eingegriffen haben kann, scheint offensichtlich, wenn wir an sein Amt als Protektor des Ordens denken, das vom Papst ausdrücklich und offiziell anerkannt war. Nach allem jedoch, was bisher über die Persönlichkeit des Heiligen und über seine unbeugsame Standhaftigkeit in der Verteidigung seines Ideals gesagt wurde, halten wir die Möglichkeit irgendeines Zwangs oder Druckes auf ihn für unvorstellbar. Zwar ist es sicher wahr, daß Franziskus schwach, erschöpft und vor allem wegen seiner Krankheiten leidend war – es genügt der Gedanke an das Wechselfieber der Malaria. Doch bedeutet dies nicht, daß er unaufmerksam oder vergeßlich war. Franziskus war etwa vierzig, was aber damals als viel älter galt, als das heute bei

uns der Fall ist. Er war aber noch in jedem Fall fähig, sich an das Wesentliche dessen zu erinnern, was er wollte. Das belegen uns auf einer anderen Ebene seine Schriften, die er zwar diktierte – davon später mehr –, die aber eine geistige Kraft, eine Klarheit der Ideen und Genauigkeit der Standpunkte und Absichten bezeugen, die über jeden Zweifel erhaben sind.

Fest steht aber die Tatsache, daß Franziskus seine endgültige Regel mit seinen Brüdern diskutierte, daß er sie sozusagen im Dialog mit ihnen schrieb. Dabei hielt er am Wesentlichen fest und gab – widerwillig genug – in weniger bedeutsamen Punkten nach. Das bezeugen uns die Gefährten, die in seinen letzten Jahren bei ihm waren und diese Ereignisse miterlebten. Zuerst loben sie lange die weitblickende Voraussicht ihres Vaters und Meisters.

> «Dieser», so erzählen sie, «hatte vorher viele Dinge in der Regel schreiben lassen, wie er uns persönlich sagte, die er mit unaufhörlichem Gebet und Nachdenken von Gott zum Nutzen des Ordens erfleht hatte; und er versicherte, daß dies bestimmt der Wille des Herrn sei. Aber als er diese Dinge den Brüdern zeigte, schienen sie ihnen schwer und unerträglich, denn sie wußten damals noch nicht, was nach seinem Tod im Orden geschehen würde. Und weil er Entrüstung in sich und in den Brüdern sehr fürchtete, wollte er sich nicht mit ihnen streiten. Statt dessen zeigte er sich nachgiebig, wenn auch nicht freiwillig, und entschuldigte sich vor dem Herrn dafür. Aber damit das Wort des Herrn nicht ohne Wirkung zu ihm zurückkehre, das dieser ihm zum Nutzen der Brüder in den Mund legte, wollte er es in seiner Person erfüllen; und am Ende beruhigte und tröstete sich darüber sein Geist» [LegPer 101 = Hug-Rotzetter 127].

Aus diesem Zeugnis ergibt sich also eine Auseinandersetzung nicht zwischen der Kurie und Franziskus, sondern, wenn überhaupt, innerhalb der Gemeinschaft selbst. Wie zu Recht betont worden ist und wie wir schon vorher hervorgehoben haben, mußte tatsächlich die Regel der Minderbrüder den ursprünglichen umbrisch-italienischen Charakter notwendig verlieren, um eine möglichst allgemeine Bedeutung auf europäischer Ebene zu erlangen. Wenn Franziskus auch Beispiel und Vorbild war, so mußte doch z. B. der körperliche Ekel vor dem Geld vollkommen unverständlich, vielleicht unvernünfitg wirken in Ländern mit fast ausschließlich bäuerlicher Wirtschaft, wo der Tauschhandel unverändert andauerte und Geld eine ungewohnte, ja seltene Erscheinung war. Ebenso unverständlich mußte die Ermahnung an die Brüder sein, nicht Kämmerer oder Kanzler zu werden, wo – wie in Deutschland oder Frankreich – alles in Händen der Beamten des Feudalherren oder der örtlichen Gemeinde lag und wo keine Kirchenmänner eingesetzt wurden.

Jedenfalls zeigte Franziskus Verständnis und wollte so auch konkret zeigen, wie «gering und jedermann untertänig» er wirklich sein konnte. Auf sich selbst wollte er aber doch anwenden, was er nach einem Gebet für göttliche Weisung hielt. Aus dieser Auseinandersetzung mit sich und seinen Brüdern entstand also die *Regula bullata*. Dabei waren die Provinziale wichtig, denn sie ließen auf den Kapiteln die Stimme der weitentfernten Regionen hören, die deswegen nicht weniger Gehör verdienten. Als erstes sei betont, daß an dieser Regel ein Jurist oder zumindest ein Fachmann für Ordensregeln einen beträchtlichen Beitrag leistete. Der Vergleich mit Paralleltexten anderer Orden, den Livarius Oliger für die Regel der Minderbrüder angestellt hat, geht vielleicht zu sehr ins einzelne. Und wo nur eine zufällige Gleichheit von Worten vorliegt, wie sie eben allgemein verwendet wurden, sind die Vergleiche auch nicht ganz passend. Im Ganzen aber ist die Gegenüberstellung mit ihren vielen Angaben zweifellos überzeugend. Ein Fachmann, wahrscheinlich mehrere Fachleute müssen beteiligt gewesen sein. Namen zu nennen wäre ein vergebliches Unterfangen. Spontan würde man an die Beteiligung von Petrus Catanii denken, wenn dieser nicht schon im März 1221 gestorben wäre. Cäsar von Speyer war ein Bibel-, kein Rechtsgelehrter. Hugolin von Ostia hatte in jenen Jahren weder Zeit noch Möglichkeit, eine so umstrittene Arbeit wie die Fassung einer Regel in all ihren Einzelheiten zu verfolgen. Doch zweifellos bot er Hand und Förderung, als es darum ging, sie dem Papst zur Bestätigung vorzulegen.

Daß der Text der *Regula bullata,* so wie er vorliegt, trotz der Mitarbeit eines Juristen das Werk des Franziskus ist, zeigt die energische Sprache in der ersten Person mit für ihn typischen Ausdrücken wie *moneo et exhortor* (ich warne und ermahne sie – 2,17); *consulo vero, moneo et exhortor* (ich rate aber, warne und ermahne – 3, 10); *praecipio firmiter fratribus universis* (ich gebiete allen Brüdern streng – 4, 1); *vos carissimos fratres meos* (euch, meine geliebtesten Brüder – 6, 4); *cui, dilectissimi fratres* (dieser, geliebteste Brüder – 6, 6); *moneo quoque et exhortor eosdem fratres* (ich warne auch und ermahne diese Brüder – 9, 3); *unde firmiter praecipio eis* (daher gebiete ich ihnen streng – 10, 3); *moneo vero et exhortor* (ich warne aber und ermahne – 10, 7); *praecipio firmiter fratribus universis* (ich befehle streng allen Brüdern – 11, 1); *per oboedientiam iniungo ministris* (ich befehle den Ministern im Gehorsam – 12, 3); *quod firmiter promisimus observemus* (beobachten, was wir fest versprochen haben – 12, 4). Dies alles sind Ausdrücke, die genauso in anderen, zweifelsfrei von Franziskus stammenden Texten wiederkehren, besonders im Testament, dessen Echtheit und Bedeutung nicht noch einmal bekräftigt zu werden brauchen.

Wenn wir die Form dieser zweiten, vom Papst bestätigten und heute noch für die Minderbrüder gültigen Regel als Ganzes betrachten, so wird uns klar, daß der Einfluß des Juristen – wer er auch gewesen sein mag – den direkten und persönlichen Einfluß des Heiligen nicht verhindern konnte. Dies gilt besonders dort, wo es sich um die Grundelemente seines Ideals handelt, das er seinem Orden anvertraut hatte, damit dieser es in die Lebenswirklichkeit umsetze. Es bleibt also doch – wenn auch sehr gemildert – jenes Auseinanderstreben von Vorschrift und Rat, von der Entscheidung des Franziskus und dem persönlichen Ton, in dem er sie bestimmt und festlegt. Die Vielzahl der Evangelienstellen, welche die nicht bullierte Regel bekräftigten, stärkten, bereicherten und erhellten, ist freilich zusammengeschmolzen, um nicht zu sagen verschwunden. Damit geht der Regula bullata ein typischer, kennzeichnender Zug verloren: die Öffnung, der Ausgangspunkt, der Schwung in Richtung auf eine immer höhere Vollkommenheit in der Nachfolge des gekreuzigten Christus. Der geistliche Ton wird schwächer durch die Notwendigkeit, eine Regel zu schreiben, die sich in die anderen Regeln einreiht, auch wenn, wie gesagt, Franziskus oft beflügelnd eingreift. Besonders eine Tatsache tritt sehr klar hervor: Die vorhergehende Regel hatte durch ihre zwar nicht zusammenhanglose, aber sicher zusammengesetzte Anlage Franziskus einen persönlichen Einfluß erlaubt, der gleichzeitig vertraulicher und echter war. Wir haben hervorgehoben, daß er sein Ideal dort deutlich und streng zur Geltung bringen, seine Bedeutung und Tragweite mit einer Echtheit, ja mit einem Freimut ausdrücken konnte, der seiner endgültigen Regel abgeht – und vielleicht abgehen mußte.

Dies scheint uns der eigentliche und wichtigste Unterschied für Franziskus, dem ja nichts an genauer, treffender und passender juristischer Definition lag, sondern an der Weisung, der tätigen, wirksamen und lebendigen Lenkung. Die Frage, ob diese zweite Regel nun strenger oder weniger streng ist als die frühere, läßt sich nach unserem Urteil nicht leicht beantworten. Es genügt nicht, zu vergleichen, indem man vergleicht, ob Tage oder Wochen länger oder kürzer gefastet werden soll oder ob dieser oder jener Punkt in strengeren Worten ausgedrückt ist. Vom Gesichtspunkt der Verwirklichung aus kann man selbstverständlich erkennen, daß die zweite Regel gewandter, kürzer, bündiger und zweckdienlicher formuliert ist, daß sie aber weniger innere Kraft besitzt.

Wir sagten, daß Franziskus trotz der Leiden immer noch lebhaft und unbeugsam war. So nahm er im Schlußteil des zweiten Kapitels, nachdem er von Novizen, ihren Habiten und denen der Brüder gesprochen hat, gegen jede mögliche Selbstgerechtigkeit Stellung – von der er gestand, versucht worden zu sein – und warnte und ermahnte die Brüder,

> «jene Leute nicht zu verachten noch zu verurteilen, die sie weiche und farbenfrohe Kleider tragen und sich auserlesener Speisen und Getränke bedienen sehen, sondern vielmehr soll jeder sich selbst verurteilen und verachten» [BReg 2, 17].

Da ist die Gefahr des Hochmuts des Pharisäers gegen den Zöllner an der Wurzel getroffen, während das Motiv der Selbsterniedrigung als geistliches Kennzeichen der Minderbrüder wiederkehrt.

Ermahnung, Warnung und Rat sind auch wichtig wegen ihrer Beispielhaftigkeit für den Frieden in der Welt. Die Stellungnahme ist psychologisch geglückt und eindringlich: Friedfertiges und brüderliches Verhalten läßt sich nicht befehlen. Denn gewisse Gefühle und Einstellungen kommen von innen, wie Sanftmut, Friedfertigkeit, Bescheidenheit, Milde, Demut und gutes Reden, durch die die Brüder im täglichen Leben Vorbild sein sollten. Der Ton ändert sich jedoch und wird unmißverständlich befehlend *(praecipio firmiter)*, sobald es wieder um das Geld geht: Der alte Ekel, der nicht rechtlich bindend, sondern persönliches Gefühl war, *scheint* überwunden. In Wirklichkeit *ist* er gegenwärtiger denn je in der klaren Vorschrift:

> «Ich gebiete allen Brüdern streng, auf keine Weise Münzen oder Geld anzunehmen, weder selbst noch durch eine Mittelsperson» [BReg 4, 1].

Dann empfiehlt Franziskus «seinen geliebtesten Brüdern» im 6. Kapitel die höchste Armut und gibt uns im 9. Kapitel eine wertvolle Information zum Thema Predigt. Der juristisch bedeutungslose Ausdruck, die Brüder sollten mit Werken predigen, ist fortgefallen und durch einen konkreteren Text ersetzt worden:

> «Ich warne auch und ermahne diese Brüder, daß sie in der Predigt, die sie halten, wohlbedacht und lauter reden sollen zum Nutzen und zur Erbauung des Volkes, indem sie zu ihnen sprechen von den Lastern und Tugenden, von der Strafe und Herrlichkeit mit Kürze der Rede, weil der Herr auf Erden sein Wort kurz gefaßt hat» [BReg 9, 3f.].

Entschieden ist der Befehl zum Gehorsam im 10. Kapitel, doch bleibt die Einschränkung, daß er zu leisten ist, solange er «nicht ihrer Seele und unserer Regel zuwider ist». Weiter unten im gleichen Kapitel erscheint die Ermahnung, «daß sie sich hüten mögen vor allem Stolz, eitler Ruhmsucht, Neid und Habsucht». Der Befehl im 11. Kapitel, Versuchungen hinsichtlich Frauen aus dem Wege zu gehen, versteht sich fast von selbst, ebenso wie der andere im gleichen Kapitel, keine Patenschaften für Männer und Frauen in der Welt zu übernehmen. Ein klarer Befehl wendet sich dann an die Minister, vom Papst einen Kardinalprotektor zu erbitten, von dem in der ersten Regel noch keine Rede war.

Wenn wir die Äußerungen des heiligen Franziskus in dieser zweiten Regel mit jenen in der ersten vergleichen, zeigt sich klar, was wir bisher gesagt haben: In der ersten Regel ist seine Gegenwart persönlich, individuell, wenn man so sagen kann, lebendig in Aussage und Richtung. In der zweiten ist sie zwar nicht weniger wirksam, aber gleichsam gedämpft durch die Notwendigkeit der deutlichen und genauen, allgemeingültigen Vorschrift, so daß die Person, das Individuum, das konkrete Einzelbeispiel in den Hintergrund tritt.

Dies ist – wir wiederholen es – der wahre Unterschied. Denn die *Regula bullata* greift im wesentlichen das auf, was in der *Regula non bullata* schon vorgegeben war. Doch lohnt sich der Hinweis auf einige Kapitel, die in der bullierten Regel nicht mehr erscheinen. Es sind das erste Kapitel mit den Stellen aus dem Evangelium, dessen merkwürdig isolierte Stellung wir schon hervorgehoben haben; dasjenige über die Ehrfurcht gegenüber und die Verehrung der Eucharistie; das Kapitel über die Art des Almosenbittens mit dem Hinweis auf die Berechtigung, sie zu empfangen; ferner das Verbot zu reiten; ein Kapitel über die Art, wie die Brüder durch die Welt ziehen sollen; die Ermahnung zu katholischer Rechtgläubigkeit und die beiden Schlußkapitel mit eindringlichen Worten evangelischer Ermahnung, die Cäsar von Speyer zusammengestellt hatte und die Franziskus so willkommen gewesen sein müssen.

Wenn wir aufgrund des bisher Gesagten ein allgemeines, vergleichendes und gleichzeitig abschließendes Urteil fällen sollten, so würden wir es in einer unseres Erachtens grundlegenden und geschichtlich bedeutsamen Tatsache sehen. Die ursprüngliche evangelische Glut der *fraternitas,* der Bruderschaft, ist abgeschwächt worden, soweit es möglich war und soweit Franziskus dies zuließ. Die *religio,* der religiöse Orden, der aus ihr entstand, war nicht weniger streng und ernst, aber sicher weniger wirksam – nicht formal, sondern praktisch – in der christlichen Gesellschaft. Wir wollen in diesem Punkt nicht mißverstanden werden: Für Franziskus, für seine Gefährten wie für viele Brüder, die die herrliche Zeit der konkreten und lebendigen evangelischen Lebensweise unter den Gläubigen erlebt hatten, bedeutete die eine oder andere Regel in der Praxis nicht viel. Von Franziskus persönlich wissen wir, daß er sich nicht nur mit der Regel befaßte, um ihr den Stempel strengsten Gehorsams aufzudrücken. Vielmehr sah er sie nach wie vor als Ausgangsbasis, als Mindestmaß, von dem aus jeder nach seinen Kräften in die Höhe streben konnte. Von den anderen Brüdern können wir nach allem, was wir über die Gefährten und die dem Gründer am nächsten stehenden Brüder wissen, sagen, daß sie den ursprünglichen Geist der Bewegung noch spürten und wachhielten.

Die Auswirkungen der zweiten Regel machten sich erst mit Verspätung bemerkbar, wie es bei historischen Ereignissen, welche die Haltung der Masse betreffen, gewöhnlich der Fall ist. Die juristische Fassung weckte das Bedürfnis nach Deutungen und Glossen. Deshalb müssen wir sofort sagen, daß Franziskus dies genau vorausgesehen hatte. Nicht nur sprach er sich im Testament dagegen aus, die Regel mit interpretierenden Kommentaren zu versehen, sondern er versuchte – gerade mit dem Testament, das keine neue Regel ist, sondern ein Lebenszeugnis – ein Instrument zu geben, das den Rückgriff auf einen Juristen zur Deutung unnötig machen sollte.
Hier ist es angezeigt, auf sein persönliches Beispiel hinzuweisen, wie es sich aus seinen Schriften, aber besonders aus dem mehrmals erwähnten Zeugnis der Gefährten ergibt, die in seinen letzten Lebensjahren bei ihm waren. Franziskus betonte und vertiefte seine persönliche Beispielhaftigkeit und stellte es in jeder Hinsicht in den Vordergrund. Man kann sagen, daß die *Nos qui cum eo fuimus* – jene Gefährten, die bei ihm waren und sich so vorstellen – in jeder ihrer Aussagen auf dieses Thema zurückkommen. Nach ihrem Zeugnis zielte jede Handlung ihres Vaters und Meisters darauf, Beispiel zu geben: in der Milde, in der Buße, in der Demut, in der Ergebung. Und jedes Beispiel ist gewöhnlich von einem Zusatz begleitet, der klarstellt, daß es noch viele andere ähnliche Begebenheiten gäbe, *«quod esset longum dicere et enarrare»,* (was lange Zeit beanspruchte, es zu sagen und zu erzählen) [LegPer 82 = Hug-Rotzetter 119]. Das beispielhafte Zeichen, das Christus gegeben hatte, wurde durch Franziskus wiederholt, neu beachtet und durch sein eigenes Beispiel wieder in den christlichen Lebensvollzug hineingenommen, damit es dann von anderen aufgenommen werde und sich so eine Kette der Beispielhaftigkeit bilde.
Dies war sicher die dringlichste Sorge des Franziskus in seinen letzten Lebensjahren und stellt die lebendige Ergänzung seines Regelwerkes dar. Unter seinen Schriften war das Testament die höchste und bedeutsamste Äußerung. Doch war er sich bewußt, daß auch das Testament eine Schrift war und als solche – darin täuschte er sich nicht – dem Risiko unterlag, diskutiert und inter-

pretiert zu werden, sei es aus Übereifer, sei es aus Mangel an Eifer. Und darum dachte er daran, ein *Modellkloster* zu schaffen, das für den ganzen Orden Muster und für alle anderen Prüfstein bleiben sollte. Dieses Kloster war die Portiunkula, seine erste Bleibe, der Ort, der ihm besonders lieb war, von dem aus der Orden seinen Anfang genommen und sich immer lebendiger und erfolgreicher ausgebreitet hatte. Nicht zufällig diktierte er vor seinem Tod in einem besonderen «Testament», daß der geliebte ursprüngliche Kern seiner *fraternitas* unverändert als zusätzliches Lebensleitbild bleiben sollte. Und nicht einmal dies genügte ihm unter dem Druck der Verhältnisse, oder mehr noch, bei seiner klaren Voraussicht. Er wollte – aber wir kommen auf die Frage zurück – der Regel und dem Testament als Schriftstücken und somit gewissermaßen toten, den Deutern ausgelieferten Gegenständen einen Mann an die Seite stellen, der seine Nachfolge übernahm und jene *Vorbild-Funktion* weiterhin erfüllte, die er nach seinem Rücktritt als Leiter des Ordens persönlich innegehabt und ausgeübt hatte. Wir werden später sagen, warum dieser Mann Bernhard von Quintavalle war.

Tatsächlich war sich Franziskus vollkommen im klaren, in welcher Klemme er, zwar gegen seinen Willen, aber gerade wegen seines Erfolges steckte: Je zahlreicher die Brüder wurden, um so nötiger brauchten sie eine Hierarchie und eine rechtlich festgelegte Organisation. Als praktischer und, wie gesagt, klarsehender Mann fand sich Franziskus mit den Folgen eines unwiderruflichen Entwicklungsprozesses ab. Es galt – nennen wir das unvermeidliche Wort –, das Risiko jener Dekadenz zu verringern, dem in seinen Augen auch die größten, heiligsten religiösen Orden zuvor erlegen waren. Seine Lösung, konnte zwar den Lauf der Ereignisse nicht aufhalten, aber deren zerstörerische Kraft überwinden: Franziskus ist regelmäßig wiedergekommen, um in der Geschichte wirksam zu werden, sooft die Geschichte seinem Beispiel einen Einfluß ermöglichte.

9.2. Die anderen Lebensnormen

Klarissen und Pönitenten

Die beiden Regeln sind die Texte, die die tiefste Wirkung hatten, sowohl in der Kirche als auch in der franziskanischen Bewegung selbst. Aber sie sind nicht die einzigen gesetzgeberischen Texte, welche die Persönlichkeit und Handlungsweise von Franziskus zum Ausdruck bringen.

Leider können wir, wie gesagt, wenig sagen über die *«Armen Damen von San Damiano»* – weil uns außer der kurzen Regel aus der allerersten Zeit der Gemeinschaft und dem Fragment eines Briefes über das Fasten nichts erhalten ist. Was Franziskus und diejenigen, die beauftragt waren, ihr Leben und Tun zu begleiten, im Laufe der Zeit für sie getan haben, kann also nicht geklärt werden. Die Regel, die Papst Innozenz IV. Klara mit einer Bulle vom 9. August 1253 gab, erlaubt es nicht, Überbleibsel des Einflußes des Franziskus aufzuspüren, wenn sie auch für dieses oder jenes Detail offensichtlich vorhanden sind. Es sei ausdrücklich betont, daß Klara felsenfest blieb in ihrem Entschluß zu einer absoluten Armut, die sie vom Vater und Gründer übernommen und zu der sie sich im übrigen verpflichtet hatte, seit sie in ihrer Jugend die Welt verlassen hatte.

Die Regel für die sogenannten *Pönitenten* geht nicht auf Franziskus zurück, nicht einmal in ihrer ältesten Fassung. Er wollte den Laien – wie übrigens auch den Brüdern selbst – weniger eine eigentliche Regel geben als vielmehr eine Richtung und einen Lebensstil zeigen. Deshalb ergaben sich mehr Ermahnungen und Appelle als ein regelrecht normativer Text. Daß die von Franziskus überall gepredigte Buße sich auch auf die Laien erstrecken sollte und konnte, ist augenfällig. Es gehörte sogar unmittelbar zur anfänglichen Zielsetzung der *fraternitas,* deren Ermahnung sich sicher nicht an Kleriker richten konnte (und wenn doch, so durch das Beispiel, nicht in Worten). Gerade deshalb konkretisierte sich die Buße nicht in einer Regel, sondern suchte ihre Verwirklichung vielmehr in besonderen Einzelproblemen des Lebens. Erst später – damit sprechen wir ein Problem an, das, freilich an anderer

Stelle, eine vertiefte Betrachtung verdient –, als der Orden seine Strukturen verstärkte, feste Wohnsitze und eigene Kirchen besaß, als also der Prozeß seiner «klerikalen Normalisierung» fortgeschritten war, bildeten sich um die Brüder Gruppen von Frommen, denen man eigentliche Verhaltensmaßstäbe oder, wie es damals hieß, eine Regel, vorschreiben konnte.

Regel für Einsiedler

Mit absoluter Sicherheit gehen auf Franziskus mindesten zwei «gesetzgebende» Texte zurück. Mit ihnen wollen wir uns, wenn auch mit unvermeidlicher Kürze, beschäftigen, soweit sie uns zu einer Vertiefung seines Lebens und seiner Tätigkeit helfen: die *Regula pro eremitoriis data* (Regel für Einsiedeleien) und der *Brief an den hl. Antonius von Padua.* Der erste Text ist vor allem wichtig, um die Bedeutung des Einsiedlerlebens für Franziskus und die frühe franziskanische Bewegung zu verstehen. Der Brief an Antonius ist grundlegend, um seine Einstellung gegenüber dem Studium festzustellen. Wir finden darin wiederum die typische Haltung des Akzeptierens, freilich unter der Bedingung, daß das ursprüngliche Ideal der Bewegung nicht beeinträchtigt werde.
Die Regel ist sehr kurz. Sie bestätigt aber in den Besonderheiten und sozusagen technischen Einzelheiten, die sie kennzeichnen, daß Franziskus zur Zeit ihrer Abfassung – zwischen 1217 und 1221 – sich bereits endgültig von dem Lebensstil gelöst hatte, den Jakob von Vitry noch beschrieben hatte. Dieser Lebensstil wäre zu charakterisieren als ein Ordensleben, das eine Mischung darstellte aus Kontemplation, besonders in der Nacht, Aufenthalt in der Einsamkeit nach Art der Einsiedler und Tätigkeit mit den anderen in der Stadt während des Tages. Diese Regel aber spricht von einem echten Einsiedlertum im technischen Sinn des Wortes, das zwar nur eine bestimmte Zeit dauert, für das aber eine besondere Regelung getroffen werden mußte. So diskutieren die Forscher über den Wert und Sinn dieser Regel. Einige, wie Sabatier, sehen in ihr ein Bruchstück der Regel für die Brüder, seiner Meinung nach um 1217 geschrieben. Andere wie Walter Goetz halten sie für einen vorbereitenden Text zur Regel für die Brüder. In diesem

Fall wäre sie ein zunächst vorgesehenes und dann nicht verwendetes Stück, in dem etwas Ähnliches angeordnet wurde wie das, was sich in der Regel des heiligen Benedikt für die Mönche findet, die als Einsiedler leben wollen. Andere schließlich halten sie für eine Ergänzung der Regel selbst. Diesem Standpunkt meinen wir uns mit Kajetan Esser anschließen zu müssen. Er sieht mit Recht in diesem Text die Regel, die nach der Regel der Brüder und der Regel der «Armen Damen von San Damiano» für die geschrieben wurde, die – und es waren nicht wenige – ein Einsiedlerleben führen wollten.

Der Sprachgebrauch dieser Regel scheint uns besonders charakteristisch: eine Ausdrucksweise, die an Beziehungen der Fürsorge und Zuneigung inspiriert ist. Für jede Einsiedelei sind die gegenseitigen Pflichten unter drei oder vier Brüdern zu teilen, und zwar so, daß zwei wie Mütter und einer oder zwei wie Söhne sind. Diejenigen, die die Mutterrolle haben, sollen das Leben Marthas führen, die anderen beiden das Leben der Maria. Mit anderen Worten: die Mütter hatten sich um alle praktischen Bedürfnisse, das Notwendige zum täglichen Leben zu kümmern, von der Beschaffung der Nahrung bis zu ihrer Zubereitung. Es ist nämlich nicht gestattet, etwas zu kaufen oder mitzubringen oder zu lagern, um es später zu verwenden. Die Söhne oder der Sohn sollen sich nur dem Gebet und der Meditation widmen. Die Unterkunft soll klösterlich sein, d. h. in sich abgeschlossen, wobei jeder Bruder eine eigene kleine Zelle zum Beten und Schlafen haben soll. Für dieses Einsiedlerleben werden die Gebetsgewohnheiten und das Aufeinanderfolgen von Schweigen und Gespräch festgesetzt. Und die beiden Söhne können, wenn sie es für gut halten, von ihren Müttern Almosen erbitten «wie ganz geringe Arme, um der Liebe Gottes des Herrn willen». Keinem Fremden dürfen sie gestatten, in die Einsiedelei einzutreten und zum Essen zu bleiben. Weiterhin sollen die Brüder, welche die Mutterrolle haben, sich zwar um die praktischen Bedürfnisse derer kümmern, die in Abgeschiedenheit und Schweigen der Kontemplation obliegen, doch auch sie sollen sich bemühen, der Gesellschaft der andern fernzubleiben, so daß niemand mit ihnen sprechen kann. Die Söhne sollen nur mit ihren Müttern und mit ihrem Minister und Kustoden sprechen, wenn diese zu Besuch kommen. Dann ist es von höchster Bedeutung, daß die Söhne nach einer Zeit, die in gegenseitigem Einvernehmen ausgemacht wird, ihrerseits als Mütter tätig sein sollen, damit die anderen sich dem kontemplativen Leben widmen können. Franziskus empfiehlt am Ende, den Rhythmus des Abwechselns mit Eifer und Fürsorge einzuhalten.

Zunächst ist zu dieser Regel und dieser Art von Einsiedlertum zu bemerken, daß sie anscheinend ausschließlich für Kleriker bestimmt war. Denn die vorgeschriebenen Gebete sind die für Kleriker verpflichtenden kanonischen Stundengebete, während für die Laien, die das Offizium nicht beteten, nichts vorgesehen ist. Dann ist auch hervorzuheben, daß die Art der Regel und die Verfügbarkeit von Einsiedeleien eher an eine kleine Zahl von Brüdern denken lassen, die als Einsiedler lebten. Dennoch war es nötig, darüber zu diskutieren, wenn wir bedenken, wie oft Franziskus selbst sich besonders in den letzten Lebensjahren in eine Einsiedelei zurückzog: nach Greccio, zum Berg La Verna, der ihm 1217 von einem Grafen der Gegend geschenkt worden war, oder nach Sarteano. Von diesem Ort erzählen die Gefährten, die bei ihm waren, eine interessante Episode, die die Weigerung des Franziskus, auch nur dem Schein nach Eigentum zu haben, verdeutlichen. Ein Bruder, der in jener Einsiedelei wohnte, hatte nämlich vorausgesehen, daß früher oder später ihr Vater und Meister dort eintreffen würde. Darum hatte er für ihn eine kleine Zelle, oder besser eine Hütte gebaut, aus gutgeschnittenem und kunstgerecht abgehobeltem Holz. Aber Franziskus fand sie zu schön und wollte eine aus Steinen und Baumästen haben, eine wirkliche Hütte also, wie jene, die sich auf dem Lande heute noch die Schäfer bauen. Nur eine solche wollte er, denn je ärmer die Hütten waren, desto besser entsprachen sie seinen Wünschen. Wenige Tage später fragte Franziskus einen Bruder, woher er käme. Der Bruder antwortete ihm, er käme von seiner Zelle, der Zelle des Franziskus, wohin er gerade gegangen sei, ihn zu suchen. Franziskus erwiderte sofort: «Von dem Augenblick an, da du gesagt hast, daß jene Zelle die meine sei, wird nun ein anderer darin wohnen, nicht ich» [LegPer 57 = Hug-Rotzetter 121]. Eine scheinbar geringfügige, aber doch symbolisch bedeutsame Begebenheit. Denn seine Gefährten nehmen sie zum Anlaß, daran zu erinnern, daß er die Stelle aus dem Matthäus-Evangelium wiederholte: «Die Füchse haben ihre Höhlen und die Vögel des Himmels ihre Nester; doch der Menschensohn hat nichts, wohin er das Haupt lege.» Und mit der ihm eigenen, buchstabengetreuen Befolgung erinnerte Franziskus daran, daß Jesus sich in der Einsamkeit der Wüste während vierzig Tagen und vierzig Nächten weder eine Zelle noch irgendeine Bleibe hatte machen lassen, sondern, wie Franziskus meinte, unter einem Felsen hauste.

Für Franziskus wurde das Einsiedlerleben zu einer der häufigsten Gewohnheiten, auch weil es ihm eine strenge und harte Armut ermöglichte. Er sehnte sich immer stärker nach Einsamkeit, je größer die Verehrung und Neugier der Menge um ihn herum wurde. Wir haben im Zusammenhang mit den Kirchenfürsten und Kurienmännern, die ihn bei dem armen Pfarrer von San Fabiano bei Rieti besuchten, schon betont, daß er sich dadurch immer mehr belästigt fühlte.

Nicht anders hielten es andere Brüder, die ihm am nächsten standen und seinen Einfluß, seinen Wert als Vorbild am tiefsten empfanden, sowohl zu seinen Lebzeiten als auch nach seinem Tod. Man vergesse nicht Bruder Ägidius, aber auch nicht Bruder Antonius von Lissabon (bekannter als Antonius von Padua, wie wir schon sagten). Wenige Jahre nach dem Tod des Franziskus, 1231, predigte Antonius in Padua. Danach zog er sich mit zwei Gefährten in das Gebiet von Tiso da Camposampiero zurück, genau nach den Vorschriften der Regel, und baute dort seine «Klause» auf einem riesigen Nußbaum.

Schließlich wurde die Liebe zur Einsamkeit typisch für die Brüder, die am meisten danach strebten, auch noch viele Jahre später dem Beispiel des Gründers nachzueifern – und dies wird auch gesagt, um anzudeuten, daß die eremitische Tradition am Ende, gerade weil sie sich auf das persönliche Beispiel von Franziskus berief, ein kennzeichnender Aspekt in der Spiritualität derer blieb, die ihm am nächsten sein wollten. Unter ihnen allen ist das Beispiel des Johannes von Parma berühmt: Nach seinem erzwungenen Rücktritt und dem von Bonaventura eingeleiteten Scheinprozeß zog er sich für lange Jahre auf den La Verna zurück, von wo er erst auf Befehl des Papstes am Ende seines Lebens zurückkehrte. Auf dem La Verna lebte Anfang des 14. Jahrhunderts Hubertin von Casale, um den *Arbor vitae crucifixae Jesu* (Baum des gekreuzigten Lebens

Jesu) zu schreiben. Ähnlich hielten es – aber wir erinnern hier nur daran, um die Bedeutung und den Wert des Beispiels zu bekräftigen – viele andere Rigoristen und «Spiritualen». Heute zeigen dies noch, um nur zwei Beispiele zu nennen, die Einsiedeleien von Monteluco bei Spoleto und die der Maiella bei Sulmona, ganz zu schweigen von denen bei Subiaco, wo Angelus Clarenus Versteck und Zuflucht fand.

Bis wann diese *Regula pro eremitoriis data* in ihrer mehr scheinbaren als wirklichen Einfachheit befolgt und beachtet wurde, wissen wir nicht. Doch zeigt sie sich uns in ihrer ganzen Bedeutung, wenn wir nur an den Wert denken, der ihr als festgeschriebene Lebensform zukam, die um so wichtiger und vorbildlicher war, weil, wie wir eben erklärten, Franziskus selbst sie liebte.

Diese für das italienische Franziskanertum und besonders für die Rigoristen und «Spiritualen» sehr wichtige Regel ist von Bedeutung, weil sie eine der Nebenerscheinungen anzeigt, die freilich nicht bedeutungslos sind für ein Verständnis der franziskanischen Bewegung in all ihrer Vielfalt und Verschiedenheit der Erfahrungen.

Das Studium

Doch nun wollen wir den letzten Text von normativer Bedeutung, den *Brief an den heiligen Antonius von Padua,* besprechen. Er hat einen Wert und eine wesentliche Bedeutung für die ganze Ordensgeschichte und soll daher in seiner ganzen Tragweite verstanden und gedeutet werden. Es handelt sich um wenige Zeilen, die wir als Ganzes anführen, um die Betrachtungen zu erleichtern, die es darüber anzustellen gilt:

> «Dem Bruder Antonius, meinem Bischof, wünsche ich, Bruder Franziskus, Heil. Es gefällt mir, daß du den Brüdern die heilige Theologie vorträgst, wenn du nur nicht durch dieses Studium den Geist des Gebetes und der Hingabe auslöschest, wie es in der Regel steht.»

Mit der Regel, auf die sich Franziskus beruft, kann nur die *Regula bullata* gemeint sein. Denn Franziskus bezieht sich auf sie wie auf ein offizielles Dokument, und ein solches war nur die *Regula bullata* von 1223. Dies erlaubt uns – und darüber sind sich nun alle einig –, einen *terminus a quo* zu bestimmen, den frühesten Zeitpunkt: das Datum der Bulle *Solet annuere,* den 29. November jenes Jahres. Als *terminus ad quem,* als spätesten Zeitpunkt, müssen wir uns die Reise des Antonius nach Frankreich in der zweiten Hälfte des Jahres 1225 denken. Denn dort predigte er nicht nur als Bruder und zog von einem Ort zum anderen, sondern unterwies auch seine Mitbrüder in der Theologie. Er muß also damals die Erlaubnis schon erhalten haben, die der kurze Brief von Franziskus in ebenso zusammenfassenden wie streng formalen Ausdrücken gewährt.

Die Echtheit dieses Briefes ist oft in Zweifel gezogen worden und hat einen und denselben Forscher ins Schwanken gebracht, gerade wegen der äußeren Merkmale, der Trockenheit des Ausdrucks, der Kürze, des Fehlens jeder liebevollen Aussage oder Andeutung im Unterschied zur gewohnten Herzlichkeit des Franziskus. Aber allzu viele Elemente sprechen für seine Echtheit, sowohl auf der philologischen als auch – und unseres Erachtens mehr – auf der historischen Ebene. Erstens geht die Formulierung der Adresse «Fratri Antonio, episcopo meo», so auffallend sie sein mag, ohne Zweifel auf Franziskus zurück. Sie findet sich unmißverständlich in der zweiten Lebensbeschreibung des Thomas von Celano [2 Cel 163] wieder. Celano spricht dort über den Respekt, den der Heilige vor den Theologen hatte, und fährt mit genau diesen Worten fort:

> «Und als er einmal dem seligen Antonius schrieb, ließ er an den Anfang des Briefes die Worte setzen: ‹Fratri Antonio, episcopo meo› (dem Bruder Antonius, meinem Bischof).»

Die auffallende Bezeichnung des Antonius als Bischof – es ist sicher, daß er diese Würde niemals hatte – kann natürlich ein Zeichen der Achtung vor seiner großen Gelehrtheit sein. Er galt zu dieser Zeit als der bedeutendste Theologe im Orden – die großen Lehrer kamen erst wenige Jahre später hinzu. Ebenso kann sie Ausdruck einer Demutshaltung sein, eine Anspielung auf seine Unwissenheit, die ihn *subditus* (untertänig) machte auch gegenüber dem jungen ehemaligen Chorherren aus Portugal, der demütig in den Orden eingetreten war und nur zufällig Gelegenheit gehabt hatte, seine hohe theologische Bildung zu zeigen. Diese Selbsterniedrigung ist in sich schon wertvoll. Wir entnehmen sie dem Werk des Thomas von Celano, das sich großenteils auf die Zeugnisse stützt, die dem Generalminister Crescentius von Jesi zugegangen waren. Dieser hatte nämlich eine Untersuchung und Sammlung all dessen angeordnet, das sich auf die Erinnerung und Lebensgeschichte des heiligen Franziskus bezog. Sodann erhält sie eine genaue und letzte Bestätigung durch die Lebensverhältnisse im Orden, über die Franziskus mit Sicherheit unterrichtet war und nachgedacht haben muß. Der Orden, der zahlenmäßig gewachsen und vital geworden war durch die jungen Menschen, die ihm zuströmten, gab den neu eintretenden Novizen eine wertvolle spirituelle Bildung, konnte aber in keiner Weise eine solide kulturelle Bildung bieten. Dies war einer der Unterschiede zu den Predigerbrüdern des heiligen Dominikus. Und dieser Mangel begann sich negativ auszuwirken, nicht in bezug auf die Gläubigen und vielleicht die päpstliche Kurie, aber in der praktischen Seelsorge. Die grundlegende Spiritualität, die Franziskus seiner Bewegung eingeprägt hatte und die er dank seiner außergewöhnlichen Vorbildlichkeit aufrechterhielt, konnte zwar zur Bekämpfung häretischer Beeinflussungen ausreichen, aber nur schwerlich zum Bestreiten einer eigentlichen Debatte – auch wegen der außerordentlichen Polemik der häretichen Lehrer und Missionare. Dies muß der Grund für die Bitte des Antonius gewesen sein. Entweder hatte er bei seiner Reise nach Italien schon die Schwierigkeiten der Brüder in Südfrankreich bemerkt und wollte «Heilmittel» bringen. Oder er hatte vor seiner erneuten Reise in diese Gegenden über die Nützlichkeit nachgedacht, seinen Mitbrüdern die Hilfe seiner theologischen Erfahrung und Bildung zu verschaffen, weil er dachte, sie könnten in Schwierigkeiten sein.

Die trockene Kürze des Briefes legt den Gedanken an eine notwendige, aber von den Umständen erzwungene Entscheidung nahe. Sie zeigt ein Schwanken zwischen Nachgiebigkeit (condescensio!) und dem Beharren auf den klaren Grenzen, die der Nachgiebigkeit vorsorglich gesetzt werden. Dies finden wir nun regelmäßig und haben es auch bei der Regel schon bemerkt. Wenn wir nicht einen so kurzen Text allzu spitzfindig auslegen, ergibt sich dies aus der schnellen, aber technisch einwandfreien Präzision: *Placet mihi quod sacram theologiam legas fratribus* (Es gefällt mir, daß du den Brüdern die heilige Theologie vorträgst). *Placet* und *legas* sind zwei Fachausdrücke aus dem Recht bzw. aus dem höheren

Lehrbetrieb. Die persönliche Form von *legas* (das *du* vorträgst), die Antonius mit einer direkten und klaren Verantwortung betraut, ergänzt die Bedingung der Erlaubnis. Sie betrifft wiederum Antonius direkt und persönlich, weist aber im Zusammenhang mit der Technik des Vortragens auf den religiösen Geist und den Ton hin, der sie kennzeichnen soll.

Mit anderen Worten: Franziskus hatte nichts gegen die Theologie und gegen ihr Studium. Er gestattet mit seinem *placet mihi* sogar eine eigene Vorlesungsreihe über sie (das besagt das *legere theologiam*). Aber beim Studium durfte niemals der Wert des Gebetes und der Askese aus den Augen verloren werden. So zeigt sich uns das Problem der Studien für Franziskus und für den Orden in seinem ganzen Gewicht. Noch ein Problem mit zwei Seiten, noch ein Gegensatz, den es zu versöhnen gilt.

An entsprechender Stelle haben wir auf die kulturelle Bildung des Franziskus hingewiesen und ihr gewiß bescheidenes, aber doch nicht unbedeutendes Niveau angedeutet: Es war die Bildung eines Kaufmanns, der Geschäfte auf internationaler Ebene betrieb, wie seine Kenntnis des Französischen beweist. Dieses Urteil bezieht sich natürlich auf die für einen Laien normale Lage, ändert sich aber – nicht weniger natürlich –, wenn wir andere Wertmaßstäbe anwenden. Dies ist der Grund, warum Franziskus von sich als *idiota,* als unwissend spricht, und warum Jakob von Vitry ihn, wiederum auf der gleichen Ebene des Vergleichs, als *simplex et illiteratus,* d. h. als Mann ohne Studium und literarische Bildung bezeichnet.

Wie war nun die persönliche Einstellung, die Franziskus zur Kultur im allgemeinen und zur theologischen, kirchlichen Gelehrsamkeit im besonderen hatte? Weil wir über diesen Punkt keine anderen direkten und daher einigermaßen sicheren Zeugnisse als den kurzen Brief an den heiligen Antonius besitzen, müssen wir diese Einstellung aus den Angaben ableiten, über die wir verfügen. Nun kann man sagen, daß gerade die Aufgabe und Verantwortung, die ihm seine Stellung als Leiter des Ordens auferlegte, sein Wissen bestimmt erweitert hat, wahrscheinlich in Latein und mit Sicherheit in der Heiligen Schrift. Aber es ist mit Recht darauf hingewiesen worden, daß es sich dabei um etwas in der Praxis, im Gebrauch und in der Lektüre der liturgischen Texte Gelerntes handelte. Daß der Heilige selbst sich seiner Grenzen genau bewußt war, beweist die Tatsache, daß er sich an Cäsar von Speyer wandte, als es darum ging, die *Regula non bullata* mit einem Apparat von neutestamentlichen und allgemein biblischen Stellen auszustatten, um ihre evangelische Prägung auszudrücken und zu bekräftigen.

Sicher ist dagegen, daß er jegliche Annäherung an rechtliche Bildung von sich wies. Denn er fürchtete ihre Geschicklichkeit im Umdeuten von Sinn und allgemeiner Tragweite der Normen und des Eigenwertes der Worte. Seine ständige Mahnung, keine Privilegien zu erbitten und keine Erklärungen zur Regel zu geben, werfen ein Licht auf seine Anstrengung, einen Gesetzeszustand zu schaffen, der aus dem Orden einen einheitlichen Block machen sollte, der dem Prozeß des Verfalls und des Wandels alles Menschlichen widerstehen konnte. Diese Abneigung gegen die juristische Mentalität und Bildung ging vielleicht auf seine frühere Tätigkeit als Kaufmann zurück, als er hatte feststellen können, mit welcher Gewandtheit und Leichtigkeit die Notare aus unzulässigen Geschäften zulässige machten, oder wie sie mit geschickten «Unterscheidungen» die entschiedensten und deutlichsten Verbote des Kirchenrechts umgingen. Es scheint hier derselbe Überdruß zutage zu treten – zwar nicht von Ekel begleitet, aber gewiß von Abneigung –, den man bemerkt, wenn Franziskus über Geld spricht. Das eine wie das andere empfindet er als bedrückende Bedrohung und verborgene Gefahr, gegen die man sich nur schwer zur Wehr setzen kann, weil sie sich mit demselben Erfolg entzieht und verbirgt, mit der sie täuscht. Während sich gegen die juristische Bildung eine schlecht verhohlene Feindseligkeit zeigt, ist er um die kirchlich-theologische Bildung in Sorge, die sich aus ganz anderen Wurzeln herleitet.

Franziskus ist – wir haben es mehrfach betont – orthodox. Er bringt dem Priester die tiefste Ehrfurcht entgegen, weil dieser den Leib des Herrn konsekriert, und dem Theologen, weil er die Wahrheit des Glaubens lehrt. Doch fürchtet er beim Theologen den Hochmut der Gelehrten, die Selbstgerechtigkeit, die aus dem Bewußtsein entsteht, etwas zu besitzen, was die anderen nicht haben. Und er fürchtet auch die Vorliebe für Allegorien, Interpretationen und für Versuche, mit Wortgeplänkel die tatsächliche

Substanz der Dinge zu ändern. Die Wortwörtlichkeit, die den Kern seiner seelischen Haltung und seiner ganzen Nachfolge des Evangeliums bildet, hat sich als tiefe Überzeugung gerade in und aus dem Vergleich zwischen dem gebildet, was der Text der Evangelien sagt, und den Folgerungen, die die Kleriker mit Hilfe ihrer Allegorismen und Interpretationen je nach Bedarf daraus ableiteten. Schließlich rechtfertigte in seinen Augen noch ein letzter Punkt seine Sorge: der Unterschied – der ihm nicht weniger als allen anderen Gläubigen auffiel – zwischen dem, was diese theologisch Gebildeten lehrten, und dem, was sie lebten. Wir wollen Franziskus von Assisi nicht in die Nähe polemischer Haltungen bringen, von denen er sehr weit entfernt war. Aber er war sich der Notwendigkeit bewußt, Lehre und Leben in Übereinstimmung zu bringen, statt Gesetze zu lehren und sie dann nicht in die Tat umzusetzen.

Diese Einstellungen hängen innerlich zusammen, haben eine tiefe Logik und entsprechen auch den Ergebnissen und Mühen seiner ganzen Lebenserfahrung. Von ihnen zum Schluß, Franziskus sei ein Feind der Bildung und des Studiums gewesen, liegt ein unüberwindlicher Abgrund, und man muß sich fragen, wie einige Historiker ihn haben ertragen können. Die Forscher sind sich einig, daß die Bekehrung des Franziskus nicht aus einer kulturellen Krise geschah, sondern aus dem tragischen Bewußtsein einer existentiellen Situation in unauflöslichen Widersprüchen, mit denen er sich nicht abfinden konnte und weshalb er keine theologische oder juristische, sondern eine persönliche und gesellschaftliche Entscheidung treffen mußte. Dasselbe gilt für die Tatsache, daß er an sich und seine Brüder nicht die Aufgabe stellte, die Massen gesellschaftlich aufzuwerten, sondern ihnen ihre Würde als Gotteskinder wiederzugeben und als Geliebte von Christus, der frei gewählt hatte, wie sie zu sein – ein armer Arbeiter, ja sogar ein Gekreuzigter – und nicht wie die Mächtigen der Welt.

Was jedoch nicht zu den Absichten des Franziskus gehörte, kam später hinzu und wurde ihm schließlich aufgezwungen, sobald seine Bewegung mit ihrem religiösen und menschlichen Ideal sich für alle geöffnet und auch Kleriker, Priester und in Antonius allem Anschein nach einen regelrechten Lehrer der Theologie aufgenommen hatte. Cäsar hatte ja diese Studien schon begonnen, sie allerdings nicht zum Abschluß gebracht. Zuletzt – der Heilige muß dies ohne Schwierigkeiten erkannt haben – machten es gerade die gewöhnlichen Arbeitsbedingungen der Brüder unter den Massen, unter armen und notleidenden Menschen sowie ihre Aufmerksamkeit für konkrete Lebensprobleme und die sich daraus ergebenden geistlichen Folgerungen notwendig, daß wenigstens einige von ihnen eine theologische Bildung erhielten.

An diesem Punkt zeigte sich das wesentliche Problem und die große Schwierigkeit: Wie konnte man verhindern, daß die theologische Bildung der geistlichen schadete? Es war ein wirkliches Risiko, wenn man bedenkt, daß am Ende des Jahrhunderts Jacopone da Todi klagen konnte: «Mal vedemo Parisi, che áne destrutt'Assisi» – «Wir grollen Paris, das Assisi zerstört hat» [Lauda 31]. Das heißt: die in Paris gelernte Theologie hatte den Geist des heiligen Franziskus zerstört. Im Augenblick, als Antonius von Padua das Problem aufwarf, war die Antwort klar und von einer Präzision, die keine Zweifel offenläßt: Die Verantwortung wurde Antonius selbst übertragen. Er solle Theologie lehren – das wollen die wenigen Zeilen des Briefes besagen –, dabei aber darauf achten, daß der Geist des Gebetes und der Hingabe, die Sehnsucht und das Bedürfnis nach Kontakt mit Gott, das Streben nach Frömmigkeit und Askese nicht erstickt werde. Es war eine Berufung zu einer bestimmter Sache und gleichzeitig ein Akt des Vertrauens und der Wertschätzung. Franziskus muß genau gewußt haben, daß sich Antonius persönlich in der gleichen Lage befunden und seine Wahl getroffen hatte. Als Theologe und Priester war er Minderbruder geworden und hatte so dem Weg des Gebetes und der Frömmigkeit den Vorzug gegeben. Diesen Weg sollte er wie die Theologie seine Hörer und Brüder lehren.

Leider wissen wir nichts über die Lehrtätigkeit des Antonius und darüber, wie er versuchte, die Theologie im Geist des Gebetes und der Hingabe zu begründen. Denn es ist uns nichts darüber erhalten. Das eine oder andere können wir jedoch der Predigtsammlung entnehmen, die uns überliefert ist. Wenn wir ihn recht verstanden haben, scheint man jene Lehrtätigkeit in folgenden Aussagen zusammenfassen zu können: Die theologische Methode, d. h. der gesamte logisch-dialektische Apparat und die Technik der allegorischen Interpretation blieben intakt in ihrer Kompliziertheit, die er vorzüglich beherrschte. Dagegen war der Inhalt und der Ton unseres Erachtens verschieden. Dies hängt allem Anschein nach nicht damit zusammen, daß es sich um Predigten handelt. Tatsächlich ist darauf hinzuweisen, daß sie nicht an das Volk gerichtet waren wie die Bußpredigten, sondern zweifellos an den Klerus, wie aus ihren Argumenten hervorgeht. Es finden sich eine kraftvolle Kritik an den Übeln des Klerus, ein Drängen, sie auszurotten, leidenschaftliche und glühende Mahnung zu einer Lebenspraxis, die der Lehre und dem Beispiel Christi entspricht, Forderung zur Erneuerung und Reform, die konsequent mit den traditionellen Schablonen bricht, und seien sie noch so geachtet. Und solche Predigten waren in jedem Fall ein wesentlicher, nicht nebensächlicher Bestandteil der theologischen Belehrung.

Dieser Weg, der zu Lebzeiten des Franziskus und darüber hinaus begangen wurde, wurde aufgegeben – das erklärt auch das Verschwinden der theologischen Werke des Antonius außer den Predigten, falls er sie geschrieben hat –, als schon mit Paris verbundene Professoren, angefangen bei Alexander von Hales, in den Orden eintraten. Dies brachte eine Wende mit sich, die zu Studium und Lehre der Franziskaner in Paris führte. Zu dieser Zeit – wir befinden uns im Jahre 1232 – war Franziskus aber bereits tot und ebenso Antonius selbst. Die franziskanische Bewegung fügte sich vollständig in die theologische Tradition der Universitäten ein.

Eines aber muß gesagt werden: Die Minderbrüder, die Magister waren, vergaßen den Widerspruch nicht, den Franziskus seinem «Bischof» aufgezeigt und vor dem er ihn gewarnt hatte. Wir wollen keinen möglichen Zusammenhang zwischen theologischen Strömungen und dem Franziskanertum konstruieren, aber auch nicht den Hinweis versäumen, daß – sicher nicht die unbedeutenden Männer, gegen die Jacopone da Todi mit vollem Recht polemisierte – die wahrhaft großen franziskanischen Lehrer, die am meisten an ihren Gründer und Meister dachten, es wirklich gut verstanden, die theologische Lehre mit dem Geist der Frömmigkeit und Hingabe zu vereinen. So Bonaventura und Petrus Johannis Olivi, um die beiden wichtigsten Lehrer des späteren 13. Jahrhunderts zu nennen. So irrte sich Bruder Petrus nicht, als er bemerkte, Franziskus habe in das christliche Leben einen *novum et tenerum spiritum pietatis* eingebracht, einen neuen, zärtlichen Geist der Frömmigkeit.

Das institutionelle und normative Werk des Franziskus findet seinen Abschluß im Brief an Antonius, wobei uns die Übereinstimmung seiner Äußerungen vollkommen scheint. Er wollte, soweit es menschenmöglich war, die geordnete und fortschreitende Entwicklung des Ordens der Minderbrüder sichern und garantieren. So konnte er hoffen, daß sie im wesentlichen seinem ersten Ideal treu bleiben würden, wenn er sich auch bewußt war und sich damit abfand, daß sie sich den tatsächlichen Gegebenheiten der Kirche und der Zeit anpassen mußten.

Im Gegensatz zu jenen, die den Heiligen als ein glänzendes Beispiel verkörperter, verträumter Idealität sehen, das dazu bestimmt war, in der Auseinandersetzung mit der unversöhnlichen Wirklichkeit den kürzeren zu ziehen, ergibt sich für uns aus dem bisher Gesagten das Bild eines Mannes – sagen wir besser, seiner Herkunft eingedenk, eines Kaufmanns –, der seine entscheidende, unwiderrufliche Wahl traf, der feststellte, daß andere diese Wahl teilen wollten und konnten, und der versuchte, zwischen dem Ursprünglichen dieser Wahl und den äußeren Bedingungen eine vermittelnde Beziehung zu schaffen. Eine Beziehung, die sich freilich je nach den Faktoren, die im Spiel waren, wandelte. Nur wenige, aber festumrissene und wesentliche Punkte mußten bleiben: der Übergang zu den Unglücklichen, die Nachfolge Christi, der religiöse Sinn für das Dasein im Vertrauen auf Gott.

Wenn wir die nun über siebenhundertfünfzigjährige Geschichte des Ordens betrachten, müssen wir sagen, daß Franziskus gesiegt hat, daß sein Ideal nicht untergegangen ist. Wir sagen noch mehr: Dieselbe vermittelnde Beziehung, die er – beweglich in der Anpassung an die Verhältnisse, aber fest in den wesentlichen Werten – vor allem dank der Wirksamkeit und Kraft des Beispiels ausübte, erklärt und erhellt die Auseinandersetzungen, Änderungen, Äußerungen und Reformen des Franziskanertums durch die Jahrhunderte, bildet aber auch die bleibende, belebende Kraft.

Halten wir es ohne Umschweife fest: Franziskus von Assisi war ein unvergleichlicher Heiliger, wie mit Recht gesagt worden ist.

Er war aber auch ein außergewöhnlicher Organisator, sicher nicht im Sinne eines Ford oder der Großen des Kapitals und der Politik, sondern im Begreifen der Beziehung zwischen dem Wesentlichen und dem Unwesentlichen, zwischen dem, was das Menschsein ausmacht und sich nicht ändert, und dem, was dem Flüchtigen und Vergänglichen verhaftet bleibt, zwischen Ewigem und Geschichtlichem.

10. Franziskus in seinen Schriften

10.1. Die lateinischen Schriften

Die Krankheit als Einschränkung

Die Leiden, die die Krankheiten ihm bereiteten, das Viertage-Wechselfieber und die vom Trachom verursachte annähernde Blindheit begrenzten die Bewegungsfreiheit von Franziskus sehr, aber nicht zu sehr. Sie gestatteten ihm nicht, sich unter das Volk zu mischen, öffentlich zu sprechen und jenes Werk der Predigt und der Mahnung zur Buße zu erfüllen, das er als wesentlichen Bestandteil seiner Sendung empfand. Wenn wir all dem noch die verborgenen Leiden hinzufügen, die von den Wundmalen herrührten – doch davon später –, wird uns klar, warum in diesen Jahren eine ständige Hilfe und Begleitung notwendig war. Dieser Tatsache verdanken wir die kostbare Sammlung von Zeugnissen, die uns jene überliefern, die bei ihm waren. Sie wurde später dem Generalminister Crescentius von Jesi übergeben. Es sind die *Nos qui cum eo fuimus,* deren Bedeutung bisher unterschätzt worden ist. In diesem Bericht, besonders jetzt im letzten Teil, haben wir uns im wesentlichen ihrer zu bedienen gesucht. Es handelt sich, wie wir bereits sagten, um die Gefährten und Zeugen eines langen Martyriums, das durch die Krankheiten bedingt war und noch erschwert wurde durch die Spannungen um die Organisation des Ordens als Institution. Der Heilige selbst verschlimmert sein Martyrium noch, weil er um jeden Preis ein Beispiel für alle bleiben wollte. Gerade dies beeindruckt bei äußerlicher Betrachtung im Handeln des Heiligen während dieser Jahre nach der Rückkehr aus Palästina und der Erkrankung am meisten. Wenn er manchmal auch der Krankheit die Oberhand lassen und seine öffentliche Tätigkeit einschränken mußte, so blieb doch sein persönlicher Einsatz unverändert, sein Wille, Christus ähnlich zu werden und darin allen ein Beispiel zu geben.

Für die Verbindungen mit der Welt war er mehr denn je auf das

Geschriebene angewiesen, wie sich aus der Tatsache zu ergeben scheint, daß der größte Teil der uns erhaltenen Schriften in den letzten Jahren seines Lebens entstanden ist. Man teilt sie in drei Hauptgruppen auf: eigentliche Briefe, die für besondere Gelegenheiten geschrieben wurden; Schriften geistlicher oder asketischer Ermahnung als Ersatz für seine missionarische Tätigkeit, die ihm praktisch unmöglich geworden war; Gebete und Andachtstexte. Von diesen Schriften getrennt betrachtet haben wir schon die Regeln und den Brief an Antonius, weil sie einen eigenen, von besonderen Umständen unabhängigen Charakter zeigen und ihr Zweck die Richtungweisung für das Gemeinschaftsleben ist. Später werden wir seine italienische Dichtung «Cantico di frate Sole» (Sonnengesang) für sich betrachten wegen ihrer besonderen Bedeutung für das Verständnis des Weltbildes von Franziskus. Abgesehen von den Bruder Leo zugeschickten Schriften sind uns nur ganz wenige echte Briefe erhalten. Unter einigen Aspekten kann man sie auch der zweiten Gruppe zuordnen. Der Briefwechsel mit Klara ist, wie gesagt, verlorengegangen, und nur das Fragment über das Fasten und ein kürzlich entdecktes Mahnlied bleiben uns. Ebenfalls verloren ist ein Brief an die Bewohner Bolognas, von dem Thomas von Eccleston spricht, sowie der Brief an die Brüder in Frankreich.

Brief an einen Minister

Im strengen Sinn ein Brief, d. h. geschrieben, um auf konkrete Umstände einzugehen, ist nur die *Epistola ad quendam ministrum* (Brief an einen Minister). Darin ist von einem bevorstehenden Generalkapitel die Rede und von Entscheidungen, die dabei zu treffen sind. Aus seinem Ton und Stil gewinnt man den Eindruck, daß er an einen Bruder gerichtet war, mit dem Franziskus Freundschaft und Vertrauen verbanden. Doch der Anfangsbuchstabe N., der den Empfänger bezeichnet, entspricht keiner bekannten Person, und die Annahme, er sei an Bruder Elias gerichtet, entbehrt jeglicher Grundlage. Es lohnt sich eher, seinen Inhalt zu untersuchen, der sich in zwei Hauptteile gliedert: Der erste ist persönlich, eng mit der Gegenwart des Franziskus verbunden und hat spirituellen Charakter. Darin tröstet er den Mitbruder wegen einer Reihe von Schwierigkeiten, *quae impediunt amare Deum Dominum* (die dich hindern, Gott den Herrn zu lieben), die ihm seine Untergebenen und andere bereiten. Es gab Spannungen, das ist sicher, die den Minister in eine echte seelische Krise stürzten. In aller Einfachheit, aber auch Klarheit erinnert ihn Franziskus, daß er diese Schwierigkeiten, sogar wenn er in ihrer Folge geschlagen werden sollte, immer als Gnade Gottes betrachten solle: so und nicht anders solle er es wünschen. Er befiehlt ihm sogar, im Gehorsam jene zu lieben, die ihm dies antun, und zwar so, daß er nicht einmal wünsche, sie möchten bessere Christen sein. Durch diesen Geist des Erduldens gewinne man mehr Verdienste als in einer noch so langen Einsiedlerzeit. Man müsse nämlich die, die uns Leiden zufügen, mit Erbarmen und Verständnis ansehen. Und wenn sie Böses täten, sollten sie Erbarmen finden, wenn sie es suchten, d.h. wenn sie ihre Schuld bereuten. Es ist das tiefe Verständnis des Franziskus gegenüber der menschlichen Unzulänglichkeit, das sich mit liebevoller Zartheit hier ausdrückt.

Der zweite Teil ist zwar interessant für die Entstehungsgeschichte des Organisationssystems der Minderbrüder, aber weit weniger bedeutend. Doch bezieht er sich auf ein bevorstehendes Kapitel (sein Datum schwankt bei den Forschern zwischen Pfingsten 1218 und Pfingsten 1221), auf dem die Haltung des Ordens zu eventuellen Verfehlungen der Brüder diskutiert werden sollte. Es sind wahrscheinlich allgemeine Fragen im Zusammenhang mit Verfehlungen, die den Ausschluß aus dem Orden nach sich zogen und die vor den Festlegungen der *Regula non bullata* besprochen wurden.

Obwohl dieser Brief einem Mitarbeiter diktiert wurde, zeigt er Zielsicherheit, Vertrautheit, aber auch den Wunsch, geistliche Probleme gelöst zu wissen, welche die normale Kenntnis des Ordenslebens hätte lösen sollen, die aber dem Heiligen Anlaß boten, noch einmal Gedanken aufzuzeigen, die ihm teuer waren. Schließlich sei unterstrichen, daß biblische Anspielungen und Zitate im ersten Teil völlig fehlen, im zweiten Teil dagegen vorhanden sind, wenn auch außerordentlich sparsam.

Die bedeutsamste Gruppe der Schriften bilden kleine Werke oder Briefe, die an die Hierarchie des Ordens, an Stadtregierungen oder an die Gläubigen gerichtet sind. Sie behandeln Gedanken, die Franziskus teuer waren, unterstreichen ihre Wichtigkeit und erinnern an ihre Aufgabe und ihren Wert. Mehr als den einzelnen Briefen wollen wir unsere Aufmerksamkeit diesen Gedanken zuwenden, um daraus die Elemente entnehmen zu können, die zur Darstellung des religiösen Bewußtseins des Heiligen und seiner Persönlichkeit nützlich sind.

Das mit der größten Eindringlichkeit wiederkehrende Thema in dieser Gruppe ist die überragende Bedeutung des Sakramentes der *Eucharistie*. Wenn wir über Franziskus ein Urteil fällen müßten, müßten wir eigentlich schließen, er sei ein außergewöhnlicher Eiferer dieses Kultes gewesen. Wir würden aber einem großen Irrtum verfallen, denn die Bedeutung der Eucharistie wird von Franziskus in einem viel weiteren Rahmen gesehen, wenn er sich auch immer auf Christus bezieht. Für ihn stellt Jesus Christus von der Geburt bis zum Tod allein durch seine Menschwerdung den ungewöhnlichsten Erweis der unendlichen Liebe und des unendlichen Erbarmens Gottes dar. Noch ungewöhnlicheres Zeugnis der Liebe und des wahrhaft göttlichen Erbarmens ist es, daß Christus nach seinem Fortgang aus Geschichte und Zeit durch seine Auferstehung und Himmelfahrt wunderbarerweise unter uns bleiben wollte, bereit auf den Ruf des Priesters, wenn dieser die Hostie und den Wein konsekriert. Bei jeder Wiederholung dieser Handlung erneuert sich das Opfer und die Liebe Christi selbst. Hierin gründete, wie mehrmals vermerkt wurde, die tiefe Ehrfurcht, die Franziskus für den Priester hegte, der das Wunder nicht wegen seiner persönlichen Verdienste vollbringt – dies hieße, den Akt der Liebe, die Wandlung von Brot und Wein schmälern oder irgendwelchen Bedingungen unterwerfen –, sondern in voller Verantwortung für die Vollmacht, mit der er ausgestattet ist. Dem muß er mit der Würde und Heiligkeit des Lebens gerecht werden. Er muß sich bemühen, die Eucharistie zu ehren, sie mit aller Sorgfalt und möglichst ehrenvoll aufzubewahren. Das Sakrament des Altares ist Christus selbst, der gegenwärtig ist unter den Menschen.

Diese Vorstellungen drückt Franziskus in den beiden verschiedenen Fassungen seiner *Epistola ad clericos* (Brief an die Kleriker) aus, und auch in den beiden *Epistolae ad custodes* (Briefe an die Kustoden) beharrt er auf ihnen und fügt weitere genaue Einzelheiten an. Der erste ist genauer in den einzelnen Anweisungen, der zweite eher kurz und zusammenfassend. Die Anweisungen des ersten Briefes seien hier in der Hauptsache wiedergegeben:

> «Ich bitte euch noch inständiger, als wenn ich für mich selber bäte, ihr möchtet doch, falls es angebracht ist und ihr es für förderlich haltet, die Kleriker in Demut anflehen, daß sie den heiligsten Leib und das Blut unseres Herrn Jesus Christus sowie seine heiligen niedergeschriebenen Namen und Worte, die den Leib heilig gegenwärtig setzen, über alles verehren sollen. Die Kelche, die Korporalien, den Altarschmuck und alles, was zum Opfer gehört, sollen sie in kostbarer Ausführung haben. Und wenn an irgendeinem Ort der heiligste Leib des Herrn ganz armselig hingelegt ist, so soll er von ihnen nach der Weisung der Kirche an kostbar ausgestatteter Stelle niedergelegt und verschlossen und mit großer Verehrung getragen und in rechter Unterscheidung anderen dargereicht werden. Auch die geschriebenen Namen und Worte des Herrn sollen aufgesammelt werden, wo immer sie an unsauberen Stellen gefunden werden, und an ehrenvoller Stelle hingelegt werden. Und in jeder Predigt, die ihr haltet, sollt ihr das Volk zur Buße mahnen und, daß niemand gerettet werden kann, wenn er nicht den heiligsten Leib und das Blut des Herrn empfängt. Und wenn er vom Priester auf dem Altare geopfert und irgendwohin getragen wird, dann sollen alle Leute die Knie beugen und dem Herrn, dem lebendigen und wahren Gott, Lob, Herrlichkeit und Ehre erweisen. Und sein Lob sollt ihr allen Leuten so verkünden und predigen, daß zu jeder Stunde und, wenn die Glocken läuten, dem allmächtigen Gott vom gesamten Volk auf der ganzen Erde immer Lobpreis und Dank dargebracht wird» [BrKust I, 2–8].

In diesem Text zeigen sich die Gefühle des Heiligen mit wesentlicher Klarheit und Unmittelbarkeit und gleichzeitig mit einem konkreten Sinn für das kirchliche Leben, und zwar in einer Weise, wie man sie anderswo selten so wirksam ausgedrückt findet. In diese Sicht und diesen geistigen Horizont gehört auch die *Epistola ad populorum rectores* (Brief an die Lenker der Völker). Dieser Brief hat seinen typischen und einzigartigen Gedankengang und stützt sich dabei auf zwei besondere Punkte. Der erste ist eher allgemeiner Art und erinnert an die religiöse Verantwortung, die mit der politischen Verantwortung der Regierung unlösbar verbunden ist. Der zweite betrifft die Eucharistie, und ihretwegen sprechen wir von diesem Brief. Franziskus beginnt mit einem Ausdruck des Verständnisses, der zeigt, daß er von den schweren Sorgen weiß, die auf den Schultern der Regierenden lasten: sie kennen sicher *curam et sollicitudines saeculi* – «Sorgen und Unruhe für diese Welt» [BrLenk 3]. Aber gerade deshalb dürfen sie Gott und seine Gebote nicht vergessen, für die sie sich ebenfalls verantwortlich fühlen müssen, wenn sie nicht Gottes Fluch anheimfallen wollen. Sie, die Lenker der Völker, leben mit einem noch größeren Risiko als die anderen:

> «Und je weiser und mächtiger sie in dieser Welt gewesen sind, desto größere Qualen werden sie in der Hölle erdulden.» Nach dieser so ernsten Vorrede mutet es sehr bescheiden an, was Franziskus ihnen vorschreibt, nämlich «alles Sorgen und geschäftige Treiben zurückzustellen und den heiligsten Leib und das heiligste Blut unseres Herrn Jesus Christus bei seinem heiligen Gedächtnis liebevoll zu empfangen» [BrLenk 5 f.].

Er schließt mit der Bitte, daß die ihnen anvertrauten Völker Gott ehren und achten sollen, wenn sie sich nicht am Tag des Gerichts dafür verantworten wollen.

Brief an den Orden

Obwohl sie in einigen Aspekten zum geistigen Horizont eucharistischer Frömmigkeit paßt, den wir in diesen Briefen aufgezeigt haben sowie zu den Ermahnungen, die wir bisher überprüft haben, verdient die *Epistola toto ordini missa* (Brief an den gesamten Orden) gesonderte Aufmerksamkeit. Dieses Schreiben wurde zu einem unbekannten Zeitpunkt abgeschickt, aber anscheinend nach 1220. In ihm wendet sich Franziskus, *homo vilis et caducus, parvulus servulus* – «ein unbedeutender und hinfälliger Mensch, euer ganz kleiner Knecht» [BrOrd 3] im Namen Christi an seine Mitbrüder, die Mitglieder der Hierarchie wie an alle einfachen und gehorsamen Brüder, die ersten und die letzten. Franziskus beginnt mit einer allgemeinen Ermahnung, in der er darum bittet: «Haltet Gottes Gebote in eurem ganzen Herzen und erfüllt seine Räte» [BrOrd 7] – diese Ausdrücke haben in der religiösen Sprache der Zeit ihre spezifische Bedeutung. Gleich darauf betont er die Pflicht, dem heiligsten Leib und Blut unseres Herrn Jesus Christus alle Achtung und Ehre zu erweisen, soviel sie nur immer können, «in dem alles, was im Himmel und was auf Erden ist, befriedet und mit dem allmächtigen Gott versöhnt worden ist» [BrOrd 13; das Zitat ist paulinisch, Kol 1,20]. Dann wendet er sich an die Priester im Orden, die er an die Reinheit und Heiligkeit erinnert, mit der die Messe und die Wandlung von Christi Leib und Blut zu feiern ist. Wer nicht so handle, bemerkt er [BrOrd 16], werde ein Verräter sein wie Judas und «schuldig am Leibe und Blute des Herrn» (wie Paulus im 1. Korintherbrief 11,27 sagt). Weiter beharrt er auf der Ehrfurcht vor dem Leib Christi in einer Reihe von Hinweisen, die zwar einfach und spontan aus dem Herzen des Franziskus kommen, aber doch wiedergegeben werden sollen, um sein persönliches religiöses Gefühl tiefer zu verstehen:

> «Wenn die selige Jungfrau so geehrt wird, wie es geziemend ist, weil sie ihn in ihrem heiligsten Schoße getragen hat; wenn der selige Täufer erzitterte und nicht wagte, den heiligen Scheitel Gottes zu berühren; wenn das Grab verehrt wird, in dem er eine Zeitlang gelegen hat, wie heilig, gerecht und würdig muß dann der sein, der den, der nicht mehr sterben wird, sondern ewig leben und verherrlicht sein wird, den ‹zu schauen die Engel sich sehnen›, mit den Händen berührt, mit dem Herzen und Munde empfängt und anderen zum Empfang darreicht!» [BrOrd 21f.]

Diese Reihe von Hinweisen, die sich in die Betrachtung über den «irdischen» und den «ewigen» Christus einfügen, wirft Licht auf die überragende Würde des Priesters und gestattet uns auch einen aufmerksamen Blick auf die Christologie des heiligen Franziskus. Es folgen eine Reihe weiterer Überlegungen zur erhabenen und gleichzeitig schrecklichen Würde des Priesters und Ermahnungen und Aufforderungen bezüglich der Feier der Messe. Der Brief schließt mit einem allgemeinen Bekenntnis des Franziskus. Von dort geht er in einer Art Zwiegespräch mit dem Generalminister Elias zum Lobpreis und zur Bekräftigung der Verpflichtung über, ein würdiger Minderbruder zu sein. Das Bekenntnis folgt genau dem *Confiteor*. Franziskus schreibt:

«Überdies bekenne ich dem Herrn, Gott dem Vater und dem Sohn und dem Heiligen Geist, der seligen, immerwährenden Jungfrau Maria und allen Heiligen im Himmel und auf der Erde, dem Bruder H., dem Minister unserer Ordens als meinem verehrungswürdigen Herrn, und den Priestern unseres Ordens und allen meinen anderen gebenedeiten Brüdern alle meine Sünden. In vielem habe ich durch meine schwere Schuld gefehlt, besonders weil ich die Regel, die ich dem Herrn versprochen, nicht gehalten habe, und auch das Stundengebet, wie es die Regel vorschreibt, nicht verrichtet habe, sei es aus Nachlässigkeit, sei es aus Anlaß meiner Krankheit, sei es, weil ich unwissend und ungebildet bin. Daher bitte ich inständig, so gut ich nur kann, den Generalminister Bruder H., meinen Herrn, daß er die Regel von allen unverletzt beobachten lasse und daß die Kleriker das Stundengebet mit Hingabe vor Gott verrichten mögen, wobei sie nicht auf den Wohllaut der Stimme, sondern auf den Gleichklang des Geistes achten sollen, auf daß die Stimme mit dem Geist gleichklinge, der Geist aber mit Gott gleichklinge. So können sie Gott durch die Reinheit des Herzens versöhnen und nicht mit Überschwenglichkeit der Stimme den Ohren des Volkes schmeicheln. Ich jedenfalls verspreche, dies fest zu beobachten, wie mir Gott die Gnade geben wird; und dies möchte ich zur Beobachtung im Stundengebet und in den übrigen Regelvorschriften den Brüdern übergeben, die mit mir sind. Diejenigen Brüder aber, die dies nicht beobachten wollen, halte ich nicht für katholisch und nicht für meine Brüder. Ich will sie auch nicht sehen noch mit ihnen sprechen, bis sie Buße getan haben. Dies sage ich auch von allen anderen, die ungebunden umherschweifen und sich um die Zucht der Regel nicht kümmern; denn unser Herr Jesus Christus hat sein Leben hingegeben, um den Gehorsam gegen seinen heiligsten Vater nicht zu verwirken. Ich, Bruder Franziskus, ein unnützer Mensch und ein unwürdiges Geschöpf Gottes, des Herrn, sage durch den Herrn Jesus Christus dem Bruder H., dem Minister unseres ganzen Ordens, und allen Generalministern, die nach ihm sein werden, und den übrigen Kustoden und Guardianen der Brüder, die es sind und sein werden, daß sie dieses Schreiben bei sich haben, ins Werk setzen und sorgfältig aufbewahren. Und ich bitte sie inständig, sorgsam zu bewahren, was darin geschrieben steht, und es noch eifriger beobachten zu lassen nach dem Wohlgefallen des allmächtigen Gottes, jetzt und immer, solange diese Welt besteht» [BrOrd 38–48].

Den Brief beschließt ein Gebet, das zweifellos schön ist, aber die Mitwirkung einer in der liturgischen Sprache wohlbewanderten Person verrät.

Der Text atmet in seiner Vielschichtigkeit eine Größe, Weite, menschliche Lebendigkeit und tiefe Nähe zum Geist des heiligen Franziskus, der besonders im Schlußteil gegenwärtig ist, wo die Bibelzitate praktisch aufhören. Selbst der Anfang wird, läßt man die mühsame liturgische Einleitung beiseite, schlagartig zur Offenbarung einer Seele für die, welche er als seine Brüder betrachtet.

Wir haben also einen Text vor uns, der wegen seines demütigen Tones an eine Bitte denken läßt, der aber in seiner Formulierung schließlich auf einen Befehl an den Generalminister, aber auch an alle Brüder von den Priestern bis zu den einfachsten Laien hinausläuft, auf einen Plan für das Ordensleben. Seine Struktur präsentiert sich ebenso genau wie systematisch und offenbart den Sinn dieses Briefes, der unseres Erachtens die Voraussetzung, wenn nicht den ersten der Texte bildet, mit denen Franziskus – nach dem, was vorher gesagt worden ist – seinem Orden jedes Abweichen von der Regel unmöglich machen und seine Existenz auf einer festen, soliden Grundlage sichern wollte. Man versteht, warum er sich an alle Brüder wendet, alle aufmerksam macht, aber auch die Person des Generalministers ausdrücklich einbezieht, der für sie direkt und voll verantwortlich ist. Aber dann versteht man auch, warum er alle bittet – der Brief muß in zahlreichen Abschriften weit verbreitet worden sein –, ihn mit Sorgfalt und Eifer aufzubewahren. Wir halten ihn daher zunächst natürlich für einen Brief, aber dann – wir wiederholen es, um Mißverständnisse zu vermeiden – als das erste jener Dokumente, die zwar keinen normativen oder rechtlich bindenden, aber doch auffordernden

und ermahnenden Wert besitzen und so als Ideal geistlichen Lebens dienen.
Gerade in dieser psychologischen Dimension gewinnt das erwähnte Bekenntnis des Franziskus eine zentrale Bedeutung. Er, der Knecht aller, konnte sich nicht zum Richter erheben, ohne vorher den Mut gehabt zu haben, sich selbst zu richten. So setzt er als Ebene der Gleichheit und als Ausgangsbasis einen Maßstab des Richtens für sich, der ihm jedoch auch ermöglicht, die anderen zu prüfen und mit ihnen zu diskutieren. Diese Ebene, diese Grundlage des Urteilens ist gewiß nicht das persönliche Verhalten des Franziskus – dies ist sehr wichtig, um den wesentlichen Sinn des Briefes und seinen Blickwinkel zu klären. Denn in diesem Fall hätte er nicht versäumt, das anzuführen, was er sich am meisten als eigene Sünden vorwarf: den Stolz, wenn er etwas Verdienstvolles tat, und die Naschhaftigkeit. Ihm geht es um die Beziehung zur Regel, und er zeigt seine Verfehlungen und Versäumnisse in genau diesem Punkt auf. Vor allem hat er nicht mit dem gebührenden Eifer das Brevier gebetet, und er gibt dafür die Gründe an. Er hat keine Angst, sich der Nachlässigkeit zu bezichtigen, aber es kommen auch seine Krankheiten und seine geringe Bildung dazu (wir meinen, die Unfähigkeit, nach den in religiösen Orden üblichen Regeln zu rezitieren). Dem folgt sofort ein assoziativer Gedankensprung: Das Chorgebet darf nicht Anlaß dazu sein, Sprache und Stimme zur Schau zu stellen, um den Ohren des zuhörenden Volkes zu gefallen. Vielmehr soll es Gebet bleiben, in dem der Geist der Stimme folgt und sich zu Gott erhebt. Dann bekräftigt Franziskus seine Absicht, die Regel zu befolgen, und die gleiche Bekräftigung erwartet er von seinen Mitbrüdern. Diejenigen aber, die sie nicht befolgen, sind nicht länger Brüder, ja nicht einmal mehr katholisch, und er will sie weder sehen noch mit ihnen sprechen, solange sie nicht Buße getan haben. In gleicher Weise will er diejenigen behandeln, die nicht von Land zu Land gehen, um ihre missionarische Predigtarbeit zu tun, sondern sich herumtreiben, d. h. ohne jede Erlaubnis und Ordnung von Ort zu Ort ziehen, entgegen dem Beispiel Christi, der sein Leben gab, um dem Vater zu gehorchen.
Hier findet der Brief seine Rechtfertigung und sein erstes und zusammenfassendes Motiv: Er ist begründet im Nachlassen des

ursprünglichen Eifers, in der Nachlässigkeit gegenüber der Regel. Franziskus, der sich nie gescheut hat, sich persönlich bloßzustellen, stellt sich als den ersten Schuldigen hin. Aber er verhehlt auch nicht die Schuld der anderen, die er ohne Abstriche bekämpft, und erinnert alle, bei sich selbst anzufangen, der nicht vor einem Menschen, sondern vor Gott übernommenen Verpflichtungen eingedenk zu sein. Wenn unsere Deutung zutrifft, leitet dieser Brief die Reihe von Ermahnungen und Erklärungen ein, die mit den Testamenten und dem Testament des heiligen Franziskus abgeschlossen wurden.

Brief an die Gläubigen

Der eben besprochene Brief betraf direkt die Brüder und stellte sich jedem möglichen Nachlassen in der ursprünglichen Strenge des Ordens entgegen. Doch konnte Franziskus all die anderen Gläubigen natürlich nicht übersehen, die ihn auf die eine oder andere Weise wissen ließen, daß sie sich nach einem christlicheren Leben innig sehnten, obwohl sie in der Welt bleiben wollten, entweder weil sie schon in einer Ehe gebunden waren, oder weil sie nicht den Wunsch hatten, voll und ganz als Ordensleute zu leben. Im Grunde waren es gerade sie, an die sich seine Mission, seine Predigt wandte. Und weil er aus gesundheitlichen Gründen nicht persönlich zu ihnen sprechen konnte, schrieb er. Aber wann? Uns sind zwei verschieden lange Briefe erhalten, die *ad fideles* (an die Gläubigen) gerichtet sind. Der kürzere ist eindeutig früher, der längere und ausführlichere stellt eine Erweiterung und Ergänzung dar. Trotz ihrer Zusammengehörigkeit ist es nicht möglich, sie sicher zu datieren. Die Forscher schwanken zwischen der letzten Zeit seines Lebens (wie z. B. Sabatier) und einem früheren Datum (wie kürzlich auch Esser). Wirklich entscheidende philologische Argumente scheint es nicht zu geben, und so ist es vielleicht besser, den Text des zweiten Briefes bis in die Tiefe zu untersuchen und eingehend zu prüfen. Dieser zweite Brief ist für unsere Zwekke bedeutsamer, ohne daß wir uns darum kümmern, welcher Abstand ihn vom ersten trennt. Die Gründe, die wir hierfür angeben werden, legen allerdings den Gedanken an einen nicht weit davor liegenden Zeitpunkt nahe.

Zu einer vergleichsweise späten Datierung für beide, aber besonders den zweiten, führt uns die Feststellung, daß gerade der zweite adressiert ist:

«Allen religiös lebendigen Christen, Klerikern und Laien, Männern und Frauen, allen, die in der ganzen Welt wohnen, entbietet Bruder Franziskus, ihr Knecht und Untertan, ehrfurchtsvolle Ergebenheit, den wahren Frieden vom Himmel und aufrichtige Liebe im Herrn» [BrGl II, 1].

Eine solche Adressierung setzt einen großen Bekanntheitsgrad voraus, ein sehr breites Publikum, eine große und vielschichtige Nachfrage nach geistlicher Leitung. Vor seinen letzten Lebensjahren kann man dies schwerlich annehmen, also vor 1222/23, als die Bewegung noch keine große Beachtung fand und besonders Franziskus noch nicht die Anhängerschaft und Berühmtheit hatte, die in seinen letzten Jahren dann über Italien hinausgingen, auch wegen der Niederlassungen und Missionen in Frankreich und anderen Ländern. Auch ist der Grund nicht zu unterschätzen, den er für den Brief angibt, nämlich daß er nicht alle besuchen konnte, *propter infirmitatem et debilitatem mei corporis* – «wegen der Krankheit und Schwäche meines Leibes» [BrGl II. 3]. Es ist wahr, wie Eßer hervorhebt, daß der Heilige auch vor den schlimmsten Krankheiten mehrmals auf Missionsreisen hatte verzichten müssen. Aber die Krankheit und Schwäche, von der er in diesem Brief spricht, ist nach seinem allgemeinen Ton eine von jenen, von denen man keine Heilung erwartet. Der Brief, und besonders der zweite, über den wir eben sprechen, ist auch nicht im Gesprächston gehalten, sondern in einem endgültigen und abschließenden Ton.

An ein Gespräch erinnert eher der erste Brief mit seiner Zweiteilung in die Kapitel «Von denen, die Buße tun» und «Von denen, die nicht Buße tun». Die ersteren lädt er ein zu einem christlichen Leben, das sie zum Genuß der Früchte der ewigen Seligkeit führt, während die Verdammnis jene erwartet, die, verführt von weltlichen Gütern und fleischlichen Lüsten, dem Teufel dienen. Nach dem Tod werden diese verdammt, auf Erden werden sie verflucht von ihren Erben, weil sie nicht noch mehr zusammengerafft haben, und die Würmer fressen ihren Körper.

Der zweite Brief nimmt die Zweiteilung des ersten wieder auf. Er beginnt mit einem Lobpreis der Menschwerdung und des Lebens

Christi, der uns vor Augen geführt wird als Beispiel für die Armut, die er wählte, für das Leben, das er führte, für die Einsetzung der Eucharistie, für das Kreuzopfer und für die totale Übereignung an den Willen des Vaters. So tritt Christus vor uns als das wirksamste Beispiel für unser ewiges Heil. Manche wollen ihm nicht folgen und wissen oder bedenken dabei nicht, daß sie sich so Gottes Fluch zuziehen, dessen Segen nur auf die herabkommt, die ihn lieben. Diese Liebe aber kann nicht einfach Gefühl bleiben, sondern muß in die Tat umgesetzt werden.

An diesem Punkt wird der Brief zu einer Folge präziser Anweisungen: Man muß alle Sünden dem Priester beichten, die Eucharistie empfangen, Werke der Barmherzigkeit und der Buße tun und den Nächsten wie sich selbst lieben. Und hier fügt Franziskus eine Änderung ein, die zeigt, wie sehr er das menschliche Herz kennt:

> «Und wenn einer sie nicht genauso lieben will wie sich selbst, so möge er ihnen wenigstens nichts Böses antun, sondern Gutes erweisen» [BrGl II. 27].

Dies ist ein Realismus bar jeglicher Illusion, aus dem Wissen heraus, zu wieviel Bosheit das menschliche Herz fähig ist. Ein besonderer Teil erinnert dann die Richter daran, daß sie barmherzig sein sollen, und alle Gläubigen an die Liebe und Demut. Dies sind die einzigen Dinge, die man nach dem Tode mitnehmen kann in dem Augenblick, wo man alle weltlichen Güter hinter sich lassen muß.

Die folgenden Lebensregeln zeigen eine Reihe religiöser Pflichten auf und bestätigen offensichtlich die Absicht des Franziskus, sich an Menschen zu wenden, die ein Leben in tieferer Frömmigkeit ersehnen:

> «Wir müssen auch fasten und uns enthalten von Lastern und Sünden sowie vom Überfluß an Speisen und Trank, und wir müssen katholisch sein. Wir müssen auch häufig die Kirchen aufsuchen und den Klerikern Hochachtung und Ehrfurcht erweisen, nicht allein um ihrer selbst willen – wenn sie Sünder wären – sondern wegen des Amtes und der Verwaltung des heiligsten Leibes und Blutes Christi, den sie auf dem Altare opfern und den sie empfangen und austeilen. Und wir alle sollen fest wissen, daß niemand gerettet werden kann als nur durch die heiligen Worte und das Blut unseres Herrn Jesus Christus,

welche die Kleriker sprechen, verkünden und darreichen. Und nur sie allein dürfen diesen Dienst ausüben und niemand sonst. Besonders aber sind die Ordensleute, die der Welt entsagt haben, verpflichtet, noch mehr und Größeres zu tun, aber jenes nicht zu unterlassen. Wir müssen unsere Leiber mit den Lastern und Sünden hassen, weil der Herr im Evangelium sagt: Alles Böse, alle Laster und Sünden ‹kommen aus dem Herzen›. Wir müssen unsere Feinde lieben und denen, die uns hassen, Gutes tun» [BrGl II. 32–38].

Nachdem der Brief die Formen und Arten des Gehorsams behandelt hat, fährt er mit weiteren für Franziskus typischen Merkmalen fort:

«Wir dürfen nicht nach der Art des Fleisches weise und klug sein, sondern müssen vielmehr einfältig, demütig und rein sein. Und unsere Leiber sollen wir in Schmach und Verachtung halten, weil wir alle durch unsere Schuld elend und voll Fäulnis, abscheulich und Würmer sind ... Niemals dürfen wir uns danach sehnen, über anderen zu stehen, sondern müssen vielmehr ‹um Gottes willen› die Knechte und Untergebenen ‹jeder menschlichen Kreatur› sein» [BrGl II, 45–47].

Wem es gelingt, diesem Einsatz und dieser aufrichtigen Hingabe an Christus treu zu bleiben, der wird das ewige Leben und die Seligkeit der Gottesschau erben.

Diejenigen aber, die dieses christliche Leben nicht befolgen, sind reif für die Verdammnis. Sie glauben, reich und mächtig zu sein, und geben den Versuchungen und Sünden nach. Sie sind Sklaven der Sorgen und des weltlichen Treibens und merken nicht, daß sie nur die Beute teuflischer Versuchungen sind, von denen sie gleichsam geblendet und ins Verderben gelockt werden. Alles, was sie gewonnen zu haben glauben, geht ihnen mit dem Tod verloren. Sicher haben sie davor Angst. Doch wenn der Priester einen von ihnen in der Beichte fragt: «Willst du Genugtuung leisten für deine Vergehen und für das, womit du Menschen betrogen und hintergangen hast, so wie du es mit deinem Vermögen kannst?», so antwortet er mit Nein, denn er hat schon alles unter seine Verwandten und Erben aufgeteilt. Und er verliert die Sprache und stirbt als Verdammter, denn der Teufel trägt seine Seele sofort weg [BrGl II, 70–81].

Für einen kurzen Augenblick taucht die Erinnerung an die Jugend in der Beschreibung des Mannes auf, der das unrechte Gut nicht zurückgeben will. Es sind wenige Zeilen, aber sie zeichnen ein realistisches Bild selbst gelebten Lebens. Der Schluß ist persönlich: Franziskus, *minor servus vester* – «euer minderer Knecht» [BrGl II, 87], bittet demütig und liebevoll, auf ihn zu hören. Denn wer seinen Ratschlägen folgt, wird das Heil erlangen.
Können wir diesen Brief wirklich eine Regel nennen? Kann er tatsächlich die Regel der *fratres de poenitentia* (Brüder und Schwestern von der Buße) sein, die den Franziskanern nahestehen und von denen wir gesprochen haben? Wir bezweifeln das, um es frei herauszusagen. Denn an einem bestimmten Punkt in dem zitierten Text ist die Rede von «religiosi = Ordensleuten» [BrGl II, 36], und damit konnten die *fratres de poenitentia* nicht gemeint sein, ebensowenig wie die Kleriker, die der Brief erwähnt. [BrGl II, 1]. Unseres Erachtens ist es wirklich ein Brief der «Aufmunterung und Ermahnung», um zwei Worte zu verwenden, die Franziskus teuer waren, der als ideales Orientierungsstatut an alle Gläubigen gerichtet war, um das Heil zu erreichen. In diesem Sinn scheint der erste Brief anders geartet zu sein, denn er spricht spezifisch von denen, die Buße tun und denen, die nicht Buße tun. Aber das Bußetun, eine Sache der einzelnen Person, ist nicht zu verwechseln mit dem Status der *fratres de poenitentia,* einem rechtlich genau umrissenen Stand.
Was nun Franziskus in seinen beiden Briefen erbittet und empfiehlt, ist das Bußetun, das Leben nach den Pflichten eines Christen, und nicht das Eintreten in den Stand der *fratres de poenitentia.* Daß diese beiden Briefe später frommen Laien als Wegweiser für ein christliches Leben gedient haben können, wie der Heilige es verstand, als «Regel» für «Laien», die einem von Franziskus aufgezeigten Entwurf frommen Lebens folgen wollten, ist sehr wahrscheinlich. Auf jeden Fall können wir in ihnen den ersten Keim jenes Dritten Ordens sehen, der gerade in den letzten Lebensjahren des Heiligen im Entstehen begriffen war, über den wir aber geschichtlich kaum etwas wissen.
Von nicht geringerer Bedeutung in diesen beiden Briefen, besonders im zweiten, sind die Äußerungen einiger innerer Einstellungen des Franziskus, die wir in seinem Leben regelmäßig wieder-

kehren sahen: die unerschütterliche Ehrfurcht vor dem Priester, d. h., wir wiederholen es, vor dem Priester als Inhaber der Vollmacht, Leib und Blut Christi zu konsekrieren. Diese Grundeinstellung ist äußerst bedeutsam, gerade im Blick auf die häretischen Strömungen der Zeit, weil er die Gültigkeit der eucharistischen Konsekration so sehr betont, auch *si sint peccatores* – «wenn sie Sünder wären» [BrGl II, 33], wenn sie also in der öffentlichen Meinung allbekannte Sünder sind. Auch in diesem Fall muß man sie achten. Und das, während in anderen Gegenden Europas noch einige Jahre zuvor eine örtliche Synode den Gläubigen nahelegen konnte, die Messe eines sündigen Priesters nicht zu besuchen.
Nicht weniger wichtig ist es, daß Franziskus empfiehlt, nicht nur die *praecepta,* die Gebote, sondern auch die *consilia,* die evangelischen Räte zu befolgen. Noch einmal haben wir eine Kernfrage für die franziskanischen Spiritualität vor uns. Für das Heil genügt es, die *praecepta Christi* zu beobachten, aber – und dies ist einer der neuen Gesichtspunkte des Heiligen – auch seinen *consilia* soll man gehorchen, die nur von jenen befolgt wurden, die eine höhere Vollkommenheit anstrebten: Waldes z. B. sagte in der Formulierung seines *propositum* (Lebensweise), er wolle *et praecepta et consilia* einhalten. Franziskus hielt die *consilia* für ebenso wichtig wie die *praecepta,* wenn man wirklich Christ, oder mit einem Wort, das Anfang des 13. Jahrhunderts auch Fachausdruck war, *catholicus* sein wollte, d. h. rechtgläubig, orthodox.
Der Ausgangspunkt für alle ist bei Franziskus, wenn wir die Bedeutung und den Ton dieser beiden Briefe recht verstanden haben, die Liebe, besonders die Liebe zu Christus und durch ihn, der sein Leben für uns geopfert hat, zum Nächsten. Im Zusammenhang mit dieser Nächstenliebe, an die zweimal erinnert wird, gibt es ein Problem, eine geringfügige Abweichung, die unseres Erachtens darauf zurückzuführen ist, daß der Brief nach dem Diktat vom Sekretär überarbeitet und ergänzt worden sein muß – im Mittelalter ein normaler Vorgang – mit Zitaten aus dem Evangelium. Der erste Hinweis auf die Nächstenliebe scheint ganz vom Geist des hl. Franziskus geprägt, von seinem Realismus und seiner sicheren Kenntnis der menschlichen Herzen. Er las in den Herzen seiner Brüder, sagen übereinstimmend die Quellen. Er sagt, man solle seine Feinde lieben oder, wenn man sie nicht lieben

könne, ihnen wenigstens nichts Böses antun, sondern Gutes erweisen. Hingegen ist der zweite Hinweis formal, Teil einer Reihe von Bibelstellen in einer schlichten Aufeinanderfolge, die keine lebendige Schwingung vermittelt. Sie wird aber vermittelt, und zwar kräftig, wo im ersten Brief, aber noch härter im zweiten, die letzte Beichte des Reichen erzählt wird. Dort wird von unrechtem Gut gesprochen und von Dingen, um die er andere betrogen und die er hintergangen hatte – es handelt sich sicher um einen Kaufmann. Und dann wird die zornige Unzufriedenheit der Erben beschrieben, die das Erbteil magerer als erwartet finden. Aber darüber haben wir schon gesprochen.
Mit diesem Entwurf für ein christliches Leben schließen die Briefe ab, die zwar aus dem Bedürfnis nach Gemeinschaft mit den anderen entstanden sind, aber dem Willen entsprechen, sich an alle zu wenden, um allen jenes Wort, jenen Rat, jene Weisung zu geben, die er mündlich nicht mehr geben konnte.

Die Ermahnungen

Die *Admonitiones* (Ermahnungen) sind kein Brief, doch immer noch eine Antwort auf das genannte Bedürfnis, und dazu eine der interessantesten Schriften, die Franziskus hinterlassen hat.
Auch diese Schrift war und ist Gegenstand lebhafter Diskussion, die darauf zielt, das Problem ihres Wesens und ihrer Zielsetzung zu lösen. Handelt es sich um eine zusammenhängende Abhandlung, eine Predigt des Franziskus, oder aber um von Franziskus selbst, bzw. von anderen gesammelte und geordnete Aussprüche? Innerhalb welcher Grenzen hat der Sekretär oder Mitarbeiter in diese Schrift eingegriffen? Und wann ist sie entstanden? Die Antworten sind unterschiedlich und natürlich gegensätzlich bei jenen, die mit mehr oder minder guten, aber immer plausiblen Argumenten die eine oder andere Meinung vertreten haben. Wir werden keine weiteren Lösungen versuchen, sondern auf der Grundlage der bisherigen Erörterungen aufzeigen, was uns am wahrscheinlichsten scheint. Zunächst neigen wir im Zusammenhang mit dem bereits Gesagten dazu, diese Schrift in die letzten Lebensjahre zu datieren, als sich aus den mehrmals wiederholten

Gründen das öffentliche Leben des Franziskus auf ein Mindestmaß beschränken mußte. Er hatte fast nur mit den Gefährten Kontakt, die für ihn sorgten, mit einigen offiziellen Persönlichkeiten, wie den Ministern des Ordens, und mit Hugolin von Ostia und erschien selten in der Öffentlichkeit. Eine Predigt ist die Schrift unseres Erachtens nicht, denn sie entspricht weder den technischen Vorschriften der *ars praedicandi* (Kunst der Predigt) noch den eindringlichen Aufrufen der *ars concionandi* (Kunst der Mahnrede), sondern eher den brüderlichen, freundschaftlichen Ermahnungen, wie wir sie in den verschiedenen vorhergehenden Briefen gefunden haben. Ihre wirkliche Bedeutung liegt in einer Zusammenfassung der spirituellen Gesichtspunkte, die Franziskus gewöhnlich hervorhob. Sie sind nach Interesse und Verbindlichkeit zusammengestellt, aber ohne eine besondere klar erkennbare logische Ordnung. Es sind also die für Franziskus grundlegenden Gedanken. Das Fehlen jedes vereinheitlichenden Rahmens legt den Gedanken nahe, daß sie von jemand anderem gesammelt worden sind. Sicher stammt der Titel von anderen.

Ohne diese Ermahnungen eine nach der anderen verfolgen zu können, wollen wir als erstes sagen, daß sie mit wenigen originellen Bemerkungen gerade die Punkte wieder aufgreifen, die dem Heiligen in seinem Erdenleben am wichtigsten waren. So gehören sie zu den Werken, die seine Lebenserfahrung schriftlich zusammenfassen wollen. Es fügt sich vollkommen in ihre Logik ein, daß die erste dieser «Ermahnungen» die Ehrfurcht, die Bedeutung und die Wichtigkeit des eucharistischen Sakraments betont und dabei wiederholt, daß es «unter den Gestalten von Brot und Wein» die Fortsetzung der Menschwerdung und des Lebens Christi, der zweiten Person der Dreifaltigkeit, unter uns bedeutet. Die Gleichsetzung zwischen der Sichtbarkeit des Menschen Christus als Gott und des sakramentalen Christus als Gott ist sehr kühn:

> «Und wie er (Christus) sich den heiligen Aposteln im wirklichen Fleische zeigte, so zeigt er sich uns auch jetzt im heiligen Brot. Und wie diese beim Anblick seines Fleisches nur sein Fleisch sahen, aber glaubten, daß er Gott ist, weil sie ihn mit geistigen Augen schauten, so laßt auch uns, die mit leiblichen Augen Brot und Wein sehen, schauen und fest glauben, daß es lebendig und wahrhaftig sein heiligster Leib und sein Blut ist. Und auf diese

Weise ist der Herr immer bei seinen Gläubigen, wie er selber sagt: ‹Seht, ich bin bei euch bis zur Vollendung der Welt›» [Erm 1,19–22]

Dies ist vielleicht das höchste, gewiß aber eines der vielsagendsten Momente in der Bedeutung und ausschlaggebenden Wichtigkeit, die die Eucharistie für Franziskus von Assisi hat. Mit der zweiten bis einschließlich der fünften Ermahnung richtet sich der Blick auf psychologische Probleme – um einen modernen Ausdruck zu gebrauchen – des Gehorsams und der Demut, der Sünde und Erbschuld. Dann geht es um Probleme des Gehorsams und des Hochmuts. Diese Gruppe von Gedanken gipfelt in dem Hinweis auf das einzige Beispiel, dessen der Christ sich rühmen und dem er folgen soll: das Kreuz des Herrn. Zentral ist die sechste Ermahnung: *De imitatione Domini* (Von der Nachahmung des Herrn). Sie ist voll feiner Ironie gegen die, die reden und nicht handeln:

«Geben wir acht, wir Brüder alle, auf den guten Hirten, der, um seine Schafe zu retten, die Marter des Kreuzes erlitten hat. Die Schafe des Herrn sind ihm gefolgt in Drangsal und Verfolgung, Schmach und Hunger, in Schwachheit und Anfechtung und in allem übrigen, und sie haben deshalb vom Herrn das ewige Leben erhalten. Daher ist es eine große Schmach für uns Knechte Gottes, daß die Heiligen Taten vollbracht haben und wir Ruhm und Ehre erhalten wollen, wenn wir davon berichten.»

Lebhaft erklärt er, der Glaube müsse in greifbaren Werken und könne nicht in leeren Worten gelebt werden. Aber vielleicht steckt auch eine liebenswürdige Spitze gegen jene, die «Ruhm und Ehre» wollen – und man kommt nicht umhin, an gewisse Kreise des Klerus und der Kirchenmänner zu denken –, in der Tatsache, daß er die Schmerzen, Leiden und Verdienste Jesu und der Apostel aufzählt, sich aber wohl hütet, seine eigenen zu erwähnen.

Nicht weniger Aufmerksamkeit gebührt der siebten *Admonitio,* in der Franziskus eine ganz persönliche Deutung des wohlbekannten Satzes aus dem zweiten Korintherbrief (3,6) gibt: «Der Buchstabe tötet, der Geist aber macht lebendig.» Er erliegt nicht dem Zwang zur Allegorie, den die vier Formen der Schriftauslegung mit sich brachten. Er unterstreicht den Wert des Gotteswortes als solches, ohne Verdrehungen, die den Geist verfälschen und zum Hochmut verleiten:

«Jene sind durch den Buchstaben tot, die nur die Worte allein zu wissen trachten, damit sie unter den anderen für weiser gehalten werden und große Reichtümer erwerben können, die sie dann Verwandten und Freunden schenken. Und jene Ordensleute sind durch den Buchstaben tot, die nicht dem Geist des göttlichen Buchstabens folgen wollen, sondern mehr danach streben, einzig die Worte zu wissen und sie anderen zu erklären. Und jene sind vom Geist des göttlichen Buchstabens zum Leben erweckt, die jeden Buchstaben, den sie wissen und zu wissen trachten, nicht dem eigenen Leib zuschreiben, sondern sie durch Wort und Beispiel Gott, dem höchsten Herrn, zurückerstatten, dem jegliches Gute gehört.»

Hier wird wieder das Mißtrauen gegen theologisches Wissen bestätigt und bekräftigt, weil es rein intellektuell und ohne Bezug zur konkreten Verwirklichung ist und weil das Gelernte nicht ins Leben übergeht. Außerdem setzt sich gegen jede theologische Schule die Wahrheit des gesunden Menschenverstandes durch, für den bestimmte Worte sich nicht zum Allegorisieren eignen. Ihr Geist – das, was lebendig macht – ist die Umsetzung in wirkliche, praktische Taten, welche die tiefere Wahrheit und Bedeutung der Worte zeigen, d. h. ihren «geistlichen» Sinn als Worte, die «geistliche» Taten bewirken können.

Es folgt eine Verdammung der Sünde des Neides, dann der Hinweis auf die wahre Feindesliebe, wie Christus sie gezeigt hat. Sie liegt im Schmerz über die Sünde des anderen, der die feindliche Handlung begangen hat, und darin, daß man ihm daraufhin Gutes erweist. Dann wird die Notwendigkeit unterstrichen, den Körper als die Ursache aller Sünden im Zaum zu halten, und der Rat erteilt, schlechtes Beispiel zu fliehen. Sodann führt uns eine weitere *Admonitio* in eine für Franziskus typische Dimension. Es ist die zwölfte: *De cognoscendo spiritu Domini* (Wie man den Geist des Herrn erkennt), wo es heißt:

«So kann der Knecht Gottes geprüft werden, ob er am Geist des Herrn Anteil hat: Wenn sein Fleisch, falls der Herr durch ihn etwas Gutes wirkt, sich deshalb nicht selbst hoch erhebt, weil es immer der Gegner alles Guten ist, sondern wenn er um so mehr in seinen Augen sich unbedeutend dünkt und sich für minderer als alle anderen Menschen hält.»

Es folgen ein eindringlicher Hinweis auf die Geduld und zwei Gedanken zur Armut des Geistes und zum Frieden, die beleuchten – wenn es noch notwendig ist –, wie tief der Blick des Franziskus in das Herz der Menschen drang:

«‹Selig die Armen im Geiste, denn ihrer ist das Himmelreich.› Viele gibt es, die in Gebeten und Gottesdiensten eifrig sind und ihrem Leib viele Entsagungen und Abtötungen auferlegen, die aber an einem einzigen Wort, das ihren Leibern Unrecht zu tun scheint, oder wegen einer beliebigen Sache, die man ihnen fortnimmt, Anstoß nehmen und darüber sofort in Aufregung geraten. Diese sind nicht arm im Geiste; denn wer wirklich arm im Geiste ist, haßt sich selbst und liebt jene, die ihn auf die Wange schlagen» [Erm 14].

«‹Selig die Friedfertigen, denn sie werden Kinder Gottes genannt werden.› Jene sind in Wahrheit friedfertig, die bei allem, was sie in dieser Welt erleiden, um der Liebe unseres Herrn Jesus Christus willen in Geist und Leib den Frieden bewahren» [Erm 15].

Dann folgt in der Linie der Bergpredigt, aber in eigenständiger Logik eine ganze Reihe von Seligpreisungen – man ist versucht, sie die Seligpreisungen des heiligen Franziskus zu nennen: Selig, die reinen Herzens sind (16). Selig jener Knecht, der sich über das Gute, das der Herr durch ihn selbst sagt und tut, nicht ... erhebt (17). Selig der Mensch, der seinen Nächsten ... erträgt (18). Selig der Knecht, der sich nicht für besser hält (19). Selig jener Ordensmann, der nur an den hochheiligen Worten und Werken des Herrn seine Wonne und Freude hat (20). Selig der Knecht ... der weise voraussieht, was er reden und antworten soll. Wehe jenem Ordensmann, der das Gute, das der Herr ihm geoffenbart hat, ... mit dem Blick auf Belohnung den Menschen durch Worte zu offenbaren wünscht (21). Selig der Knecht, der ... Anklage und Tadel ... geduldig ertragen würde (22). Selig der Knecht, der unter seinen Untergebenen so demütig erfunden wird (23). Selig der Knecht, der seinen Bruder, wenn er krank (weit von ihm entfernt) ist, ebenso liebt – was jener ihm nicht entgelten kann (24 und 25). Selig der Knecht, der Vertrauen hegt zu den Klerikern ... mögen sie auch Sünder sein (26). Vor der letzten Seligpreisung zeichnet Franziskus gleichsam ein knappes Profil des idealen Gottesknechtes, der nur Gott im Sinn hat:

«Wo Liebe ist und Weisheit, da ist nicht Furcht noch Unwissenheit. Wo Geduld ist und Demut, da ist nicht Zorn noch Verwirrung. Wo Armut ist mit Fröhlichkeit, da ist nicht Habsucht noch Geiz. Wo Ruhe ist und Betrachtung, da ist nicht Aufregung und unsteter Geist. Wo die Furcht des Herrn ist, sein Haus zu bewachen, da kann der Feind keinen Ort zum Eindringen finden. Wo Erbarmen ist und Vorsicht, da ist nicht Übermaß noch Verhärtung» [Erm 27].

Das ist vielleicht die wirkungsvollste Kurzdarstellung nicht nur des Minderbruders, sondern des Christen, wie Franziskus ihn zutiefst versteht: des Menschen, der von ganzem Herzen Gott dienen will. Aber auch das Spiel der Gegenüberstellungen ist interessant und das Gleichgewicht, das ihm vorschwebt. Wenn wir dabei das einigende Motiv suchen, so findet es sich natürlich im inneren Frieden, den man durch innere Sammlung erreicht, welche die Welt nicht ausschließt und sie nicht flieht, sondern sie überwindet. Dieses Ideal bezeichnet auch den höchsten und reifsten Punkt, zu dem Franziskus sich zu erheben vermochte – nicht im beispielhaften Tun, das ihn zu Härte und Strenge gegen sich selbst brachte, sogar über das Nötige hinaus, sondern im ernsten aufmerksamen Nachdenken über die Gestalt des wahren Christen. Es ist der, der den Frieden gefunden hat, jenen Frieden, um den sich Franziskus sein ganzes Leben gemüht hat, das sein schwierigstes und leidvollstes Ideal und die Triebfeder seiner entscheidenden Wahl in der Bekehrung war. Von der unbefriedigten Unruhe der Geldgier, von dem Verlangen nach Ruhm, nach Aufstieg aus der Masse der Bürger und den Gesellschaften seiner Freunde konnte er – das hatte er verstanden – in einen anderen Bereich von Werten übergehen, die zwar schwierig und leidvoll waren, aber durch Opfer und Entsagung zum Frieden führen konnten. Sein Gruß: «Gott gebe dir Frieden» vereint so die beiden höchsten Güter, die der Mensch sich vorstellen und erstreben kann: in der Ewigkeit Gott und in der Welt den inneren Frieden.

Wer all dies verwirklichen kann, so sagt uns die letzte, die *28. Admonitio,* wird die höchste Seligkeit erlangen können:

«Selig der Knecht, der sich das Gute, das der Herr ihm gezeigt hat, ‹als einen Schatz im Himmel sammelt› und der kein Verlangen hat, es mit dem Blick auf Belohnung den Menschen zu offenbaren, denn der Allerhöchste wird seine Werke offenbaren, wem immer er will. Selig der Knecht, der die Geheimnisse des Herrn in seinem Herzen bewahrt.»

Dieser letzte Gedanke kann mystisch, wenn nicht gar mysteriös anmuten, ist aber leicht zu klären im Licht des bisher Gesagten: Es ist nicht nötig, sofort und auf Erden den Lohn für Verdienste zu erwarten, so viele oder wenige es auch sein mögen. Notwendig ist nur, vollstes Vertrauen auf Gott zu setzen. Auch dies eine Seligpreisung: Selig, wer das Geheimnis Gottes zu achten weiß, wer warten kann, daß Gott die etwaige Anerkennung der Verdienste seines Knechtes kundtut.

Diese *Admonitiones* bilden also nach all dem, was bisher gesagt wurde, den Schluß- und Gipfelpunkt unter jenen Schriften, mit denen Franziskus sich schriftlich an sein «Publikum» wandte – um den von Auerbach glücklich gewählten Fachausdruck aufzugreifen –, weil er es mündlich nicht immer erreichen konnte. Aber der Heilige war auch ein Mann der Kirche, oder besser, er wußte, daß er es geworden war. Daraus leitete er eine Reihe von Pflichten und Aufgaben ab, denen er sich natürlich nicht entzog, besonders auf dem Gebiet des Gebetes und der Liturgie.

Gebetstexte

So sind wir bei der dritten Gruppe seiner Werke, in der unseres Erachtens die Hand von Mitarbeitern, sozusagen «Spezialisten», spürbarer ist – wir haben darauf hingewiesen im Zusammenhang mit dem Brief an den ganzen Orden, als wir über das Schlußgebet sprachen. Die *Exhortatio ad laudem Dei* (Aufforderung zum Lobe Gottes), die *Expositio in Pater Noster* (Erklärung zum Vaterunser), die *Laudes ad omnes horas dicendas* (Preisgebet zu allen Horen), die *Oratio ante Crucifixum* (Gebet vor dem Kreuzbild von San Damiano), die *Salutatio beatae Mariae Virginis* (Gruß an die selige Jungfrau Maria) und die *Salutatio virtutum* (Gruß an die Tugenden) betrachten wir in ihrer Gesamtheit als hingebungsvollen Ausdruck einer Seele, die ein tiefes Gespür hatte für die liturgischen

Aspekte im Tageslauf eines Kirchenmannes. Vielleicht ist es angebracht, das *Officium passionis Domini* (Offizium vom Leiden des Herrn) näher zu betrachten. Denn es bringt uns einen der auffälligsten, tiefsten und lebendigsten Züge in der Spiritualität von Franziskus nahe: die Meditation des gekreuzigten Christus. Man braucht nach all dem, was bisher bedacht wurde, kaum darauf hinzuweisen, daß dies das zentrale Moment der Inspiration und der entscheidenden Wahl des Heiligen darstellt: Er wollte unter die Menschen am Rand der Gesellschaft gehen, weil Christus mit seinem Leben, aber besonders mit seinem Tod, wie der Letzte unter den Randexistenzen wurde. Denn er starb nicht nur wie ein Mensch – und das wäre schon so viel gewesen für den Sohn Gottes –, sondern er wählte, wie als erster der heilige Paulus sagte, gerade den Tod am Kreuz. Dieses Offizium rezitierte der Heilige regelmäßig vor und zu den Tagzeiten des gewöhnlichen Offiziums für die Kleriker, wie uns die Tradition erzählt, die in einer Handschrift als Vorwort des Textes selbst festgehalten ist. Das Offizium besteht aus einer Gruppe von Psalmen, die – unnötig zu sagen – nach den Tagzeiten angeordnet sind, und die, wenn wir es recht verstehen, auf zwei Polen ruhen, der Jungfrau und Mutter Christi, Maria, und Christus selbst. Wenn auch der Gottesmutter eine eigene und besondere Antiphon gewidmet ist, so erinnern doch alle Psalmtexte – die so gewählt sind, daß sie eine ununterbrochene Reihe bilden – an das Verdienst des Opfers Christi und an die unendliche Dankbarkeit, die der Mensch ihm für seine Erlösung schuldet, weil er ihn aus der Sklaverei des Teufels gerettet und das Heil erworben hat.

Daraus ergibt sich ein Ganzes, das mit großem Können und großer Sachkenntnis zusammengestellt ist in einer Abstufung und Aneinanderreihung von glücklich gewählten Themen, die der persönlichen Frömmigkeit des Franziskus und seinem religiösen Bedürfnis vollkommen entsprechen. Ohne ihm die ursprüngliche Idee und den allgemeinen Plan absprechen zu wollen, können wir uns dem Eindruck nicht entziehen, daß in den Details, in der Auswahl der einzelnen Abschnitte mindestens ein Helfer mitgewirkt hat. Dies geschah sicher in einem ständigen Gedankenaustausch, wobei der Mitarbeiter das Bibelwissen eines Fachmannes der Liturgie hatte.

So läßt uns das *Officium* den unmittelbaren und direkten Wert wesentlich besser verstehen, den für Franziskus das Leiden Christi als unmittelbare und dauernde Gegenwart in seinem religiösen Denken und Fühlen hatte. Der gekreuzigte Chrisuts stellte in seinen Augen und in seinem Denken eine lebendige Wirklichkeit dar, die sowohl für seine ganze Bekehrung als auch für die daraus folgende ganze Verhaltensweise Grundlage und Ursache ist. Die innere Harmonie der religiösen und menschlichen Persönlichkeit des Franziskus wird darin gestärkt, bestätigt und gleichzeitig geklärt. Gerade in seinem Bezug zum gekreuzigten Christus findet Franziskus auch seinen Bezug zur äußeren Welt und zu den anderen Gläubigen: Christus ist das Zeichen, der Weg, der Vermittler, durch den er weiß, daß es möglich ist, andere Menschen zu erreichen.
Auch der liturgische Aspekt seiner Werke trägt dazu bei, die organisch-einheitliche Persönlichkeit des Franziskus nachzuzeichnen, seine empfindsame Hinwendung zu einer Frömmigkeit, die nicht streng in sich abgeschlossen, sondern offen ist, um sich den anderen mitzuteilen. Dies zeigen unseres Erachtens besonders die Gebete, die wir oben genannt haben und die dieses Verströmen des Gefühls bezeugen, dieses Bedürfnis, sich mitzuteilen, den eigenen Glauben auch außerhalb der Regeln und Normen der Liturgie zu leben. Dies entspricht – wenn auch die Erstellung einer Chronologie für diese Schriften ein praktisch hoffnungsloses Unterfangen ist – genau dem Bedürfnis nach Sammlung im Gebet, nach Meditation über Gott, über sein Schöpfungswerk, seine Heiligung und Erlösung der Menschen. So erreicht uns, verblaßt durch die Zeit und verwischt durch den Verlust von Zeugnissen, das Echo jenes immerwährenden Gebetes, jenes stetigen Zwiegespräches mit Gott, das wir weiter oben als Merkmal jener Stunden bezeichnet haben, in denen Franziskus sich nicht bei den Menschen aufhielt, sondern sich nach Beendigung der Predigt und Mission in die nächtliche Stille seiner Hütte oder die Abgeschiedenheit einer Einsiedelei zurückzog. Es ist ein inniges Beten, eine unmittelbare Verbindung zu Gott, ein Erheben der Seele zum Ewigen, von dem nur diese wenigen, aber wertvollen Zeugnisse bis zu uns gelangt sind.

Wenn wir aus den drei betrachteten Gruppen der Schriften einen Schluß ziehen sollen, so dies: Sie helfen, und zwar nicht wenig, die menschliche Wirklichkeit und – der Ausdruck sei uns gestattet – die Beschaffenheit des Franziskus zu erhellen. Wenn man, wie wir es versucht haben, seine Lebensgeschichte von der Überkrustung des Anekdotischen befreit – das eher dazu neigt, das Charakteristische, Einzigartige, Wunderbare auf Kosten dessen zu betonen, was geschichtlich und menschlich aufschlußreicher und wertvoller ist –, zeigt sie uns eine Persönlichkeit in der schwierigen Verwirklichung eines Ideals, das sich von einer individuellen Wahl einer gesellschaftlichen Stellung, die es in den Anfängen war, überraschend zu einem Beispiel für einige andere und dann für viele entpuppt. Infolgedessen trat der, welcher sich für dieses Ideal entschieden, es gewählt hatte und verwirklichte, in eine ständige und lebhafte Auseinandersetzung mit der ihn umgebenden Wirklichkeit. Er sah sich zu stetiger Entfaltung und Anpassung gezwungen und war verpflichtet zu einem ständigen Wählen zwischen dem, was um jeden Preis bewahrt werden mußte, und dem, worin er nachgeben, beipflichten und der Bitte der Mitbrüder entsprechen konnte, die nun von den wenigen des Anfangs zu einer Gemeinschaft von Tausenden geworden waren.

Dieses Leben, so möchte es scheinen, war ganz nach außen gewandt in Beziehungen mit anderen Menschen, Ordensleuten, Kirchenfürsten, Kardinälen, Päpsten. Doch Franziskus selbst und die, die ihn sahen und kannten, wie Jakob von Vitry, erklären trotzdem, daß dieses Ideal, diese Lebensweise, die von einer Privatangelegenheit zu einem von der Kirche anerkannten Orden geworden war, aus einer intensiv religiösen Inspiration entstand, die ihn beseelte und stützte.

Eben diese Seele schenken uns die Schriften. Sie helfen uns, den Sinn gewisser Forderungen zu begreifen, den Wert einiger Vorschriften, die Bedeutung mancher Taten: ein intensiveres, konzentrierteres Licht erlaubt eine bessere Sicht und läßt so die Persönlichkeit des Franziskus besser hervortreten. Auch wenn er zum Verfasser oder wenigstens zum Sammler und Bearbeiter normativer Texte werden muß, so lebt er doch in einer spirituellen Dimension, die – das sei mit allem Nachdruck gesagt – inspiriert ist vom Leben und der Botschaft Jesu Christi. Und diese nimmt Franziskus nicht mittelbar, dank theologischer oder exegetischer Studien, auf, sondern durch eine unmittelbare Rückkehr zu den Texten des Evangeliums. Diese versteht er nicht durch Allegorien der verschiedenen Arten und Abarten, sondern vielmehr in direkter Beziehung zu den Texten selbst, die er in ihrem genauen Wert und in ihrer wörtlichen Bedeutung begreift. Die Bibelzitate, besonders aus dem Neuen Testament, die wir in diesen Schriften fast massenweise antreffen, können auch von einem Fachmann ausgewählt sein. Doch sind sie so in die von Franziskus persönlich geschriebenen oder diktierten Texte eingearbeitet, daß sie das stützen, klären oder vervollständigen, was er selbst gesagt hat. Diese Texte werden dabei in der wörtlichen Bedeutung genommen, die sie in ihrer wesentlichen, einfachen Wirklichkeit haben. Die liturgischen Texte einschließlich des Offiziums endlich sind mit Schriftstellen erweitert, die in ihrer Zusammenstellung und Beziehung untereinander einen Sinn ergeben, der an Christus und sein Leiden gemahnt.

Hierin haben jene recht, die diese Schriften in die Mitte ihrer Franziskus-Interpretation gestellt haben, obwohl sie allein nicht ausreichen können. Sie geben uns aber die Möglichkeit, seine zentrale und grundlegende Inspiration in ihrer Tiefe zu verstehen und zu erklären.

10.2. Die italienischen Schriften: Der Sonnengesang

Die Sprachform

Diesem zentralen Gesichtspunkt der Persönlichkeit des Franziskus entspricht in einer vollkommenen Harmonie zwischen geschriebenem Wort und gelebter Tat der Sonnengesang, der «Cantico di Frate Sole» oder auch «Cantico delle creature». Sagen wir es frei heraus: er fällt unter den Schriften durch eine Reihe von Besonderheiten auf, die man nicht klar genug herausstellen kann.

Zunächst einmal ist er auf italienisch und nicht lateinisch geschrieben. Dies ist in vieler Hinsicht etwas Revolutionäres. Erstens ist dadurch mit einer Tradition gebrochen, die für Gebete in jedem Fall Latein vorschrieb, besonders in Italien, wo die Ehrfurcht vor dieser Sprache bei den Gebildeten und besonders in der Kirche lebendig geblieben war. Außerdem mußte Franziskus bedenken, wenn er sich an seine Brüder, an die Kleriker und auch an die Gläubigen wandte, daß sie verschiedene Sprachen hatten. Er mußte sie daher in der Sprache erreichen, die mehr oder weniger allen zugänglich war, und das war Latein. Nun aber, am Ende seines Lebens, wollte er sich an jene wenden, die ihn von Geburt an gekannt hatten, mit denen er gelebt hatte und in deren Mitte er – erst unter Schmähungen und dann unter wachsendem Beifall – die Erfahrung seiner Bekehrung erlebt hatte: seine Umbrer, seine Italiener. Anderes kommt noch hinzu: Bei seinen lateinischen Schriften, und besonders bei den wichtigsten, war er immer auf die Mitarbeit von Sekretären angewiesen. Sie mußten entweder seine Grammatik und Syntax überprüfen – und dies mit um so größerer Aufmerksamkeit, je größere Bedeutung Franziskus bekam – oder seine Gedanken mit Bibelstellen anreichern. Beim Sonnengesang konnte er endlich in seiner eigenen Sprache sprechen, die er auf den Knien seiner Mutter und von ihren Lippen gelernt hatte; der Sprache, in der er die Menge gewarnt und ermahnt hatte; der Sprache, die ihm in den schwierigen Tagen der Verachtung und Verhöhnung dazu gedient hatte, sein festes, unerschütterliches Ideal bekanntzumachen. So konnte er sprechen, wie sein Herz es ihm eingab. Zwar sind die biblischen Anklänge zahlreich, vom Lobgesang Daniels über die Jünglinge im Feuerofen bis zu den vielen Psalmworten, die das Lob Gottes und der Schöpfung singen. Aber der Gebrauch der Volkssprache erlaubte es ihm, sich ihrer zu erinnern, sie aufzugreifen und mit seiner direkten Lebenserfahrung zu verschmelzen: z. B. mit der Schönheit des Spoletotals (er soll einmal gesagt haben: «Nichts Schöneres habe ich gesehen als mein Spoletotal!») oder mit der Bitte an das Feuer im Augenblick seiner Kauterisation, als er es anflehte, höflich zu ihm zu sein, weil er es immer sehr geliebt habe und noch liebe.

Diese erste wichtige Feststellung läßt ein anderes Problem in den Hintergrund treten, dem wir die Bedeutung nicht absprechen: Ist der Sonnengesang in einem Wurf entstanden oder in drei Abschnitten: der erste im Bischofspalast, als er das Lob der Geschöpfe im engeren Sinn verfaßte, der zweite beim Ausbruch des Konflikts zwischen Bischof und Bürgermeister, als der Heilige zu ihrer Versöhnung die Strophe über Frieden und Vergebung angefügt haben soll, und schließlich der dritte vor seinem Tod, als er die abschließende Strophe über den Tod sang? Zweifellos ist der Sonnengesang von Anfang bis Ende organisch zusammenhängend konzipiert, wie die Verfechter der Entstehung in einem Wurf bemerken. Wir müssen auch aufrichtig anerkennen, daß der Zusammenhang noch offensichtlicher wird, nachdem wir den tiefen Sinn hervorgehoben haben, den der Friede in der religiösen Auffassung von Franziskus hatte. Und dennoch kommt man um einige Tatsachen nicht herum: Der Lobpreis des Schöpfers um seiner Geschöpfe willen nämlich – die Interpretation von Luigi Foscolo Benedetto wird hier nur erwähnt, um zu sagen, daß sie endgültig beiseite gelegt ist –, hat seinen eigenen, logisch genauen Abschluß. Der Übergang zum Frieden und zu denen, die vergeben um der Liebe Gottes willen, sowie der weitere Übergang vom Frieden zum Tod sind weder vom Inhalt noch von der Form her notwendig. Einheit ist zweifellos gegeben, doch sie entsteht aus dem Geist von Franziskus, nicht aus dem inneren Zusammenhang des Sonnengesanges. Das stärkste Argument gegen die These der organisch vollkommen einheitlichen Entstehung ergibt sich aus einer Tatsache, die unseres Erachtens nicht außer acht gelassen oder unterbewertet werden darf. Die Gefährten, die in den letzten Lebensjahren bei Franziskus waren und in seiner Krankheit für ihn sorgten, bezeugen uns, daß der Sonnengesang als Lobgesang der Geschöpfe schon verfaßt gewesen sei, als ein heftiger Konflikt zwischen dem Bischof – immer noch Guido – und dem amtierenden Bürgermeister – anscheinend Oportolo Bernardi – ausbrach und sich sehr zu verschlimmern drohte. Franziskus habe sich Sorgen um die Gefahr einer Auseinandersetzung zwischen kirchlicher und weltlicher Macht gemacht und die zweite Strophe, jene über den Frieden verfaßt. Sie habe er sowohl dem Bischof als auch dem Bürgermeister von zwei der Brüder vorsingen lassen, die uns darüber berichten. Bewegt über das Einschreiten einer Persönlichkeit, die sie beide liebten, hätten sie sich versöhnt. Dann habe er die dritte Strophe angefügt, als der Tod nahe bevorstand. Dies paßt zu jener Gottergebenheit, auf die er oft durch das Beispiel seines Lebens und in seinen Schriften zurückgekommen war. Es sei uns gestattet, dieser Tatsache hinzuzufügen, daß sie der ästhetischen Einheit des Sonnengesanges keinen Abbruch tut, denn diese wird sichergestellt in der dichterischen Spannung, in der Franziskus die erste Fassung erweiterte und seine einheitliche, innere Inspiration entwickelte und vervollständigte.

Dieser ästhetischen Einheit müssen wir unsere genaue Aufmerksamkeit zuwenden, um diese Dichtung, deren außerordentliche Bedeutung wir soeben aufzeigten, in ihrem vollen Sinn zu verstehen. Sie beginnt mit einer Bestätigung des Abstandes zwischen Mensch und Gott, und zwar in einzigartiger Übereinstimmung der Worte mit dem Anfang des letzten (23.) Kapitels der *Regula non bullata:* «Erhabenster, allmächtiger, guter Herr/ dein sind der Lobpreis, die Herrlichkeit/ und die Ehre und jegliche Benedeiung./ Dir allein, Erhabenster, gebühren sie,/ und kein Mensch ist würdig, dich zu nennen.» Nachdem dieser Abstand bekräftigt ist, steigt das Lob tiefer, sozusagen unausweichlich notwendiger zu Gott auf, «mit allen deinen Geschöpfen,/ zumal der Herrin, Schwester Sonne,/ denn sie ist der Tag/ und spendet das Licht uns durch sich.» Sie wird zuerst genannt wegen ihrer Schönheit und aus einem weiteren Grund – wir bitten, ihn zu beachten –, denn «Dein Sinnbild trägt sie, Erhabenster». Dann wird Gott gelobt «durch Bruder Mond und die Sterne,/ am Himmel hast du sie gebildet,/ hell leuchtend und kostbar und schön», durch Bruder Wind und all die Wettererscheinungen, die in Einklang stehen mit dem Menschen, mit der Bearbeitung der Erde, mit der Sorge um den Unterhalt, und durch das Wasser, dessen Nützlichkeit, Demut und Keuschheit er preist. Bewegend ist dann das Lob durch Bruder Feuer, das er preist für das Licht, mit dem es die Nacht erhellt – als ob es seine schreckliche Kauterisation nie gegeben hätte –: «und es ist schön und liebenswürdig/ und kraftvoll und stark». Als letzte unter den geschaffenen Wirklichkeiten folgt die Erde, deren Reichtum und faszinierende Schönheit er besingt: «die uns ernährt und lenkt/ und mannigfaltige Frucht hervorbringt/ und bunte Blumen und Kräuter». Daran schließen sich die beiden unseres Erachtens später angefügten Strophen an über die

Versöhnung und das gegenseitige Vergeben und über den Tod, der furchtbar nur für jene ist, die in Todsünden sterben. Den Abschluß bildet eine letzte Aufforderung, den Herrn zu loben, ihm Dank zu erweisen und mit großer Demut zu dienen.

Sitz im Leben

Wenn dieser Sonnengesang dadurch von herausragender Bedeutung ist, daß er eine italienische Komposition ist, so ist er es nicht weniger aus zwei weiteren wesentlichen Gründen, die wir sicher nicht übergehen dürfen: seine Wichtigkeit für den sogenannten *«Sitz im Leben»* und sein Wert als Verständnishilfe für den Sinn, den für Franziskus das Universum hat – oder sagen wir – für den Sinn, den Franziskus für die Natur hat. Es sind zwei Aspekte, die die Wirklichkeit und Beschaffenheit seines Menschseins vervollständigen und abrunden.
Über die religionsgeschichtliche Situation, zu der der Sonnengesang gehört, besteht keine Möglichkeit des Irrtums: Ohne jemals ausdrücklich polemisch zu werden, ist er zweifellos auch eine Antwort auf das Katharertum. Wenn das Beharren des Franziskus auf der Achtung und der Ehrfurcht, die dem Priester gebühren, mit der Opposition der Waldenser gegen die unwürdigen Priester und mit der ebenfalls waldensischen Leugnung der Gültigkeit ihrer Sakramente in Verbindung gebracht wird und wenn die wiederholte Bejahung der tiefen Andacht vor der Eucharistie und ihrer Bedeutung als ständige Gegenwart Christi sich auf die Katharer bezieht, so trifft das Lob Gottes des Schöpfers und des von ihm Geschaffenen einer der katharischen Grundeinstellungen ins Herz. Und zwar dem katharischen Glauben, der in vielen verschiedenen häretischen Mythen zum Ausdruck kommt, der Satan sei der Schöpfer oder wenigstens Handlanger der stofflichen Welt.
Ohne theologische Diskussionen zu führen, was ihm bei seinem Temperament und – sagen wir es ruhig – bei seiner Bildung fremd gewesen wäre, bringt Franziskus gegen diese Ideen zwei Aspekte der Welt zur Geltung, und zwar trotz seiner Mentalität und mangelnder dialektischer Schulung mit intuitiver Überzeugungs-

kraft: die Allmacht Gottes selbst und den positiven Charakter der Schöpfung, die als Werk der Schönheit zugleich seine Güte offenbart. Der poetische Lobpreis auf die wohltätige Sonne, gleichzeitig Symbol der göttlichen Macht, auf die Schönheit des Mondes und der leuchtenden Sterne kann direkt auf die Katharer bezogen sein. Für sie waren die Sterne die leer gelassenen Throne jener Engel, die Luzifer mit sich gelockt hatte, als Gott ihn aus dem Himmel vertrieb. Es ist möglich, auch wenn in den Quellen minoritischen Ursprungs nichts darüber gesagt wird, daß Franziskus dies wußte. Nach einem anderen häretischen Mythos, der mit Sicherheit mit Italien und den italienischen Diskussionen über Mythen in Verbindung steht, waren Sonne und Mond aber sündige Liebende, deren Vereinigung sich im Tau offenbarte. Für Franziskus ist aber auch das Wasser in seiner Keuschheit Gottes Geschöpf.

Die Schlußfolgerung aus dem Sonnengesang des Franziskus ist also: Das Universum kann nicht böse sein. Es ist nicht die Hölle, in der die Engel eingekerkert sind. Vielmehr wurde es bewirkt und hervorgebracht von einer unermeßlichen, allmächtigen Güte, die sich in der Erschaffung des Universums auch als Schönheit erweist. Im übrigen bildet im ersten Teil des Sonnengesangs gerade dieses enge Band zwischen Güte und Schönheit den umfassenden Gegensatz zum Katharismus: Eines der häretischen Argumente gegen die göttliche Erschaffung der Welt war die Zerstörungskraft der Natur als das Böse, das an häßlichen und entstellten Wesen festzustellen ist. Das Universum aber, das die schöpferische Kraft der Schönheit zeigt – und diese schöpferische Kraft ist Gott –, schließt das Böse aus.

Wir können nicht sagen, ob jemals bemerkt wurde, daß in diesem Sonnengesang, in dem doch Raum ist für den Frieden und den Tod, die Lebewesen fehlen. Nicht einmal die Vögel werden erwähnt, die Franziskus sehr liebte und mit denen er sprach, wenn wir einer wohlbekannten Geschichte glauben dürfen. Sie ist gewiß nicht als legendär von der Hand zu weisen. Denn nach der Erinnerung eines seiner Gefährten wollte Franziskus, dem Weihnachten soviel bedeutet, daß es folgendermassen gefeiert werde:

> «Wenn ich eines Tages mit dem Kaiser spreche, werde ich ihn um der Liebe Gottes und meiner Bitte willen anflehen, einen

schriftlichen Erlaß zu geben, daß kein Mensch die Schwestern Lerchen fangen und ihnen Böses tun darf. Ebenso werde ich bitten, daß jedes Jahr zu Weihnachten alle Bürgermeister der Städte und die Burgherren den Menschen auferlegen sollen, auf den Wegen außerhalb der Städte und Burgen Getreide und andere Körner auszustreuen, damit die Schwestern Lerchen und die anderen Vögel an einem so großen Feiertag zu essen haben. Und daß man aus Ehrfurcht vor dem Sohn Gottes, den die selige Jungfrau, seine Mutter, zu Ochs und Esel in die Krippe legte, in derselben Nacht den Brüdern Ochsen und Eseln genug zu essen geben soll. Auch werde ich bitten, daß zur Geburt des Herrn alle Armen von den Reichen gesättigt werden müssen» [LegPer 14 = Hug-Rotzetter 128].

Hier haben wir eine Gesamtschau der Welt der Lebenden, aber merkwürdigerweise spricht Franziskus im Sonnengesang nicht davon. Wir möchten nicht durch spitzfindige Analyse eines Textes sündigen, der hier geschichtlich untersucht wird, aber auch hohe dichterische Qualitäten besitzt und daher nicht nur auf die Fragen des Historikers, sondern auch und besonders dem tiefen Sinn der Dichtkunst Antwort gibt. Doch sind wir uns im klaren, daß ein Lob Gottes durch die Lebewesen eine Auswahl nötig gemacht hätte, daß es die dichterische Anlage und Inspiration nur verdünnt und kompliziert gemacht (wen einschließen? wen ausschließen? warum loben?) und die umfassende Harmonie gestört hätte, die der Sonnengesang ohne Zweifel ausdrückt. Die Beteiligung der Lebewesen hätte dann das Problem des Schönen und Häßlichen, Gelungenen und Mißlungenen mit sich gebracht. Dieses Problem hatte, wenn wir so wollen, schon Augustinus behandelt und gelöst. Den Theologen der Zeit war es bestens bekannt, und Franziskus wohl auch. Aber es hätte die dichterische Einheit des Gesanges zerbrochen, der sich bewegt zwischen der Schönheit des Alls und dem Menschen als dem Wesen, für das es geschaffen ist und das es würdigen kann.

Aus dem bisher Gesagten erklärt sich auch, wie und warum der Sonnengesang mit dem Lobpreis der Natur als stofflicher Wirklichkeit einen eigenen (ersten) Abschluß haben konnte, daß er mit der Beteiligung der Gestirne und der irdischen Kräfte abschließen konnte, oder sagen wir besser, mit den himmlischen Sphären und

den vier Elementen, die mit den Augen des Künstlers und nicht des Astronomen betrachtet werden.
Auf die beiden letzten Strophen, die mit zwei konkreten Ereignissen zusammenhängen, werden wir, bei unserem Bericht über die letzten Geschehnisse mit Franziskus zurückkommen.
Die italienische religiöse Dichtung begann mit diesem Gesang ihre Geschichte, mit einer Komposition also, die nicht verwickelte und schwierige theologische Fragestellungen ausmalte, sondern sich an jenen Teil des Volkes wandte, den anscheinend nur die Häretiker beachteten und den Franziskus in einfachem Vetrauen zu seiner Sendung zurückgewinnen wollte. Er ist also ein Zeugnis der Dichtung und des stillen Kampfes gegen die Häresie, aber besonders der Versuch einer Annäherung an die Volksseele. Darum ist dieser Gesang zusätzlich zu allem anderen ein Hinweis auf das klare und bewußte Interesse des Dichters an der Religiosität der ungebildeten Klassen: Er hat die Bedeutung und Wichtigkeit der volkstümlichen Frömmigkeit mit ihren Sonderformen, ihren spezifischen und kennzeichnenden Ausprägungen hervorgehoben. Zu den geschichtlich sicher nicht geringen Verdiensten des Heiligen aus Assisi gehört es, diesen religiösen Raum entdeckt zu haben, diesen Bereich, welcher der Aufmerksamkeit des Klerus offenbar entging, wenn er nicht mit Überheblichkeit oder Verachtung betrachtet wurde. Hatte übrigens nicht Jakob von Vitry [Hinnebusch 161] Franziskus *simplex et illiteratus* (einfach und ungelehrt), obwohl *Deo et hominibus dilectus* (bei Gott und den Menschen beliebt) genannt? So wurde der Gründer des Minderbrüderordens – und es hätte ihm sicher nicht mißfallen, wenn er es erfahren hätte – auf dieselbe Ebene gestellt wie jene, an die sich sein Wort der Ermahnung und des Rates zur Buße wandte.
Daher stellt der Sonnengesang bei allem unbestrittenen dichterischen Wert auch ein in seiner Art einzigartiges Zeugnis für die Zeit und die Umstände dar. Denn es handelt sich um eine Dichtung, die sich ganz bewußt an die Welt der Volksfrömmigkeit richtet und gleichzeitig ihr höchster Ausdruck ist.

Wenn wir nun zur Analyse des Sonnengesangs als Ausdruck des *Naturgefühls* des Franziskus übergehen, so müssen wir uns als erstes von den romantischen praeraffaelitischen Überwucherungen befreien. Der Sonnengesang erhielt nämlich – und gewiß nicht durch die Schuld seines Dichters – zahllose Kommentare und Kommentatoren, die mit mehr oder minder tränenfeuchten Gefühlen all das in ihm zu finden suchten, was dort ein Echo gefunden haben könnte: vom pantheistischen Mystizismus bis zum Realismus in der Kunst. Dabei kümmerten sie sich gewöhnlich wenig darum, ihn in einen wirklichen geschichtlichen Zusammenhang hineinzustellen. Henry Thode, das muß mit gebührender Klarheit gesagt werden, bildet dabei eine Ausnahme. Er untersuchte nicht Franziskus von Assisi, sondern die Geschichte der italienischen Kunst und fand einen klaren Umschwung im 13. Jahrhundert, als nach ihm auf der Halbinsel die «Renaissance» begann. Aus seinem Studium der Persönlichkeit und Handlungsweise des Franziskus schloß er, daß dieser Wandel sich nur durch den Einfluß einer neuen und außerordentlichen geistigen Kraft erklären könne. Diese sei gewiß von einem einzelnen ausgegangen. Aber durch die Gründung eines Ordens wie dem der Minderbrüder und dessen Verbreitung und Eindringen ins Volk habe sie sich in alle Klassen und Ebenen der Gesellschaft ergießen können. So habe sie die Gesellschaft verändert in ihrem Geschmack und ihrem Bedarf nach einem Kunstwerk, das diesem neuen Geschmack entsprach. Es ist hier nicht möglich, Thodes Werk und These zu diskutieren, die in vieler Hinsicht mehr Aufmerksamkeit verdienen, als man ihnen heute gewöhnlich einräumt. Dies hängt zu einem Teil zusammen mit der fast gleichzeitigen Veröffentlichung des Werkes von Sabatier, das in stilistischer Schönheit und solider Gelehrsamkeit sicher das überlegene ist, zum anderen Teil mit dem Durchbruch der neuen Stilkritik in der Kunstgeschichte. Diese besonders kam zu dem Schluß, Thodes Verbindungen und Folgerungen seien nicht zulässig. Jedenfalls drängte sich eine neue Sicht der Natur auf – dies stellt Walter Goetz in seinem berühmten Artikel dar, und nach ihm viele andere –, und auf die eine oder andere Weise hatte das Franziskanertum daran seinen Anteil.

Für Franziskus – wir wollen bereits Gesagtes nicht wiederholen – ist das Universum als kosmische Wirklichkeit aus dem Schöpfungsakt des allmächtigen Gottes hervorgegangen. Neu hinzukommt, daß Franziskus die Natur gleichsam vermenschlicht, jedoch nie mit der Wirklichkeit des Lebenden vermengt. Die Sonne ist Schwester, der Mond und die Sterne sind Brüder, das Wasser ist Schwester, das Feuer und der Wind sind Brüder. Auffallenderweise ist die Erde gleichzeitig Mutter und Schwester, in einer einzigartigen Verschmelzung des ganz neuen Gefühls der Brüderlichkeit und Schwesterlichkeit zwischen allem Geschaffenen und dem ganz archaischen, uralten Gefühl für «Mutter Erde», das aus mythischen Fernen in die Volksfrömmigkeit des Franziskus eindringt. Diese unbelebte Natur ist jedoch nicht in einer schwärmerisch-mystischen Vermengung dem Menschen «brüderlich» verbunden, im Glauben an irgendein Lebensprinzip, der zu einer Art pantheistischer Gleichmacherei verleiten könnte. Die Sprache von Franziskus ist in diesem Punkt unmißverständlich, sowohl im Sonnengesang selbst als auch in anderen, von Augenzeugen berichteten Ereignissen. So sagen uns die Gefährten, die bei Franziskus waren, welche Achtung er vor den Naturerscheinungen hatte, besonders vor Wasser und Feuer. Gerade das Feuer war ihm so teuer, daß er sich wünschte, es könnte auf natürliche Weise gelöscht werden, wenn es irgendetwas erfaßt hatte. Einmal konnte er nur mit einiger Mühe dazu bewegt werden, die Flamme zu ersticken, die ihm seine Kutte zu verbrennen drohte. Dies soll nicht heißen, daß er den natürlichen Elementen irgendwie magische oder auch nur andere als natürliche Mächte und Werte zuschrieb. Vielmehr gibt es dafür einen psychologisch genauen Grund, der sich in die Logik und Mentalität des Heiligen vollkommen einfügt.

Wir haben mehrmals berichtet, wie gänzlich abgeneigt, um nicht zu sagen feindselig er gegenüber allem war, das über die wirkliche Beschaffenheit der Dinge hinausging. Wir haben auch an seinen intuitiven, spontanen Willen erinnert, sich an den wörtlichen Sinn, den unmittelbaren Wert zu halten und jeglichen Allegorismus und Symbolismus auszuschließen, der die konkrete Bedeutung der Dinge hätte untergraben können. Für ihn ist die Sonne die Sonne, auch wenn sie Gottes «Sinnbild» trägt; die Sterne sind Sterne, der

Mond ist Mond und gleiches gilt vom übrigen Kosmos. Schwestern oder Brüder nennt er sie nur, um die Tatsache aufzuzeigen, daß die Sonne oder der Mond oder etwas anderes im gleichen Schöpfungsprozeß wie der Mensch von Gott geschaffen ist. Aber weiter geht er nicht. Es geht also um eine einheitliche Verschmelzung des Kosmos als Schöpfung, aber mit einer völlig präzisen Unterscheidung seiner verschiedenen Ebenen.

Dasselbe ist für die Lebewesen zu sagen, für die Franziskus außerordentliche Zärtlichkeit und Ehrfurcht empfand, weil er in ihnen, mehr noch als in der rein stofflichen Welt, die schöpferische Tat der Macht und gleichzeitig der Schönheit Gottes spürte. Ihr Leben achtete er kaum weniger als das menschliche. Die sehr späte, geläufige Anekdote über den Wolf von Gubbio wollen wir hier nicht wiederholen, auch nicht die schon erwähnte Vogelpredigt oder die Liebe zu Lämmern und zu Ochs und Esel, die nach einer frommen Überlieferung den neugeborenen Jesus Christus in der Krippe gewärmt haben. Nach allem, was wir ermitteln können, empfand Franziskus offenbar vor Blut den gleichen Ekel, den gleichen ungeheuren Abscheu wie vor Geld. Das ergab sich aus seinem Widerwillen gegen jede körperliche Gewalt und jede Polemik mit Worten. Wir brauchen nicht zu wiederholen, daß er die Linie der Sarazenen wehrlos überschritt, um mit Sultan al-Kamil zu sprechen, und daß es in seinen Werken und den so zahlreichen Anekdoten über ihn nicht eine einzige Episode gibt, in der er sich zu einer Beleidigung gegen irgend jemanden hätte hinreißen lassen. In seinen Schriften sagt er sogar, man solle den Übeltäter nicht tadeln, sondern ihn mit Verständnis und Sanftmut dazu bewegen, sein Leben zu ändern und Buße zu tun.

In der Sicht des Franziskus stellt sich die Welt als etwas umfassend Positives dar, in das Gottes Schöpfungstat sich ergießt als Güte, Schönheit, Licht, Leben. Im Zentrum sieht er den Menschen, aber in seinem doppelten Wesen als Gipfel der Natur und als Sünder, als den, der die Sünde in die Welt gebracht hat. Daher das unauflösliche Netz, in dem noch nach der Schöpfungstat Gottes und über sie hinaus die Erbschuld und Verdammnis des Menschen verknüpft ist mit der Menschwerdung und erlösenden Ankunft des Christus-Gottes und seinem Kreuzesopfer, um den Menschen zu retten.

An diesem Punkt des Wirklichkeitsverständnisses des Franziskus taucht das schwierige Problem des *Bösen* auf. Er war weder genial noch einfältig genug, um es nicht zu sehen und in all seiner Schwere zu bedenken. Interessanterweise sah er nicht den Teufel hierfür verantwortlich – er hielt mit Sicherheit die Teufel eher für *gastaldi* [LegPer 18; 106; 117 = Hug-Rotzetter 110; 115; 118] Häscher, Schergen des Herrn, als für Versucher im klassischen und traditionellen Wortsinn –, sondern den Mann, der Gott nicht gehorcht hatte (gegen Eva findet sich nirgends ein Wort). In diesem Akt des Hochmutes und Aufbegehrens hatte er die Ordnung des Geschaffenen durchbrochen. Der Bruch wäre unheilbar gewesen ohne die erhabene Tat der Liebe Gottes, der seinen Sohn Jesus Christus gesandt hat, Mensch zu werden. Diese Menschwerdung, vom Augenblick der Geburt bis zur Kreuzigung und zur Auferstehung und Himmelfahrt – unter ständiger Teilnahme der Jungfrau und Mutter Maria – hat die alte Ordnung nicht wiederhergestellt. Denn das war nicht mehr möglich. Aber durch das Eingreifen und das Kommen Christi wurde eine andere Ordnung eingesetzt, die nicht weniger wert, sondern höher ist. Denn sie ist nicht stofflich-natürlich, sondern göttlich-übernatürlich: eine aus der Liebe Gottes zu seinem Geschöpf geborene Ordnung.

Auf dieser höheren Ebene des neugeordneten Universums gibt es zwar das Böse, denn der Bruch der Sünde war nicht zu beseitigen. Aber wenn man es recht betrachtet, kann es besiegt und überwunden werden durch die Liebe, die Christus uns gelehrt hat, und durch die Lebensform, die er uns gezeigt hat. Es ist dies ein Sieg, der dem Menschen Mühe und Hingabe abverlangt. Aber was bedeutet das, verglichen mit dem Bruch, den er beging, als er sich Gottes Ordnung widersetzte, als er im irdischen Paradies war? Und verglichen mit dem Leben des Schmerzes und der Demütigung und mit dem Kreuzestod Christi? Der Schmerz, das Leid, selbst der Tod gehen ein in eine Dimension der Liebe, wenn man sie in diesem neuen Zusammenhang sieht, der durch Christus in die Welt eingetreten ist. Darum offenbart sich der Tod dem als Bruder, der auf der Ebene des Guten ist:

«Gepriesen seist du, mein Herr,/ durch unseren Bruder, den leiblichen Tod;/ ihm kann kein Mensch lebend entrinnen./ Wehe jenen, die in schwerer Sünde sterben./ Selig jene, die sich in deinem allheiligen Willen finden,/ denn der zweite Tod wird ihnen kein Leides tun» [Sonn 12 f.].

Die Mitte ist Christus, der Gott-Mensch: dieses Gefühl, das Bewußtsein von der Menschwerdung ist nicht neu, denn in der Theologie des gesamten Mittelalters vor Franziskus ist diese Auffassung recht klar ausformuliert und gegenwärtig. Sie ist aber nicht mit dem Herzen empfunden, wie die Intuition zeigt, die Franziskus vom Gekreuzigten hat. Zwar kam in der bildlichen Darstellung des 12. Jahrhunderts schon eine dramatischere Wiedergabe der Kreuzigung auf, doch wurde Christus mehr als Gott, als Sieger über den Tod gesehen, und weniger als Mensch, der von der Marter des Kreuzes gequält wird und eine Beute des Todeskampfes ist. So aber sah ihn Franziskus.

Für ihn war jedoch Christus nicht nur lebendig im erhabenen Moment seines Opfers, sondern er nahm ihn wahr – und dies nicht wenig – in seinem Leben als Mensch am Rand der Gesellschaft, in der Demütigung seiner Geburt in einem Stall. Gerade als Antwort auf dieses konkrete Gefühl für die irdische Wirklichkeit Christi gab er dem Weihnachtsfest besondere Bedeutung. Es war ihm gefühlsmäßig von größerer Wichtigkeit als es, liturgisch gesehen, am Anfang des 13. Jahrhunderts tatsächlich war, und wir werden sehen, daß es ihn zur «Erfindung» der Weihnachtskrippe anregte. Auch dadurch, daß er die Menschheit Christi in allen Lebensabschnitten in den Vordergrund stellte, antwortete Franziskus auf die häretische Meinung der Katharer, die Christus als Gottmensch und zweite Person der Dreifaltigkeit leugneten. Für sie war er lediglich ein Engel in Menschengestalt, geboren von einem Engel in Frauengestalt, der eine Mutterschaft vortäuschte. Ihnen setzte Franziskus Christus als zentrale Wirklichkeit der durch Gottes Liebestat erlösten Menschheit entgegen.

Dem Pessimismus der Katharer stellte Franziskus eine freudige Auffassung des Daseins gegenüber, sofern man den göttlichen Wert in ihm begreifen kann. Dies ist der letzte Punkt, den wir nun bedenken werden. Seine Heiterkeit wurde nicht einmal durch Leiden und Demütigung vertrieben, wie aus dem Bruder Leo

diktierten Text hervorgeht. Sie wurzelt daher nicht in einer oberflächlichen Betrachtung der Wirklichkeit, sondern in einer reichen Gedankenwelt von klarer und überlegter Folgerichtigkeit, doch ohne irgendwelche philosophisch-theologische Prahlerei.
Diese Sicht der Welt als Bruderschaft in Gott, die auch die durch Christus erlöste Menschheit umfaßt – leidend wie Er, aber auch froh in ewiger Hoffnung wie Er –, fand in Franziskus einen «Wahrheitsbeweis», eine harte und schwere Bestätigung, und zwar im körperlichen Schmerz, im Widerstand gegen jede Verwirrung seines Ideals und im Tod. Es sind die wenigen, immer drückender werdenden Jahre, die seinem Lebensende vorausgehen. Er wußte sich selbst treu zu bleiben, auch in diesen letzten dramatischen Jahren.

11. Vom La Verna zum Tod

11.1. Die Wundmale

Das wahre Martyrium

Während die Lage des Minderbrüderordens als Institution sich trotz so vieler Hindernisse und Schwierigkeiten allmählich stabilisierte und während Franziskus sich an jene, die sein Wort hören wollten, schriftlich und mit dem Beispiel seines täglichen Lebens wandte, verschlechterte sich seine Gesundheit zusehends trotz der Pflege durch die Menschen in seiner Umgebung und trotz der Anstrengung der Ärzte. In diesem Zusammenhang haben wir schon berichtet, daß gerade ihre Heilversuche, wie etwa die Kauterisationen, seinen Zustand noch bedenklicher machten. Doch die Überwindung körperlichen Schmerzes wirkte auf jene, die bei ihm waren, wie ein Wunder.

Franziskus selbst erleichterte übrigens die Bemühungen derer, die ihm helfen wollten, nicht. Denn er wollte um jeden Preis die Rolle des Vorbildes für alle seine Brüder beibehalten. So wollte er einmal, nachdem er aus gesundheitlichen Gründen nahrhafte Brühe hatte trinken müssen, daß die Öffentlichkeit von seiner Naschhaftigkeit erfahre. Auch fuhr er fort, sich aufs härteste zu kasteien, jedesmal wenn er seiner Meinung nach meinte, einer Versuchung nachzugeben. Gerade hier zeigte Franziskus wieder, daß er den christlichen Sinn des Daseins in der dauernden Spannung zwischen Gut und Böse in seiner ganzen Tiefe verstanden hatte. So war er imstande, jede Speise mit Asche zu bestreuen, wenn sie ihm strafbarer Weise Appetit machte, und andererseits sogar Feingebäck zu genießen, wie es ihm Jakoba von Settesoli [BrJak] bereitete. Sie war eine römische Dame, die ihn tief verehrte, und der Franziskus ebenfalls sehr zugetan war. Er nannte sie «Bruder Jakoba», gleichsam um die Freude zu rechtfertigen, die er an ihrer Gesellschaft hatte, und um im Scherz eine Entschuldigung vor den Ermahnungen zu finden, die er oft an seine Mitbrüder gerichtet hatte: jede Vertraulichkeit mit Frauen zu meiden, die Zweifel und Verdacht nähren könnten.

Unter diesen Umständen muß es weder leicht noch bequem gewesen sein, mit Franziskus zusammenzuleben, wie die Gefährten seiner letzten Jahre in aller Schlichtheit durchblicken lassen. Sie erzählen uns darüber einige bedeutsame Begebenheiten. In einer Gemeinschaft, die – vergessen wir das nicht – in größter Raumknappheit lebte, in einer schwierigen Lebenslage zwischen Arbeit oder Betteln und geistlichem Beistand für die Gläubigen, mußte die Anwesenheit des Heiligen und der Gefährten immer und überall Probleme schaffen: Raumprobleme (vier, fünf Personen waren unterzubringen) und Organisationsprobleme (sie mußten ernährt und versorgt werden). Und dabei war zu berücksichtigen, daß einer von ihnen ein Schwerkranker und gleichzeitig der verehrte Ordensgründer war.

Es ist menschlich, daß die Normalität des Lebens an Ort und Stelle gestört wurde. Alle kamen herbeigelaufen, um Franziskus zu sehen und zu hören, aber auch ein Stück von seiner Kutte zu ergattern, ihn zu berühren und ihm, dem außergewöhnlichen Menschen, nahe zu sein. Dies alles ist verständlich – außer daß die Brüder dann mit Unmut reagierten, wenn dieser Mensch um etwas bat oder auf seinen Standpunkten und Ideen beharrte. Die Reaktionen waren manchmal unangenehm und sogar, wie uns die Gefährten sagen, «so, daß sie uns beunruhigten» [vgl. LegPer 89 = Hug-Rotzetter 122]. Interessanterweise war aber die Reaktion des Franziskus auf diese Unfreundlichkeiten nicht autoritär, sondern demütig und geduldig. Doch schmerzten sie ihn sehr. Er begab sich dann in die Kirche und sammelte sich einige Zeit im Gebet. Schließlich kam er wieder heiter zu seinen Brüdern zurück.

Es muß ganz deutlich gesagt werden, daß es sich hier nicht um Übertreibungen oder Überempfindlichkeiten der Brüder handelt. Sie selbst berichten uns mit unbezweifelbarer Glaubwürdigkeit eine weitere Begebenheit derselben Natur, die in ihrer schlichten Gradlinigkeit und innigen Demut den bekanntesten und schönsten Episoden der Fioretti an die Seite gestellt werden kann.

Es war Abend, und Franziskus bat den Bruder, der für die Verpflegung der Gemeinschaft zuständig war, in den Garten zu gehen und dort «petrosilli» zu holen (dies könnte Petersilie oder auch

wilder Fenchel sein). Damit wollte er sich sein Brot schmackhafter machen. Der Bruder wandte ein, er habe schon während des Tages alle «petrosilli» geholt, die im Garten zu finden gewesen waren, und es seien keine mehr vorhanden. Im übrigen sei es schon bei Tageslicht nicht leicht gewesen, so viele zusammenzubringen, wie gebraucht wurden – wie erst bei Nacht. Es sei also nutzlos, hinauszugehen, zumal im Dunkeln nichts zu sehen sei. Der Heilige beharrte auf seinem Wunsch und erhielt noch gereiztere Antworten. Erst nach langem Bitten erreichte er, daß der Bruder auf ihn hörte und in den Garten ging. Dort gelang es ihm sofort, die gewünschten «petrosilli» zu finden. Die Gefährten, die diese Episode überliefern [MsLittle 187 = Hug-Rotzetter 132], geben ihr einen übernatürlichen Sinn und Anstrich, indem sie ihrem Vater und Gründer die göttliche Gabe der Prophetie zuschreiben. Uns interessiert vom historischen Gesichtspunkt her besonders diese sehr menschliche, aber traurige Feststellung: die merkwürdige Verschlechterung der Gefühle rings um Franziskus, auch von seiten jener, die ihn am meisten hätten liebhaben müssen.
Wir haben bereits darauf hingewiesen, daß das wahre, das große Martyrium des Heiligen diese seine letzten Jahre gewesen sind. Schmerzlicher und tragischer haben diese Verhaltensweisen sie gemacht, diese gereizten Reaktionen von jenen, die ihn schließlich sogar als Last empfanden, zwar kostbar und außergewöhnlich, aber eben doch eine Last. Wir wollen damit nicht glauben machen, Franziskus sei immer schlecht behandelt oder mit Mangel an Achtung und Liebe betrachtet worden. Gerade die tiefen, bewegten Erinnerungen der Gefährten beweisen unmißverständlich das Gegenteil. Wir wollen nur hervorheben, daß ihm in seiner stets wachen, aber durch die Krankheiten noch verstärkten und verfeinerten Empfindsamkeit auch das bittere, schmerzliche Wissen nicht erspart blieb, in gewisser Weise eine Belastung zu sein.

Die Wundmale

Ein kranker, müder Mann, der die Traurigkeit kannte, der im Leiden die Nähe der Schmerzen Christi tief erkannte und dabei gleichzeitig, in der Vielschichtigkeit des menschlichen Herzens, eine tiefe Freude empfand: das war Franziskus, als er im Frühjahr

1224 aufbrach, um eine Zeitlang jenes Einsiedlerleben zu führen, über das schon gesprochen wurde. Nur ganz wenige Gefährten begleiteten ihn, vielleicht nur ein paar, die ihn pflegten. Aber darüber schweigen sie, wie wir sehen werden. Er ging auf den Berg *La Verna,* heute ein verehrtes Ziel von Pilgern, damals ein großartiger, dichter Wald in völliger Abgeschiedenheit. Der Besitzer hatte Franziskus und seinen Brüdern diesen Ort geschenkt, und er war ihm als Zufluchtsort sehr teuer wegen der völligen Abgeschiedenheit und Stille, die ihm die Versenkung in die wunderbare, von Gott geschaffene Natur erlaubte. Hier wurde ihm nach dem überlieferten Datum im September 1224 das höchste Zeichen des Übernatürlichen zuteil: die Wundmale.

Wie Franziskus sie erhielt, was genau sie waren, wie seine persönliche Reaktion war, wissen wir nicht und werden wir nie wissen. Die Interpretationen, die man davon geben kann – von den skeptischsten bis zu den übernatürlichsten –, bleiben gezwungenermaßen schlicht und einfach Hypothesen angesichts der Feststellung einer Tatsache: Der Heilige hüllte sich in vollkommenes Schweigen und verlangte dies auch von anderen. So verlautete davon zu seinen Lebzeiten nicht das Geringste, wie wir weiter unten noch ausführen werden. Und was noch bemerkenswerter ist: Die Gefährten, die bei ihm waren und wegen ihrer täglichen Hilfeleistungen sicherlich Bescheid wußten, haben vom ersten Moment an und in allen Einzelheiten den Willen des Heiligen geachtet, darüber zu schweigen. Aus ihren Erinnerungen und Erzählungen geht nichts hervor, das uns irgendwie helfen könnte, besser zu verstehen, worum es sich gehandelt hat. Angesichts dieses so vollkommen gewahrten Schweigens glauben wir, daß man über die Feststellung der Realität der Wundmale nicht hinausgehen kann und darf. Der Versuch, sie anhand der Erfahrung und des Studiums von anderen zu erklären, die später ähnliche Phänomene erlebten, bedeutet einfach, Franziskus diese oder jene mystische Erfahrung anderer Menschen zuzuschreiben. Er hilft aber nicht, die persönliche Erfahrung des Franziskus selbst zu interpretieren, über die wir nichts wissen, außer daß sie Realität war.

Einen einzigen, ebenfalls unstrittigen und unanfechtbaren Umstand gibt es, den wir hier unterstreichen müssen und wollen: Franziskus war in der Geschichte der erste, von dem man weiß, daß er die fünf Wunden hatte. Das besagt, daß seine Stigmatisation nicht das Ergebnis eines wie auch immer gearteten Prozesses der Nachahmung und Wiederholung sein kann. Sie ist daher nicht nur eine wirkliche, sondern auch an und für sich ursprüngliche, erstmalige und sozusagen in ihrem Ursprung spontane Tatsache. Daß der Heilige sie als übernatürliche Erfahrung erlebt und betrachtet hat, ist nicht zu bezweifeln. Die wertvollste Bestätigung dafür ist nach allem, was wir verstehen können, sein Wille, daß weder damals noch später je davon gesprochen werden sollte. Dies führte bei einigen – schon im Mittelalter – zur Annahme, es könne sich um eine *pia fraus,* einen frommen Betrug gehandelt haben. Dafür wäre dann Bruder Elias verantwortlich gewesen, der beim Tod des Heiligen Generalvikar war und den Ruhm des Heiligen sowie das Gewicht des Ordens sichern und mehren wollte. Dies würde das Schweigen der echten und wertvollen Zeugen erklären.

Dagegen müssen wir wiederholen, daß jenes Stillschweigen, das diese Zeugen auch wahrten, als es nicht mehr nötig war und als Franziskus nach seinem Tod längst als *alter Christus* gefeiert wurde, unseres Erachtens etwas ganz anderes bedeutete. Es war die Weigerung, eine Erfahrung breitzutreten, die der für einmalig, unwiederholbar und persönlich hielt, der sie gemacht hatte: Franziskus selbst. Und weil er dieses Ereignis nicht für beispielhaft und nicht nützlich für die anderen hielt, breitete er einen Mantel des Schweigens darüber. Wir wollen nicht so spitzfindig sein, daß es an Boshaftigkeit grenzt – aber es könnte eine stumme Auseinandersetzung der Gefährten mit jemandem gegeben haben, der wie Bruder Elias gleichzeitig zu Bewunderung und Ruhmsucht neigte und so etwas verbreitet hatte, das dazu bestimmt gewesen war, verborgen zu bleiben.

Unserer Meinung nach wollte Franziskus in seiner tiefen Demut dies: Der Schmerz der Passion Christi, den er auf neue, übernatürliche Weise in sich gefühlt hatte, sollte seine eigene, nicht mitteilbare Erfahrung bleiben. Und daher brauchte nicht darüber gesprochen zu werden. Wer sich nicht auf eine fruchtlose und überflüssige Anstrengung einlassen will, um das zu erklären oder sich vorzustellen, was man nicht wissen kann, muß hier haltmachen und eine andere Feststellung treffen, die dennoch, so scheint es uns, einen ganz bestimmten Wert hat.

Wenn wir die Schriften des Franziskus lesen und die in diesem Teil seines Lebens eher zahlreichen und bedeutsamen Episoden verfolgen, so ergibt sich daraus nichts, was den gekreuzigten und leidenden Christus deutlicher als vorher in den Vordergrund zu rücken scheint. Daher gibt es nichts – zumindest ist nichts zu bemerken –, das eine Wende anzeigt, eine Änderung in seinem Empfinden oder in seiner persönlichen Frömmigkeit gegenüber der Passion. Dies führt uns zu dem wichtigen Schluß, daß die Betrachtung und Erwägung des Lebens Jesu als Arbeiter, Verkünder und Gekreuzigter zum tiefsten Teil der Spiritualität des Heiligen gehört, daß sie als wesentlicher Bestandteil seiner innersten religiösen Erfahrung anzusehen ist.
Diese so starke, an Gefühlsäußerungen so reiche Persönlichkeit war bei allen Veränderungen, die das unvermeidliche Fortschreiten der Jahre mit sich bringt, kein Asket geworden, der sich Gefühlen und Bindungen an Erinnerungen verschloß. Wir werden darauf zurückkommen im Zusammenhang mit Bischof Guido und Bernhard von Quintavalle. Auf Jakoba von Settesoli haben wir schon hingewiesen und müssen jetzt von Bruder Leo und Klara sprechen. Gerade Klara, die Bruder Leos Worte und Schriften mit besonderer Ehrfurcht aufgenommen haben muß, verdanken wir den Umstand, daß uns zwei besonders wichtige Texte erhalten sind, die uns helfen, den Geist von Franziskus in all seinem Reichtum und gleichzeitig in all seiner Einfachheit besser zu verstehen.

Bruder Leo

Bruder Leo, einer der frühen Gefährten des Heiligen, war auch unter jenen, die in den letzten Jahren bei ihm waren und ihm beistanden. Wir haben es schon gesagt: Er liebte seinen Meister und Gründer mit einer Hingabe, einer Achtung, einem Wahrheitssinn und gleichzeitig mit einer Entschlossenheit, die er auch in den späteren Schwierigkeiten des Ordens – diese erlebte er noch, weil er erst nach 1278 starb – aufrechtzuerhalten wußte und die ihm immer die größte Achtung eingebracht haben. Ohne von Vorliebe zu sprechen, die immer eine gewisse Gefahr der Ungerechtigkeit in sich trägt, kann man sagen, daß Franziskus Leos Zuneigung nicht minder lebhaft, ja spontan, unmittelbar und innig erwiderte. Der ehemalige Anführer der Schar der jungen Leute aus Assisi, der erste der *ioculatores Domini* (Spielleute des Herrn), schränkte nun, auch wegen der zwingenden Lebensumstände, seine Beziehungen zu Menschen ein und gestaltete sie gerade dadurch auch intensiver und wirkungsvoller.

Wie Thomas von Celano uns in seiner zweiten Lebensbeschreibung [2 Cel 49] berichtet – wobei er sich sicher auf eine Erzählung stützt, die vielleicht auf Bruder Leo selbst zurückgeht, und sie überarbeitet –, war Leo auf La Verna und wurde von einer Versuchung gequält. Er hatte nicht den Mut, sich Franziskus anzuvertrauen. Doch dieser muß etwas bemerkt haben, denn er sagte zu ihm:

> «Bring mir ein Blatt und Tinte, denn ich will die Worte des Herrn und seinen Lobpreis schreiben, die ich in meinem Herzen erwogen habe.»

Und nachdem er das Blatt beschrieben hatte – es ist ein kleines Pergament von der Größe 10 x 14 cm, das noch heute in einem Reliquiar in Assisi aufbewahrt wird –, sagte er zu ihm:

> «Nimm dieses Blatt an dich und bewahre es sorgfältig auf bis zum Tage deines Todes.»

Und Bruder Leo gehorchte treu: Eine Seite dieses vierfach gefalteten Pergamentstückchens zeigt, daß der Gefährte es wirklich bis zum letzten Tag seines Lebens «auf dem Leibe trug», denn die Schrift ist dort durch die Reibung an der Kutte verblaßt. Wir haben das sichere Datum des Schriftstückes durch Bruder Leos eigene Angabe: die zweite Septemberhälfte 1224, also nicht lange nach der Stigmatisation. Doch jenseits dieser äußeren Daten ist es wichtiger, die heitere Gemütsverfassung des Heiligen hervorzuheben, und dies nicht ohne Rührung – auch ein Historiker darf Gefühle haben. Dem heimgesuchten Bruder antwortete er nicht mit Beschwörungen gegen Satan und die anderen Teufel, sondern mit einem Lobpreis Gottes und mit einem Segen. Wenn Gott im Sonnengesang als Schöpfer verherrlicht wird, so wird er hier als Brennpunkt alles Guten in der äußeren Welt wie auch in der Seele des Menschen empfunden:

> «Du bist der heilige Herr, der alleinige Gott, der du Wunderwerke vollbringst. Du bist der Starke (dies ist eines der wenigen

Anzeichen, daß das Blatt gegen Versuchungen helfen sollte). Du bist der Große. Du bist der Erhabenste. Du bist der allmächtige König, du heiliger Vater, König des Himmels und der Erde. Du bist der dreifaltige und eine Herr, der Gott aller Götter. Du bist der Gute, jegliches Gut, das höchste Gut, der Herr, der lebendige und wahre Gott. Du bist die Liebe, die Minne. Du bist die Weisheit. Du bist die Demut. Du bist die Geduld. Du bist die Schönheit. Du bist die Milde ... Du bist der Beschützer. Du bist unser Wächter und Verteidiger (auch hier ein weiteres Element gegen die Versuchung). Du bist die Stärke. Du bist die Erquickung. Du bist unsere Hoffnung. Du bist unser Glaube. Du bist unsere Liebe. Du bist unsere ganze Wonne. Du bist unser ewiges Leben: Großer und wunderbarer Herr, allmächtiger Gott, barmherziger Retter» [LobGott].

Diese Meditation des Heiligen hat den Gang einer Litanei und gleichzeitig die beschwörend-befehlende Eindringlichkeit einer magischen Formel. Während sie, auch durch die zweifelsfreie zeitliche Nähe, zum Sonnengesang gehört, so hat der Segen auf der Rückseite des Pergaments in seiner Formulierung einen engen Bezug nicht gerade zum Magischen, aber doch zur übernatürlichen Macht des Zeichens, besonders des Kreuzzeichens. Unten nämlich ist der Berg Golgota mit einem Kreuzzeichen bzw. einem «Tau», dem Buchstaben der Erwählten, der in seiner Gestalt an das Kreuz erinnert. Oben dagegen steht ein biblischer Segen [Num 6,24–26]. Er wird nochmals bestätigt durch die Wiederholung der mit dem Kreuz verbundenen Segensformel mit den direkt an Bruder Leo gerichteten Worten: «Der Herr segne dich, Bruder Leo» [SegLeo].

Die jüngsten Herausgeber dieses Textes haben hervorgehoben, daß sich in dem handschriftlichen lateinischen Original eine Reihe bezeichnender Italianismen findet. Dies ist sehr wichtig, weil es das oben über den Bildungsstand des Franziskus Gesagte – abgesehen von der Hilfe und Mitarbeit der Sekretäre – bestätigt. Doch darf ein wenn auch kurzer Hinweis auf den Ton der Religiosität bei Franziskus selbst nicht fehlen: Wie immer ist er nicht theologisch, sondern biblisch-evangelisch, oder besser gesagt liturgisch-evangelisch. Im «Lobpreis Gottes» stehen ja eher Anklänge als Zitate aus den Evangelien, den Paulusbriefen und

Psalmen. Zudem sind gerade der an Litaneien gemahnende Ton dieses Lobpreises und die Formulierung des Segens ein Beleg für ein religiöses Gefühl, welches das Göttliche in seiner Unmittelbarkeit begreift: als etwas direkt und nicht durch theologische Überlegung Wirkendes, das in der lebendigen Wirklichkeit des Gefühls entsteht. Gott wird als positive Macht, als Schutz des Menschen gegen jeden möglichen Angriff des Bösen und des bösen Feindes – wie es eine Versuchung ist – erlebt und dem so sehr geliebten Bruder dargelegt: Gott als eine wirkliche, konkrete Gegenwart, der seine Kinder beschützt und der sich erklärt – «sich verdinglicht», würde man heute sagen – im Zeichen des Tau-Kreuzes.

Das bisher Gesagte wird auf der kulturellen, gefühlsmäßigen und religiösen Ebene bestätigt durch einen weiteren an Bruder Leo gerichteten Text. Dabei handelt es sich um einen Brief, den Franziskus ihm schrieb, als er fern von ihm war – allerdings nur für kurze Zeit, wie der Ton selbst nahelegt, besonders in der abschließenden Aufforderung, zu ihm zu kommen. Dies bringt Sabatiers Hypothese, es handle sich um einen Brief aus den Jahren 1220/21, als die beiden lange getrennt waren, zu Fall und macht die Annahme von Walter Goetz wahrscheinlicher: Er datiert ihn, wie auch schon Faloci-Pulignani, in die letzten Lebensjahre des Heiligen. Hier ist es vielleicht angebracht, zu betonen, daß die Beziehungen zwischen Franziskus und seinem Mitbruder mit Sicherheit enger und vertrauensvoller wurden, nachdem dieser unter jenen war, die ihm in den letzten Lebensjahren beistanden, wie wir aus dem einleitenden Brief der Dreigefährtenlegende erfahren.

Zügig, knapp, unbefangen ist das Latein, das Franziskus gebraucht, und immer reich an Italianismen, die bis zu grammatischen Unmöglichkeiten gehen. Aber die Sprache ist ausdrucksstark, voller Gefühlswärme, Brüderlichkeit und tiefen Verstehens für eine andere brüderliche Seele, von der Franziskus spürte, daß sie noch nicht bei jenem Frieden angekommen war, den er selbst zum Schluß erreicht hatte. Gerade deshalb erlaubt uns dieser Brief, seine tieferen Gefühle zu verstehen: den Hauch bebender, zarter Sorge nicht um sich, sondern um den anderen, den Willen und die Offenheit, ihn immer aufzunehmen und immer für ihn dazusein.

Dies können wir erspüren. Worum es sich aber dabei handelt, und was die beiden sich auf dem Weg gesagt hatten, das entzieht sich uns und wird für immer Geheimnis bleiben. Sicher ging es nicht um unnützes Gerede, sondern um etwas Wesentliches, wenn Franziskus trotz der kurzen Trennung das Bedürfnis verspürte, Bruder Leo nochmals seinen Rat anzubieten, ja ihm diesen Rat mit wenigen Worten noch einmal zusammenzufassen. Lassen wir Franziskus selbst sprechen:

> «Bruder Leo, dein Bruder Franziskus wünscht dir Heil und Frieden. So sage ich dir, mein Sohn, wie eine Mutter, weil ich alle Worte, die wir auf dem Wege gesprochen haben, kurz in diesem Wort unterbringe und rate – und wenn es dir nachher (doch) nottut, um einen Rat zu mir zu kommen – so also rate ich dir: Auf welche Weise auch immer es dir besser erscheint, Gott, dem Herrn, zu gefallen und seinen Fußspuren und seiner Armut zu folgen, so tut es mit dem Segen Gottes, des Herrn, und mit dem Gehorsam gegen mich. Und wenn es dir notwendig ist, um deiner Seele oder deines sonstigen Trostes willen zu mir zu kommen, und wenn du zu mir kommen willst, Leo, so komm» [BrLeo].

In einer Zeit, in der es an Mitteln zu schneller persönlicher Mitteilung fehlte, konnte dieser Brief dem entsprechen, was für uns heute ein Telefongespräch ist. Dies, so scheint uns, will der Zweck des Schriftstückes sein, das trotz seiner Knappheit eine wesentliche Bedeutung aufweist. Als erstes wird die Unterredung zwischen Franziskus und Leo «entschärft». Es hat keine Auseinandersetzung gegeben, sondern ein Gespräch unterwegs darüber, wie das Lebensideal am besten in die Tat umzusetzen sei, das alle Brüder zu verwirklichen sich vornahmen. Dies spürt man in dem kurzen Brief des Heiligen, der eher ein nochmaliges Überdenken seines Standpunktes als eine Änderung darstellt. Was ihm in der Diskussion nicht ganz treffend oder zweckentsprechend erschienen war, wird jetzt in Einklang gebracht: Alles, was Gott gefällt und einem Bruder gestattet, den Spuren des Herrn und seiner Armut zu folgen, ist erlaubt, «mit dem Segen Gottes, des Herrn, und mit dem Gehorsam gegen mich». Dies könnte genügen – aber nicht für die zärtliche Fürsorge, mit der Franziskus an Leo schreibt wie eine Mutter an ihren Sohn. Darum schließt er mit einem Zug tiefer Freundschaft und totaler Verfügbarkeit: wenn Leo das Bedürfnis empfinde, um Trost zu ihm zu kommen, so möge er nur kommen.

Dieser Brief zeigt uns – wie auch schon der Segen für Bruder Leo – einerseits die Innigkeit der gefühlsmäßigen Bindung zwischen Leo und Franziskus. Andererseits gibt er uns, wie gesagt, den dichtesten und zugleich vollständigsten Ausdruck seines Ideals. Allerdings ist ihm nicht direkt ein Fehler, aber eine Ungenauigkeit bei einem Wort unterlaufen, die er in der Eile und Knappheit des Briefes nicht bemerkt hat: «*Gott,* dem Herrn, zu gefallen und *seinen* Fußspuren und *seiner* Armut zu folgen.» Hier sind zwei nah verwandte, aber doch verschiedene Begriffe vermengt worden. Franziskus wollte nämlich sagen: «*Gott,* dem Herrn, zu gefallen und *Christi* Fußspuren und Armut zu folgen.» Dies erlaubt uns, näher zu bestimmen, daß er den Minderen Brüdern eine doppelte Lebensaufgabe stellte: die allgemeine, Gott zu gefallen, und die eigentümlichere und besondere, den Spuren und der Armut Christi zu folgen. Es sind wenige, aber äußerst bezeichnende Worte. Denn sie ermöglichen uns den Hinweis – der nach allem bisher Gesagten eigentlich gar nicht nötig scheint –, daß das Leben *secundum formam sancti evangelii* (nach der Form des heiligen Evangeliums) nicht nur in der Armut besteht, die schlicht und einfach eine wirtschaftliche Lage ist, sondern in der Nachfolge auf den Spuren, d. h. nach dem umfassenden Beispiel Christi, indem man jene entscheidende Wahl trifft, von der schon bei der Bekehrung des Heiligen die Rede war.

Diese Nachfolge Christi jedoch, das muß noch einmal gesagt werden, ist nicht etwas, das bei der einen oder anderen Formel haltmachen kann, sondern ein stetiger Prozeß der erfinderischen Nachahmung des Lebens Christi und der Annäherung an die Vollkommenheit. Und dies nicht in selbstsüchtiger Abgeschiedenheit, sondern in ständiger Herausforderung und Diskussion und ständigem Eifer. Franziskus bietet sich dabei an wie eine Mutter dem Sohn, als Ratgeber, als Freund, der mit offenen Armen wartet. Mehr aber nicht: Denn wo und wann ihm scheint, der andere habe recht, stimmt er ohne Zögern, ohne Einschränkung und ohne Umschweife zu. Daraus ergibt sich eine einzigartige, eigentümliche und charakteristische Form der Religiosität, wie wir im Zusammenhang mit den beiden Regeln schon angedeutet haben. Sie ist nämlich nicht abgeschlossen in der Form eines in sich begrenzten, fertigen Systems. Vielmehr zeigt sie sich als ein Unterwegssein zu Gott, oder besser, zum gekreuzigten Christus. Auf diese Weise wird die alte traditionelle Aufteilung in Kleriker, Mönche und Laien in ihrer Rechtsgültigkeit zwar nicht aufgehoben. Sie verliert aber ihre scharfen Grenzen, wenn jeder nicht nach seinem Stand, sondern von der Perspektive Gottes her betrachtet wird. In dieser neuen Perspektive, aus diesem unterschiedlichen Blickwinkel – von Gott, nicht von den Menschen her – zählt das reale Handeln, das Sich-Annähern an Gott. So entsprach Franziskus mit dem Beispiel seiner Person und dem Wirken seiner Brüder einem tiefen religiösen Bedürfnis der Volksmasse. Darum kam es nicht auf höhere oder geringere Ämter mit mehr oder weniger Verantwortung an, nicht auf mehr oder weniger theologische Gelehrsamkeit, sondern auf das konkrete Tun, das den Spuren und der Armut Christi folgt.

Indem alles auf Gott bezogen wird, wird die Kluft zwischen den Gläubigen und der Hierarchie, bzw. den Kirchenmännern allgemein überwunden. Der Wertmaßstab wird nicht länger in äußerlichen oder formal-juristischen Dingen gesucht, sondern immer im Bezug auf Christus – und nicht nur seiner Armut.

Einen letzten Punkt möchten wir noch hervorheben, der den Forschern anscheinend entgangen ist. Dieser menschlich so innige und geistlich schöne Brief bringt uns in seiner logischen Struktur und in seinem allgemeinen Ansatz zurück zum Brief an den heiligen Antonius von Padua, soweit beide auch voneinander entfernt scheinen und tatsächlich sind. Wenn man beim Brief an Leo von all seiner Gefühlswärme absieht, so ist die Gedankenführung bei beiden vollkommen gleich: Die *eine* Sache wird zugestanden unter der Bedingung, daß eine *andere* nicht beeinträchtigt wird, die er für wesentlich hält. Dies gestattet uns nun, jene *condescensio* besser und tiefer zu durchdringen, jene Nachgiebigkeit, die wir schon verschiedentlich in Franziskus wiedergefunden haben, und deren wirkliche Tragweite immer schwer verständlich ist. Wir werden nun versuchen, ihre Grenzen zu ermitteln, um auch ihren ganzen Wert und Sinn zu fassen.

Condescendere, so scheint es, hieß für Franziskus, die Unvermeidbarkeit gewisser Daseinsformen im Orden einzusehen und ihre notwendigen Folgen zu akzeptieren – immer vorausgesetzt, daß sie nicht zur Aufgabe seines alten, ursprünglichen Ideals führten. So brachte die *condescensio* das Akzeptieren der Tonsur mit sich, die ihn von einem Laien zu einem Kleriker machte und ihn verpflichtete, das Offizium zu beten, bzw. wenn möglich zu singen. Aber dies bedeutete keinesfalls die Aufgabe der tatsächlichen (nicht formal-juristischen) Randstellung, die er bei seiner Bekehrung erwählt hatte und die auch durch die Priesterweihe nicht aufgehoben war. Denn Sylvester und wahrscheinlich auch Petrus Catanii waren Priester. *Condescensio* war auch ohne Zweifel die Antonius gegebene Erlaubnis, «den Brüdern die heilige Theologie vorzutragen», wenn dadurch nur nicht «der Geist des Gebetes und der Hingabe» ausgelöscht werde. *Condescensio* war schließlich sein Zugeständnis an Bruder Leo, wenn er damit nur Gott gefalle und Christi Beispiel und Armut nachahme. In der Gleichheit der Struktur, die auch für die Bestätigung der Echtheit des Briefes an Antonius sehr wichtig ist, zeigt sich auch die Feinheit und das Gespür von Franziskus. Dies rührte von seiner Fähigkeit oder, wie die Gefährten sagten, von der göttlichen Gabe, in den Herzen der Menschen und besonders seiner Brüder zu lesen. In den beiden Briefen ist das Gefühl sehr verschieden. Das einzige persönliche Element an Antonius ist die Bezeichnung *episcopus meus:* ein Ausdruck, mit dem er den Magister der Theologie im Ernst oder auch im freundschaftlichen Scherz ehren wollte, sozusagen eine neue Titulierung. An Bruder Leo wendet er sich wie eine Mutter an ihren Sohn, auch weil die diskutierte Frage nicht besondere Vorschriften betraf, sondern, wie wir zeigten, die Bestrebungen des Ordenslebens in wesentlichen Punkten.

In diesen gefühlsmäßigen Bindungen, die in den letzten Jahren auf jeden Fall intensiver waren, konnte *Klara* nicht fehlen. Da Dinge von Franziskus noch nicht wie Reliquien aufbewahrt wurden, als er noch ein unbekannter junger Büßer war, sondern erst als er ein berühmter Heiliger war, sind die Texte im allgemeinen eher zufällig erhalten. Doch gewinnt man den Eindruck, daß sich der Briefwechsel mit Klara nun verdichtete. Wie wir sehen werden, richtete er an sie auch eine *Ultima voluntas.* Dieser «letzte Wille» ist in seiner genauen, aber raschen Knappheit das vollkommene

Gegenstück zum «Testament» (viele Empfehlungen, die er an die Brüder gerichtet hatte, waren für Klara ja wirklich nicht anwendbar).

Weihnachtsfeier

In diesen letzten Jahren gibt es also ein Verströmen, einen überquellenden inneren Reichtum, der die Seele des Heiligen in ihrer Menschlichkeit als noch lebendiger und inniger erweist. Franziskus erreicht eine wahrhaft außergewöhnliche Ausgeglichenheit zwischen Menschlichem und Übermenschlichem, zwischen strenger Askese und verständnisvoller Nachgiebigkeit, zwischen dem Heiligen, der schon in die Ewigkeit schaut, und dem Freund, dem Bruder, der in Christus und um Christi willen den tiefsten Wert der irdischen Gefühle wiedergewinnt. Im Unsichtbaren, an das er glaubt, findet er die Möglichkeit, das Sichtbare allen zu zeigen.
Vor diesem Hintergrund einer sich ganz offenbarenden Seele ist auch die Erfindung der *Weihnachtskrippenfeier* zu deuten, eines Brauches, der dann durch Jahrhunderte außerordentliche Verbreitung fand und anscheinend erst heute in eine Krise geraten ist. Noch vor der Stigmatisation, aber als schon seit langem an verschiedenen schweren Krankheiten leidender Mann ging Franziskus nach Rieti zur Augenbehandlung. Häufig wechselte er den Aufenthalt. Noch häufiger suchte er Stille und Einsamkeit. Gegen Ende des Jahres 1223 war er nach einer Zeitangabe, die nur Thomas von Celano angibt, die aber zutreffend scheint, in Greccio. Dies war damals ein *castrum,* ein befestigtes Dorf, und er war zu Gast beim dortigen Herrn namens Johannes. Ihm sagte der Heilige, er wolle Weihnachten feierlich begehen, und bat ihn um seine Hilfe.
Wir brauchen hier nicht zu wiederholen, was wir schon gesagt haben über die große Bedeutung, die für Franziskus besonders die Menschwerdung Christi hatte, und daß dies nicht zu den neuesten, aber gewiß zu den interessantesten und bemerkenswertesten Aspekten seiner Frömmigkeitsauffassung zählte. Wir haben an entsprechender Stelle gezeigt, daß er daraus eine überaus große Bedeutung des Weihnachtsfestes ableitete. Über den tatsächlichen

liturgischen Inhalt hinaus war es für ihn der Tag, an dem Christus, Gott und Mensch, das Licht der Welt erblickt hatte und zu den Menschen gekommen war, um seine Botschaft zu bringen, indem er mit einem Beispiel der Demut und Armut begann. Trotz vieler unvermeidlicher literarischer Ausschmückungen entgeht dies Thomas von Celano nicht, wenn er in seiner ersten Lebensbeschreibung berichtet:

> «Aus mehreren Niederlassungen wurden die Brüder gerufen. Männer und Frauen jener Gegend bereiteten, so gut sie konnten, freudigen Herzens Kerzen und Fackeln, um damit jene Nacht zu erleuchten, die mit funkelndem Sterne alle Tage und Jahre erhellt hat. Endlich kam der Heilige Gottes, fand alles vorbereitet, sah es und freute sich. Nun wird eine Krippe zurechtgemacht, Heu herbeigebracht, Ochs und Esel herzugeführt. Zu Ehren kommt da die Einfalt, die Armut wird erhöht, die Demut gepriesen, und aus Greccio wird gleichsam ein neues Bethlehem. Hell wie der Tag wird die Nacht, und Menschen und Tieren wird sie wonnesam» [1 Cel 85].

Dann folgte eine religiöse Feier, die Messe, bei der Franziskus in liturgischen Gewändern das Evangelium vortrug und predigte.

Weil die Quellen, auf die der Biograph sich stützt, uns nicht bekannt sind und ein Urteil daher schwierig ist, wollen wir eine Bewertung der Echtheit und Genauigkeit dieser Erzählung insgesamt nicht unternehmen. Doch lohnt es sich, das anzuführen, was er sagt. Denn wenn wir uns nicht täuschen, findet sich darin eine Andeutung der Predigttechnik des Heiligen, und diese soll uns nicht entgehen:

> «Dann predigt er dem umstehenden Volk von der Geburt des armen Königs und bricht in lieblichen Lobpreis über die kleine Stadt Bethlehem aus. Oft wenn er Christus ‹Jesus› nennen wollte, nannte er ihn, von übergroßer Liebe erglühend, nur ‹das Kind von Bethlehem› und wenn er ‹Bethlehem› aussprach, klang es wie von einem blökenden Lämmlein. Mehr noch als vom Worte floß sein Mund über von süßer Liebe.»

Nach dem Bericht über einen Mann, in dessen Vision der Heilige sich einem Knäblein in der Krippe näherte und es aus tiefem Schlaf weckte, schließt Thomas mit einer geschichtlich treffenden und genauen Beobachtung:

«Gar nicht unzutreffend ist dieses Gesicht; denn der Jesusknabe war in vieler Herzen vergessen. Da wurde er in ihnen mit seiner Gnade durch seinen heiligen Diener Franziskus wieder erweckt und zu eifrigem Gedenken eingeprägt» [1 Cel 86].

Diese Wiederentdeckung, oder besser, wie wir sagten, diese «Erfindung» der Darstellung von Christi Geburt, die dann in der christlichen Liturgie vor allem des Abendlandes soviel Bedeutung gewonnen hat, fügt sich ein in die Wiederentdeckung der Menschwerdung Christi, besonders im Zusammenhang mit seinem Leiden am Kreuz und seinem Leben unter den Menschen. Unserer Meinung nach handelt es sich um eine Tatsache, die Franziskus nicht durch theologische Überlegung oder Schriftmeditation nahegebracht wurde, sondern durch sein tiefes religiöses Gefühl und seinen mutigen Menschenverstand. Ohne Zögern ließ er jene exegetischen und allegorischen Anstrengungen beiseite, die schon so lange, zwar nicht das Dogma, aber die tatsächliche, konkrete Tragweite der Menschwerdung vergessen ließen. Er fand die Meschennatur Christi in ihrem wörtlichen Sinn wieder. So wird der Gekreuzigte nun notwendig nicht mehr als ein Wesen dargestellt, das zwar menschlich, aber dem Schmerz des schrecklichen Opferganges gegenüber erhaben und fast sichtbar unempfindlich ist, sondern als ein wirklicher Körper, gefoltert und in Krämpfen verzerrt. Ein Jesus, der nicht wie ein Mensch am Kreuz gelitten hatte, konnte Gegenstand ehrfürchtiger, andächtiger Achtung, aber nicht dankbarer Liebe sein. Und wer bei seiner Geburt nur den Jubel der Engel sah, die Anbetung der Hirten und der drei Weisen, vergaß schließlich die demütigende Verweigerung der Gastlichkeit in den Herbergen, die armselige Zuflucht in einem Stall, die Krippe statt einer Wiege. Ohne daß sich an der dogmatischen Formulierung etwas änderte, entstand vom Gesichtspunkt des religiösen Gefühles her und dann auch der Frömmigkeit und des Kultus eine regelrechte Umkehrung der Wirklichkeit Jesu. Er war gewiß noch immer Gott, aber auch tatsächlich und nicht nur in der theologischen Darlegung von der Geburt bis zum Tod *Mensch*. Noch etwas gibt es an der Krippe, wie Franziskus sie erdachte und uns überlieferte. Er selbst hatte den armen Jesus in seinem öffentlichen Leben mit den Aposteln, als Gefolterten am Kreuz gesehen und war seinem Beispiel gefolgt. Am Ende seines

Lebens war der Heilige sich bewußt und wollte es allen anderen verständlich und sichtbar machen, daß Christus schon im Augenblick seines Kommens in die Welt mit einem Beispiel der Demut, der Armut und der Randexistenz begonnen hatte. Lebendiges Beispiel der Demütigung war nicht nur die Geburt als Mensch, sondern die Erniedrigung in der Erniedrigung im Augenblick der Geburt in einem Stall, nachdem er von allen aus der menschlichen Gesellschaft ausgestoßen worden war. In der Weihnachtskrippe fand Franziskus die letzte, abschließende Bestätigung seines Willens, zu denen zu gehören, deren erster Christus hatte sein wollen, um eine Wertordnung zu festigen, die weder verändert noch in Frage gestellt werden konnte.

Die Krippe von Greccio ist also nicht einfach irgendeine Handlung, eine «Idee» aus volkstümlicher Eingebung und auf das Volkstümliche beschränkt. Sie ist vielmehr die letzte und vielleicht eindrucksvollste Kundgebung der «Vermenschlichung» – wenn dieses Wort gestattet ist – des Gottmenschen Jesus Christus. Daß mit all diesem noch einmal ein stillschweigender und selbstverständlicher Protest gegen den Katharismus verbunden war, springt nun nach allem, was wir so oft sagten, direkt ins Auge. Wichtig ist, daß der Akzent nicht auf die anti-häretische Bedeutung gelegt wurde, sondern auf den echteren, tiefen religiösen Wert der Annäherung Christi an den Menschen, damit dieser ihm besser nacheifern und folgen konnte.

Wenige Monate später empfing Franziskus dann die Wundmale: Zwischen der Krippe und der Passion liegt ein Leben, das Franziskus in zwei Erlebnissen zusammenfaßte, die beide auf ihre Weise übernatürlich waren. Dabei müssen wir uns bewußt sein, daß die Christuserfahrung des Heiliigen sich ganz in seinem Innern vollzog. Ihre äußeren Zeichen von der Krippe bis zu den Wundmalen, all die unzähligen Beispiele des Schmerzes, der Demütigung und Armut sind nur die äußerlichen Aspekte, die den anderen mitgeteilt wurden oder mitgeteilt werden konnten (nicht aber die Wundmale selbst), damit sie sich in der Nachfolge und Nachahmung angleichen konnten. Der Mittelpunkt dieser Christuserfahrung war – besonders in den letzten Jahren seines Lebens, wie die Quellen andeuten – der immer klarer erkannte und überzeugte Wert des Beispiels. Mehr als durch die Worte, die er uns sagt, lehrt

uns Christus durch sein Beispiel. Die Worte sind nur zur Erklärung, Rechtfertigung und zur Möglichkeit der Mitteilung für die anderen da, damit sie besser verstehen und handeln.
Zwischen Greccio und La Verna hat Franziskus in sich selbst wiederholt, was die Erfahrung Christi an Süßem und Schrecklichem hatte, und das Wesen der Liebe bis auf den Grund ausgelotet. Das bestätigen uns die schon besprochenen Briefe, und das bestätigt uns sein Leben, das sich nun dem Ende zuneigt.

11.2. Rückkehr nach Assisi

Der innere Schwung

Während Franziskus von einem Ort zum anderen zog in der Hoffnung auf Ärzte, die seine Leiden wenigstens ein wenig lindern, wenn schon nicht heilen konnten, verschlechterte sich in Wirklichkeit sein Zustand zusehends. Der Natur der Krankheit entsprechend wurde das Viertage-Wechselfieber immer schlimmer, auch wegen der Schwäche des Heiligen, wobei Ursache und Wirkung auf fatale Weise zusammenfielen. Gegen die Augenkrankheit (Trachom) war nichts mehr zu machen. Sie hatte inzwischen zu fast vollständiger Blindheit geführt und verursachte Schmerzen, die Franziskus das Gefühl gaben, seine Augen seien in Dornen eingebettet. Ein schmerzhafteres Martyrium kann man sich kaum vorstellen. Wer ihn lieb hatte und wer aus Amtspflicht oder aus Zuneigung ihm folgte und für ihn sorgte, mußte diese Verschlechterung genau bemerken. Dies waren der Generalvikar Bruder Elias, der Ordensprotektor Kardinal Hugolin von Ostia und die vier, die immer an seiner Seite waren, seit es durch die Krankheit, besonders durch die Erblindung, Franziskus gänzlich unmöglich geworden war, sich selbst zu versorgen. Wichtig sind besonders diese Gefährten, weil auf sie oder besser: auf einige von ihnen, wie wir berichtet haben, die lebendigsten und unmittelbarsten Zeugnisse über diese letzte Zeit des Heiligen zurückgehen. Thomas von Celano verschweigt ihre Namen in seinen beiden Biographien, um ihre Demut nicht zu verletzen, doch deutet er mit rühmenden und auch allgemeinen Ausdrücken auf sie hin. Trotzdem ist es möglich, sie namhaft zu machen: Es sind Bruder Angelus Tancredi, Bruder Leo, Bruder Rufinus und Bruder Johannes von Lodi, der Stärkste und Stämmigste von den vieren. Aus dem, was diese Personen veranlaßten, taten und sagten, ergibt sich außer den dauernden Schmerzen auch eine fortschreitende Schwächung des Franziskus. Ein Anzeichen dafür scheint, daß seine Reisen – wenn wir seine «Verlegungen» so nennen können – allmählich kürzer wurden und als notwendigen Orientierungspunkt die Portiunkula hatten, wohin Franziskus übrigens immer gern zurückkehrte. Doch gab er seine Bemühungen um ständige Vorbildlichkeit nicht auf. Ein genaues, knappes, aber wirkungsvolles Kapitel aus der ersten Lebensbeschreibung des Thomas von Celano gibt uns davon Zeugnis. Die Beunruhigung des Heiligen über den Wandel des Ordens, sein steter Gedanke, er müsse für ihn zu den wesentlichen Motiven seiner Inspiration zurückfinden, wird dort nicht verhehlt. Thomas schreibt in einem Abschnitt, der wiedergegeben werden soll, weil er uns die Aspekte eines von vielen Anzeichen bestätigten Leidens in Kürze nennt:

> «Er glühte daher vor heißer Sehnsucht, zu den ersten Verdemütigungen zurückzukehren. Aus grenzenloser Liebe hoffnungsfroh, gedachte er, seinen Leib zur früheren Dienstbarkeit zurückzuführen, obwohl er doch schon bis zum Äußersten gegangen war. Er räumte gänzlich alle hemmenden Sorgen beiseite und unterdrückte vollständig jeden beunruhigenden Kummer. Und als er infolge seiner Krankheit die frühere Strenge notwendigerweise mäßigte, sagte er: ‹Brüder, nun wollen wir anfangen, Gott dem Herrn zu dienen; denn bis jetzt haben wir kaum, sogar wenig – nein, gar keinen Fortschritt gemacht.› Er glaubte nicht, es schon ergriffen zu haben; und unermüdlich ausharrend im Vorsatz heiliger Erneuerung, lebte er in der Hoffnung, immer wieder einen neuen Anfang setzen zu können. Er wollte wieder zur Aussätzigenpflege zurückkehren und zum Gespötte dienen, wie es einstens geschah. Er nahm sich vor, die Gesellschaft der Menschen zu fliehen und die verborgensten Orte aufzusuchen, um so, frei von allen Geschäften und enthoben der Sorge um die anderen, für jetzt nur mehr durch die Wand des Fleisches von Gott getrennt zu sein. Er sah nämlich, wie viele

sich nach den Ämtern der Ordensleitung drängten. Er verabscheute die Verwegenheit dieser Leute und suchte sie durch sein Beispiel von solch krankhafter Sucht abzubringen. – Er pflegte nämlich zu äußern, es sei gut und wohlgefällig in den Augen Gottes, Sorge für andere zu tragen, und sagte, daß nur diejenigen die Sorge um die Seelen übernehmen sollten, die dabei nichts suchten für ihre Person, sondern immer in allem nur den Willen Gottes im Auge hätten. Diejenigen sind gemeint, die nichts dem eigenen Heile vorziehen und nicht den Beifall, sondern den Fortschritt ihrer Untergebenen anstreben, nicht Ansehen vor den Menschen, sondern Ehre vor Gott; diejenigen, die nicht nach einem Vorgesetztenamt haschen, sondern es fürchten, die eine Ernennung nicht erhebt, sondern demütiger macht und die eine Absetzung nicht herabdrückt, sondern erhöht» [1 Cel 103 f].

Diese Zeilen, die kurz nach dem Tod und der Heiligsprechung des Franziskus geschrieben wurden, sind ohne Zweifel das unmittelbare Echo seiner letzten Ängste um die Brüder. Sie bringen uns zurück zu dem, was wir oben schon gesagt haben über all seine Sorgen und Mühen, um dem von ihm gegründeten Orden die fast schicksalhafte Dekadenz zu ersparen, die er bei allen älteren Orden gesehen hatte. Wir wollen uns nicht wiederholen bezüglich der Mittlerstellung, die der Heilige mit seiner Vorbildlichkeit einnahm zwischen den *Normen* der Regel und dem *inneren Schwung,* mit dem er im Dienst an seinen Brüdern auf dem Weg der Vollkommenheit immer weiter fortschreiten wollte. Er mußte daher eine ganze Reihe von sozusagen theoretischen und praktischen «Kunstgriffen» ausdenken, die dazu dienen sollten, im Respekt und Gehorsam gegenüber der von der Regel gesetzten *Norm* den *inneren Schwung* für eine immer höhere Heiligkeit zu retten, wie sie das «Nachfolgen der Fußspuren und der Armut Christi» erfordert.

Das Testament

Zum Bereich der Theorie gehört vor allem das «Testament», einige weitere anordnende Dokumente, die es begleiten und das an Klara gerichtete «Vermächtnis».

Das «Testament», von dem mehrfach die Rede war, ist ein für jene

Zeit ganz einzigartiges Dokument. Denn in vieler Hinsicht entspricht es dem, was wir heute ein geistliches Testament nennen, was aber in den ersten Jahrzehnten des 13. Jahrhunderts ganz und gar ungewohnt war. Franziskus selbst überreicht es seinen Mitbrüdern mit den Worten:

> «Und die Brüder sollen nicht sagen: Dies ist eine andere Regel; denn dies ist eine Erinnerung, Ermahnung, Aufmunterung und mein Testament, das ich, der ganz kleine Bruder Franziskus, euch, meinen gebenedeiten Brüdern, aus dem Grund mache, damit wir die Regel, die wir dem Herrn versprochen haben, besser katholisch beobachten» [Test 34].

So wird auf unmißverständlich klare Weise die Bedeutung eines Dokumentes aufgezeigt, das dann in der späteren franziskanischen Geschichte Anlaß zu heftigen Auseinandersetzungen über seine rechtliche Gültigkeit, das Maß und den Wert seiner Verbindlichkeit und seinen tatsächlichen Sinn werden sollte. Doch nach allem bisher Gesagten hat das «Testament» seine Wichtigkeit, Reichweite und Bedeutung sehr deutlich offenbart. Es ist kein weiterer normativer Text, keine weitere Reihe von Vorschriften und will es nicht sein. Doch verhehlt es nicht die Absicht, daß es zum Zweck der besseren Beobachtung der Regel geschrieben worden ist – nicht als Interpretation, sondern als *Erinnerung, Ermahnung* und *Aufmunterung*. Dies sind drei wohlgesetzte Worte. Sie entsprechen dem Dokument gut, in das sie in einer überlegten und wohlerwogenen Reihenfolge eingefügt sind. Zuallererst ist es eine *Erinnerung:* Dies entspricht völlig dem ersten Teil, wo die *conversio* und die *conversatio* wiederholt werden, die Bekehrung des Heiligen und seine Lebensweise am Anfang und in den ersten Zeiten des Ordens. Es ist gleichsam das Modell, der Prüfstein, mit dem sich die Brüder in ständiger Herausforderung vergleichen sollen, um ermessen zu können, wie nah oder fern sie dem Ideal ihres Gründers sind. Es ist leicht einzusehen, wie kostbar diese «Erinnerung» für die Rekonstruktion der Lebensgeschichte des Heiligen ist. Weil sie aber als geschichtliche Quelle schon ausgewertet worden ist, wollen wir jetzt nicht aus dem Auge verlieren, daß es um die Bemühung des Franziskus geht, sich selbst und sein Anliegen darzustellen. Andere mochten ihren Erben Reichtümer und Güter hinterlassen. Er aber hatte nichts mehr. Er hatte alles hingegeben, um zu denen zu gehören, die die Gesellschaft ausstößt, wie sie Christus ausgestoßen hatte, der in einem Stall geboren und in eine Krippe gelegt worden war, der als armer Arbeiter gelebt und am Kreuz geendet hatte. Franziskus hatte etwas zu hinterlassen, das er mit tausend Entsagungen, Opfern und Leiden gelebt hatte: sein eigenes Beispiel. Es war das Beispiel als Bruder für die anderen Brüder, nicht eine rein menschliche Erfahrung. Man beachte, daß das Testament nicht die geringste Andeutung seiner körperlichen Leiden enthält, da diese an den Willen Gottes gebunden sind: Er kann sie als Prüfungen schicken oder nicht. Der Minderbruder wählte jenes Leben, das Franziskus mit seiner Bekehrung gewählt hatte, und mußte es befolgen, wenn er wirklich zur *fraternitas,* zur Bruderschaft um Franziskus gehören wollte.

So wurde die Regel trotz ihres unvermeidlichen rechtlichen Aspekts in einem Beispiel und in einer Lebenserfahrung verankert, das sie schließlich mit einem Strom innerer Energie belebte und sie auf fruchtbare und organische Weise stärkte, besonders wenn wir bedenken, daß das «Testament» auch Rat und Aufmunterung war. Komplexer, wenn auch nicht unbedingt schwieriger, ist das Auffinden der *Ermahnung,* die parallel zur Erinnerung verläuft und sich aus ihr entwickelt. Man stößt schon am Anfang auf sie, wenn Franziskus sich zwischen Vergangenheit und Gegenwart an die Achtung und Ehrfurcht vor den Priestern erinnert. Im Verlauf des Textes wird sie immer deutlicher, wenn er von der Erinnerung an das Leben der ersten Brüder zur Gegenwart des Ordens übergeht, wenn er von der Arbeit, von der Armut der Unterkünfte spricht, von der Geisteshaltung, mit der sie sich dort aufhalten sollen, und dem Verbot, von der römischen Kurie aus welchem Grund auch immer Privilegien zu erbitten. Während die Erinnerungen ganz zurücktreten, wird die Ermahnung langsam zur *Aufmunterung* und geht mit ihr zusammen. In der letzten, wir würden sagen, endgültigen Aufmunterung, die gleichsam von allem, was an Ermahnung und Erinnerung vorausgeht, gestützt und verstärkt wird, gipfeln auch die Ermahnungen: Die Aufmunterung, die Regel und das «Testament» nicht zu verändern. Denn sie garantieren eine Beziehung gegenseitiger Abhängigkeit zwischen dem unveränderten Bestehen der Normen und dem unveränderten Bestehen der an diese Normen gebundenen Institution:

«Und der Generalminister und alle anderen Minister und Kustoden seien im Gehorsam gehalten, zu diesen Worten nichts hinzuzufügen oder wegzunehmen. Und immer sollen sie dieses Schriftstück bei sich haben neben der Regel. Und auf allen Kapiteln, die sie halten, sollen sie auch diese Worte lesen, wenn sie die Regel lesen. Und allen meinen Brüdern, Klerikern und Laien, befehle ich streng im Gehorsam, daß sie keine Erklärungen zur Regel und auch nicht zu diesen Worten hinzufügen, indem sie sagen: So wollen sie verstanden werden. Sondern wie mir der Herr gegeben hat, einfältig und lauter die Regel und diese Worte zu sagen und zu schreiben, so sollt ihr sie einfältig und ohne Erklärung verstehen und mit heiligem Wirken bis ans Ende beobachten» [Test 35–39].

Tatsächlich war dies der Punkt, den Franziskus als Gipfel seiner Aufmunterung betrachtete. Er verwendete für ihn den stärksten Ausdruck des Befehlens, zu dem er fähig war: *praecipio firmiter per obedientiam* (ich befehle streng im Gehorsam). Aber gerade dieser Punkt wurde durch äußere Faktoren sobald wie möglich begrenzt und dann tatsächlich ausgemerzt, indem man seine Rechtswirksamkeit und formale Verbindlichkeit bestritt, die im übrigen nie in Betracht gezogen oder vorgesehen war. Dies geht aus dem Text klar hervor. Denn das Testament war beabsichtigt als Übermittlung eines Lebensbeispiels, als schmerzlicher, gedankenvoller Abschiedsgruß eines Vaters an seine Söhne. Sie grüßt er nämlich und segnet sie:

«Und wer immer dieses beobachtet, werde im Himmel erfüllt mit dem Segen des höchsten Vaters und werde auf Erden erfüllt mit dem Segen seines geliebten Sohnes in Gemeinschaft mit dem Heiligen Geiste, dem Tröster, und allen Kräften des Himmels und allen Heiligen. Und ich, der ganz kleine Bruder Franziskus, euer Knecht, bestätige euch, soviel ich nur kann, innen und außen diesen heiligsten Segen» [Test 40 f.].

Diese Schlußstelle wurde angeführt, weil sie auch Zeichen einer für Franziskus in den letzten Jahren typischen Gemütsverfassung ist, wie wir schon im Zusammenhang mit seiner Zärtlichkeit andeuteten, die noch lebendiger und größer war als sonst. Während der Tod immer näher kam, hatte er keine Angst vor der Trennung und quälte sich nicht ihretwegen. Auch sorgte er sich nicht um das Zurücklassen der Dinge und der Orte, die ihm lieb gewesen waren, angefangen bei Assisi und «seinem schönen Spoletotal». Er litt nicht einmal darunter, daß er die Gefährten zurückließ, die Brüder, Klara, die Schwestern, die ihm so teure Jakoba von Settesoli. Aber er hatte das Bedürfnis, ihnen allen immer wieder seine Zuneigung und seinen Segen zu wiederholen. In diesem Sich-Verströmen an die anderen, an seine Lieben, an jene, die ihn unmittelbar umgaben, wie an all seine Brüder, auch die fernsten und unbekanntesten, liegt seine Liebe im höchsten und innigsten Sinn des Wortes. Er hatte die ganze Weite der Liebe Christi erreicht, oder besser, er versuchte, sie zu erreichen, wenn auch menschliche Abstufungen noch blieben, deren sich ja nicht einmal Jesus, als Mensch mit menschlichen Gefühlen, entzog. In diesem höchsten Moment des Gleichgewichts zwischen Zeit und Ewigkeit brachte Franziskus das Beste von sich selbst zum Ausdruck.

Testament für Klara

Das bezeugt die *Ultima voluntas s. Clarae scripta* («Vermächtnis für die hl. Klara»). In ihrem unerschütterlich festen Willen, dem Vater, Meister und Gründer treu zu sein, und vielleicht auch nicht ohne polemische Absicht in bezug auf das, was die Brüder aus dem «Testament» des heiligen Franziskus gemacht hatten, fügte Klara das «Vermächtnis» mit einer kurzen Einleitung als wesentlichen Bestandteil direkt in ihre Regel ein:

> «Und damit weder wir, noch auch die, welche nach uns kommen, von der heiligsten Armut, die wir erwählt haben, jemals abweichen, schrieb er uns abermals, kurz vor seinem Heimgang, seinen letzten Willen mit folgenden Worten: ‹Ich, der ganz kleine Bruder Franziskus, will dem Leben und der Armut unseres höchsten Herrn Jesus Christus und seiner heiligsten Mutter nachfolgen und darin bis zum Ende verharren. Und ich bitte euch, meine Herrinnen, und gebe euch den Rat, ihr möchtet doch allezeit in diesem heiligsten Leben und in der Armut leben. Und hütet euch sehr, daß ihr nicht auf die Lehre oder den Rat von irgend jemand hin in irgendeiner Form auf ewig davon abweichet› [Klara, Regel 6,3].

Trotz aller Kürze ist diese *Ultima voluntas* – und man tut gut daran, dies kräftig zu betonen – in ihrer wesentlichen Struktur wiederum «Erinnerung, Ermahnung, Aufmunterung»: all dies, wie er es Klara und ihren Mitschwestern sagen konnte. Gewiß brauchte er ihr weder sein Bekehrungserlebnis noch seine ursprüngliche Lebensweise zu wiederholen: Die heimlichen Unterredungen zwischen Franziskus und Klara vor der Flucht müssen sehr lebendig gewesen sein im Gedächtnis der Frau, die für ihn und für Christus alles aufgegeben hatte, was ihr das Leben zu verheißen schien. Es genügt die Darstellung des «ganz kleinen Bruders Franziskus» in seinem wesentlichen Anliegen, «dem Leben und der Armut Christi zu folgen». Dies ist der Ausdruck, den wir im Brief an Bruder Leo und noch mehrmals gefunden haben. Dabei gibt es zwischen Leben und Armut keine Trennung, denn die Armut ist nur das greifbare, äußere Anzeichen dieses Lebens. Es ist die einfachste und prägnanteste Zusammenfassung seines Ideals. Immer und immer wieder besteht er darauf – man könnte sogar sagen, um so starrsinniger, je mehr er es in Gefahr sieht. Leben und Lebensaufgabe werden so sehr eines, daß sie nun nicht mehr zu unterscheiden sind. Und der Rat und die Ermahnung an die armen Damen ist nun, sie sollten dasselbe tun. Klara wird nicht namentlich erwähnt. Die Tatsache, daß er sie nicht verantwortlich macht, ist wohl weniger ein Zeichen dafür, daß er das Vorhandensein einer Rangordnung nicht anerkennt, als vielmehr dafür, daß er ihr voll und ganz vertraut und daher nicht eigens etwas Besonderes fordern mußte. Doch gerade der letzte Absatz, in dem er die Schwestern mahnt, sich vor jedem zu hüten, der sie in irgendwelcher Weise von der erwählten Handlungs- und Lebensweise abbringen könnte, zeigt und bestätigt, wie sehr Franziskus im Sterben Angst hatte um die Zukunft seines Ordens und vor den Gefahren, die ihm drohten. Außerdem sei darauf hingewiesen, daß hier ausdrücklich gesagt wird, was im «Testament» zwischen den Zeilen steht, wo Franziskus verbietet, Regel und «Testament» zu deuten und zu kommentieren. Dieser Unterschied hat seinen Grund, den man unseres Erachtens an einer bestimmten Tatsache erkennen kann: Das «Testament» war für alle Brüder bestimmt und an alle gerichtet, ein Dokument, das nach dem Willen des Heiligen die größte und weiteste Verbreitung finden und jede

Änderung verhindern, bremsen, wenn möglich blockieren sollte. Gerade deshalb mußte es im Ton und in seinem anordnenden Charakter auf einer gehobeneren Ebene bleiben, zwar nicht freundschaftlich und vertraulich, aber dennoch in seiner Weite und Verfügbarkeit einer umfassenden Liebe Segen bringend.
Klara und ihren Mitschwestern gegenüber konnte er diese Ermahnung ohne Vorsichtsmaßnahmen äußern. Denn dieser «letzte Wille» war, als er geschrieben wurde, zweifellos nur einer von den zahlreichen Briefen, mit denen Franziskus ihr Ordensleben verfolgte und begleitete, wie wir schon bei dem Brief über das Fasten feststellen konnten. Erst später, als Klara die Regel für die Klarissen verfaßte, fügte die treue Tochter den «letzten Willen» darin ein. Sie benutzte ihn ganz gezielt in der bestimmten Absicht, den päpstlichen Einmischungen zu entgehen. Diese zielten, wie wohlbekannt ist, auf eine Änderung der Lebensweise und der Form der Armut für Klara selbst und ihre Schwestern. In der Zeit, als Franziskus seit Jahren heiliggesprochen und berühmt war durch Zeichen und Wunder, als er in der geläufigen Meinung als «zweiter Christus» galt, als Persönlichkeit, die von der Vorsehung zur Rettung der Kirche bestimmt war, war ein Brief von ihm mit diesem ausdrücklichen, endgültigen Protest eine wahrhaft schlagkräftige Waffe sogar gegen einen Papst, und wenn es auch der große Rechtsgelehrte Innozenz IV. war.
Dieser und die anderen Briefe – mindestens einer folgte mit Sicherheit nach – zeigen, wie Franziskus mit Klara verbunden geblieben war, mit wieviel Festigkeit und gleichzeitig Aufmerksamkeit er ihr religiöses Leben und Handeln begleitete und wie die Beziehung tiefer Zuneigung, die im Augenblick der Bekehrung des Edelfräuleins entstanden war, nie erschüttert wurde. Die Bewunderung bereicherte diese Beziehung noch, die um so tiefer und intensiver wurde, je sichtbarer die Größe des Heiligen für die war, die ihm geglaubt hatte, als er nur ein junger Mann gewesen war, den noch viele für das Opfer einer Narretei hielten.

Im Zusammenhang mit dieser Sorge um die Erhaltung des Ordens in seinen Strukturen, im Gleichgewicht zwischen *Norm* und *innerem Schwung* über die Norm hinaus – dank der Anziehungskraft des Beispiels, wie er es erdacht hatte – und im Zusammenhang mit seinem Wunsch, es zu sichern, müssen wir die Entstehung anderer Verfügungen begreifen und gründlich prüfen. Wie das «Testament» waren sie natürlich keine neuen Regeln, aber doch Mittel, um diese besser in die Tat umzusetzen. Es ist eine Gruppe von Texten, die wir bei anderer Gelegenheit «die Testamente» des Franziskus genannt haben. Sie enthalten eine Reihe von gezielten Einzelvorschriften, die zeigen sollten, was sein genauer und ausdrücklicher Wille war. Eine dieser Vorschriften betrifft die Unterkünfte der Brüder. Sein Mißtrauen, um nicht zu sagen seine Feindschaft gegen feste und eigene Behausungen äußerte sich nicht nur als ein Augenblick von Verstimmung in Bologna, als der Kardinalprotektor Hugolin sich einschalten mußte, oder bei der Portiunkula, als er das Haus niederreißen ließ, das die Bürger Assisis den Brüdern bauten. Sie dauerte bis zur Schwelle des Todes an. Wieder und wieder verlangte er, die Häuser sollten aus Lehm, Steinen und Ästen sein. Man sollte in dieser Hartnäckigkeit des Franziskus keinen Krankheitsstarrsinn sehen: Dieser Wille gründet in einer Auffassung von seinem Orden, die sich nie änderte und von der er nie abwich. Wenn die Brüder auf derselben Stufe stehen sollten wie die Ausgeschlossenen, die Aussätzigen, die Bettler oder–höchstens–die armen Tagelöhner, wie konnten sie dann, ohne sich in einen unerträglichen Widerspruch mit sich selbst zu verwickeln, in gemauerten Häusern wohnen, also geschützt vor Unwetter und vor den anderen Unbilden der Kälte, der Hitze und des Lebens im Freien? Noch einmal: die scheinbaren Merkwürdigkeiten haben bei Franziskus ihren Ursprung in der genauen, festen Kohärenz und Klarheit seiner Ideen.

Noch wichtiger und aufschlußreicher sind die Anordnungen für die *Portiunkula* [LegPer 56 = Hug-Rotzetter 120]. Sie haben ein eindeutiges Ziel: Die Portiunkula sollte nicht nur für immer der Mittelpunkt bleiben, an dem die Brüder sich orientierten als Ort, wo die Bewegung des Minderbrüderordens ihren Anfang genommen hatte, sondern auch innerhalb des Ordens eine bestimmende und wesentliche Rolle spielen, die sich in den Vorhaben und Plänen des Heiligen klar darstellte: Sie sollte die Beispielgemeinschaft werden, der Modellkonvent, das Maß, an dem alle anderen sich zu messen hatten. Der Generalminister sollte die besten Brüder dort versammeln. Und mit diesem Ausdruck waren nicht die gelehrtesten gemeint, nicht die weisesten, die bekanntesten, sondern jene, die durch stille, demütige Heiligkeit ihres Lebens glänzten, durch strenge Askese, Liebe zum Gehorsam und tiefe Ehrfurcht vor der Regel. Wenn einer dieser Brüder starb, sollte er durch einen anderen mit dem gleichen geistlichen Eifer ersetzt werden. Im Konvent sollte brüderliche Liebe herrschen, die größte Armut und das vollkommenste Schweigen. Zwietracht, leeres Gerede, Herumtreiberei und unnütze Besuche waren ausgeschlossen. Schließlich sollte dort der Geist herrschen, der jene erste Gruppe beseelt hatte, die mit Franziskus dort Unterschlupf gefunden hatte, damit die Tradition fortgeführt würde und allen, die später kommen mochten, immer lebendig und ungebrochen gezeigt werden konnte.

So versuchte Franziskus, nicht mit strengen Normen und starren Vorschriften eine Wirklichkeit festzuschreiben, deren Kräfte er in Bewegung spürte, sondern eine Lebenserfahrung zu verwirklichen und zu übermitteln, wie er sie sein ganzes Leben lang gewollt hatte, damit sie als Beispiel von bleibendem Wert sei. Wieder geht es nicht um rechtliche Entscheidungen, sondern um konkrete Lebenssituationen: Der innere Schwung des *einzelnen* sollte sich in der Portiunkula zum inneren Schwung der *Gemeinschaft* erweitern, um nicht einzelnen, sondern allen Brüdern zu dienen.

So sehen wir den letzten Plan des Heiligen zur Rettung seines ursprünglichen Ideals in dem von ihm selbst geschaffenen Orden langsam, aber stetig, immer deutlicher und mit immer klareren Vorsätzen Gestalt annehmen. Franziskus hatte *Norm* und *inneren Schwung,* die *Regel* als juristische Zusammenfassung von Vorschriften und die *Befolgung der Regel* als ein Ordensleben, das immer über die Regel hinausstrebte in der Nachfolge des lebendigen, anziehenden Beispiels Christi, nie als gegensätzlich, sondern immer als zusammengehörig gesehen. Nun spürte er, daß er diese Zusammengehörigkeit konkret und wirksam machen mußte, damit sie über seine eigene Gegenwart und sein Leben hinaus weiter von Dauer sein konnte. Er war sich bewußt, wie sehr sein Ideal an seine Person gebunden war und daß zahlreiche Faktoren, unter ihnen viele negative, es bestimmten. Mit seiner Persönlichkeit konnte er sie ausgleichen, aber wenn er nicht mehr war, würden sie eine ganz andere Kraft und Wirkung entfalten. Daraus leitete er die Notwendigkeit ab, Zentren des beispielhaften Widerstandes zu bilden, die die Zeit überdauerten und sich jedem drohenden Verfall soweit wie möglich entgegenstellten. Wie sich zeigen wird, verwendete Franziskus für diesen Plan den größten Einsatz seiner Kräfte, den seine Intelligenz und seine Gesundheit zuließen.

11.3. Franziskus in Assisi. Der Sonnengesang: die beiden letzten Strophen

Abnehmen der Kräfte

Tatsächlich wurde er immer schwächer, so daß er in den letzten Monaten nach einem letzten, vergeblichen Versuch bei einem Arzt aus Siena nach Assisi gebracht wurde. Bischof Guido, der ihn so viele Jahre zuvor in seinen Mantel gehüllt hatte, brachte ihn in seinem Palast unter. Mit welchen Empfindungen er den jungen Sohn des Pietro Bernardone bei seinem immer eindrucksvolleren Aufstieg zu den Gipfeln der Heiligkeit beobachtet hat, wissen wir nicht. Doch kann man aus vielen Anzeichen, besonders im Zusammenhang mit den letzten Jahren, schließen, daß auch er im Bann des Heiligen stand und ihn mehr denn je liebte und ehrte, so sehr, daß er ihn bei sich aufnahm. Wir verstehen jedoch auch, wie wenig Franziskus sich dabei wohl fühlte. Zwar hatte er keine teuflischen Anfechtungen, wie sie ihn in Rom im Haus des Kardinals Leo Brancaleone gequält hatten. Er fing auch nicht an, um Almosen zu betteln, bevor er sich zu Tisch setzte, wie er es in Rom beim Kardinalprotektor Hugolin von Ostia getan hatte. Statt dessen ging er, sobald er konnte, auf die einfachste und schnellste Weise fort, um seine Anordnungen treffen zu können mit dem «Testament» und den Testamenten, mit Briefen und Briefchen, um an den Orden zu denken und die Menschen um sich zu haben, die ihm die liebsten waren. Wie immer in seinem Leben blieb für ihn das erste und lauterste Vorhaben die liebevolle Verbundenheit in der *sequela Christi* (Nachfolge Christi), die ihrerseits immer von Liebe inspiriert war.

Wenn wir diese letzten Lebensmonate des Heiligen charakterisieren sollten, so müßten wir dabei den Reichtum inniger Gefühle für die andern besonders hervorheben: einen Schwung, der beeindruckt, und eine Sehnsucht nach Harmonie und Austausch, die nur aus einer unerschöpflichen Fülle von Zärtlichkeit kommen kann. Dieser zerbrechliche *Franciscus parvulus* (ganz kleine Franziskus), wie er sich sicher aus Demut, aber auch wegen seines hilflosen Zustandes bezeichnete, floß über von Liebe. Sie ist sein höchstes Geschenk, sein letztes Gut, das er denen gibt, die er liebt und die ihn wiederum lieben und die er jetzt wie immer um sich haben möchte. Wenn auch sein biologisches Dasein, seine körperliche Wirklichkeit nun ein ununterbrochenes, langes, vielfältiges Martyrium ist, so quillt doch seine Seele so sehr über von Zärtlichkeit, daß er an den bevorstehenden Tod nicht zu denken scheint. Auch der Tod gehört, wie gesagt, zur natürlichen Ordnung der Schöpfung, wie Gott sie in seiner Liebe gewollt hat. Er kann nicht Angst machen, ebensowenig wie Aufgang und Untergang der Sonne, wie Mond und Sterne. Daß aus dieser Geisteshaltung der Sonnengesang entstehen konnte, ist geradezu natürlich. Daß er spontan auf Italienisch hervorkam und dabei alle Schranken des indirekten Ausdrucks brach, um klar und rein zu erklingen, so wie ihn Franziskus sein Herz diktierte, hat die einfache Wirklichkeit einer alltäglichen Begebenheit. Daher ist es nicht nutzlos, aber doch unerheblich, den Ort zu bestimmen, wo der Sonnengesang gedichtet wurde – besonders wenn dies in drei Abschnitten geschehen ist, wie wir trotz seiner Einheit in Form und Geist glauben. Wir brauchen uns dabei nicht aufzuhalten, doch wollen wir noch deutlich machen, daß der Sonnengesang nicht von dem einen oder anderen Ort inspiriert worden ist, sondern aus einem bestimmten Seelenzustand des Heiligen erblühte: aus der Freude. Zusammen mit der Liebe war sie unter all den Gefühlen, die seinen Geist belebten, wohl das dominierende. Von seinem eigenen Gesang bis zu dem der Vögel war ihm das Universum gleichsam ein riesiger Chor der Freude, von dem das Böse, der Schmerz, der Tod ausgeschlossen waren. Das letzte Ausgeschlossenwerden, das bei den anderen als das Schrecklichste gilt – jenes, dem «kein Mensch lebend entrinnen» kann, in dem der höchste Ausgleich alles besiegt –, konnte ihn nicht mehr berühren. Es wich und mußte der Liebe und der Freude in der Schöpfung weichen, die ein Ausdruck der Liebe Gottes zu den Menschen ist. Um ihretwillen war Christus einer von ihnen geworden, hatte Armut und Verlassenheit bis zum Tod am Kreuz auf sich genommen. Der Tod wich der Liebe zu denen, die Franziskus nahe gewesen waren, die ihn verstanden und getröstet, ihm geholfen, Mut gemacht und ihn gestützt hatten, die ihm nicht nachgelaufen waren, als er schon ein Sieger war, sondern mit ihm gingen, als er für alle ein Besiegter war, ein Verrückter, eine Witzfigur.

Dies ist der Schlüssel zum Verständnis der letzten Zeit des Franziskus: für sein Handeln, Sprechen und Schreiben. Besonders auffällig ist das Eingreifen von der Portiunkula aus in die schon erwähnte Auseinandersetzung zwischen seinem Bischof Guido und dem Bürgermeister Oportulo in Assisi. Ihre Ursachen kennen wir nicht. Sie werden nicht dramatisch gewesen sein, sondern sich eher aus einem jener Rangordnungskämpfe, jener Konflikte um Zuständigkeiten und Rechtshoheit ergeben haben, an denen die Geschichte italienischer Stadtstaaten so reich ist. Beide hatten sofort zu den härtesten Maßnahmen gegriffen: Der Bürgermeister war vom Bischof exkommuniziert worden. Der wiederum hatte ihn mit dem Bann von der Stadt belegt, was unter anderem mit dem Verbot des Zutritts zum Markt verbunden war. Zwischen diesen beiden – der eine stark durch seine Häscher, die zur Aufrechterhaltung der öffentlichen Ordnung seinem Befehl direkt unterstellt waren, der andere durch seine geistliche Machtfülle, die sich zwar nicht auf Waffengewalt stützte, aber groß war – wagte niemand zu vermitteln. Und groß war der Schmerz, als Franziskus sah, daß gerade in seinem Assisi das höchste Gut, der Friede, beeinträchtigt war. «Es ist eine Schande», sagte er zu den Brüdern, die ihn pflegten, und die seine Worte und sein gesamtes Eingreifen überliefern, «daß niemand zwischen den beiden vermittelt, um sie auszusöhnen.» Und er dichtete die Strophe des Sonnengesangs über den Frieden – der Umstand ist höchst glaubwürdig, entspricht er doch dem Genie des Heiligen, von Mal zu Mal das

Zweckdienlichste zu «erfinden». Dann entsandte er zwei Brüder, um sie in seinem Namen und Auftrag dem Bürgermeister vorzusingen, sowie zwei andere, um dasselbe beim Bischof zu tun. Wenn wir den Berichten der Augenzeugen glauben dürfen, so war das Ergebnis dieser Initiative überwältigend. In ihrer Rührung, daß Franziskus sich an sie wandte, gingen sie einander auf der Piazza del Comune entgegen, vergaben einander, anerkannten etwaige eigene Schuld und verpflichteten sich zu Frieden und Eintracht. Wieder ein Sieg der Liebe!

Auf dem Weg vom Bischofspalast zur Portiunkula hatte Franziskus Klara nicht sehen können. Aber von den vielen, die den armen Kranken begleiteten, nahm er still Abschied – für immer, daran konnte es nun keinen Zweifel mehr geben. Die kranke «Arme Dame» sah den niemals lebend wieder, der ihrem Dasein einen Sinn gegeben und ein für immer gültiges Ziel gezeigt hatte. Auf dem Weg hatte er – eine weitere Liebestat – sein Assisi gesegnet. Der Tod kam immer näher. Wenn wir einer Andeutung des Thomas von Celano in der ersten Lebensbeschreibung [1 Cel 105] glauben dürfen, so war der Bauch des Franziskus seit langem aufgetrieben von einer Krankheit, die die Ärzte Wassersucht nannten, und seine Beine waren dick angeschwollen. Der Rest des Körpers indessen war so abgezehrt, daß man den Eindruck hatte, es sei kein Fleisch mehr an ihm und die Haut klebe an den Knochen. Sein langes Martyrium näherte sich dem Ende, doch der Heilige war bei vollem Bewußtsein. So wollte er seinen Sonnengesang mit der letzten Strophe beschließen. Diese ist in ihrer vielfältigen und dichten Struktur, in der Beziehung zwischen menschlicher Zeit und göttlicher Ewigkeit, zwischen Heil und Verdammnis ein vollkommener Schluß für den Hymnus an die Schöpfung, die er als höchstes Gut versteht, weil sie Ausdruck Gottes ist.

Der Tod, sagt uns Franziskus, ist das natürliche Ende des Lebens: ihm kann kein lebender Mensch entrinnen. Und das ist gut, weil Gott es so wollte. Die Möglichkeit des Bösen entsteht im freien Willen des Menschen, der wählen kann zwischen Gottes «allheiligem Willen» und seinem eigenen rebellischen Urteil. Selig, wer sich der sorgenden Güte des Schöpfers anvertrauen kann: er braucht den «zweiten Tod», die ewige Verdammnis, nicht zu fürchten. Diese ist wahrhaft furchtbar. Aber Franziskus spricht in

der Fülle seiner Liebe nicht vom Gericht, zeigt nicht auf die Flammen der Hölle, will keine Angst machen. Dies alles steckt in dem Ausdruck «zweiter Tod». Jenes Ende, das so viele Menschen fürchten, muß uns nicht erschrecken, wenn es nur die *via universae carnis* betrifft, den «Weg allen Fleisches», den Abschluß aller menschlichen Leiblichkeit. Das einzig furchtbare Ende ist der «zweite Tod», die Verdammnis, die uns von der Liebe Gottes ausschließt. Hier finden wir, wenn wir uns nicht irren, zum erstenmal in allem, was uns von Franziskus erhalten ist, etwas zwischen Ermahnung, Drohung und liebevoller Aufmunterung: «Wehe jenen, die in schwerer Sünde sterben.» Denn nach diesen Worten des Schreckens weist er in einem deutlichen Gegensatz auf die letzte Seligkeit und das letzte Lob Gottes für die, die in Gnade und ergeben in seinen Willen sterben.
So bereitete sich Franziskus auf das Sterben vor. Von seinem Tod möchten wir mit der zärtlichen Sorge für einen geliebten Menschen erfahren. Weil er aber ein Heiliger wurde und einige seiner Taten so wichtig waren, wurden die Umstände seines Todes geändert, entstellt oder mit Legendärem verwoben dargestellt.

Jakoba und Bernhard

Gesichert ist jedoch ein anderer, menschlich feiner und in seiner Einfachheit überwältigender Bericht: Franziskus schrieb der römischen Edeldame, Jakoba von Settesoli, die ihm ihre Fürsorge geschenkt hatte, und bat sie, sich zu beeilen:

> «Du sollst wissen, liebe Freundin, daß Christus, der Gebenedeite, mir durch seine Gnade das nahe Ende meines Lebens angezeigt hat. Wenn Du mich also lebend antreffen willst, so komm rasch nach Santa Maria degli Angeli, sobald Du den Brief gesehen hast. Wenn Du nämlich bis zu einem bestimmten Tag nicht kommst, wirst Du mich nicht lebend vorfinden können. Und bringe das rauhe Tuch mit, um meinen Leichnam einzuwickeln, und die Kerze zum Begräbnis. Ich bitte Dich auch, mir die Speisen mitzubringen, die Du mir immer gabst, als ich in Rom krank war» [Actus 18].

Über die Einzelheiten der Fassung bestehen Zweifel. Doch kann man wenigstens die großartige Heiterkeit feststellen, mit der Franziskus vom Bevorstehen seines Todes spricht, die Ruhe, mit der er um das Tuch zum Einwickeln seines Leichnams bittet und um die gute Speise, die ihn an die zärtliche Fürsorge erinnert, mit der ihn die Dame in ihrer Freundschaft umgeben hatte.

Mit Recht ist kürzlich bemerkt worden, wie unkonventionell und gegen jedes hagiographische Schema Franziskus sich verhielt. Doch ist es nützlich, das hohe geistliche Niveau deutlich zu machen, auf das er sich erhoben hatte, und gleichzeitig die tiefe Menschlichkeit, in der er verblieb. Dies ist kein Widerspruch, sondern vollkommenes Gleichgewicht der Werte: sein toter Leib soll in das rauhe Tuch gewickelt werden, aber als Lebender soll er noch den Trost einer guten Sache haben.

Während Jakoba herbeieilte – dieser kleine Brief ist zwischen dem 28. September und dem 1. Oktober datiert –, wollte Franziskus die um ihn herum im Gebet vereinten Brüder segnen und vor ihnen seine letzte Tat vollbringen, die seine Mühen um die Heiligkeit und Einheit des Ordens krönen sollte. Leider haben die Quellen den Wert dieser Geste und den Auftrag, der sich daraus ergab, schwerwiegend verfälscht, weil sie daran interessiert waren, ihren wesentlichen Sinn zu ändern: Wir beziehen uns auf den letzten Segen des Heiligen für seinen ersten Bruder, Bernhard von Quintevalle, und auf die Tatsache, daß Franziskus ihn den Ministern anvertraute, damit sie ihn liebten, als ob er selbst es wäre.

Ohne Umschweife sei gesagt, daß Thomas von Celano die Wahrheit in der ersten Lebensbeschreibung [1 Cel 108] verändert: Ihm zufolge segnete Franziskus außer den Brüdern insgesamt nur Bruder Elias, den damaligen Generalminister, der mächtig und zudem bei Papst Gregor IX., dem Auftraggeber des Biographen, beliebt war. In der zweiten Lebensbeschreibung schweigt Thomas über Elias und korrigiert sich damit. Aber er spricht nicht von anderen, wie übrigens auch Bonaventura nicht. Die offiziellen Biographen schweigen also, Thomas aus Absicht und Bonaventura aus Unwissenheit. Bonaventura steht zudem Thomas sehr nahe, wenn er nicht sogar direkt von ihm abhängt. Bedeutsamerweise ist die Episode dagegen in allen inoffiziellen Quellen zu finden, wenn sie auch nicht in ihrer ganzen Wichtigkeit verstanden scheint. Dort wird sogar ein eigentlicher und echter Text überliefert, ein Schreiben, das einem Sekretär diktiert wurde und zur

Verbreitung bestimmt war. Wir folgen hier der *Kompilation von Assisi/Legende von Perugia,* die die älteste und aus verschiedenen Gründen glaubwürdigste Erzählung zu sein scheint.
Die Dame Jakoba war eingetroffen und hatte Franziskus alles Gewünschte mitgebracht, insbesondere die Speise, ein süßes Gebäck, das er so gern mochte. Und der Heilige ließ sofort Bruder Bernhard rufen, damit auch er davon koste. Dieser kam und gesellte sich zu den Brüdern, die sich um ihren Vater und Meister versammelt hatten. Dann bat Bernhard ihn um seinen Segen:

> «Wenn du mir väterlich deine Zuneigung zeigtest, so glaube ich, auch Gott und die anderen Brüder würden mich um so mehr lieben» [LegPer 12].

Franziskus wollte ihm den Gefallen tun und hob die Hand, um seinen Kopf zu berühren. Er fand aber den Kopf des Bruders Ägidius, der ebenfalls an seiner Seite war. Er bemerkte seinen Irrtum, und als Bernhard nähergekommen war, legte er ihm die Hand auf den Kopf und segnete ihn. Dann rief er einen anderen Bruder und hieß ihn die Worte niederschreiben, die mit wenigen Textvarianten unverändert auf uns gekommen sind. Dabei zeigt sich eine solche Achtung auch vor dem Buchstaben, daß sich der Gedanke an eine unbestritten anerkannte Echtheit sofort einstellt. Die Worte lauten:

> «Der erste Bruder, den mir der Herr gegeben hat, war Bruder Bernhard. Und er ist es, der die Vollkommenheit des Evangeliums als erster begonnen und ganz vollkommen erfüllt hat, indem er alle seine Güter den Armen austeilte. Deshalb und wegen vieler anderer Vorzüge bin ich gehalten, ihn mehr zu lieben als irgendeinen anderen Bruder des ganzen Ordens. Darum will und befehle ich, wie ich nur kann, daß, wer auch immer Generalminister ist, ihn lieben und ehren soll wie mich selber. Und auch die anderen Provinzialminister und Brüder des ganzen Ordens sollen ihn an meiner Stelle achten» [Leg Per 12].

Die Bedeutung dieses Segens und dieses Schreibens wurde mit der Zeit verschüttet, auch in den Quellen selbst, die mit soviel zärtlicher Aufmerksamkeit davon sprechen. Man hat ihren Sinn vergessen, der bald genug und ohne Zögern verdeckt wurde durch den zeitlichen Abstand zwischen den Ereignissen selbst und ihrer Erzählung. Aber gerade wegen des Schweigens und Verschweigens

von offizieller Seite kommt dieser Sinn wieder klar und deutlich an den Tag, wenn man den Segen und das Schreiben in den geschichtlichen Zusammenhang stellt, in dem sie sich abgespielt haben.
Zuerst sei kurz daran erinnert, wie sehr Franziskus den Verfall des ursprünglichen Geistes im Orden fürchtete und wieviel Mühe er daransetzte, ihn lebendig zu halten durch sein Beispiel, das er den anderen ständig vor Augen führte und zu dessen Nachahmung er sie bei jeder Gelegenheit ermunterte. Wie sehr er fürchtete, sein Tod könnte eine Änderung begünstigen, die er für eine Änderung zum Schlechteren hielt, belegt die Reihe von Ermahnungen und Maßnahmen, die er vor seinem Tod noch festlegte und niederschrieb. Das «Testament» und die Anordnungen über die Unterkünfte und das Leben der Brüder, besonders in der Portiunkula, bilden die Stufen, die genauen Anzeichen seines konsequenten und anhaltenden Willens, der menschlichen Schwachheit und Unzulänglichkeit zur Stützung und Lenkung Hindernisse in Gestalt lebendiger, tätiger Organismen in den Weg zu legen. Besonders beunruhigt haben muß ihn die Sorge, daß das «Testament» nicht die Anziehungskraft des lebendigen, augenfälligen Beispiels haben könnte. Daher die letzte, erstaunliche «Erfindung»: Franziskus setzte einen Bruder ein, der als sein Nachfolger wie ein neuer Franziskus der Hierarchie des Ordens zur Seite stehen sollte, dem Generalminister bis hinunter zu allen Brüdern. Und genau dazu hatte er Bruder Bernhard bestimmt.
Die Wahl war ohne Zweifel geschickt und glücklich wegen der Berühmtheit, die Bernhard umgab, und wegen der Tatsache, daß er niemand mißfallen konnte. Er war aufgrund eines unbezweifelbaren Faktums gewählt worden: Er war der erste Gefährte des Heiligen gewesen. Er hatte alles geopfert, mehr als Franziskus selbst, und dies wird gebührend betont. Der junge Kaufmann hatte auf das verzichtet, was ihm als Sohn Pietro Bernardones gehörte und was ihm einmal als Erbe hätte gehören sollen. Er hatte auf all seine Güter verzichtet, als er schon in ihrem Besitz und Genuß war, und sie unter die Armen verteilt. Also konnte er das Beispiel für alle Brüder bestens fortführen und die Tradition des Vaters und Gründers so verkörpern, als würde dieser noch leben. Die Worte des Schreibens, mit denen Franziskus vorschrieb und verfügte – *praecipio et volo* –, daß alle Bruder Bernhard zugetan

wären wie ihm selbst, und mit denen er deutlich machte, daß der Generalminister, die anderen Mitglieder der Hierarchie des Ordens und alle Brüder Bernhard für ihn selbst ansehen sollten, sind unmißverständlich. Sie bezeichnen eine deutliche Nachfolge, freilich nicht in der institutionellen Befehlsgewalt über den Minderbrüderorden oder als Mitglied der Hierarchie. Sie geben bekannt, daß Bernhard die Aufgabe der gültigen, tätigen und dauernden Beispielhaftigkeit übertragen wurde und dazu eindeutig das Einspruchsrecht, sobald sich ein Anzeichen des Verfalls oder der Entfernung von der ursprünglichen Zielsetzung bemerkbar machte. So fand das Gleichgewicht seinen krönenden Abschluß, das Franziskus zwischen *Norm* und *innerem Schwung* geschaffen hatte, zwischen der *Regel* als rechtlichem Organismus und dem Leben nach dem *Evangelium* als dem Ideal, ununterbrochen Christus nachzustreben und dabei von der Regel auszugehen, sie aber nicht als mehr oder minder überschreitbare Grenze zu sehen, sondern als Ausgangspunkt für eine immer höhere Vollkommenheit. Alle Aktivitäten des Heiligen schlossen also mit seiner endgültigen Regelung: Es gab eine feierlich vom Papst bestätigte Regel, einen Modellkonvent, die Portiunkula, und einen «Modellbruder», Bernhard. Franziskus konnte seine irdische Sendung als abgeschlossen betrachten und sich bereit machen, inmitten von Leid und Liebe aller den Bruder Tod zu erwarten.

Auch für seinen letzten Heimgang wollte er die Armut bewahren. In seiner Umgebung begannen inzwischen schon die traurigen Maßnahmen derer, die in dem Sterbenden bereits den zukünftigen Heiligen sahen und sich seine Reliquien und seinen Leichnam sichern wollten. Dies zeigt sich daran, daß der Guardian Franziskus verbot, irgendeinem der Brüder etwas Persönliches zu hinterlassen. In Wahrheit war dies die Wiederholung eines früheren Befehls, der sich aus der Tatsache erklärt, daß alle, einschließlich der Brüder, über mehr oder minder erfundene Bedürfnisse klagten, nur um etwas von Franziskus zu bekommen – von einem Stück Ärmel bis zu einem Teil der Kutte –, das dann Reliquie sein sollte. Der Heilige gab dem Befehl, der von ihm schon wie von einem Toten dachte, eine Deutung, die ihn mit Freude erfüllte: Er fühlte sich wahrhaftig und endgültig arm, wenn er nicht einmal über die armseligen Fetzen verfügen konnte, die ihn bedeckten.

Und als er spürte, daß das Leben ihn verließ, bat er die Brüder, ihn auf die nackte Erde zu legen, jene Erde, die er als einzige Schwester und Mutter genannt hatte.
Franziskus starb in der Nacht vom 3. zum 4. Oktober 1226. Wenn man Augenzeugen glauben darf, so begleitete seinen Heimgang am Samstagabend außergewöhnlicher, wunderbarer Lerchengesang: die «Schwestern», die er unter den Vögeln besonders geliebt hatte, die Geschöpfe Gottes, wollten sich dem Mann kundtun, der die Süße ihrer Harmonie am tiefsten verstanden und geliebt hatte, weil er in ihr die Schönheit und Güte Gottes begriffen hatte.
Das Folgende gehört zum Teil zu den traurigen Abläufen jedes Begräbnisses. Die Bewohner von Assisi fürchteten, man könne Franziskus von der Portiunkula an einen anderen Ort bringen, und hielten darum Wache. Sie hatten vergessen, daß sie ihn einst beschimpft und mit Schmutz beworfen hatten. Wie üblich wurde auch die Liturgie gefeiert. Nur eine Tatsache war anders, und sie allein genügt, um kundzutun, wie wertvoll und lebendig für die Zeitgenossen in der «öffentlichen Meinung» das Band zwischen Franziskus und Klara war. Diese hatte ihn zwar nicht mehr sehen können, als er vom Bischofspalast nach Santa Maria degli Angeli hinuntergetragen wurde; doch nach seinem Tod, am Morgen,

> «strömte das ganze Volk, Männer und Frauen aus Assisi herbei mit dem ganzen Klerus – Bischof Guido war verreist. Sie nahmen den heiligen Leib von dem Ort, wo er gestorben war. Alle trugen Zweige, und unter Hymnen und Lobgesängen brachten sie ihn nach dem Willen des Herrn nach San Damiano, damit sich das Wort erfüllte, das der Herr durch den Mund des Heiligen gesprochen hatte, um seine Töchter und Mägde zu trösten.
>
> Das Eisengitter, durch das die Mägde Christi die Kommunion zu empfangen und manchmal das Wort des Herrn zu hören pflegen, wurde vom Fenster genommen, und die Brüder hoben den heiligen Leib von der Bahre und hielten ihn eine gute Stunde lang in den Armen ans Fenster, bis Frau Klara und ihre Schwestern von ihm allen Trost erhalten hatten, der möglich war, obwohl sie viele Tränen vergossen und von Schmerz niedergeschlagen waren, denn nach Gott war er ihr einziger Trost in dieser Welt» [LegPer 13].

Quellen

1. Die Schriften des heiligen Franz von Assisi

1.1 Textkritische Editionen

Esser, K. (Hrsg.), Die Opuscula des hl. Franziskus von Assisi. Neue textkritische Edition, Grottaferrata 1976

ders. Opuscula Sancti Patris Francisci Assisiensis denuo editit iuxta codices mss. Cajetanus Esser, Grottaferrata 1978

1.2 Wissenschaftliche Übersetzungen

Hardick, L./Grau, E., Die Schriften des hl. Franziskus von Assisi. Einführung, Übersetzung, Erläuterungen, in: Franziskanische Quellenschriften 1, Werl/W. 1982[7]

dies. Die Schriften des heiligen Franziskus von Assisi. Taschenbuchausgabe, Werl/W. 1981

Die Schriften werden wie folgt abgekürzt:

Auff	Aufforderung zum Lobe Gottes
BrAnt	Brief an den heiligen Antonius
BrGl I	Brief an die Gläubigen I
BrGl II	Brief an die Gläubigen II
BrKl	Brief an die Kleriker
BrKust I	Brief an die Kustoden I
BrKust II	Brief an die Kustoden II
BrLenk	Brief an die Lenker der Völker
BrLeo	Brief an Bruder Leo
BrMin	Brief an einen Minister
BrOrd	Brief an den gesamten Orden
ErklVat	Erklärung zum Vaterunser
Erm	Ermahnungen
Fragm	Fragmente zur nicht bullierten Regel
GebKr	Gebet vor dem Kreuzbild von San Damiano
GrMar	Gruß an die selige Jungfrau Maria
GrTug	Gruß an die Tugenden
LebKlara	Lebensform für die heilige Klara

Off	Offizium vom Leiden des Herrn
PreisHor	Preisgebet zu allen Horen
BReg	Bullierte Regel
NbReg	Nicht bullierte Regel
RegEins	Regel für Einsiedeleien
LobGott	Lobpreis Gottes (für Bruder Leo)
SegLeo	Segen für Bruder Leo
Sonn	Sonnengesang
Test	Das Testament
VermKlara	Vermächtnis für die heilige Klara
Von den Diktaten:	
BrBol	Brief an die Bürger von Bologna
BrFrank	Brief an die Brüder in Frankreich
BrJak	Brief an Herrin Jakoba
BrKlara	Brief an die heilige Klara über das Fasten
MahnKlara	Mahnung für die Schwestern der hl. Klara
VollFreud	Die wahre und vollkommene Freude
SegBern	Segen für Bruder Bernhard
SegKlara	Segen für die heilige Klara und ihre Schwestern
TestSien	Testament von Siena

2. Lebensgeschichte des heiligen Franz

(Die im Buch verwendeten Abkürzungen sind kursiv gekennzeichnet.) Es werden nur jene Quellen erwähnt, die im Buch angesprochen sind:

Actus B. Francisci et sociorum eius, in: P. Sabatier (Hrsg.), Collection d'Etudes et de Documents sur l'histoire religieuse et littéraire du Moyen-Age IV, Paris 1902

Angelus Clarenus, Chronicon seu historia septem tribulationum Ordinis minorum, ed. A. Ghinato, Roma 1959

Bartholomäus von Pisa, De conformitate vitae beati Francisci ad vitam Domini Jesu, in: Analecta francescana IV und V, Rom 1906–1912

Bonaventura Franziskus, Engel des sechsten Siegels. Sein Leben nach den Schriften des heiligen Bonaventura. Einführung, Übersetzung, Anmerkungen von S. Clasen, in: Franziskanische Quellenschriften 7, Werl/W. 1962

Der Bund des heiligen Franziskus mit der Herrin Armut. Einführung, Übersetzung, Anmerkungen von K. Esser und E. Grau, in: Franziskanische Quellenschriften 9, Werl/W. 1966

Bullarium franciscanum Romanorum Pontificum constitutiones, epistolas ac diplomata continens tribus Ordinibus concessas I, ed. J. Sbaralea, Roma 1759

1/2/3 *Cel:* Thomas von Celano, Leben und Wunder des heiligen Franziskus von Assisi. Einführung, Übersetzung, Anmerkungen von E. Grau, in: Franziskanische Quellenschriften 5, Werl/W. 1980[3]

Cel, Klara: Thomas von Celano, Lebensbeschreibung der hl. Klara, s. Klara

Fioretti: I Fioretti di San Francesco, ed. M. d'Alatri, Roma 1979

Die Blümlein des heiligen Franziskus von Assisi. Aus dem Italienischen von R.G. Binding Frankfurt/M. 1973

3 Gef: Die Dreigefährtenlegende des heiligen Franziskus. Die Brüder Leo, Rufin und Angelus erzählen vom Anfang seines Ordens. Einführung von S. Clasen, Übersetzung und Anmerkungen von E. Grau, in: Franziskanische Quellenschriften 8, Werl/W. 1972

Hinnebusch J.F., The Historia Occidentalis of Jacques de Vitry, Freiburg/Ue. 1972

Hubertin von Casale, Arbor vitae crucifixae Jesu, Turin 1961

Hug – Rotzetter: Franz von Assisi. Gotteserfahrung und Weg in die Welt. Herausgegeben, übersetzt und eingeleitet von E. Hug und A. Rotzetter. Übersetzung der Friedenscharta und der Freiheitscharta von T.M. Huber, Olten-Freiburg/B. 1984

Huygens, R.B.C., Lettres de Jacques de Vitry. Edition critique, Leyden 1960

Jacopone da Todi, Le Laude a cura di Luigi Fallacara, Firenze 1976

Lauden. Italienisch mit deutscher Übertragung v. H. Federmann, Köln o.J.

Jakob von Vitry: s. Hinnebusch und Huygens

Jordan von Giano: Nach Deutschland und England. Die *Chroniken* der Minderbrüder von Giano und Thomas von Eccleston (hrsg. L. Hardick), in: Franziskanische Quellenschriften 6, Werl/W. 1957

Klara: Leben und Schriften der heiligen Klara. Einführung, Übersetzung, Anmerkungen von E. Grau, in: Franziskanische Quellenschriften 2, Werl/W. 1960[3]

Il processo di canonizzazione di S. Chiara d'Assisi, ed. Z. Lazzeri, in: Archivum Franciscanum historicum 13 (1920) 403–507

LegPer: «Compilatio Assisiensis» degli Scritti di fr. Leone e Compagni su S. Francesco d'Assisi. Edizione integrale dal Ms. 1046 di Perugia con versione italiana a fronte, introduzione e note a cura di M. Bigaroni, Porziuncola 1975 (einige deutsch übersetzte Texte s. *Hug – Rotzetter)*

MsLittle, A.G. (Hrsg.), Description of a Franciscan Manuscript, formerly in the Philipps Library, now in the possession of A.G. Little, in:

Collectanea Franciscana I, Aberdoniae 1914, 9–113 (der im Buch erwähnte Text in deutscher Übersetzung: *Hug – Rotzetter)*
SpecMai: Sabatier, P. (Hrsg.) Speculum perfectionis seu S. Francisci Assisiensis Legenda antiquissima auctore fratre Leone, Paris 1898 (Collection de Documents pour l'histoire religieuse et littéraire du Moyen-Age 1)
Der Bericht über das Leben des heiligen Franz von Assisi, oder: Der Spiegel der Vollkommenheit. Mit einem Nachwort von R. Guardini, München 1981
SpecMin: Bigaroni, M. (Hrsg.), Speculum perfectionis (minus). Introduzione di R. Manselli, Porziuncola 1983
Thomas von Eccleston s. Jordan von Giano
Thomas von Spalato, in: Boehmer, H. (Hrsg.), Analekten zur Geschichte des Franciscus von Assisi, Tübingen 1961[3]

3. Quellen zur Zeitgeschichte

(Im Buch werden einige Autoren und Werke genannt, die hier zusammengestellt sein sollen.)

Abaelard, Die Leidensgeschichte und der Briefwechsel mit Heloisa. Übertragen und herausgegeben von E. Brost. Mit einem Nachwort von W. Berschin, Heidelberg 1979[4]
Augustinus, Confessiones – Bekenntnisse. Lateinisch-Deutsch, Eingeleitet, übersetzt und erläutert von J. Bernhart, München 1955
Bernhard von Clairvaux, De consideratione (Papstspiegel), J. Leclerq (Hrsg.) Sancti Bernardi Opera III, Rom 1957–1977
ders. Predigten, in: ebda IV
Durandus von Huesca, Liber antiheresis (ed. K.V. Selge, Die ersten Waldenser II), Berlin 1967
Innozenz III., De miseria humanae conditionis, hrsg. von M. Maccarone, Lugano 1955
ders. De sacro altaris mysterio, in: Patrologia Latina 217, 763–946
Lambert von Lüttich, Antigraphum Petri (mit Briefen), hrsg. von A. Fayen, in: Compte rendu de la Communauté Royale d'histoire 68 (Bruxelles 1899) 255–356
Map, W., De nugis curialium (ed. M.R. James), Oxford 1914
Meersseman, G.G., Dossier de l'Ordre de la pénitence au XIIIe siècle, Freiburg/Ue. 1961
Mumbauer, J. (Hrsg.), Die Briefe des seligen Jordan von Sachsen, Vechta 1927

Literatur

(Es dürfte von selbst einsichtig sein, daß hier nicht ein ausführliches Literaturverzeichnis folgen kann. Wir beschränken uns auf Literatur, die unserer Meinung nach die Ausführungen R. Mansellis begründen oder weiterführen. Und auch da noch nennen wir nur entweder klassische Werke oder solche aus jüngster Zeit. Den meisten dieser Werke sind weitere Literaturangaben zu entnehmen.)

Basetti-Sani, G., Louis Massignon Orientalista cristiano (1883–1962), Vita e Pensiero, Milano 1971

Bloch, M., Die Feudalgesellschaft, Düsseldorf 1982

Boff, L., Zärtlichkeit und Kraft. Franz von Assisi mit den Augen der Armen gesehen, Düsseldorf 1983

Bosl, K., Armut Christi. Ideal der Mönche und Ketzer, Ideologie der aufsteigenden Gesellschaftsschichten vom 11. bis zum 13. Jahrhundert, in: Bayrische Akademie der Wissenschaften. Philosophische Klasse: Sitzungsberichte, München 1981

ders., Das Armutsideal des heiligen Franziskus als Ausdruck der hochmittelalterlichen Gesellschaftsbewegung, in: Niederösterreichische Landesausstellung, 800 Jahre Franz von Assisi, Franziskanische Kunst und Kultur des Mittelalters, Krems-Stein 1982, 1–12

Caroli, E. (Coordinatore generale), Dizionario Francescano. Spiritualità, Padova 1983

Clasen, S., Legenda antiqua des heiligen Franziskus. Untersuchung über die nachbonaventurianischen Franziskusquellen, Legenda trium sociorum, Speculum perfectionis, Actus B. Francisci et sociorum eius und verwandtes Schrifttum, Leiden 1967

Grundmann, H., Religiöse Bewegungen im Mittelalter. Untersuchungen über die geschichtlichen Zusammenhänge zwischen Ketzerei, den Bettelorden und der religiösen Frauenbewegung im 12. und 13. Jahrhundert und über die geschichtlichen Grundlagen der deutschen Mystik. Anhang: Neue Beiträge zur Geschichte der religiösen Bewegungen im Mittelalter, Darmstadt 1970

Gurjewitsch, A.J., Das Weltbild des mittelalterlichen Menschen, München 1980

Esser, K., Anfänge und ursprüngliche Zielsetzungen des Ordens der Minderbrüder, Leiden 1966

ders., Studien zu den Opuscula des hl. Franziskus von Assisi. Herausgegeben von E. Kurten und I. de Villapadienra, Rom 1973
Flood, D., Franziskus und sein Orden im 13. Jahrhundert, in: Wissenschaft und Weisheit 40 (1977) 204–209
ders., Armut V: Alte Kirche; VI: Mittelalter, in: Theologische Realenzyklopädie IV, Berlin/New York 1979, 85–87.88–89
ders., Die wirtschaftliche Grundlage der franziskanischen Bewegung in ihrer Entstehungszeit, in: Wissenschaft und Weisheit 44 (1981) 184–204
ders., Frère François et le mouvement franciscain, Paris 1983
ders. (Hrsg.), Poverty in the Middle Ages, Werl/W. 1975 (Franziskanische Forschungen)
Frank, I., Franz von Assisi. Frage auf eine Antwort, Düsseldorf 1982
Grau, E., Die Opuscula des hl. Franziskus von Assisi in der neuesten Forschung, in: Geistliches Vermächtnis V (Wandlung in Treue 21), Werl/W. 1978, 77–92
ders., Die Quellen des 13. und 14. Jahrhunderts zum Leben des hl. Franziskus von Assisi, in: Persönlichkeit und Geistigkeit des hl. Franziskus von Assisi (Wandlung und Treue 25), Werl/W. 1982, 10–30
Hardick, L., Die Ermahnungen des heiligen Franziskus von Assisi, Werl/W. 1981
Hug, E.-Rotzetter, A., Franz von Assisi, Gotteserfahrung und Weg in die Welt. (Im Anhang: Friedenscharta und Freiheitscharta), Olten-Freiburg/Br. 1984
Jaritz, G., Weder Gold noch Silber noch Geld. Der «äußere Reichtum» – ein Anstoß zur Alternative, in: Niederösterreichische Landesausstellung (s. Bosl) 13–40
Kühnel, H., Die Minderbrüder und ihre Stellung zu Wirtschaft und Gesellschaft, in: ebd. 41–63
Lapsanksi, D.V., Perfectio evangelica. Eine begriffsgeschichtliche Untersuchung im frühfranziskanischen Schrifttum, München–Paderborn–Wien 1974
Laurentianum, L'esperienza di Dio in Francesco d'Assisi, Roma 1982
1–39: Covi, E., Il Dio di Franceso e dell'uomo moderno, convergenze e divergenze
40–75: Rotzetter, A., Gott in der Verkündigung des Franz von Assisi (NbReg 21)
76–101: Iriarte, L., Dios el Bien, fuente de todo Bien segun S. Francesco
102–132: Matura, T., «Mi pater sancte». Dieu comme père dans les écrits de François

133–195: Van Asseldonk, O., Lo spirito del Signore e la sua santa operazione negli scritti di Francesco
196–232: Texeira, C.M., Deus na experienza pessoal de S. Francisco de Assis
233–262: Izzo, L., Dio nell'esperienza personale di Francesco d'Assisi secondo il suo «Testamento»
263–285: van Dijk, W.C., La volonté de Dieu dans la spiritualité franciscaine
286–311: Egger, W., «Verbum in corde – Cor ad deum». Analyse und Interpretation von NbReg XXII
312–375: Lehmann, L., «Gratiamus agimus tibi». Structure and content of chapter XXIII of the Regula non bullata
376–403: Schmucki, O., Spiritus orationis et actionis humanae compositio ad mentem S. Francisci Assisiensis
404–413: Blasucci, A., «In caritate quae Deus est». Dio-Amore negli scritti di S. Francesco d'Assisi
414–423: van Asseldonk, O., Maria, sposa dello Spirito Santo secondo S. Francesco d'Assisi

Lortz, J., Der unvergleichliche Heilige. Gedanken um Franziskus von Assisi, Werl/W. 1976[2]

Manselli, R., «Nos qui cum eo fuimus». Contributo alla questione francescana, Roma 1980 (Bibliotheca seraphico-capuccina 28)

Massignon, L., Les trois prières d'Abraham, Tours 1935

Meersseman, G.G., Ordo fraternitatis. Confraternitate e pietà dei laici nel medioevo (Italia Sacra 24–26), Rom 1977

Molnar, A., Die Waldenser. Geschichte und europäisches Ausmaß einer Ketzerbewegung, Göttingen 1980

Porzio, F., Francesco d'Assisi. I: Storia e Arte; II: Chiese e conventi; III: Documenti e Archivi. Codici e Biblioteche. Miniature, Milano 1982

Rotzetter, A.- Hug, E., Franz von Assisi. Die Demut Gottes. Meditationen, Lieder, Gebete, Zürich 1980[3]

ders. – van Dijk, W.C., – Matura, T., Franz von Assisi. Ein Anfang und was davon bleibt, Zürich 1981[2]

Sabatier, P., Leben des heiligen Franz von Assisi, Zürich 1953 (Verkürzte Neuauflage: St. Ottilien 1979)

Schmucki, O., «Ignorans sum et idiota». Das Ausmaß der schulischen Bildung des hl. Franziskus von Assisi, in: I. Vazquez (Hrsg.), Studia historico-ecclesiastica. Festgabe für Prof. L. G. Spätling, Rom 1977, 283–309

Selge, K.V., Die ersten Waldenser, I: Untersuchung und Darstellung; II: Der Liber antiheresis des Durandus von Osca, Berlin 1967 ders., Die Erforschung der mittelalterlichen Waldensergeschichte, in: Theologische Rundschau 33 (1968) 281–343

Societa internazionale di studi francescani, La «questione francescana» dal Sabatier ad oggi. Atti del I covegno internazionale (Assisi 18–20 ottobre 1973), Assisi 1974

9–50: Sitzungsprotokolle

51–70: Manselli, R., Paul Sabatier e la «questione francescana»

71–79: Passerin d'Entrèves, E., Paul Sabatier fra protestantismo e cattolicismo

81–118: Grau, E., Walter Goetz und die «franziskanische Frage» im deutschen Raum

119–169: Stanislao da Campagnola, Gli storici umbri e la «questione francescana»

171–197: Philippart, G., Le Bollandiste Van Ortroy e la «Legenda trium sociorum»

199–212: Pasztor, E., Gli scritti leonini

213–248: Gespräch: La «questione francescana»

dies., La povertà del secolo XII e Francesco d'Assisi. Atti del II convegno internazionale (Assisi, 17–19 ottobre 1974), Assisi 1975

9–78: Sitzungsprotokolle

79–97: M. Mollat, Pauvres et pauvreté dans le monde médieval

99–147: B. Bligny, Monachisme et pauvreté au XIIe siècle

149–177: Fonseca, C.D., La povertà nelle sillogi canoncicali del XII secolo: fatti istituzionale e implicazioni ideologiche

179–216: K.-V. Selge, Die Armut in den nichtrechtgläubigen religiösen Bewegungen des 12. Jahrhunderts

217–253: S. da Campagnola, La povertà nelle «Regulae» di Francesco d'Assisi

255–282: R. Manselli, La povertà nella vita di Francesco d'Assisi

283–306: Rundgespräch: La povertà del secolo XII e Francesco d'Assisi

dies., Chi erano gli spirituali. Atti del III convegno internazionale (Assisi, 16–18 ottobre 1975), Assisi 1976

9–70: Sitzungsprotokolle

71–105: S. da Campagnola, Gli spirituali umbri

107–124: E. Pàsztor, L'immagine di Christo negli Spirituali

125–143: A. Vauchez, La place de la pauvreté dans les documents hagiographiques à l'époque des Spirituels

145–179: F. Simoni Balis-Crema, Gli spirituali tra gioachismo e responsabilità escatologica

181–204: R. Manselli, Pietro di Giovanni Olivi spirituale

205–220: L. von Auw, A propos d'Angelo Clareno
221–262: J. Paul, Les Spirituels, l'Eglise et la Papauté
263–312: Rundgespräch: Chi erano gli Spirituali
dies., Francesco d'Assisi e Francescanesimo dal 1216 al 1226. Atti del IV convegno internazionale (Assisi, 15–17 ottobre 1976), Assisi 1977
9–74: Sitzungsprotokolle
75–99: I. Baldelli, Il «Cantico»: problemi di lingua e di stile
101–124: N. Scivoletto, Problemi di lingua e di stile degli scritti latini di San Francesco
125–160: C. Delcorno, Origini della predicazione francescana
161–191: P. Brezzi, Francesco e i laici del suo tempo
193–233: K. Elm, Die Entwicklung des Franziskanerordens zwischen dem ersten und letzten Zeugnis des Jacob von Vitry
235–263: C. Schmitt, I vicari dell'Ordine francescano da Pietro Cattani a frate Elia
265–277: J. Moorman, l'espansione francescana dal 1216–1226
279–313: L. Pellegrini, L'esperienza eremitica di Francesco e dei primi francescani
315–362: O. Schmucki, Le malattie di Francesco durante gli ultimi anni della sua vita
363–391: Rundgespräch: Francesco d'Assisi e francescanesimo dal 1216–1226
dies., Assisi al tempo di San Francesco. Atti del V convegno internazionale (Assisi, 13–16 ottobre 1977), Assisi 1978
9–51: Sitzungsprotokolle
53–70: D. Waley, Le istituzioni comunali di Assisi nel passaggio dal XII al XIII secolo
71–121: P. Scarpellini, Assisi e i suoi monumenti nella pittura dei secoli XIII-XIV
123–179: G. Mira, Aspetti di vita economica nell'Assisi di san Franceso
181–246: A. Grohmann, Per una tipologia degli insediamenti umani del contado di Assisi
247–270: U. Nicolini, La struttura urbana di Assisi
271–336: A.B. Langeli, La realtà sociale assisana e il patto del 1210
337–357: R. Manselli, Assisi tra impero e papato
359–392: S. da Campagnola, La società assisana nelle fonti francescane
393–407: P. Brezzi, Sintesi conclusiva
dies., Espansione del francescanesimo tra occidente e oriente nel secolo XIII. Atti del VI convegno internazionale (Assisi, 12–14 ottobre 1978), Assisi 1979
9–67: Sitzungsprotokolle

69–103: K. Elm, Franz von Assisi: Bußpredigt oder Heidenmission?
105–122: F. Gabrieli, San Francesco e l'Oriente islamico
123–150: R.B. Brooke, La prima espansione francescana in Europa
151–186: D. Bigalli, Giudizio escatologico e tecnica di missione nei pensatori francescani: Ruggero Bacone
187–211: M. Batllori, Teoria ed azione missionaria in Raimondo Lullo
213–240: L. Petech, I francescani nell'Asia centrale e orientale nel XIII e XIV secolo
241–270: M. D'Alatri, I francescani e l'eresia
271–291: R. Manselli, Spirituali missionari: l'azione in Armenia e in Grecia. Angelo Clareno
293–316: Rundgespräch: Espansione del francescanesimo tra Occidente e Oriente nel secolo XIII

dies., Francescanesimo e vita religiosa dei laici nel '200. Atti dell'VIII Convegno Internazionale (Assisi, 16–18 ottobre 1980), Assisi 1981
7–81: Sitzungsprotokolle
83–128: J. Le Goff, Franciscanisme et modèles culturels du XIIIe siècle
129–167: L. Pellegrini, Mendicanti e parroci: coesistenza e conflitti di due strutture organizzative della «cura animarum»
169-201: S. Gieben, Confraternite e penitenti dell'area francescana
203–250: Z. Zafarana, La predicazione francescana
251–309: R. Rusconi, I francescani e la confessione nel secolo XIII
311–363: A.I. Galletti, I francescani e il culto dei santi nell'Italia centrale
365–388: G.G. Merlo, Controllo ed emarginazione della dissidenza religiosa
391–406: R. Manselli, Spiritualità francescana e società

dies., Movimento religioso femminile e Francescanesimo nel secolo XIII (Assisi, 11–13 ottobre 1979). Atti del VII convegno internazionale, Assisi 1980
9–59: Sitzungsprotokolle
69–99: J. Leclercq, Il monachesimo femminile nei secoli XII e XIII
101–129: G. Gonnet, La donna presso i movimenti pauperistico-evangelici
131–165: F. Bisogni, Per un census delle rappresentazioni di Santa Chiara nella pittura in Emilia, Romagna e Veneto sino alla fine del Quattrocento
167–191: C. Gennaro, Chiara, Agnese e le prime consorelle: dalle «Pauperes dominae» di S. Damiano alle Clarisse
193–238: E. Grau, Die Schriften der heiligen Klara und die Werke ihrer Biographen

239–261: R. Manselli, La Chiesa e il francescanesimo femminile
263–313: R. Rusconi, L'espansione del francescanesimo femminile nel secolo XIII
315–337: A. Vauchez, L'ideal de sainteté dans le mouvement feminin franciscain aux XIIIe et XIVe siècles
339–357: Rundgespräch: Movimento religioso femminile e francescanesimo nel secolo XIII

dies., L'immagine di Francesco nella storiografia dall'umanesimo all'ottocento. Atti del IX convegno internazionale (Assisi, 15–17 ottobre 1981), Rimini 1982
9–38: Sitzungsprotokolle
41–75: F. Gaeta, La figura di San Francesco nell'Umanesimo
77–108: R. Rusconi, Francesco d'Assisi nella predicazione italiana del '400 e del primo '500
109–168: C. Cargnoni, L'immagine di san Francesco nella formazione dell'Ordine caopuccino
169–198: K. Selge, Franz von Assisi in der protestantischen Geschichtsschreibung des 16. Jahrhunderts
192–223: S. Bertelli, Francesco nell'erudizione ecclesiastica: da Cesare Baronio a Luke Wadding editore di Francesco e storico del francescanesimo primitivo
225–249: C.O. Carbonelli. De Renan à Paul Sabatier: la naissance d'une historiographie scientifique de saint François en France (1864–1893)
251–299: D. Menozzi, L'immagine di Francesco nella cultura italiana del Settecento
301–319: L. Portier, Francesco d'Assisi e Frédéric Ozanam: problemi storici e letterari
321–342: S. di Mattia Spirito, L'immagine di Francesco d'Assisi nell'opera di René de Nantes
343–383: K. Elm, Von Joseph Görres bis Walter Goetz. Franziskus in der deutschen Geschichtsschreibung des 19. Jahrhunderts
385–406: R. Manselli, Francesco d'Assisi nella storografia del Risorgimento

Schmucki, O., Das Phänomen Krankheit im Leben des hl. Franziskus von Assisi, in: FIDELIS. Provinzzeitschrift der Schweizer Kapuziner 71 (1984, 116–134)

Stanislao da Campagnola, Francesco d'Assisi nei suoi scritti e nelle sue biografie dei secoli XIII-XIV, Assisi 1981

ders., Le Origini francescane come problema storiografico, Perugia 1974

Wendelborn, G., Franziskus von Assisi. Eine historische Darstellung, Wien–Köln–Graz 1977 (Leipzig 1977)